U0593355

国家出版基金项目
NATIONAL PUBLICATION FOUNDATION

欧亚历史文化文库

总策划　张余胜

兰州大学出版社

西域史地论集

丛书主编　余太山

周伟洲　著

图书在版编目(CIP)数据

西域史地论集/周伟洲著. —兰州:兰州大学出
版社,2012.7
(欧亚历史文化文库/余太山主编)
ISBN 978-7-311-03939-4

Ⅰ.①西… Ⅱ.①周… Ⅲ.①西域—历史地理—文集
Ⅳ.①K928.62-53

中国版本图书馆 CIP 数据核字(2012)第 174040 号

总 策 划 张余胜

书   名 西域史地论集
丛书主编 余太山
作   者 周伟洲 著
出版发行 兰州大学出版社 (地址:兰州市天水南路 222 号 730000)
电   话 0931-8912613(总编办公室) 0931-8617156(营销中心)
          0931-8914298(读者服务部)
网   址 http://www.onbcok.com.cn
电子信箱 press@lzu.edu.cn
印   刷 兰州人民印刷厂
开   本 700 mm×1000 mm 1/16
印   张 28.75
字   数 383 千
版   次 2012 年 10 月第 1 版
印   次 2012 年 10 月第 1 次印刷
书   号 ISBN 978-7-311-03939-4
定   价 82.00 元

(图书若有破损、缺页、掉页可随时与本社联系)
淘宝网邮购地址:http//lzup.taobao.com

《欧亚历史文化文库》学术委员会

主　任
陈高华

委员（按拼音顺序）

定宣庄　韩　昇　华　涛　蓝　琪

李锦绣　李勤璞　厉　声　林梅村

林悟殊　刘欣如　刘迎胜　卢向前

罗　丰　马小鹤　梅维恒　牛汝极

潘志平　荣新江　芮传明　沈卫荣

汪受宽　王邦维　王冀青　王　颋

王希隆　王　欣　魏存成　徐文堪

杨　军　于志勇　郑炳林

《欧亚历史文化文库》出版委员会

主　任

张余胜

副主任

管钰年　李玉政　汪晓军　袁爱华
赵　莉　文斌虎　马永强

委　员（按拼音顺序）

崔　明　郝春喜　柯肃成　雷鸿昌
雷永林　李连斌　李兴民　梁　辉
刘　伟　卢旺存　罗和平　饶　慧
施援平　孙　伟　王世英　王永强
夏　玲　邢　玮　张东林

出版说明

　　随着20世纪以来联系地、整体地看待世界和事物的系统科学理念的深入人心，人文社会学科也出现了整合的趋势，熔东北亚、北亚、中亚和中、东欧历史文化研究于一炉的内陆欧亚学于是应运而生。时至今日，内陆欧亚学研究取得的成果已成为人类不可多得的宝贵财富。

　　当下，日益高涨的全球化和区域化呼声，既要求世界范围内的广泛合作，也强调区域内的协调发展。我国作为内陆欧亚的大国之一，加之20世纪末欧亚大陆桥再度开通，深入开展内陆欧亚历史文化的研究已是责无旁贷；而为改革开放的深入和中国特色社会主义建设创造有利周边环境的需要，亦使得内陆欧亚历史文化研究的现实意义更为突出和迫切。因此，将针对古代活动于内陆欧亚这一广泛区域的诸民族的历史文化研究成果呈现给广大的读者，不仅是实现当今该地区各国共赢的历史基础，也是这一地区各族人民共同进步与发展的需求。

　　甘肃作为古代西北丝绸之路的必经之地与重要组

成部分,历史上曾经是草原文明与农耕文明交汇的锋面,是多民族历史文化交融的历史舞台,世界几大文明(希腊—罗马文明、阿拉伯—波斯文明、印度文明和中华文明)在此交汇、碰撞,域内多民族文化在此融合。同时,甘肃也是现代欧亚大陆桥的必经之地与重要组成部分,是现代内陆欧亚商贸流通、文化交流的主要通道。

基于上述考虑,甘肃省新闻出版局将这套《欧亚历史文化文库》确定为 2009—2012 年重点出版项目,依此展开甘版图书的品牌建设,确实是既有眼光,亦有气魄的。

丛书主编余太山先生出于对自己耕耘了大半辈子的学科的热爱与执著,联络、组织这个领域国内外的知名专家和学者,把他们的研究成果呈现给了各位读者,其兢兢业业、如临如履的工作态度,令人感动。谨在此表示我们的谢意。

出版《欧亚历史文化文库》这样一套书,对于我们这样一个立足学术与教育出版的出版社来说,既是机遇,也是挑战。我们本着重点图书重点做的原则,严格于每一个环节和过程,力争不负作者、对得起读者。

我们更希望通过这套丛书的出版,使我们的学术出版在这个领域里与学界的发展相偕相伴,这是我们的理想,是我们的不懈追求。当然,我们最根本的目的,是向读者提交一份出色的答卷。

我们期待着读者的回声。

总 序

　　本文库所称"欧亚"(Eurasia)是指内陆欧亚,这是一个地理概念。其范围大致东起黑龙江、松花江流域,西抵多瑙河、伏尔加河流域,具体而言除中欧和东欧外,主要包括我国东三省、内蒙古自治区、新疆维吾尔自治区,以及蒙古高原、西伯利亚、哈萨克斯坦、乌兹别克斯坦、吉尔吉斯斯坦、土库曼斯坦、塔吉克斯坦、阿富汗斯坦、巴基斯坦和西北印度。其核心地带即所谓欧亚草原(Eurasian Steppes)。

　　内陆欧亚历史文化研究的对象主要是历史上活动于欧亚草原及其周邻地区(我国甘肃、宁夏、青海、西藏,以及小亚、伊朗、阿拉伯、印度、日本、朝鲜乃至西欧、北非等地)的诸民族本身,及其与世界其他地区在经济、政治、文化各方面的交流和交涉。由于内陆欧亚自然地理环境的特殊性,其历史文化呈现出鲜明的特色。

　　内陆欧亚历史文化研究是世界历史文化研究中不可或缺的组成部分,东亚、西亚、南亚以及欧洲、美洲历史文化上的许多疑难问题,都必须通过加强内陆欧亚历史文化的研究,特别是将内陆欧亚历史文化视做一个整体加以研究,才能获得确解。

中国作为内陆欧亚的大国,其历史进程从一开始就和内陆欧亚有千丝万缕的联系。我们只要注意到历代王朝的创建者中有一半以上有内陆欧亚渊源就不难理解这一点了。可以说,今后中国史研究要有大的突破,在很大程度上有待于内陆欧亚史研究的进展。

古代内陆欧亚对于古代中外关系史的发展具有不同寻常的意义。古代中国与位于它东北、西北和北方,乃至西北次大陆的国家和地区的关系,无疑是古代中外关系史最主要的篇章,而只有通过研究内陆欧亚史,才能真正把握之。

内陆欧亚历史文化研究既饶有学术趣味,也是加深睦邻关系,为改革开放和建设有中国特色的社会主义创造有利周边环境的需要,因而亦具有重要的现实政治意义。由此可见,我国深入开展内陆欧亚历史文化的研究责无旁贷。

为了联合全国内陆欧亚学的研究力量,更好地建设和发展内陆欧亚学这一新学科,繁荣社会主义文化,适应打造学术精品的战略要求,在深思熟虑和广泛征求意见后,我们决定编辑出版这套《欧亚历史文化文库》。

本文库所收大别为三类:一,研究专著;二,译著;三,知识性丛书。其中,研究专著旨在收辑有关诸课题的各种研究成果;译著旨在介绍国外学术界高质量的研究专著;知识性丛书收辑有关的通俗读物。不言而喻,这三类著作对于一个学科的发展都是不可或缺的。

构建和发展中国的内陆欧亚学,任重道远。衷心希望全国各族学者共同努力,一起推进内陆欧亚研究的发展。愿本文库有蓬勃的生命力,拥有越来越多的作者和读者。

最后,甘肃省新闻出版局支持这一文库编辑出版,确实需要眼光和魄力,特此致敬、致谢。

余太山

2010 年 6 月 30 日

前言

　　这本集子是笔者从 20 世纪 70 年代至今，陆续撰写、发表的有关西域，即今中国新疆地区(狭义的西域)的论文汇集。内容涉及历代西域地区的政治、军事、经济、文化和民族等方面的问题，且大多是从笔者从事的专业民族史学的角度为切入点，与历代多民族聚居的新疆地区的特点相吻合。

　　论集按新疆由古至今的历史发展为序排列，共有论文 28 篇。其主要内容和线索包括 3 个方面：一是古代至近代新疆各民族的发展、兴衰、变化及分布格局；二是历代内地中央政权在新疆的施政、建置及近代新疆各族人民反抗列强侵略的英勇斗争；三是新疆各族人民开发、建设新疆的历史。最后，论集收入的《西北少数民族地区经济开发史中的若干理论问题》、《西北少数民族多元文化的历史与现状》和《西部大开发与现代西北少数民族多元文化的建构》3 篇论文，虽然研究对象是西北少数民族，但主要涉及现今新疆少数民族的经济、文化方面的诸多问题，故收入论集之内。

　　由于撰写时间最长相距 40 余年，此次结集出版基本上未作修订，许多论文都打上了那个时代的烙印，也反映了笔者从事西域史地研究的历程，恳请读者、专家不吝赐教。

周伟洲

2012 年 3 月

目录

1　新疆的史前考古
与最早的经济开发

1.1　地理环境与旧石器至新石器时代考古概况

新疆,古称西域,位于我国的西北边疆,面积160多万平方公里,深处内陆。在人类出现的更新世地质年代,与近现代新疆的地势、地貌特点基本相同。按一般通俗、形象的说法,是"三山夹两盆":三山,指横亘于北部、中部和南部的阿尔泰山、天山和昆仑山;两盆,指阿尔泰山与天山之间的准噶尔盆地,天山与昆仑山之间的塔里木盆地。新疆东部则有阿尔金山,西南有号称"世界屋脊"的帕米尔高原。横亘于新疆中部的天山将全疆分为南北两大不同地理环境,即人们习称之"北疆"与"南疆"。这种地形、地貌特征,加上远离海洋,使新疆形成了封闭性的大陆性气候,降雨量很少,故两大盆地实际上成为北部的古尔班通古特沙漠和南部的塔克拉玛干大沙漠。这种严酷的地形与气候条件,决定了古西域人居住的特点,即居住在由冰川融化形成的众多河流沿岸、沙漠盆地周围的绿洲、山谷、山口等适合于人类生存的地区。这些地区也就成为新疆古代文明的发源之地。

在公元前2世纪以前,中国及外国古代文献对西域可以说没有什么明确的记载,仅是在中国先秦的典籍,如《逸周书》、《山海经》、《穆天子传》、《管子》等当中,记载了一些可能是古代西域的山川、河流、湖泊及居民的情况,学者们研究、讨论、争议颇多。古希腊史家希罗多德的名著《历史》中,引用公元前7世纪希腊诗人阿利斯铁斯写的长诗《独目人》,内记在中亚东部居住着独目人(Arimaspeans),有学者认为此即

欧·亚·历·史·文·化·文·库·

居于今阿尔泰山一带的塞种(Saka)人。[1] 上述这些中外文献记载多带有传说色彩,不能完全作为信史。于是新疆史前考古所获得的信息和资料,就成为研究公元前2世纪之前古西域人类活动最重要、最可靠的依据。

由于还未曾发现公元前2世纪前新疆有文字的遗物存在的痕迹,中国考古界一般将公元前2世纪前至远古时期的考古统称为新疆地区的"史前考古"。新疆的考古工作大约从19世纪末开始,至今有100多年的历史,特别是上世纪最后20年,取得了长足的进步。根据中国考古学界普遍的看法,截至目前,在新疆境内,考古学中的旧石器时代、中石器时代完整意义上的遗址,还未发现。以前虽然也有一些关于新疆旧石器时代遗址发现的报导,但却缺乏地层根据和动物遗骸,均有疑问。至于新石器时代考古,目前也有相当多的考古学者完全否定过去将新疆新石器时代和铜石并用时代考古划分为细石器文化、彩陶文化和砾石文化3大类型的看法,认为上述3种类型的文化遗址并非新石器时代文化遗址,因为遗址大多是陶器与铜器(甚至铁器)并存,应属青铜时代或早期铁器时代的遗存。[2] 也有的考古学者进而认为,新疆不存在新石器时代文化,而是由旧石器文化直接过渡到青铜时代文化。[3] 此外,还有相当多的考古学者认为,新疆的细石器文化(特别是早期细石器文化)应属于新石器时代文化的范畴,但延续时间较长。[4] 因此,关于新疆新石器时代考古研究的关键问题就集中到对新疆各地发现的细石器文化遗址的研究和认识上。

中国考古学界对新疆的细石器文化也进行了广泛的研究和讨论。主要的意见可归纳为以下3种:(1)新疆细石器时代大致可归入旧石器时代晚期和中石器时代;(2)新疆典型的细石器文化遗物很少出现

[1]见马雍、王炳华:《公元前七至二世纪的中国新疆地区》,载《中亚学刊》第3辑,中华书局1990年版。

[2]陈戈、张玉忠:《世纪之交新疆考古学的回顾与展望》,载《西域研究》1999年第1期。

[3]张川:《论新疆史前考古文化的发展阶段》,载《西域研究》1997年第3期。

[4]A. H. 丹尼主编,芮传明译:《中亚文明史》第1卷,中国对外翻译出版公司2002年版,第113－116页。

在青铜时代遗址中,故其中有部分应属新石器时代文化;(3)新疆许多细石器文化遗址有探索新石器时代文化的线索,但不宜直接断为新石器时代文化遗址。[1] 我们基本同意后两种意见。新疆细石器文化遗址和遗物多为调查、采集而来,系统科学发掘工作还谈不上,因而要从如此众多、复杂的细石器遗址中,将其与邻近的内蒙古和中亚北部具有细石器文化特征的新石器时代文化遗址剥离和区别出来,条件还不够成熟。尽管如此,我们将已知的新疆早期细石器文化遗址,如哈密七角井、鄯善迪坎尔、于田巴尔康苏拉、阿尔金山腹地的野牛泉、木垒七城子等,作为研究和认识新疆新石器时代文化的起点,还是可行的。

1.2　青铜至早期铁器时代考古所揭示的新疆早期经济开发

从公元前1000年至前2世纪,新疆地区普遍进入了考古学所说的青铜时代和早期铁器时代。新疆考古工作者在这方面做了大量的卓有成效的发掘和研究工作,这一时期文化的总体宏观研究尚在进行中,而微观的研究却取得了很大的成绩。下面以发现和研究较为充分的有关考古学文化遗址为基础,重点讨论新疆史前时期居民的经济生活及其对新疆的早期开发。

(1)新疆东部以哈密为中心的焉不拉克文化,即以哈密三堡焉不拉克墓区命名的早期铁器时代文化。目前已公布属于此文化的遗址资料近10处,分布范围以哈密市为中心,东西约150公里,南北约60公里之内。[2] 主要特征:墓葬多为土坯修筑,流行屈肢葬,可分为3期:早期多为竖穴二层台墓,多人合葬为主,出土彩陶较多,有铜刀、铜镞、铁刀等;二期以竖穴墓为主,流行单人葬,彩陶减少;三期以地面土坯墓为主,葬式与二期同,彩陶很少,也有铜器出土。陶器代表器形是单耳钵、单耳豆、腹耳壶和单耳杯;彩陶为红衣黑彩,花纹以曲线纹、锯

〔1〕陈戈:《新疆考古述论》,载《吐鲁番学研究》2002年第1期。
〔2〕陈戈:《焉不拉克文化补说》,载《新疆文物》1999年第1期。

齿纹、S 形纹、十字双钩纹、倒三角纹较多。此外,还出土有木器(俑人、盘、碗、勺、纺轮、梳子等)和石器(坎锄、磨、盘、杵、球等)。由于早期墓葬中已出土铁刀、铁剑、铁戒指等,说明该墓地遗址应属早期铁器时代。据碳十四测试数据,3 个时期墓葬年代不同,但其绝对年代约在公元前1000 年至前 500 年间,相当于内地的商代晚期至春秋晚期。[1]

从墓葬出土文物分析,铜器、铁器大部分为小件生活用品;根据石器、陶器和木器的大量使用,以及墓葬出土有小米饼、青稞穗等农作物等情况分析,当地居民已从事原始农业。同时,墓葬中也有大量牛羊马骨殉葬,死者多着用牲畜毛皮等制成的衣裤、靴、帽,说明当地居民的畜牧业也很发达。即是说,当时哈密一带的远古居民从事畜牧兼农业,过着定居或半定居的生活。制陶、毛纺织等原始手工业也较为发达。

尤为引人注意的是,在焉不拉克墓葬中出土了铁器。据碳十四测定,此墓葬约在公元前 1000 年至前 500 年,或者更早。这一结论也普遍适用于新疆其他早期铁器时代遗址。如此,则新疆最早使用铁器的年代约在公元前 1000 年前后,比内地铁器最早出现的公元前 700—前600 年春秋晚期要早三四百年。这一情况也引起了中国学术界的注意。新疆早期铁器是从使用铁器更早的中亚传入的,还是本地生产的?这一问题目前还没有明确的答案。但无论如何,新疆使用铁器时间较内地为早,是确实的。由此可见,新疆较早进入铁器时代,其经济发展从某些方面来讲不亚于内地同一时期的水平。又据人类学家对焉不拉克墓葬出土 29 具头骨(男 19、女 10)的测量研究分析,具有明显东方蒙古人种支系特点的约 21 具(占 72%),属西方欧洲人种的约 8 具(占28%),说明当时哈密一带混居着东部蒙古人种和西方欧洲人种,而以蒙古人种为主。[2]

(2)新疆东部天山(博格达山)南北,包括吐鲁番一带的苏贝希(原

---

〔1〕见新疆维吾尔自治区文化厅文物处、新疆大学历史系文博干部专修班:《哈密焉不拉克墓地发掘报告》,载《考古与文物》1989 年第 2 期,后收入《新疆文物考古新收获》(1979—1989),新疆人民出版社 1995 年版,第 52-91 页。

〔2〕见韩康信:《哈密焉不拉克古墓人骨种系成分之研究》,载《丝绸之路古代居民种族人类学研究》,新疆人民出版社 1995 年版,第 176-260 页。

译作"苏巴什")文化,即以鄯善吐峪沟北苏贝希村古墓群命名的新疆青铜时代至早期铁器时代文化。分布范围:北至阜康、奇台,南到吐鲁番艾丁湖、乌鲁木齐南阿拉沟、吉木萨尔,东至鄯善、木垒,西抵石河子。文化特征:墓葬表面均有石堆或石围,墓室为竖穴土坑或石室,多单人葬或多人葬;房屋遗址为半地穴式,屋内有炕和坑。出土陶器多为夹砂红陶,手制,素面,器形有单耳罐、单耳圜底杯、双耳或单耳钵和盆等;有一定数量的彩陶,多为红衣黑彩,花纹有三角纹、涡纹、网格纹、竖条纹、水波纹、树枝纹等。铜器有小刀、耳杯、铜镜、马衔等;铁器有小刀、镞等。此外,还有石器、骨器、皮革制品和少量的金银饰物等。苏贝希遗址年代,据碳十四测量数据,大约在公元前 1000 年前后。[1] 据人类学家对乌鲁木齐阿拉沟墓葬出土 58 具头骨(男 33、女 25)的测量分析,可以归属欧洲人种支系的占明显优势,计 49 具,占 84.5%;可以归为蒙古人种支系或归入两种人种混合类型的占少数,计约 7 具,占 12.0%。[2]

根据上述考古发掘资料,属苏贝希文化遗址的居民多住在半地穴式的房屋内,过着定居的生活,经营农业,种植糜子、黄豆、葡萄等;从遗址出土各种毛织的服装、毛毡、皮革制品、弓箭及大量殉葬的羊肉,可推测当地居民也从事畜牧和狩猎。制陶业、皮革制造等手工业也较为发达。

(3)以和静县北天山南麓,沿焉耆绿洲为中心的察吾乎文化,即以和静西北察吾乎沟墓葬群命名的新疆青铜时代至早期铁器时代文化。科学发掘了 5 座大型墓地,其中 5 号、4 号和 1 号 3 处墓地时代约在公元前 1000 年初至公元元年前后,相当于内地西周至两汉之交;3 号墓地则相当于西汉前后。发掘墓葬共 448 座,出土文物近 4000 件。文化特征:墓葬地表有各种形状的三角形石围(前期)或石堆(后期),墓室为竖穴石室;前期以单人葬和一次葬为主,后期则多多人葬和二次葬。

〔1〕见陈戈《新疆考古述论》及《鄯善苏贝希墓群三号墓地》,载《新疆文物》1994 年第 2 期等。

〔2〕韩康信:《阿拉沟古代丛葬墓人骨研究》,载《丝绸之路古代居民种族人类学研究》,第 71 - 122 页。

5

出土遗物以陶器为最多,彩陶约占陶器总量的 12% 强。器形多样,以带流器为其主要特征,大部分彩陶是红底留有空白,以各种红色几何纹适当组织绘于空白处,形成腹斜带彩、颈带彩与沿下局部彩的形式,通体彩较少。铜器出土仅次于陶器,有刀、锥、镜、衔、斧、镞等;后期墓葬也有少量铁器出土。此外,还有毛制品、骨制品、木器、石器等[1]。

《新疆察吾乎——大型氏族墓地发掘报告》称,察吾乎文化反映出的是原始大型氏族的公共墓地,同一氏族或部落的人在去世后,皆聚族而葬,其中有的合葬墓内多达 21 人,男女老少皆有,属家族合葬墓,也有单人葬。其经济是以畜牧(游牧)经济为主。出土的大量铜器中,农业生产工具未曾发现,只有一些小工具和生活用品。而大量陶器的出土,表明当地居民过着稳定的定居生活,特别是在一些陶器中发现了谷物,彩陶纹饰中也有象征土地和耕作田地的纹饰,说明当地已有了原始的农业。此外,制陶、冶炼、毛纺织、编织、木器加工等手工业也较为发达。在晚期墓葬中出现了铁器,说明察吾乎文化晚期已进入了早期铁器时代[2]。

人类学家对察吾乎 3、4 号墓地的人骨进行了体质人类学的观测研究,对其中 4 号墓地 106 个个体中 83 具头骨(男 54、女 29)和 3 号墓地 11 具头骨(男 9、女 2)的测定结果,表明 4 号墓地头骨与欧洲人种形态特征接近,3 号墓地头骨欧洲人种性质有所淡化,即有的头骨特征介于欧洲与亚洲人种之间[3]。

(4)罗布泊地区孔雀河古墓沟文化,即以东距干涸的罗布泊 70 公里的孔雀河下游古墓沟墓地命名的新疆青铜时代文化,大致分布于罗布泊西部。1979 年新疆考古工作者在古墓沟共发掘了 42 座墓葬,有两种类型:早期墓葬地表无环形列木,有的只在墓东西各立一根立木,墓室为竖穴沙室;晚期墓葬地表有七圈环形列木桩,环形外有呈放射状展开的列木,墓穴在环圈内。两种墓葬类型属同一文化类型,据碳十

---

〔1〕以上见新疆文物考古研究所:《新疆察吾乎——大型氏族墓地发掘报告》,东方出版社1999 年版,前言及有关部分。

〔2〕见新疆文物考古研究所:《新疆察吾乎——大型氏族墓地发掘报告》,第 341 - 343 页。

〔3〕见新疆文物考古研究所:《新疆察吾乎——大型氏族墓地发掘报告》,第 299 - 337 页。

四测定,年代较精确的为公元前 1800 年至前 200 年。早期墓葬中出土有干尸,部分尸体为毛毡包覆,死者头戴尖顶毡帽,足穿皮鞋,胸部有一件草篓,部分草篓内装有 10 至 100 多粒小麦。此外,殉葬品还有装饰品、衣物及小铜饰件等。晚期墓葬出土物较少,有锯齿形刻木、骨珠、木雕人像等。整个墓葬未发现有陶器。

从墓葬出土文物分析,古墓沟的居民主要从事畜牧业,饲养羊(山羊、绵羊)和牛,墓葬中曾出土牛羊角多达 26 支,鞋、毡及毛布等也取自羊绒及羊皮,说明畜牧业是当地的重要经济门类。小草篓中的麦粒,经鉴定,其形态特征与现代普通小麦无异,而小麦的种植,可能新疆地区较内地为早,这是古代新疆人民的一项伟大贡献,[1]说明当地居民也有原始的农业。狩猎与渔业也是其经济的补充门类。此外,家庭手工业中毛纺织业特别发达,毛毯、毛毡制品出土数量多,质量较高。特别值得提出的是,随葬品中有一批麻、红柳、芨芨草、胡杨、红花、芦苇等植物或制品,说明三千多年前罗布泊地区的生态环境与现代南疆绿洲荒漠或半荒漠的生态环境基本相同,尤其是与公元前 2 世纪后的汉代楼兰国的生态环境相同。[2]

据人类学家对古墓沟出土的 18 具头骨(男 11、女 7)的测量分析,当地人种均可归入原始欧洲人类型,内又可分为:早期(早期墓葬)人种,即与南西伯利亚、哈萨克斯坦阿凡纳羡沃文化(铜石并用时代,约公元前 3000 年至前 2000 年初)人种相近;晚期(晚期墓葬)人种,与南西伯利亚、哈萨克斯坦安德诺沃文化(青铜时代,约公元前 2000 年至前 1000 年前)人种相近。[3]

(5)帕米尔高原的香宝宝墓地,也有学者称之为"香宝宝文化"。1976 年、1977 年新疆考古工作者在塔什库尔干县城北约 4 公里的香宝宝墓地进行了两次发掘,共发掘 40 座墓葬。其文化特征:墓葬地表有

〔1〕新疆社会科学院考古研究所:《孔雀河古墓沟发掘及其初步研究》,载《新疆文物考古新收获》(1979—1989),第 92 - 102 页。

〔2〕见新疆社会科学院考古研究所:《孔雀河古墓沟发掘及其初步研究》。

〔3〕韩康信:《孔雀河古墓沟墓地人骨研究》,载《丝绸之路古代居民种族人类学研究》,第 33 - 58 页。

石堆和石围两种标志,均为竖穴墓,有火葬及土葬两种形式。出土文物有生活用的夹砂陶器,均手制,素面,器形有釜、罐、碗、钵、杯、纺轮等。出土铜器数量较大,大都为装饰品,生产工具很少,有镞、饰片、牌、珠;另有少量铁器(小刀、管、镯等)和金饰片、木器、骨珠等。墓葬年代,据碳十四测定为公元前 800 年至前 500 年,相当于内地春秋战国时期,属新疆早期铁器时代文化。[1]

墓葬出土文物表明,该处居民处于原始社会末期,社会生产力低下,没有农业工具,羊骨、鸟骨较多,说明其经济以畜牧和狩猎为主。这与帕米尔高原的自然环境是一致的。其居民有部分为火葬,故发掘者认为这部分居民可能为有火葬习俗之羌人;其余土葬之居民墓葬则与邻近帕米尔塞人墓葬相近,故可能为塞人。[2] 人类学家仅对其中一具头骨进行了测量,结果是与塔吉克斯坦帕米尔塞人头骨接近,可归属于欧洲人种支系地中海类型。[3]

1.3 史前时期新疆绿洲文化的若干特征

从上述 5 种新疆青铜时期至早期铁器时代的墓葬遗址,我们可大致了解在这一漫长的历史时期(公元前 1000 年—前 200 年)新疆以绿洲文化为中心的若干重要特征。

首先,以上 5 处考古学所称的青铜时代至早期铁器时代文化遗址,均具有一定的典型性,代表了新疆绿洲、山谷、高原的不同文化类型。如哈密绿洲的焉不拉克文化,吐鲁番绿洲(盆地)的苏贝希文化,焉耆绿洲北沿的察吾乎文化,罗布泊楼兰绿洲的古墓沟文化,以及帕米尔高原的香宝宝文化。地点从新疆东北的哈密、吐鲁番,西南到焉耆、和静、罗布泊,再西南到帕米尔高原,形成一个以绿洲为中心的半月形地

---

〔1〕见新疆社会科学院考古研究所:《帕米尔高原古墓发掘报告》,载《考古学报》1981 年第 2 期。

〔2〕见新疆社会科学院考古研究所:《帕米尔高原古墓发掘报告》,载《考古学报》1981 年第 2 期。

〔3〕韩康信:《塔什库尔干塔吉克自治县香宝宝古墓出土人头骨》,载《丝绸之路古代居民种族人类学研究》,第 371 – 377 页。

带。这些具有典型意义的文化类型,大多与新疆荒漠、绿洲、山地、高原的地貌和干旱少雨的地理环境密切相关;故而,当时居民的经济生活便具有了一些相似的特征,又因其具体环境的不同而略有差别。处于荒漠边沿绿洲的居民,如焉不拉克文化、苏贝希文化、察吾乎文化、古墓沟文化遗址的居民,是农业与畜牧业兼有。他们种植并食用小麦、糜子、谷子等作物,同时又饲养羊、牛,作为衣食之源。他们利用绿洲少量的水源,采取原始粗放的耕作技术,开垦土地,种植作物,过着定居的生活。特别是小麦的种植和食用,比内地为早,这是一件了不起的大事。此外,上述各处文化遗址及出土文物,显示出当地居民毛纺织、编织、木器加工、制陶等手工业也较为发展。

第二,以上5处文化遗址均有铜器和铁器(晚期墓葬出土),说明当地居民已进入考古学中所称的青铜时代和早期铁器时代。出土铜器大多为小件生活用品和工具。这些铜器是新疆本地冶炼、制造的,还是从新疆以外地区传入的?新疆考古工作者曾在新疆尼勒克县圆头山及奴拉赛山发现了春秋战国时代铜矿采掘及冶炼遗址。如圆头山沿铜矿脉锅形洼地有古代采矿坑遗迹,最深处达 3 米以下;又发现在亚砂土覆盖层下有大量废矿堆。离圆头山不远的奴拉赛古铜矿遗址,曾发现一暗洞,洞深 30 米,长 20 米,最宽处 6 米,洞底岩石上发现木炭碎块及骨片,骨片上附着一层孔雀石;又发现十余处竖井洞口、巷道及大量铜矿石及石器。离矿井不远处为冶炼遗址,炼烧灰内见有木炭和铜锭。据碳十四测定年代为战国早期(距今 2440 ± 75 年)。[1] 由此,可以断言,新疆青铜时代墓葬出土的铜器绝大多数应为新疆当地所开掘、冶炼和制造。

至于新疆早期铁器时代铁器的来源,因器形与中亚早期铁器相似,故有可能由早已使用铁器的中亚传入;但也不排除新疆本地制造的可能。但无论如何,如上述,新疆使用铁器的时间要比内地早三四百年。

---

〔1〕见王炳华:《新疆地区青铜时代考古与文化试析》,载其所著《丝绸之路考古研究》,新疆人民出版社 1993 年版,第 156 - 158 页。

第三,从孔雀河下游古墓沟墓地出土的植物分析,公元前1000多年前罗布泊地区(古楼兰)的生态环境与汉代,甚至现今当地情况大致相同,属荒漠或半荒漠地带,即沙漠边沿绿洲。由此可推知,南疆地区沙漠边沿绿洲为人类居住之地,故其生态环境极为脆弱,在这面积不大的绿洲上生活的居民的经济生活受到这一生态环境的影响,不可能发展大规模的农业,而且人口的增长及经济的发展,必然导致当地生态环境的破坏。当地以后的历史发展,证实了上述的结论。

第四,体质人类学家对以上5处文化遗址出土人头骨的测量和研究结果表明,新疆南疆,包括东部吐鲁番、哈密一带主要居民的体质特征,属于欧洲人种(又称雅利安人种或欧罗巴人种)类型。其中,帕米尔高原、罗布泊地区主要属长颅欧洲人地中海类型,越往北则面型低宽的中亚安德诺沃——两河类型成分占优势。这些欧洲人种的居民是早在公元前1000多年前迁徙而来的,还是原来即土生土长于当地的?国内外学者意见分歧。我们以为,要明确回答这一问题为时尚早,在没有弄清新疆旧石器时代、新石器时代文化,特别是人种的情况下,要得出正确的结论是很困难的。

关于这一时期具有欧洲人种特征的新疆古代居民族属问题,学术界争论也颇多。有的学者认为帕米尔高原香宝宝墓中的欧洲人种应即古波斯文献所记之"塞迦人"(Saka),中国文献则称之为"塞人"或"塞种"。据《汉书》卷96《西域传》"乌孙国"条记:"大月氏西破走塞王,塞王南越县度(今帕米尔南达丽尔)";又记休循国(在葱岭西)、捐毒国(在葱岭北)皆"本塞种也"。又罗布泊地区曾陆续发现墓葬出土干尸胸前多有一小包麻黄细枝,死者头戴尖顶毡帽,此两种习俗与西方文献所记塞迦人相同。因此,有学者推测帕米尔、罗布泊一带欧洲人种为塞种人。[1] 此说可信。但有的学者进而推测这一时期的南疆大部分居民均为塞种人,根据似嫌不足,还待今后考古新的发现和进一步研究。此外,还有的研究者认为,罗布泊及南疆一带的居民为公元前

---

〔1〕王炳华:《古代新疆塞人历史钩沉》,载《丝绸之路考古研究》,第210－227页。

2000 年以来从东欧迁入的吐火罗人。[1]

值得注意的是,在新疆东部焉不拉克文化遗址出土的人骨测定中,蒙古人种(亚洲人种)占了绝大多数(72%),说明当时该地居民以蒙古人种为主,欧洲人种次之。哈密焉不拉克文化以南的吐鲁番西北阿拉沟文化遗址头骨测定,欧洲人种占 84.5%,蒙古人种占 12%;吐鲁番西南和静察吾乎文化遗址头骨测定几乎全为欧洲人种,仅 3 号墓出土头骨中欧洲人种有所弱化。由和静往南的罗布泊地区、帕米尔高原遗址头骨几乎全属欧洲人种,仅过去在罗布泊地区发现有所谓"突厥墓人种"有蒙古人种倾向。这一情况说明在公元前 1000 年前后,属蒙古人种的居民有从东向西逐渐渗透的趋势。正如我国体质人类学家韩康信所说:"可能至少在汉代以前,东、西方人种在新疆境内存在反向渗入,但相比之下,蒙古人种向西渗入比较零碎,不如西方人种成分的东进活跃。"[2] 而这批向西渗入新疆的蒙古人种,可能与甘青一带青铜时代的蒙古人种有关,应为中国史籍所载之"西戎"或"羌族"。

第五,与东西方人种在新疆反向渗入相关的,是东西方文化(广义的文化)在新疆反向渗入和交融的问题。这一问题事实上贯穿在新疆历史发展的整个过程之中。从上述 5 处新疆青铜时代至早期铁器时代文化遗址及出土文物分析,属欧洲人种的文化与中亚一带同时期文化相似;而蒙古人种占优势的焉不拉克文化则与甘青一带同期文化有密切关系。据有的学者研究,哈密地区早于焉不拉克文化的林雅墓地(哈密林场办事处与雅满苏矿驻哈密供应站院内墓地简称)出土彩陶,与河西走廊的四坝文化有更多的一致性。[3] 由此可知,早在新疆史前时期东西方文化就已不断反向渗入新疆地区,使之呈现出人种混杂、文化交融的局面。至于新疆史前时期的文化完全是从东西方传入的,或是本土发展起来的,这一问题与人种问题一样,目前下结论还为时

---

〔1〕参见王欣:《吐火罗史研究》,中国社会科学出版社 2001 年版,第 33 – 34 页。

〔2〕韩康信:《丝绸之路古代居民种族人类学研究》,新疆人民出版社 1995 年版,第 25 – 26 页。

〔3〕李水城:《从考古发现看公元前二千年东西文化的碰撞和交流》,载《新疆文物》1999 年第 1 期。

过早。

　　通过对新疆史前考古资料的分析和初步研究,这一时期属欧洲人种和东北蒙古人种的居民对新疆地区最早开发的历史,有了一个大致清晰的轮廓。当地居民使用石器、铜器和铁器(晚期),开发了新疆的绿洲、山谷和高原,主要从事畜牧业和农业,制陶、毛纺织、编织、冶炼等手工业亦较为发展。特别是铁器的使用和小麦的种植食用,比内地为早。但是,由于地理环境的严酷及交通不便,其开发的广度和深度均受到一定的限制。从总的方面来看,其经济、文化水平仍然落后于内地。当然,以上仅是据目前新疆史前考古5处文化遗址情况而论,相信随着新疆史前考古的发展,新疆最早开发的历史将会更加清晰、完整地凸现出来。

(原载于《西域研究》2003 年第 4 期)

2 两汉时期新疆的经济开发

2.1 西汉新疆的城郭国与当地的经济开发

公元前 2 世纪后,中国史籍对西域的记载越来越多,也较为翔实。公元前 139 年和公元前 118 年,西汉武帝为了抗击北边的强敌匈奴,两次遣张骞出使西域,联络大月氏、乌孙,共抗匈奴。张骞出使的结果之一,是正式开辟了与西域的交通,即后世所称的"丝绸之路"。同时,汉武帝还遣骠骑将军霍去病出兵,从匈奴手中夺取了河西走廊,设置河西四郡。公元前 104 年,武帝又遣贰师将军李广利伐大宛(今中亚费尔干纳)。此后,"西域震惧,多遣使来贡献,汉使西域者益得职。于是自敦煌西至盐泽(今罗布泊),往往起亭……"[1]

但是,当时西域诸国仍在匈奴的统治之下。在漠北草原建国的匈奴,自公元前 207 年冒顿单于建国后,日益强盛,不断攻掠汉朝北边。公元前 177 年左右,匈奴击走了在敦煌、祁连间的大月氏,西域的"楼兰、乌孙、呼揭及其旁二十六国皆已为匈奴"[2]。以后,"匈奴西边日逐王置僮仆都尉,使领西域,常居焉耆、危须、尉黎间,赋税诸国,取富给焉"[3]。因此,当汉朝开通西域交通,据河西走廊后,与匈奴争夺西域的斗争更为激烈。双方经过 60 多年的反复较量,终于在公元前 60 年,匈奴日逐王降汉,罢僮仆都尉;汉以郑吉为都护,设立都护治下一整套管理机构,诸国"自译长、君、监、吏、大禄、百长、千长、都尉、沮渠、当

---

[1]《汉书》卷 96《西域传》。
[2]《汉书》卷 94《匈奴传》。
[3]《汉书》卷 96《西域传》。

·欧·亚·历·史·文·化·文·库·

户、将、相至侯、王,皆佩汉印绶,凡三百七十六人"[1]。在西汉的有效管理下,西域的开发进入一个崭新的阶段。下面我们先从中国史籍《汉书》、《后汉书》的《西域传》所记西域诸国情况,看两汉时期新疆开发的概况。

班固撰《汉书》卷96《西域传》大致所记是在"自宣、平(公元前73年—前33年)后",西域"土地山川王侯户数道里远近翔实"的情况。现按《汉书·西域传》记载的顺序,列表如下(表2-1):

表2-1　汉朝西域诸国概况

序号	国名	今地	人口	城镇名	经济状况
1	若羌	今若羌西南	户450,口1750,胜兵500人。		随畜牧逐水草,不田作,仰鄯善且末谷。山有铁,自作兵。
2	鄯善(本名楼兰国,后改名)	今若羌	户1570,口14100,胜兵2912人。	扜泥城(今若羌)、伊循城(今若羌东米兰)	地沙卤,少田,寄田仰谷旁国。国出玉。能作兵,与若羌同。
3	且末	今且末	户230,口1610,胜兵320人。	且末城	有蒲陶诸果。自且末西以往皆种五谷,土地草木,畜产作兵,略与汉同。

---

[1]《汉书》卷96《西域传》。

序号	国名	今地	人口	城镇名	经济状况
4	小宛	今且末西南	户 150, 口 1050, 胜兵 200 人。	扜零城	见上述。
5	精绝	今民丰北尼雅遗址	户 480, 口 3360, 胜兵 500 人。	精绝城	见上述。
6	戎卢	今民丰南	户 240, 口 1610, 胜兵 300 人。	卑品城	见上述。
7	扜弥（宁弥）	今策勒东北达摩戈	户 3340, 口 24000, 胜兵 3540 人。	扜弥城	见上述。
8	渠勒	今于阗西南一带	户 310, 口 2170, 胜兵 300 人。	鞬都城	见上述。
9	于阗	今和田	户 3300, 口 19300, 胜兵 2400 人。	西城	见上述。
10	皮山	今皮山	户 500, 口 3500, 胜兵 500 人。	皮山城	见上述。
11	乌秅	今皮山西	户 490, 口 2733, 胜兵 740 人。	乌秅城	山居, 田石间, 有白草。垒石为室。
12	西夜（包括子合）	今叶城南	户 350, 口 4000, 胜兵 1000 人。	王治呼犍谷	与胡异, 类氐羌行国, 随畜逐水草。

· 欧 · 亚 · 历 · 史 · 文 · 化 · 文 · 库 ·

续表 2－1

序号	国 名	今地	人口	城镇名	经济状况
13	蒲犁	今莎车西南	户 650，口 5000，胜兵 2000 人。		寄田莎车，种俗与子合同。
14	依耐	今塔什库尔干东	户 125，口 670，胜兵 350 人。		少谷，寄田疏勒、莎车。
15	无雷	今塔什库尔干	户 1000，口 7000，胜兵 3000 人。	卢城	俗与子合同。
16	休循	今乌恰西	户 358，口 1300，胜兵 480 人。	王治鸟飞谷	畜牧逐水草，本塞种也。
17	捐毒	在休循西	户 380，口 1100，胜兵 500 人。	王治衍敦谷	随水草，依葱岭（帕米尔），本塞种也。
18	莎车	今莎车	户 2339，口 16373，胜兵 3049 人。	莎车城	有铁山，出青玉。
19	疏勒	今喀什	户 1510，口 18647，胜兵 2000 人。	疏勒城	有市列。
20	尉头	今乌什西	户 300，口 2300，胜兵 800 人。	王治尉头谷	田畜随水草，类乌孙。
21	姑墨	今阿克苏	户 3500，口 8400，胜兵 4500 人。	南城	出铜、铁、雌黄。

序号	国名	今地	人口	城镇名	经济状况
22	温宿	今乌什	户 2200，口 8400，胜兵 1500 人。	温宿城	土地物产与鄯善诸国同。
23	龟兹	今库车	户 6970，口 81317，胜兵 21076 人。	延城	能铸冶，有铅。
24	乌垒	今轮台东	户 110，口 1200，胜兵 150 人。		
25	渠犁	今库尔勒西南	户 130，口 1480，胜兵 150 人。		
26	尉犁	今库尔勒西	户 1200，口 9600，胜兵 2000 人。	尉犁城	地广，饶水草，田美。
27	危须	今焉耆北	户 700，口 4900，胜兵 2000 人。	危须城	
28	焉耆	今焉耆	户 4000，口 32100，胜兵 6000 人。	员渠城	近海（今博斯腾湖），水多鱼。
29	乌贪訾离	今玛纳斯东	户 41，口 231，胜兵 57 人。	王治于娄谷	

续表 2-1

序号	国 名	今地	人 口	城镇名	经济状况
30	卑陆	今吉木萨尔东	户 227,口 1387,胜兵 422 人。	王治天山东乾当国(谷)	
31	卑陆后国	今吉木萨尔一带	户 462,口 1137,胜兵 350 人。	王治番渠类谷	
32	郁立师	今奇台西	户 190,口 1445,胜兵 331 人。	王治内咄谷	
33	单桓	今乌鲁木齐西北	户 27,口 194,胜兵 45 人。	单桓城	
34	蒲类	今巴里坤一带	户 325,口 2032,胜兵 799 人。	王治疏榆谷	
35	蒲类后国	今巴里坤西	户 100,口 1070,胜兵 334 人。		
36	西且弥	今乌鲁木齐西南	户 332,口 1926,胜兵 738 人。	王治于大谷	
37	东且弥	今乌鲁木齐南	户 191,口 1948,胜兵 572 人。	王治兑虚谷	
38	劫国	今乌鲁木齐东北	户 99,口 500,胜兵 115 人。	王治丹渠谷	

序号	国 名	今地	人口	城镇名	经济状况
39	狐胡	今吐鲁番北	户 55，口 264，胜兵 45 人。		
40	山国	今库鲁格塔格山北麓	户 450，口 5000，胜兵 1000 人。		山出铁，民山居，寄田籴谷于焉耆、危须。
41	车师前国	今吐鲁番交河故城一带	户 700，口 6050，胜兵 1890 人。	交河城、石城	
42	车师后国	今奇台南	户 595，口 4774，胜兵 1890 人。	王治务涂谷	
43	车师都尉国	今吐鲁番高昌故城	户 40，口 333，胜兵 84 人。		
44	车师后长城国	今奇台西	户 154，口 960，胜兵 260 人。		
45	大月氏	今敦煌西北至巴里坤一带，后迁至阿姆河北	户 100000，口 400000，胜兵 100000 人。	监氏城（今阿富汗巴尔赫）	原为行国，随畜移徙，与匈奴同。迁阿姆河后，与安息同。
46	乌孙	今伊犁河流域	户 120000，口 630000，胜兵 18880 人。	赤谷城（在特克期河流域）	不田作种树，随畜逐水草，与匈奴同俗。

19

欧·亚·历·史·文·化·文·库·

　　上表所列凡46国,内大月氏、乌孙为天山以北"行国",而大月氏后为匈奴、乌孙所逼,迁至今中亚阿姆河北一带,征服大夏而居之。其余均为天山南城郭国,内也有所谓的"氐羌行国",如若羌、西夜、休循、捐毒等。以上46国皆为当时汉西域都护管辖,或在今新疆境内者(大月氏曾在今新疆境内),其余所记在今中亚诸国,未列入表内。

　　从上表中可看出,《汉书》撰者所记西域诸城郭国的顺序基本上以汉内地通西域的道路排列,而通西域的道路又与各城郭国的地理位置基本一致,且均与今新疆的地理环境,即沿沙漠边缘绿洲密切相关。也即是说,从公元前2世纪后,特别是在西汉经营西域60余年后,在今天新疆的沙漠绿洲及山谷间,出现了许多大小不等的城郭国。这些城郭国的人口差别较大,有如鄯善、扜弥、于阗、莎车、疏勒、龟兹、焉耆那样人口上万的大国,也有许多仅有数百人的小国。其中以"田畜"(农牧相兼)为主的城郭国有:鄯善(包括古楼兰)、且末、小宛、精绝、戎卢、扜弥、渠勒、于阗、皮山、乌秅、莎车、疏勒、尉头、姑墨、温宿、龟兹、乌垒、渠犁、尉犁、危须、焉耆、车师前国、车师后国、车师都尉国、车师后城长国等25国;其余多为以游牧为主的"行国"。这一情况与公元前2世纪前新疆青铜时代至早期铁器时代文化遗址所反映的畜牧兼农业的主要经济特征,是一脉相承的。如果将上述城郭国的经济类型与人口数联系起来,则可发现,以"田畜"为主的城郭国人口,比以畜牧为主的行国要多,说明在西域面积不大的绿洲上经营农牧业,要养活上万的人口,其经济发展已达到一定的水平。特别是且末以西诸国,"皆种五谷,土地草木,畜产作兵,略与汉同",即是说,其经济水平与内地汉族水平已相差无几。又《汉书·西域传》中记:若羌、鄯善,"山有铁,自作兵",莎车、龟兹、山国、姑墨等国,有铁山或山出铁、铜,说明当时有的城郭国采矿(铁或铜)、冶炼手工业也较为发达。

　　此外,上述46国中,共记有24座城镇,占诸国总数的52%左右。有城镇说明其国居民主要过着农业定居的生活,交通、商业较为发达。而这些城镇大多为其国都城,是其政治和经济的中心。有的国家的国都称为"谷",应主要是以游牧为主的诸国。在人类文明史上,城镇的出现与发展是文明发展的标志之一,它集中体现了当地居民的经济发展已达到一个较高的水平,也即是说标志着当地的开发已进入一个新的阶段。

2.2 东汉时新疆的经济开发

西汉末年,由于王莽施行错误的民族政策,西域诸国怨叛,复属于匈奴。东汉建立后,西域诸国不堪匈奴的压榨,纷纷遣使要求内属。后东汉经营西域,重新设置都护、戊己校尉等,"自建武(25—56年)至于延光(122—125年),西域三绝三通"。范晔撰《后汉书》卷88《西域传》对之记载颇详。按,《后汉书·西域传》所记西域情况,"皆安帝(107—113年在位)末,班勇所记云"。[1] 因此,我们将《后汉书·西域传》所记西域诸国情况与早于其60余年的《汉书·西域传》所记情况作一对比:

《后汉书·西域传》仅记载了西域一些国家的人口数,且自西汉末年以来,西域各国相互兼并,因此对各国人口的比较,有些困难;但对其中一些城郭国的人口变化,还是可以有大致的了解。比如于阗,西汉时人口有3300户,19300人;《后汉书》记于阗人口猛增至户32000,口83000,人数增加约3倍,其中应包括于阗兼并邻近皮山、渠勒及部分扜弥的人口。即便如此,于阗这60余年中人口的增长也是可观的。又如疏勒国,西汉时有户1510,口18647,《后汉书》仅记其户有21000,户数增长了近13倍;焉耆国西汉有户4000,口32100,《后汉书》记其有户15000,口52000,人口为原来的1.65倍,其中可能包括焉耆兼并邻近尉犁、危须、山国的部分人口。无论怎样,东汉城郭国人口比西汉时有较大的增长,这是毫无疑问的,它标志着在这约60多年内,西域又得到了进一步的开发。

在城镇建设方面,《后汉书·西域传》记载了一些新的城镇名,如

---

〔1〕《后汉书》卷88《西域传》。

疏勒的桢中城,焉耆的南河城,车师后国的候城、金满城、且屯城,伊吾(今哈密)的屯城等。《后汉书》卷47《班超传》还记有疏勒的槃橐城、乌即城,姑墨的石城,龟兹的它乾城等。城镇的增加,也是西域进一步开发的标志之一。

《后汉书·西域传》于诸国经济状况记载不多,可能是因为撰者范晔因"班固记诸国风土人俗,皆已详备前书(指《汉书·西域传》)"。但是,《后汉书》也有一些新的内容,如记伊吾卢(伊吾)"地宜五谷、桑麻、蒲萄。其北又有柳中,皆膏腴之地"。又记蒲类国、东且弥国"庐帐而居,逐水草,颇知田作",即是说此两国在东汉时已开始有了农业。又上引《后汉书·班超传》记班超攻焉耆国,"因纵兵钞掠,斩首五千余级,获生口万五千人,马畜牛羊三十余万头"。内记"马畜牛羊三十余万头",可能有些夸大,但也反映出焉耆牲畜数量之多,畜牧业之发达。

从上述两汉时期文献所记西域城郭国的人口、城镇、经济状况及其发展变化,可以大致了解两汉时西域开发的概貌。而开发西域的主要应是原居于该地的各族,包括前述的塞人、吐火罗人等欧洲人种,也有以游牧为主的内蒙古、甘肃、青海一带迁入的匈奴人、羌人等蒙古人种。羌人的居地从东边的若羌,沿昆仑山直到帕米尔高原皆有。在今新疆沙雅县于什格提遗址曾发现一枚东汉时的"汉归义羌长"铜印,说明羌人对新疆南部的开发有一定的贡献。此外,还有曾统治过西域的匈奴人,天山以北的乌孙人、月氏人、塞人,东汉末以来由中亚阿姆河一带迁入的贵霜人等,均对西域的开发起过重大的作用。

2.3 两汉对西域的经营与
历史上新疆第一次经济开发高潮

两汉时期西域的开发,是直接与两汉中央政府管理和实施的边疆民族政策相关的。两汉中央政府在西域设官置守,采取一系列稳定西域局势、保持各城郭国原有制度的羁縻、怀柔政策,有利于西域经济的发展。不仅如此,两汉中央政府还采取了一些开发西域的直接措施,主要是屯田和维护丝绸之路的畅通。

两汉于西域的屯田,始于汉武帝太初元年(公元前104年)李广利伐大宛之后。据《汉书·西域传》记,汉武帝时(约公元前101年),汉朝"自贰师将军伐大宛之后……于是自敦煌西至盐泽,往往起亭,而轮台、渠犁皆有田卒数百人,置使者校尉领护,以给使外国者"[1]。此后,两处屯田废止。到昭帝时(公元前86—前74年),汉廷依从前桑弘羊提出的扩大轮台屯田的建议,于公元前78年遣扞弥太子赖丹为校尉将军,复屯田轮台、渠犁。到汉地节二年(公元前68年),渠犁一带屯田士卒达1500人。[2]此外,汉朝还在汉元凤四年(前77年)更楼兰国名为鄯善后,"遣司马一人,吏士四十人,田伊循(且末东米兰)以镇抚之。其后更置都尉"[3]。到汉神爵二年(公元前60年),汉朝设置西域都护后,屯田的重点转至车师前部。车师屯田大约始于宣帝地节中,时郑吉曾使"吏卒三百人别田车师"。神爵二年,又徙车师屯田于北(应为"比")胥鞬(在今吉木萨尔一带)等地。到汉初元元年(公元前48年),汉廷置戊己校尉主管西域屯田事务,初治交河城,后移置高昌壁。[4]车师屯田一直继续到西汉末年。

东汉建立后,至明帝开始经营西域时,就十分重视屯田。汉永平十五年(72年),汉朝取匈奴伊吾卢地,于此置宜禾都尉以屯田。[5]过了两年,汉击车师,始复置西域都护、戊己校尉,以耿恭为戊己校尉,屯田金满城(今吉木萨尔),另一戊己校尉关宠则屯田柳中城(今鄯善鲁克沁),"屯各置数百人"[6]。明帝时,汉还于楼兰屯田,田卒达千人。[7]此后,西域三绝三通,在"三通"时,汉皆于上述地区屯田。此外,在民

〔1〕同书还记:"自武帝初通西域,屯田渠犁……征和中,贰师将军李广利以军降匈奴。"此亦可证武帝时曾屯田渠犁。武帝时在轮台屯田,又见于《史记》卷123《大宛列传》。

〔2〕见《汉书·西域传》。

〔3〕见《汉书·西域传》。

〔4〕见《汉书·西域传》。

〔5〕《后汉书》卷8《西域传》。

〔6〕《后汉书》卷19《耿恭列传》。

〔7〕见《后汉书》卷48《杨终列传》;《水经注》卷2。

丰北尼雅遗址（汉精绝国）曾发现一枚东汉时炭精制的"司禾府印"印范,证明汉在精绝也曾设置屯田机构,实行屯田。

以上所述,两汉在西域屯田之地有轮台（仓头）、渠犁、楼兰、车师前部、伊吾、交河、高昌壁、金满城、柳中、精绝等,屯田士卒有的地区达千人以上。两汉在西域的屯田是一种军事建设和生产建设相结合的措施,目的是供给戍守西域将士的粮食和军需,以生产自给;但是,其意义却远远超过了原来屯田的目的。

汉在西域的屯田,首先是直接促进了西域边疆的经济开发,因为士卒屯田就要建筑房舍,开垦荒地,兴修水利等。农田的开发,逐渐改变了西域一些地区以畜牧业为主的经济结构,使传统农业的比重上升。而兴修沟渠的水利,在干旱的西域是不可或缺的,屯卒引进了内地先进的水利设施,扩大了屯田的范围。上世纪我国著名考古学家黄文弼曾多次到新疆考察,在沙雅南、轮台南、罗布泊北和吐鲁番等地均发现了汉代水渠遗址,当地有的人称之为"汉人渠"。[1] 屯田的士卒还将内地先进的农业技术和铁制农具传入了西域。西域铁器的使用虽然早于内地,但作为农业工具的铁器几乎没有,说明西域诸国铁器制造、冶炼手工业已落后于内地。《汉书》卷70《陈汤传》曾记:西域胡人"兵刃朴钝,弓弩不利。今闻颇得汉巧……"由于汉朝屯田而传入西域的铁制农具及冶炼技术,促进了当地冶铁手工业的发展。在近代新疆考古调查和发掘中,曾在民丰尼雅遗址、洛浦南的阿其克山等地发现过汉代冶铁遗址,在库车北阿艾山发现过汉代冶炼坩埚、矿石和废渣等。[2]

两汉开通和维护丝绸之路,对西域开发的意义也十分巨大。自西汉开通至西域的交通之后,汉朝即从京师长安起,沿途设置亭、障、烽燧、驿置等,以维护交通的畅通,甚至西域的屯田,也有维护和供给往来使臣、商人的意义在内。丝绸之路的畅通不仅加强了中西方经济、文化

---

〔1〕见黄文弼:《塔里木盆地考古记》,科学出版社1958年版,第10－12、25页;《罗布淖尔考古记》,中国西北科学考察团丛刊之一,国立北京大学出版部1948年版,第111－112页等。

〔2〕史树青:《新疆文物调查随笔》,载《文物》1960年第6期。

的交往,而且促进了西域地区经济的发展。上述西域诸国人口的增加和城镇的兴起,与丝绸之路就有着密切的关系。关于此,前人论述颇多,不赘。下面仅就丝绸之路的畅通对西域商业的发展所起的作用,略加叙述。

从西汉武帝时张骞第二次出使西域之后,首先是每岁遣使西域的使者就"相望于道",内有不少使者,即是商人,史称"其使皆贫人子,私县官赍物,欲贱市以私其利",即指此。而西域诸国也以"朝贡"、"贡献"为名,不断遣使长安,除了政治上有依附汉朝的意义之外,其实质也是为了贸易,获取厚利。《汉书·西域传》记罽宾(今克什米尔南)遣使,有时"皆行贾贱人,欲通货市买,以献为名",即为一例。由于西域与汉朝双方使臣及商人往来日益增多,西方、西域的珍奇异宝大量出现于京师长安,而内地的纺织品、漆器、铁器等也传入西域。到东汉时,西域的商业因中西方贸易的繁荣而更为发展。正如《后汉书·西域传》所记:"立屯田于膏腴之野,列邮置于要害之路。驰命走驿,不绝于时月;商胡贩客,日款于塞下。"作为中西方贸易的通道和中转站的西域诸国,其商业也随之日益发展。近代以来,新疆的考古发现中,汉代内地的纺织品、漆器、铁器等物品,发现的数量、质量均十分惊人。而内地对西域的产物、特产,如良马、葡萄、毛织品、玉器、珠宝等的渴求,反过来又促进了西域商业,甚至毛纺织业、玉器等手工业的发展。

综上所述,两汉时期,在汉朝中央政府的经营之下,西域各族人民,包括进入西域的内地汉族士卒等,积极开发和建设西域,从而使西域的经济开发无论从广度还是深度来看都进入了一个崭新的时期,成为历史上新疆地区经济开发的第一次高潮。

(原载于《中国边疆史地研究》2005 年第 1 期)

3 西夜子合国考

两汉时期,在西域南道有西夜、子合两国,因《汉书》、《后汉书》的《西域传》对此两国记载的简约和不同,历代治西域史家有不同的认识和看法。据《汉书》卷96上《西域传》记:"西夜国,王号子合王,治呼犍谷,去长安万二百五十里。户三百五十,口四千,胜兵千人。东北到都护治所五千四十六里,东与皮山、西南与乌秅、北与莎车、西与蒲犁接。蒲犁及依耐、无雷国皆西夜类也。西夜与胡异,其种类羌氏行国,随畜逐水草往来。而子合土地出玉石。"又《后汉书》卷88《西域传》载:"自于阗经皮山,至西夜、子合、德若焉。西夜国,一名漂沙,去洛阳万四千四百里。户二千五百,口万余,胜兵三千人。地生白草,有毒,国人煎以为药,傅箭镞,所中即死。《汉书》中误云西夜、子合是一国,今各自有王。"由此,历代史家对汉代西夜、子合国的看法多有歧义和争论,众说纷纭。争论主要集中在西汉时,西夜国与子合国是一国或是两国,对两国的地理位置和居民族属以及魏晋后两国情况均有不同的说法。本文试图就这些问题发表一些不成熟的看法,以求教于方家。

3.1 汉代的西夜子合国

《汉书·西域传》仅为"西夜国"立传,而无"子合国"传,似西汉时西域南道只有西夜国而无子合国,故《后汉书·西域传》说《汉书》"误云西夜、子合是一国"。历代史家就《汉书》所记西夜、子合为一国或两国,《后汉书》撰者范晔所说是否正确,有不同的看法。

清代著名学者徐松撰《汉书西域传补注》就认为:"此《传》(《汉书·西域传》)所言地理,证以他书,皆是子合之事。盖汉书西夜国王号子,下有户口兵数及四至之文,传本夺烂,因以号子与子合牵连为一,范氏之论为不察矣。"即认为《汉书》所记西夜、子合为两国,《后汉书》所说不确。[1] 这一看法,为近现代学者所认同,且有补证。如周寿昌《汉书注校补》53 云:"观《后书》漂沙国之名,益证其为行国无治所矣。两国虽共壤,实一行国,一土著,班(指班固《汉书》)并未误为一国也。"苏北海也同意徐松之说,以为"范晔《后汉书》所指《汉书》中误称'西夜、子合是一国'语,我认为《汉书》并没有混称,因为《前汉书》中明言蒲犁、依耐接子合,可见当时班固也是把子合与西夜看成两个不同氏族部落的……"[2]彭卫也主张:子合位于呼犍谷中,与西夜相邻,属不同的两国。[3]

　　著名史学家岑仲勉撰《汉书西域传地里校释》一书,则不同意以上诸说,以为《汉书》所记之"西夜"乃是种族称谓,而非国称,"吾人既晓然于西夜是种称,本《传》之文字,即不难理会"。[4] 即是说,《汉书》所记为子合一国,所谓"西夜"者为族称,只是《后汉书》才记为两国。

　　值得注意的是,余太山近年来出版的《两汉魏晋南北朝正史西域传要注》一书,在注释《汉书·西域传》西夜国时,云西夜国"'王号子合王',也许意味着西夜国王族是子合人。子合人既王西夜,两者应有某种程度的融合"。又在注释《后汉书·西域传》西夜国时,云"传文以《汉书》为误;其实不尽然。《汉书·西域传》所谓'西夜子合'似乎可以有二种解释:既可能是一支西夜人领有呼犍谷为中心的子合土地,也可能是说呼犍谷的西夜人为子合人统治。果如后者,该传所谓'王号子合王',犹如同传称若羌国'王号去胡来王'。而本传载子合国王治名称、户、口、胜兵数与《汉书·西域传》所载西夜子合国相符,故其实祇是子合一国,或者说是子合一地的西夜人的情况"。[5]

---

　　〔1〕徐松:《汉书西域传补注》,广雅书局刻本,光绪二十年(1894 年)版。
　　〔2〕苏北海:《两汉在西域昆仑山、喀喇昆仑山及帕米尔高原的统治疆域》,载《新疆师范大学学报》1982 年第 1 期。
　　〔3〕彭卫:《略述班勇对古代西域的记述》,载《历史教学》1987 年第 11 期。
　　〔4〕岑仲勉:《汉书西域传地里校释》,中华书局 2004 年第 2 版,第 109 - 111 页。
　　〔5〕余太山:《两汉魏晋南北朝正史西域传要注》,中华书局 2005 年版,第 99、268 页。

仔细研读两汉《西域传》及前人论述,我们认为,《汉书·西域传》所记西夜子合国既为两国,又为一国。说其所记西夜、子合为两国,是因传本身就有"西夜国"和"子合国"两国名称的存在。西夜不仅是种族(民族)名,也为国名,传首即称"西夜国";而子合国在西汉时也存在,《汉书·西域传》在记载乌秅国、蒲犁国、依耐国、无雷国时多次提到子合。如记"乌秅国,北与子合、蒲犁,西与难兜接";"蒲犁国,王治蒲犁谷,南与西夜子合接";"依耐国,南与子合接,俗相与同";"无雷国,俗与子合同"[1]。又同传"《莎车传》载其国职官中有'备西夜君'一人,足见西夜,是莎车之劲敌,然据《汉书》莎车有户二千余,西夜则仅有户三百五十,显然不可能对莎车构成威胁。《后汉书》分西夜、子合为两国,西夜有户二千五百,而三百五十恰是子合之户数,由此可旁证,西汉时,西夜与子合亦当为二国,西夜当有二千余户,方能成为莎车之隐患"[2]。

然而,事实上《汉书·西域传》的确只叙述了一国,即名为"西夜国"而实为"子合国"。其原因是,当时西夜国"王号子合王",如上述余太山之推测,"呼犍谷的西夜人为子合人统治",两国或已并为一国。从传引户、口、胜兵人数与《后汉书》子合国完全相同的情况分析,《汉书·西域传》于此漏记了西夜国的户、口、胜兵数,且未明白叙述两国分合情况,致使《后汉书》撰者及后人,批评《汉书》误云西夜、子合是一国。或云"大约班固叙《西域传》时已失去西夜国之户口等资料,故误会西夜子合为一国,以子合之户数系于西夜国之下"[3]。

还应指出的是,两《汉书·西域传》撰者对西域南道上的西夜、子合两国分合情况及人口数等,是不够了解和清楚的。如上述《汉书·西域传》对西夜、子合两国的记述的遗阙和不清,以及对子合国(《汉书·西域传》误为西夜国)人、口、胜兵数完全相同的记述,在前、后汉

---

〔1〕《汉书》卷96上《西域传》。
〔2〕周振鹤:《西汉西域都护所辖诸国考》,载《新疆大学学报》(哲学人文社会科学版)1985年第2期。
〔3〕周振鹤:《西汉西域都护所辖诸国考》,载《新疆大学学报》(哲学人文社会科学版)1985年第2期。

相隔如此长的时间子合国户、口、胜兵数丝毫未变,也确实让人难以置信,只能说明两《汉书》撰者对西夜、子合两国情况所知不多。

3.2 西夜子合国的地理位置与族属

关于西夜、子合国的地理位置,《汉书·西域传》记载了其大致方位及距京师长安及都护治所的里程,且有北魏及隋唐时原子合国地所建"悉居半"、"朱俱波"国位置作参照。但是,中外学者依据所记里数及方位,得出了不同的结论。清代修纂的《皇舆西域图志》卷18,记汉西夜国在莎车南境,即叶尔羌南(今叶城南)的"裕勒阿里克",子合国在裕勒阿里克西5里的"库克雅尔"。[1] 清代学者李恢垣撰《汉西域图考》,则将汉西夜国、子合国的位置确定在乾竺特(今巴基斯坦吉尔吉特北部)和博洛尔(今吉尔吉特河流域)。[2] 法国汉学家沙畹则认为,汉子合国在清代叶尔羌南的哈尔噶里克(Karghalik,即今新疆叶城)。[3]

岑仲勉不同意上述意见,他在1937年出版的《佛游天竺记考释》一书中,从呼犍、悉居半的对音入手,考证呼犍语原系Wakahan,子合即在今Sarhad以东之地。[4] 在上述1981年出版的《汉书西域传地里校释》一书中,岑仲勉对子合国的位置作了进一步考证,坚持此国在今瓦罕(Wakahan,即今帕米尔南之瓦罕走廊)。[5] 余太山则认为,子合国呼犍谷在今叶城之西Asgan-sal河谷;漂沙(西夜国)在子合之西3000余里。[6] 谭其骧主编《中国历史地图集》第2册(地图出版社1962年版)西汉"西域都护府"(图37-38幅),将西夜置于紧临子合之东,今叶城南,与上述《皇舆西域图志》所记相合。

〔1〕钟兴麒等:《西域图志校注》,新疆人民出版社2002年版,第287页。

〔2〕李恢垣:《汉西域图考》,台北乐天出版社1974年版,第8、18页。

〔3〕〔法〕沙畹:《中国之旅行家》,中译文载冯承钧译《西域南海史地考证译丛》8编,商务印书馆1962年版,第12页。

〔4〕岑仲勉:《佛游天竺记考释》,商务印书馆1937年版,第31-32页。

〔5〕岑仲勉:《汉书西域传地里校释》,中华书局2004年第2版,第116-119页。

〔6〕余太山:《两汉魏晋南北朝正史西域传要注》,中华书局2005年版,第99、268页。

· 欧 · 亚 · 历 · 史 · 文 · 化 · 文 · 库 ·

综观上述诸家的看法及结合史籍,我们倾向于西夜、子合两国在今叶城南的结论,即同意《皇舆西域图志》及《中国历史地图集》的看法,并认为西夜、子合为紧临的两国,子合在西,西夜在东。因为两汉书《西域传》是按南道向西依次记录诸国的,其顺序是"自于阗(今和田)经皮山(今皮山),至西夜、子合、德若焉"[1],或记西夜、子合后,再记在帕米尔高原的"蒲犁国"、"依耐国"、"无雷国"等[2],故西夜、子合似不可能在今帕米尔高原南部。

至于西夜、子合国居民的族属,岑仲勉引《汉书》卷96下《西域传》"乌孙国"记:"本塞种地,大月氏西破走塞王,塞王南越县度,大月氏居其地……"以及同书卷96上《西域传》"罽宾国"(今克什米尔西)记:"昔匈奴破大月氏,大月氏西君大夏(今阿富汗阿姆河流域),而塞王南君罽宾;塞种分散,往往为数国,自疏勒(今新疆喀什)西北(应为"西南")休循、捐毒之属,皆故塞种也";而"蒲犁及依耐、无雷国皆西夜类也"[3],休循、捐毒、蒲犁、依耐皆帕米尔高原诸国,与西夜、子合邻,故西夜、子合皆为塞种,也即波斯文献中的 Saka 人。[4] 余太山也力主此说,并以为"西夜(shien-jyak),与塞(sək)得视为同名异译,故西夜亦得为种族名"。又说"'漂沙'(phiô-shea)当是 Massagetae 之对译",也即波斯所云之 Saka(塞种)人。[5] 但是,他在释"西夜与胡异,其种类羌氐行国"时,说"'胡'指匈奴,很可能是欧罗巴种。西夜既为塞种,则不应称'与胡异',称异者或其人已与羌氐混血之故,即所谓'类羌氐'"[6]。

然而,《汉书·西域传》明确记载:"蒲犁及依耐、无雷国皆西夜类也。西夜与胡异,其种类羌氐行国,随畜逐水草往来。"即西夜、子合等为"羌氐行国",与汉西部羌族有关。因而,有一些学者,如苏北海认

〔1〕《后汉书》卷88《西域传》。
〔2〕《汉书》卷96上《西域传》。
〔3〕《汉书》卷96上《西域传》。
〔4〕岑仲勉:《汉书西域传地里校释》,中华书局2004年第2版,第109—110页。
〔5〕余太山:《两汉魏晋南北朝正史西域传要注》,中华书局2005年版,第99、267—268页。
〔6〕余太山:《两汉魏晋南北朝正史西域传要注》,中华书局2005年版,第100页。

为:"蒲犁、依耐、无雷、西夜、子合都是同属于氐羌族的游牧部落,与塔里木盆地中以农业为主的一些属国的居民种类不相同。"[1]在两汉时期,中国史籍的确明记在西域南路有众多的羌氐部落,如在今新疆若羌一带有"婼羌",再沿今喀喇昆仑山北麓,直至帕米尔均有羌氐部落。《魏略·西戎传》记:"燉煌西域之南山(今喀喇昆仑山)中,从婼羌西至葱岭(今帕米尔)数千里,有月氏余种葱茈羌、白马、黄牛羌,各有酋豪,北与诸国接……"[2]而考古工作者在今新疆沙雅县于什格提遗址发掘出土过一枚东汉时"汉归义羌长"铜印。以上记载与上述《汉书·西域传》记西夜、子合等为"羌氐行国"是一致的。

因此,我们认为,西夜、子合,包括帕米尔高原的蒲犁、依耐、无雷等国,其原土著居民应为羌氐的游牧部落,只是大约在公元前177至前176年左右,原在敦煌、祁连间的大月氏为匈奴所破[3],大月氏击走在伊犁河流域的塞王,塞王西南迁至帕米尔一带,征服该地原土著的羌氐部落,而建立西夜、子合等国。也即是说,自此之后,包括西夜、子合等南道诸国的居民,除原土著羌氐部落外,又有塞种人。经数百年后,该地塞种与羌氐部落逐渐融合,成为余太山所谓的"与胡异",而"类羌氐"了。

这种情况,到公元5至6世纪的南北朝、隋朝时,更为明显。唐杜祐撰《通典》卷193《西戎五》记有"朱俱波"国,云其为"汉子合国也","其人言语与于阗相似,其间小异。人貌多同华夏,亦类疏勒(疏勒)"。众所周知,于阗当时通行的语言文字学者称之为"于阗塞语",与该地有大量塞种人有关。朱俱波(汉子合国)种族,体貌多同"华夏",即同蒙古人种的内地汉族和羌氐诸族;"亦类疏勒",即属与塞人种族相类之欧罗巴人种。即是说,汉子合国直到后来的朱俱波国内居民杂有塞种和羌氐民族,两者已逐渐融合。

〔1〕苏北海:《两汉在西域昆仑山、喀喇昆仑山及帕米尔高原的统治疆域》,载《新疆师范大学学报》1982年第1期。

〔2〕《三国志·魏志》卷30《乌丸鲜卑东夷传》注引《魏略·西戎传》。

〔3〕匈奴击大月氏年代采余太山说,见其著《塞种史研究》,中国社会科学出版社1992年版,第56页。

·欧·亚·历·史·文·化·文·库·

3.3　魏晋后的西夜国和子合国

　　《后汉书·西域传》"莎车国"记,早在东汉建武九年(33 年),莎车王康卒,其弟贤代立,贤"攻破拘弥(今新疆于田)、西夜国,皆杀王,而立其兄康两子为拘弥、西夜王"。至二十二年(46 年)左右,莎车王贤又"疑诸国欲畔,召位侍(于阗王)及拘弥、姑墨(今新疆阿克苏)、子合王,尽杀之,不复置王,但遣将镇守其国"。即是说,在东汉建武年间,西域南道的莎车国强盛,先后征服了西夜和子合等国,以其侄或将镇守该地。可是,到东汉明帝永平四年(61 年),莎车王贤为于阗王广德等所擒杀,莎车国衰亡,后匈奴出兵击降广德,先后立贤子为莎车王。章帝章和元年(87 年),时任东汉西域长史班超联合于阗击降莎车,"自是威震西域"。[1] 西夜、子合国或于此前后复国。

　　至三国曹魏时,有关西夜、子合国记载不多,仅见鱼豢《魏略·西戎传》记西域中道时云:"桢中国、莎车国、竭石国、渠沙国、西夜国、依耐国、满犁国、億若国、榆令国、捐毒国、休脩国、琴国皆并属疏勒。"[2] 此为西夜国并属于疏勒而亡国,而子合国似仍存在。东晋隆安三年(后秦弘始元年,399 年),有僧人法显从长安出发,西行求法,撰有《佛国记》(又名《佛游天竺记》),详记其行程。内云其从长安出发,至五年(401 年)到于阗,后"显等进向子合国,行二十五日到其国。住子合国十五日,南行四日入葱岭,到于麾国安居"[3]。法显经西域南道时,从于阗向西,仅记有"子合国",而无西夜国,证明前述西夜国已亡于疏勒。

　　北魏建立后,西域南道有名为"悉居半"国,不时朝贡。据《魏书》卷 102《西域传》"悉居半国"记:"悉居半国,故西夜国也,一名子合。其王号子[合王],治呼犍[谷],在于阗西,去代万二千九百七十里。太

---

〔1〕见《后汉书》卷 47《班超传》。

〔2〕《三国志·魏志》卷 30《乌丸鲜卑东夷传》注引《魏略·西戎传》。

〔3〕见岑仲勉:《佛游天竺记考释》,商务印书馆 1937 年版,第 35 - 40 页。

延初,遣使来献,自后贡使不绝。"[1]按,《魏书·西域传》系后人据《北史》补,内错讹之处甚多,在抄录《汉书》时缺遗数字,且误汉代西夜、子合为一国等;但其云悉居半为汉子合国则是正确的,此后唐代的《通典》、《新唐书》等均主此说。又《魏书·西域传》还记有"朱居"国,此国似为"悉居半"国之另一译名"朱居槃"、"朱俱波"的异译(缺一"槃"或"波"字),则悉居半、朱居两国在同传中重出,其因可能系转录宋云《行记》以致重出。[2]

子合国何时改称为悉居半?悉居半又何时改译称为"朱俱波"、"朱居槃"?史籍阙载,我们只能从唐杜祐《通典》卷193《西戎五》"朱俱波"条中窥其一二,内云:"朱俱波,后魏时通焉。亦名朱居槃。汉子合国也。今并有之汉西夜、蒲犁、依耐、得若四国之地……其王本疏勒国人(下原注:《魏略·西戎传》曰:西夜并属疏勒")。宣武永平中(508—512年),朱居槃国遣使朝贡……"朱居槃即悉居半之异译,名同译写不同故。

据《魏书》本纪及《册府元龟》卷969《外臣部》"朝贡二"记,悉居半(后云朱居槃、朱俱波)向北魏朝献共5次:

太延五年(439年)十一月,"……悉居半诸国各遣使朝献"。[3]

和平三年(462年)三月甲申,"……悉居半、渴槃陁诸国各遣使朝献"。[4]

景明三年(502年),"是岁……朱居槃……诸国并遣使朝贡"。[5]

永平四年(511年)九月甲寅,"……朱居槃……诸国并遣使朝献"。[6]

神龟元年(518年)二月戊甲,"……末久半(即朱居槃)诸国并遣

〔1〕又《北史》卷97《西域传》"悉居半国"条同《魏书》,系后者抄自前者。
〔2〕见《魏书》卷102《西域传》,中华书局校勘本,第2286页,校勘记29。
〔3〕《魏书》卷4上《世祖纪》。
〔4〕《魏书》卷5《高宗纪》。
〔5〕《魏书》卷8《世宗纪》。
〔6〕《魏书》卷8《世宗纪》。

·欧·亚·历·史·文·化·文·库·

使朝献"。[1]

又神龟元年有宋云及沙门惠生出使西域。次年七月二十九日,宋
云一行"入朱驹波国。人民山居,五谷甚丰。食则面麦,不立屠煞
(杀)。食肉者以自死肉。风俗言音与于阗相似;文字与波(婆)罗门
同。其国疆界可五日行遍"。[2] 此《行记》不仅记录了北魏神龟元年
悉居半也译作"朱驹波"(朱俱波),更重要的是记录了当时朱俱波国内
居民的经济、文字、风俗等情况。由此可见此时的朱俱波,即原子合国
人的经济生活,已不再是汉代时"羌氏行国"的游牧经济,而是以山居
为主,从事五谷生产的农业经济了。

从上引的史籍看,首次出现"悉居半"国名是在北魏太延五年,此
国向北魏朝献之时(《魏书·西域传》云悉居半于太延初朝献误),而在
东晋隆安五年抵达子合国的求法僧法显,犹称此国为"子合国"。由此
可推测,子合国兼并汉西夜、蒲犁、依耐、得若四国,改名为"悉居半",
当在东晋隆安五年至北魏太延五年(401—435 年)之间,具体情况已不
可得知。

又中国学者余太山认为:"'悉居半'(siet-kia-puan)与'子合'
(tziə-həp)为同名异译。二者与本传另处所见'朱居'(tjio-kia)均为
čakukalka之对译。"[3]悉居半与子合是否同名异译,似很难确定;悉居
半与朱居槃(朱俱波)为同名异译则确。中国史籍将悉居半改译为朱
俱波(槃),大约自北魏景明三年前后。以后,隋、唐时均沿用此名。

但是,也不尽然。尽管北魏太延五年最早出现"悉居半"的国名,
但在此后"子合国"名仍然有沿用。1997 年在吐鲁番洋海 1 号墓出土
了一份文书,编号为:97TSYM1:13-5+97TSYM1:13-4。荣新江曾撰
《阚氏高昌王国与柔然、西域的关系》一文,对此文书有专门研究。他
认为,此文书是高昌阚氏王国于柔然永康九至十年(474—475 年)出
人、出马护送外来使者至柔然等地的记录。文书第 12 行记有:"十年

〔1〕《魏书》卷9《肃宗纪》。
〔2〕见范祥雍:《洛阳伽蓝记校注》,古典文学出版社 1958 年版,第 276-278 页。
〔3〕余太山:《两汉魏晋南北朝正史西域传要注》,中华书局 2005 年版,第 439 页。

(475年)三月八日送吴客（南朝使者）并子合使（向）北山，高宁八十三人、白力（第13行）廿五人，合百八人；出马一疋。"此文书说明，就是在北魏孝文帝延兴五年（475年）高昌地区仍称悉居半为"子合"国，子合之名仍存。至于子合国为何遣使经高昌至柔然，荣新江文有详细考释，不赘述。[1]

此外，国内学者还认为，《南史》卷54《西北诸戎传》"滑国"条中所记之"句般"及"周古柯国"均为朱俱波国之异译。[2]

《隋书》卷83《西域传》虽未为朱俱波立传，但在记述西域南道的于阗、疏勒的位置时，出现"朱俱波"之国名，证明此国的存在。《新唐书》卷221《西域传上》有"朱俱波"传，内容系摘引自《通典》和《宋云行记》。

值得注意的是，唐贞观年间赴印度求法的玄奘等所撰的《大唐西域记》卷12记有玄奘返国时所经过的"斫句迦"国。中外学者均认为此国即朱俱波国。季羡林等撰《大唐西域记校注》卷12注释云：

> 斫句迦国：《后汉书》和《法显传》作子合国，《洛阳伽蓝记》卷五作朱驹波，《魏书》作悉居半，《大方等大集月藏经》作遮俱波，《南史》作句般，《新唐书》作朱俱波或朱居槃，都来自 čukupa，čukuban，čakupa，cakuban（悉居半除外），也即藏文文献中之 ču-go-ban，ču-gu-pan，佉卢文人名中之 čugupa，čugopa。另外，《续高僧传》卷二《阇那崛多传》作遮拘迦，《月藏经》又作遮居伽，《南史》又作周古柯，皆来自 čakukalka，为梵文化的字尾……据中外学者考证，斫句迦即今新疆的叶城县，现代维吾尔语称为 Qaryalïq（意为"有乌鸦之地"）。[3]

此注释从语言学入手，全面考释朱俱波等语源，可信从。

《大唐西域记》卷16所记之斫句迦国，保存了该国在7世纪初的

〔1〕荣新江：《阚氏高昌王国与柔然、西域的关系》，载《历史研究》2007年第2期。

〔2〕荣新江：《阚氏高昌王国与柔然、西域的关系》，载《历史研究》2007年第2期；季羡林等校注：《大唐西域记校注》，中华书局1985年版，第998页。

〔3〕季羡林等校注：《大唐西域记校注》，中华书局1985年版，第998页。

社会情况,弥足珍贵:

> 从此(佉沙国,今喀什)东南行五百余里,济徙多河,踰大沙岭,至斫句迦国(原注:"旧曰沮渠")。斫句迦国周千余里。国大都城周十余里,坚峻险固,编户殷盛。山阜连属,砾石弥漫,临带两河(叶尔羌河和提孜那甫河),颇以耕植。蒲陶、梨、奈,其果寔繁。时风寒,人躁暴,俗唯诡诈,公行劫盗。文字同瞿萨旦那国(于阗),言语有异。礼义轻薄;学艺浅近。淳信三宝,好乐福利。伽蓝数十,毁坏已多。僧徒百余人,习学大乘教。[1]

内记斫句迦国"旧曰沮渠",此沮渠显然是"朱居"的异译,其语源即上述čakukalka。

从公元 1 世纪前后的西夜、子合国至 7 世纪后之朱俱波(斫句迦)国,该地区居民社会经济、文化习俗的巨大变化,可大致了然。

(与王文利合作,原载于《民族研究》2010 年第 6 期)

---

〔1〕季羡林等校注:《大唐西域记校注》,中华书局 1985 年版,第 998 页。又唐慧立、彦悰撰《大慈恩寺三藏法师传》卷 5,中华书局 1983 年版,第 120 页,唐道宣撰《释迦方志》卷上《遗迹第四》,中华书局 1983 年版,第 16 页等,均记有"斫句迦国",内容大致同《大唐西域记》。

4 试论吐鲁番阿斯塔那沮渠封戴墓出土文物

4.1 沮渠封戴墓的发掘及出土文物

1972 年,新疆维吾尔自治区博物馆在吐鲁番阿斯塔那墓区发掘了一座 5 世纪的墓葬(72TAM177 号)。斜长墓道(长 19.8 米),凿洞墓室,墓门向东。在墓道中部填土中,出土了一方石墓表,高 43.8 厘米,宽 14.2 厘米,阴刻汉字 5 行,40 字:

> 大凉承平十三年,岁
> 在乙未,四月廿四日,
> 冠军将军、凉郡高昌
> 太守、都郎中大沮渠
> 封戴府君之墓表也。[1]

此墓已被严重盗扰。墓室并置两棺,均被启开。在墓室一角发现木令一件,高 24.2 厘米,宽 11.4 厘米,厚 0.8 厘米,上墨书汉字 7 行,112 字:

> 有
> 令:故冠军将军、都郎中、高昌太守封戴,夫功高德邵,好爵亦崇,惟君诞秀神境,文照[昭]武烈。协辅余躬,熙继绝之美;允厘庶绩,隆一变之祚。方遵旧式,褒赏勋庸,策命未加,奄然先逝。眷言惟之,有恨乎心。今遣使者阴休,赠君敦煌太守。魂而有灵,受兹嘉宠。

---

〔1〕见新疆维吾尔自治区博物馆:《新疆出土文物》,文物出版社 1975 年版,图版 52、53。

·欧·亚·历·史·文·化·文·库·

承平十三年四月廿一日起,尚书吏部[1]

同时出土的文物还有陶器(盆、罐、壶等)、漆器(盘、勺、耳杯等)、木器(木几、木窗架等)和一批丝织品。丝织品中有两件较完整,且特别珍贵:一是男尸身着的禽兽锦袍,一是葡萄兽纹刺绣被褥。两件丝织品虽已残破,但色泽、图案仍然鲜明。此外,出土文物中还有弓箭1副、漆奁、铁镜、梳、锦囊及4个泥俑等。[2]

根据出土的石墓表和木令的文字,可知此墓是在"大凉承平十三年"埋藏的,墓主人是大凉高昌太守且(同"沮")渠封戴夫妇。大凉,应是史书所记之"北凉"。王树枏撰《新疆访古录》卷1,据1903年在今吐鲁番县城东高昌故城出土的"北凉沮渠安周造寺功德碑"[3],以及今鄯善吐峪沟出土的记有"大凉王大沮渠安周所供养"、"承平十五年岁在丁酉"的菩萨经残卷,考证了"承平"年号系北凉沮渠氏偏安于高昌时的年号。承平元年是沮渠无讳接受南朝刘宋政权封号之次年,即公元443年,甲申岁。如此,则封戴埋葬于承平十三年,应即455年,按干支推算,是岁在乙未,与石墓表所刻"岁在乙未",完全相符。沮渠封戴与偏安于高昌的大凉王沮渠安周同姓,封戴名不见于史籍。在仅据高昌一地的北凉政权中,能出任高昌太守,想必是北凉统治者沮渠氏家族中的主要成员。[4]

中国文献中,有关北凉的历史记载比较简约,出土文物也很少。特别是北凉后期沮渠无讳、沮渠安周据高昌时的历史,记载就更为寥寥。沮渠封戴墓出土文物不仅对补征北凉后期历史是极为难得的资料,而且也是研究5世纪我国西北地区与内地的关系,以及当地各民族相互融合、相互影响、共同建设和开发西域的珍贵资料。

---

〔1〕见新疆维吾尔自治区博物馆:《新疆出土文物》,文物出版社1975年版,图版53。

〔2〕穆舜英:《新疆出土文物中关于我国古代兄弟民族的历史文物》,载《新疆历史论文集》,新疆人民出版社1978年版。文内原录木令文字似有误:参照图片,木令中第2字应为"令",而非"今";第21字应为"邵",而非"部";第68字应为"先",而非"光"。

〔3〕此碑为德国探险队窃去,原藏于德国柏林国家博物馆,后在第二次世界大战中毁于战火。

〔4〕《魏书》卷55《沮渠蒙逊传》记:牧犍(一作"茂虔")曾遣其子封坛(《十六国春秋·北凉录》作"封疆")朝于京师。此封坛是否即封戴?如系一人,则封戴应为安周侄。按,封戴为北凉冠军将军,而蒙逊曾封其子菩提为冠军将军,此位极崇,必亲属当之。故颇疑封戴即封坛。

4.2 关于偏安于高昌地区的北凉政权

北魏太延五年(439年)，太武帝拓跋焘攻取凉州，灭北凉政权，俘沮渠牧犍(蒙逊子)。过了两年，北魏军队击溃了牧犍兄弟所领的军队，将北凉残余势力逐向敦煌以西。到北魏太平真君二年(441年)，北凉残余势力，原酒泉太守沮渠无讳、乐都太守沮渠安周(均为牧犍弟)等，弃敦煌，渡流沙，最后袭据高昌，重建北凉政权。[1] 次年，无讳派常侍氾隽奉表至刘宋政权，表示臣属。宋朝封无讳为"持节，散骑常侍，都督凉、河、沙三州诸军事，征西大将军，领护匈奴中郎将，西夷校尉，凉州刺史，河西王"。太平真君五年(444年)无讳卒，安周继立。宋封安周与无讳同。[2]

沮渠封戴墓出土文物再一次补证了上述的历史事实，证明沮渠无讳、安周逃到高昌后，重建北凉政权，称"凉王"，且有"承平"年号。这个"凉"应是原北凉政权的延续。出土的木令上有"协辅余躬，熙继绝之美；允厘庶绩，隆一变之祚"一句，这完全是沮渠安周本人之口气。"协辅余躬，熙继绝之美"，是说封戴协助安周光大了灭亡了的北凉王朝；"允厘庶绩，隆一变之祚"，是说封戴帮助安周很好地处理了行政事务，使曾一度灭亡的北凉又重新兴隆起来。正因为在这方面封戴有很大的功劳，安周在其死后，追赠他为"敦煌太守"。

事实上，安周时北凉政权仅据有高昌地区(包括交河)，从封戴原为"凉郡高昌太守"，后又追赠敦煌太守的情况看，疑安周的北凉政权和南朝一样，也有侨置州县的情况。[3] 这一推测还需以后地下出土文物来进一步证实。

既然偏安于高昌的北凉政权是原北凉的延续，其政治、经济等方

---

〔1〕见《宋书》卷98《氐胡传》；《魏书》卷43《唐和传》、卷30《车伊洛传》。

〔2〕《宋书》卷98《氐胡传》。

〔3〕封戴死后的追赠，应是遥领。木令中还有"凉郡高昌太守"之设，证明当时北凉在高昌设凉郡，故知高昌有侨置州县的可能。

面的制度也应基本承袭原北凉政权或内地政权。出土的墓表、木令中有"冠军将军、都郎中、高昌太守"、"敦煌太守",又有"尚书吏部"等官名。冠军将军的封号见于北凉前期政权,沮渠蒙逊曾封其子为冠军将军。[1] 木令中的"都郎中"、"尚书吏部"的官号均先见于内地政权。晋至南北朝时,内地政权中央机构尚书台所管诸曹署有郎中,为尚书曹司长官,都郎中当为统诸曹司的官员。"尚书吏部"为内地中央机构尚书台所管诸曹之一。如刘宋政权设吏部尚书,"领吏部、删定、三公、比部四曹"[2],吏部主要掌官吏的超迁。此木令是追赠封戴为敦煌太守之令,故署名为"尚书吏部"。又木令中"承平十三年四月廿一日起",为此令下发的日期。《宋书》卷15《礼志二》引"有司奏仪注"中记"……符到奉行。年月日起,尚书某曹"之例;出土汉、晋木简也有这种例证。

至于当时北凉政权在高昌地区设置郡县的情况,史多阙载。原北凉玄始九年(420 年),沮渠蒙逊曾因西凉旧制,在高昌设郡,以隗仁为高昌太守[3],旧说领田地县[4]。据近年来在吐鲁番出土的西凉建初十四年(419 年)衣物疏中有"高昌郡高昌县都乡孝敬里民韩渠"的文字推断,西凉、北凉所设的高昌郡应领附郭的高昌县和田地县。又最近发表的有关吐鲁番哈喇和卓古墓群发掘的文书中,见有横截县、高宁县。[5] 则目前可知,北凉高昌郡下属有上述 4 县。到沮渠安周偏安于高昌地区后,我们只知设有凉郡高昌太守,可能还有一些侨置郡县,如敦煌郡等。

《北史》卷 97《西域传》"高昌"条记:高昌地区"国有八城"。同书又说,北周时高昌地区已有城 16,隋时增至 18。即是说,在北周以前,高昌有 8 城。北凉(包括安周偏安高昌时)的城市,可考的有 6 座:高昌城,即今高昌故城;田地城,即今鲁克沁附近;交河城,即原车师前部

〔1〕《晋书》卷 129《沮渠蒙逊载记》。
〔2〕《宋书》卷 39《百官志上》。
〔3〕《晋书》卷 129《沮渠蒙逊载记》。
〔4〕洪亮吉:《十六国疆域志》卷 9《北凉》。
〔5〕新疆博物馆考古队:《吐鲁番哈喇和卓古墓群发掘简报》,载《文物》1978 年第 6 期。

都城,在今吐鲁番城西的交河故城;还有白力城,在今吐鲁番故城东柳中;此外,还有横截城和高宁城。陶保廉《辛卯侍行记》以横截城即火州(高昌故城),高宁即高昌,皆不可信。

北凉统治高昌的时期,高昌的经济已发展到较高的水平。据《北史·西域传》"高昌"条记,当地各族人民"引水溉田","谷麦一岁再熟","宜蚕,多五果,又饶漆"。说明当地农业、园艺、手工业十分发达。沮渠封戴墓出土的大量丝织品、漆器等文物也证明了这一点。这些丝织品、漆器很可能是当地的产品。过去有人认为,高昌地区出土的汉唐丝织品都是从内地运入的。这种看法,不够全面。近年来吐鲁番出土的北凉至魏氏高昌时期的文书中,曾发现有疏勒锦、丘(龟)兹锦和高昌所做丘兹锦的记载[1],证明当时高昌地区也生产丝织品。

在北凉时期,高昌地区的文化深受内地的影响。高昌地区各城不仅"皆有华人",而且广泛使用汉字。沮渠封戴墓出土的汉文墓表、木令,以及安周造寺功德碑、残经卷等,都有力证明了当时高昌通行汉语。偏安于高昌的北凉政权存在的时间不长,到北魏和平元年(460年)就被北方的柔然所灭,安周被杀,政权一共存在了17年。对这段时期高昌历史的研究,还待今后更多的出土文物。

4.3　北凉时期高昌地区各民族的相互影响和相互融合

3至6世纪是中国历史上政治形势动荡,各民族大迁徙、大融合的时期。许多少数民族统治阶级在中国北部建立了一些封建割据政权,北凉就是其中的一个。关于北凉沮渠氏的族源问题,历来主要有两种说法:一种认为源于月氏[2],一种认为源于匈奴[3]。按《晋书·沮渠

---

〔1〕新疆博物馆考古队:《吐鲁番哈喇和卓古墓群发掘简报》,载《文物》1978年第6期。

〔2〕见姚薇元:《北朝胡姓考》,中华书局1958年版,第369页;周一良:《魏晋南北朝史论集》,中华书局1963年版,第156页等。

〔3〕马长寿:《北狄与匈奴》,三联书店1962年版,第156-157页。

·欧·亚·历·史·文·化·文·库·

蒙逊载记》《宋书·氏胡传》的记载,沮渠蒙逊系"临松卢水胡人也","其先世为匈奴左沮渠,遂以官为氏",蒙逊之先世为此职。羌之酋豪曰大,故沮渠以官号为姓氏,而以大冠之,"世居卢水为酋豪"。临松在今甘肃张掖南临松山一带,该地有卢水(黑水)。这里自古以来就是一个多民族错居之地。早在公元前2世纪,这里主要居住的是匈奴、羌等族。西汉文帝前元三年至四年(公元前177—前176年)左右,匈奴击走在敦煌、祁连间的月氏,月氏大部分西迁,"其余小众不能去者,保南山羌,号小月氏"[1] 南山,即今甘肃祁连山。后小月氏则大部分南迁,居于湟中和令居(今甘肃永登西北),只有一小部分数百家居张掖[2] 1世纪,匈奴西迁后,这里成为各民族杂居之地,而卢水胡之名,始见于史籍[3] 到三国时,在今张掖至兰州以北地区的主要民族有匈奴、小月氏、羌和西域胡等[4] 因此,所谓的卢水胡,到魏晋之后,应视为上述民族相互融合后形成的"杂胡"。

   沮渠蒙逊的祖先既曾任匈奴左沮渠官,据《后汉书·南匈奴传》记载,匈奴"异姓大臣:左、右骨都侯,次左、右尸逐骨都侯,其余日逐、沮渠、当户诸官号,各以权力优劣、部众多少为高下次第焉"。异姓大臣是与匈奴单于挛鞮氏相对而言的,应是匈奴族。异姓大臣中,如须卜氏(卜氏),《晋书·北狄匈奴传》有"卜氏有左沮渠、右沮渠"的记载。因此,沮渠氏祖先曾任匈奴左沮渠,其源于匈奴异姓贵族是比较恰当的。可是,自魏晋之后,沮渠氏已成为卢水胡的世代"豪酋",成为月氏、羌、西域胡、匈奴等族融合后的"杂胡"了。《晋书》谓"羌之豪首曰大",沮渠氏前冠"大"字,显系羌化之明证。又谓沮渠蒙逊之母车氏,这是西域胡的姓氏,如车伊洛,史称其为"焉耆胡"。可见,魏晋之后我国西北地区形成了各民族相互错居、相互影响、相互融合的局面,沮渠氏本身

----

〔1〕《汉书》卷96《西域传》。

〔2〕《后汉书》卷117《西羌传》。

〔3〕《后汉书》卷117《西羌传》。卢水胡分布很广,包括今陕西西北、青海湟中、甘肃张掖等地。关于卢水胡最早源于何处,以及上述各地卢水胡的关系等问题,本文不涉及,只论张掖之卢水胡。

〔4〕见《三国志·魏志》卷30引《魏略·西戎传》。

就是一个最好的例证。

当时,我国西北地区各民族相互影响、相互融合的主流,是汉族先进的经济和文化对当地民族的影响,突出表现在西北各族的汉化上。以北凉沮渠氏为例,据史书记载,沮渠氏所建的北凉政权完全承袭了魏晋及汉族在河西建立的前凉、西凉的政权形式。《宋书·氐胡传》记蒙逊世子兴国曾遣使到刘宋,"请周易及子集诸书",得 475 卷。"蒙逊又就司徒王弘求《搜神》,弘写之。"沮渠牧犍即位后,曾向刘宋政权献《周生子》13 卷、《时务论》12 卷、《三国总略》20 卷、《十三州志》10 卷、《敦煌实录》10 卷、《凉书》10 卷……合计 154 卷。同时,牧犍向刘宋求《晋赵起居注》,诸杂书数十件。这些记载,表明北凉沮渠氏当时汉化已深,且文化程度也很高。

沮渠封戴墓出土文物更进一步证实和补充了上述的记载。出土的墓表、木令完全使用汉文,所记的官制表明是承袭了北凉前期的政治制度。这些制度又是与内地汉族所建政权的制度一脉相承的。

墓中出土的殉葬物品,如陶器、漆器、木器、铁镜、梳等,也与内地同一时期汉族官僚地主墓葬出土的相似。特别是出土的漆耳杯和漆勺[1],其形制与东汉以来内地出土的完全相同。墓主人身着的禽兽纹锦袍[2],是在靛青色底上以酱红、土黄、灰蓝三色显花,图案以四神和如意树中夹以各种野兽、禽鸟组成,文饰繁复,与汉、魏晋以来内地丝绸工艺图案系一脉相承。另一件葡萄禽兽纹刺绣被褥[3],采用汉代以来传统的锁绣和北朝出现的平绣,在黄绢上以酱红、青、褐、土黄等色线满绣葡萄纹,中夹绣各种姿态的神兽[4]。这种图案与流行于唐代的海兽葡萄纹铜镜有一定承续关系。上述丝织品不论从工艺或图案上看,都深受内地的影响。

出土的 4 件泥俑[5],均系用刀在泥块上刻画而成,制作简朴生动。

---

〔1〕见新疆维吾尔自治区博物馆:《新疆出土文物》,文物出版社 1975 年版,图版 55。
〔2〕见穆舜英:《新疆出土文物中关于我国古代兄弟民族的历史文物》。
〔3〕新疆维吾尔自治区博物馆:《新疆出土文物》,文物出版社 1975 年版,图版 57。
〔4〕新疆维吾尔自治区博物馆:《新疆出土文物》,文物出版社 1975 年版,图版 54。
〔5〕新疆维吾尔自治区博物馆:《新疆出土文物》,文物出版社 1975 年版,图版 54。

·欧·亚·历·史·文·化·文·库·

其中3个俑人,系圆脸,高颧骨,平鼻,眼细小,内两人着斜交领衫,右衽,一人着圆领长袍,两手对拱,有两人披发,一人着巾帽,后披至肩。另一俑系瘦长脸型,高鼻,着右衽斜口衫。前3俑的特点似蒙古利亚种人,披发右衽,与陕西茂陵霍去病墓前马踏一仰卧匈奴甲士石刻的甲士相似。他们很可能是含有匈奴血统的卢水胡。而长脸高鼻俑人,则可能是高昌当地人,即所谓的西域胡人。

通过上述对出土文物的分析,完全可以看出当时作为卢水胡的沮渠氏已经基本上汉化了。沮渠氏统治下的下层人民,如奴婢等卢水胡人则还保持着原民族的一些特征;但在多民族杂居的高昌,也开始逐渐融合到汉族或西域胡之中。这就是到隋唐时期,卢水胡之名再也不见于史籍的根本原因。

北凉统治高昌时,该地区多民族错居的情况,文献和出土文物还有许多例证。如无讳遣至刘宋的使臣氾隽,"北凉造寺功德碑"所记之"典作御史索宁"、"中书郎中夏侯桀",都是汉族。其中氾氏、索氏是河西敦煌的大族。车伊洛是焉耆胡人,还有世居当地的车氏,沮渠无讳进据高昌时所携的万余户人(其中包括一部分卢水胡),等等。出土文物中,精美的漆器和绚丽多彩的丝织品等,可视为生活在高昌地区各族人民的劳动成果。正是这里的各族人民用自己的辛勤劳动开发和建设了祖国的西北大地。

(原载于《考古文物》1980年创刊号)

5 略论碎叶的地理位置及其作为唐安西四镇之一的历史事实

历来读唐史的人均因唐史籍、诏书等记载安西四镇名称互异而发生疑问。早在唐中期苏冕修《唐会要》时,就曾提出:"咸亨元年四月,罢四镇是龟兹、于阗、焉耆、疏勒。至长寿二年十一月,复四镇敕是龟兹、于阗、疏勒、碎叶。两四镇不同,未知何故。"[1]这虽然仅是因为焉耆和碎叶两镇名的差异而提出的疑问,但却反映了记载唐朝统治西域历史文献不少散佚的事实。正因为文献残缺、散佚,所以长期以来,人们对于碎叶的地理位置及其作为安西四镇之一的历史事实产生了一些错误的认识,产生了一系列的疑问。如:碎叶在中亚抑或就在焉耆?碎叶是否曾为唐安西四镇之一? 它隶属于唐安西都护府,或是北庭都护府? 是否有两个碎叶?

今天我们研究这些问题,澄清一些错误的认识,不仅仅是解决一些重要的史实问题,更重要的是,它有助于弄清唐朝对今巴尔喀什湖以东以南地区实行有效管辖的历史事实。

5.1 唐代只有一个碎叶城

据我们所知,最早记述碎叶城的我国文献,是玄奘等所撰《大唐西域记》,内记玄奘往印度求法,曾路过碎叶,内云:"……清池西北行五百余里,至素叶水城。城周六七里,诸国商胡杂居也。土宜穈、麦、蒲萄,林树稀疎,气序风寒,人衣毡褐。素叶已西数十孤城,城皆立长,虽

---

〔1〕王溥:《唐会要》卷73。按,内记长寿二年应是敕复四镇年代,王孝杰收复四镇是在长寿元年(见《新唐书》卷111《王孝杰传》)。

·欧·亚·历·史·文·化·文·库·

不相禀命,然皆役属突厥。"[1]素叶水即碎叶水,即今中亚楚河;素叶水城,即碎叶城之异译,因水而得名。又唐代慧立、彦悰撰《大慈恩寺三藏法师传》卷2,还记载了贞观三年(629年)玄奘到素叶水城会见西突厥统叶护可汗的史实。

《通典》、《唐会要》、两《唐书》的《地理志》等唐宋以来重要史籍所记之碎叶城,大致与《大唐西域记》所记之地理位置相合。据中外学者考证,多认为唐代碎叶城在今巴尔喀什湖南、楚河上游的托克马克附近。[2]

但是,在唐代史籍、诏书上单独提到碎叶之名时,是否都是指楚河上游这个碎叶呢?有的学者认为,那就不一定了。因为他们认为至少在焉耆还有一个碎叶,主要根据是《新唐书·地理志》焉耆都督府下一段文字,全文如下:"贞观十八年(644年)灭焉耆,置有碎叶城。调露元年(679年)都护王方翼筑,四面十二门,为屈曲隐伏出没之状。"这条资料的问题在于,到底安西都护王方翼所筑之碎叶城在焉耆都督府,还是在中亚楚河上游?按,仪凤二年(678年)高宗命裴行俭以册立在京师长安的波斯王子泥涅斯回国为名,曾到今巴尔喀什湖以南地区,王方翼为副手随行。裴行俭此行的真正意图还是为了平定西突厥阿史那都支、李遮匐的叛乱,加强西北边防。行俭用计擒获都支、遮匐,"立碑碎叶而还"。[3]史籍所记之碎叶,显然是中亚楚河上游的碎叶。因为西突厥自隋末以来,就一直以这里为活动中心,其十部(又称"十箭")中,五咄陆部居碎叶以东,五弩失毕部居碎叶以西。[4]立碑是为了记功,因而绝不会立于在西突厥中心以东2000华里远的焉耆都督府。

到调露元年,留为安西都护的王方翼筑碎叶城,"街郭回互,夷夏

---

〔1〕《大唐西域记》卷1《跋禄迦国》。引文内的"清池",原书在另处附注有"或名热海,又谓咸海",即今伊塞克湖。

〔2〕关于碎叶城的故址,目前说法很多,还无定论。但其大体方位在今楚河上游托克马克附近是不错的。

〔3〕《新唐书》卷110《裴行俭传》。

〔4〕见《通典》卷195《突厥》。

纵观,莫究端倪,三十六番承风谒贺"[1]。以常识论,唐朝在计擒都支、遮匐后,绝不会在西突厥中心以东2000华里的焉耆筑城,因为在这里筑城,势必失去加强唐朝对西突厥各部控制的作用。同时,王方翼为裴行俭的副手,"兼检校安西都护"衔随征,唐军一直到达楚河碎叶一带[2]。因此,方翼所筑碎叶城应在玄奘所记素叶水一带,而绝不会在焉耆附近。所谓"筑",也并非新建,可能是在原城的基础上改建,这从筑城仅"五旬毕"的较短时间可推知。可见,《新唐书·地理志》将王方翼所筑之碎叶城置于"焉耆都督府"条下是不可靠的。关于此,清初学者早已明确指出:"至于王方翼筑碎叶城,应即素叶水城,《唐书·地理志》载入焉耆都督府下者,因为时方翼为安西都护,焉耆都督府亦隶安西,故误及之耳。"[3]

方翼所筑碎叶城既不在焉耆或其附近,是否又隶焉耆都督府呢?《通典》、《新唐书·焉耆传》曾明确记载,焉耆都督府西仅到龟兹,因而绝不会管辖到龟兹之西的碎叶。管辖碎叶的只能是安西都护府(治龟兹)。《新唐书·地理志》焉耆都督府下一段记载错误的根源,上面已指出,早在中唐时苏冕修《唐会要》时已经对安西四镇中的碎叶与焉耆名称的互异发生了疑问。到北宋时欧阳修等修纂《新唐书》时,对此疑问未作深入调查研究,就简单地以为碎叶就是焉耆。于是就张冠李戴,把王方翼在楚河筑碎叶城,硬搬到焉耆都督府下。

既然《新唐书·地理志》焉耆都督府下一段记载不可靠,那么是否还有资料可以证明焉耆或其附近有一碎叶城呢?我们遍检唐宋重要史籍都没有发现一条资料说唐代的焉耆就是碎叶,或焉耆附近有一碎叶城。相反,在北宋时,金人立刘豫所建齐阜昌七年(1137年)的《华夷图》(现藏西安碑林)上,碎叶的位置正好在龟兹之西、葱岭(今帕米尔)之北,而焉耆在龟兹以东。这幅古地图是依据唐代贾耽所绘《华夷图》辗转缩绘的,特别是该图所绘我国西北地区,更多地保存了唐代原图

---

〔1〕《张说之文集》卷16《王方翼碑》。
〔2〕《新唐书》卷221下《波斯传》。
〔3〕见《钦定皇舆西域图志》卷13。

·欧·亚·历·史·文·化·文·库·

的特点。这就有力地证明,焉耆与碎叶是相距甚远的两地,碎叶城在龟兹之西。

此外,还有一种说法,即认为碎叶城在楚河上游,而作为唐安西四镇之一的碎叶镇设在焉耆都督府。固然,唐代的城与军镇是有区别的;但唐代边镇完全是因地而设,如安西四镇中的龟兹、于阗、疏勒三镇,即在此三都督府所辖地设镇。因此,碎叶镇之设立也当在碎叶城或其附近,绝不会设于相距2000余华里、地名完全不同的焉耆都督府。所以会产生这种错误的理解,同样是因文献所记四镇名之异同而引起的。总之,问题很清楚,那种以为唐代有两个碎叶的说法无确实根源,因而也是错误的。

5.2　作为安西四镇之一的碎叶

唐代的碎叶城只有一个,就在今巴尔喀什湖南、楚河上游托克马克附近。如此,则苏冕提出的安西四镇名称互异的问题又是怎么一回事呢?据两《唐书》的《龟兹传》记,唐安西四镇设置于贞观二十二年(648年),唐朝派阿史那社尔平龟兹之后,且记四镇为于阗、碎叶、疏勒和龟兹,均隶安西都护府。内记碎叶者误,而应为焉耆。因贞观末,碎叶一带仍主要在西突厥的控制之下。当时,西突厥虽已臣属于唐朝,但唐朝并未直接管辖这一地区,只是在高宗显庆二年(657年)苏定方平西突厥阿史那贺鲁的反乱后,唐才于此设官置守。因此,贞观末年要在碎叶设镇是不能的。[1] 可是持焉耆有碎叶城意见的研究者正企图以此来证明焉耆即碎叶。他们认为既然焉耆的碎叶是调露元年后王方翼筑后才有的,此记的碎叶也显然是焉耆之误。

碎叶之代焉耆为安西四镇之一,是在调露元年王方翼于楚河上游改筑碎叶城之后,这有确实根据。《册府元龟》卷967记:"调露元年,

---

〔1〕岑仲勉在其所著《西突厥史料补阙及考证》(中华书局1958年版)一书中也说:"碎叶列四镇,是高宗时事,此处(指《旧唐书·龟兹传》)当作焉耆。唐是时势力未达碎叶也。"见该书第29页。

以碎叶、龟兹、于阗、疏勒为四镇。"这是唐朝在咸亨元年（670年）罢四镇后，再次恢复四镇。按当时形势来说，唐之复四镇完全可能。因为自罢四镇后，唐与吐蕃争夺四镇的斗争一直很激烈。到咸亨四年十二月，有弓月、疏勒二王降唐，接着在上元二年（675年）正月，唐又在于阗设毗沙都督府[1]，调露元年王方翼又改筑碎叶城。此时，唐平定西突厥都支、遮匐反乱，在中亚楚河一带的势力增长，龟兹以东的焉耆已不能发挥控制西突厥的作用，故唐朝才决定恢复四镇，并以碎叶代焉耆为四镇之一。苏冕所说咸亨元年吐蕃陷四镇无碎叶之名，而至长寿二年王孝杰复四镇时又无焉耆之名，正是因为在这期间（调露元年）碎叶代替焉耆为四镇之一的缘故。

1966年至1969年在新疆吐鲁番阿斯塔那发掘的古墓中，出土有唐氾德达的两件"告身"（均残），其中记为延载元年（694年）的一件首称："准垂拱二年敕金牙军拔于阗（下缺3字，应是'龟兹、疏'）勒、碎叶四镇。"金牙军，史不具载，但从永淳元年诏以裴行俭为金牙军大总管来看，金牙军即系原裴行俭部[2]。这件珍贵文物不仅有力地证明了碎叶作为安西四镇之一的事实，更重要的是，它补证了唐朝管辖西域地区的一些史实，对我们进一步弄清安西四镇及碎叶作为四镇之一的历史有很大帮助。

自贞观二十二年设置四镇后，唐朝因派兵远戍，粮食济运困难，曾在高宗永徽年间（650—655年）暂时放弃四镇，移安西都护府依旧于西州（治交河，今吐鲁番交河故城）[3]。显庆三年（658年）苏定方平西突厥阿史那贺鲁反乱后，复于龟兹设安西都护府，以高昌故地为西州[4]。而四镇第一次恢复也当于此时。调露元年唐朝第二次恢复四镇后，由于西突厥上层的反乱，原东突厥部骚乱，再加上唐朝内部一些人一直主张放弃四镇，因而，到垂拱二年（686年）有了第三次放弃四镇之事，

---

〔1〕《资治通鉴》卷202，"唐高宗上元二年正月"条。

〔2〕新疆维吾尔自治区博物馆：《吐鲁番县阿斯塔那—哈拉和卓古墓群清理简报》，载《文物》1972年第1期。

〔3〕《旧唐书》卷189《龟兹传》。

〔4〕《旧唐书》卷4《高宗纪》。

·欧·亚·历·史·文·化·文·库·

出土的《氾德达告身》就是一个明证。

告身所记之敕拔四镇中的"拔"字,在这里并不按一般的意思当"攻夺"、"攻取"讲;相反,应当作"抽回"、"撤出"讲。[1] 在唐代文献中,拔字作后者解的例子也很多,如垂拱四年,陈子昂上疏说:"……国家近废安北,拔单于,弃龟兹,放疏勒,天下翕然谓之盛德者,盖以陛下务在养人,不在广地也。"[2] 其中废、弃、放与拔字意思相同。考之史实,安北都护府、单于都护府在垂拱前确因东突厥各部反乱而放弃。至于龟兹、疏勒均为四镇之一,说"弃龟兹"、"放疏勒",则更证明在垂拱二年唐放弃四镇,故垂拱四年陈子昂上疏里有此说。

《全唐文》卷165收有员半千《蜀州青城县令达奚思敬碑》,内记:"(垂拱)二年,授高陵县主簿,以旧德起也。属西方不静,北方多难,被奏充金牙道行军司兵。事不获已,遂即戎焉。君设策请拔碎叶、疏勒、于阗、安西(龟兹)四镇,皆如所计。"这段记载不仅拔四镇年代与出土告身相同,而且金牙道也与告身中的金牙军相吻合。又《裴沙钵罗墓志》也记:"及长也,属藩落携贰,安西不宁。都护李君与公再谋奏拔四镇。公乃按以戎律,导以泉井,百战无死败之忧,全军得生还之路,翳公是赖。"[3] 这里更明确说明"拔四镇"是因为"属藩落(西突厥)携贰,安西(安西都护府)不宁",因疏勒人裴沙钵罗"按以戎律,导以泉井",才使撤出四镇的唐军"得生还之路"。把出土的《氾德达告身》与上述资料对照分析,可以肯定地说,在垂拱二年唐朝曾第三次放弃了安西四镇。氾德达正是因为在撤四镇时有功,才能升官晋爵的。过了7年(长寿元年),王孝杰又一举收得四镇,唐朝遂于长寿二年第三次恢复了四镇。通过出土告身及文献的记载,我们对唐代安西四镇自贞观二十二年设置起,三弃(永徽年间、咸亨元年、垂拱二年)、三复(显庆三年、调露元年、长寿二年)的历史有了较明确的了解。其中碎叶代焉耆为四镇之一,仅在调露元年后,这与史籍和出土文物的记载是完全一

---

〔1〕中国古今辞书释"拔"字,均有拉出去、抽出之意。
〔2〕《资治通鉴》卷204,"唐高宗垂拱四年"条。
〔3〕《千唐志·忠武将军疏勒人裴沙钵罗墓志》。

致的。

到开元七年(719 年),唐朝又移四镇中的碎叶还于焉耆。《新唐书》卷 221 上《西域焉耆传》记:"开元七年,龙嬾突死,焉吐拂延立。于是十姓可汗请居碎叶。安西节度使汤嘉惠表以焉耆备四镇。诏焉耆、龟兹、疏勒、于阗征西域贾,各食其征。由北道者,轮台征之。"唐朝此时为什么会允许十姓可汗居碎叶,而以焉耆代碎叶备四镇呢?

早在武周圣历前,西突厥别部突骑施乌质勒(属五咄陆部之一,号莫贺达干)开始强盛起来,赶走了唐朝为管理西突厥各部而封敕的继往绝可汗斛瑟罗,攻陷碎叶,并以碎叶川为大牙,伊丽水(今伊犁河)北弓月城为小牙。[1] 以后,乌质勒就逐渐控制了西突厥各部。圣历二年(696 年),乌质勒遣使附武周。神龙二年(707 年),唐朝派使臣册封乌质勒为怀德郡王(一作西河郡王),使未至,乌质勒病卒,其子娑葛立,袭封爵。到景龙二年(708 年),娑葛因与部下阿史那阙啜忠节不和,相互攻掠。时安西都护郭元振就奏请调忠节入京宿卫。忠节以千金贿赂宰相宗楚客等,欲联合吐蕃攻娑葛。娑葛闻知后,即自立为可汗,杀唐御史中丞冯嘉宾、殿中侍御史吕守素,破灭忠节;"又杀安西副都护牛师奖于火烧城。乃陷安西,四镇路绝"。[2] 从以上史料看,景龙二年前娑葛一直臣属于唐,西突厥各部也在唐的管辖之下,作为安西四镇之一的碎叶是存在的。[3] 在娑葛"乃陷安西,四镇路绝"后,碎叶镇虽岌岌可危,但仍为唐守。[4] 后来,唐朝听了郭元振的申诉,赦娑葛罪,并封其为十姓可汗。[5] 至此,"西土遂定",[6] 碎叶作为唐安西四镇之一依然存在。

景龙三年,娑葛部内乱,为后东突厥汗国默啜可汗所攻破,其部下

---

〔1〕《新唐书》卷 215《突厥传》。

〔2〕《旧唐书》卷 97《郭元振传》。

〔3〕《景龙文馆记》(《通鉴考异》12 引)记,当时周以悌仍为碎叶镇守使可证。

〔4〕《旧唐书》卷 97《郭元振传》记元振上疏云:"……忠节亦尝请从斛瑟罗及怀道为可汗矣,十姓来附而碎叶几危。"

〔5〕《旧唐书》卷 97《郭元振传》云封娑葛十四姓可汗误,应为十姓可汗(见《册府元龟》卷 266)。

〔6〕《新唐书》卷 215《突厥传》。

·欧·亚·历·史·文·化·文·库·

突骑施别部车鼻施苏禄集众,自立为可汗,遂渐有十姓之地。

从前有学者认为,开元七年请居碎叶的十姓可汗是阿史那献。[1] 献系兴昔亡可汗阿史那元庆之子,景龙二年袭父称号,后任唐招抚十姓大使。先天元年(712年),唐朝又封其为北庭大都护,后改任碛西节度使等。从记载上看,阿史那献确是唐朝为管理西突厥十姓而册封的十姓可汗。但问题在于,开元七年前后,阿史那献是否在碎叶,是否能"请居碎叶"? 他又为什么要请居碎叶?

按,开元二年(714年),西突厥十姓酋长都担叛唐,时任北庭都护的阿史那献曾大破都担,"收碎叶以西帐落二万内属"。[2] 但就在此时,突骑施苏禄的势力增强。《旧唐书·突厥传》记:"苏禄者,突骑施别种也。颇善绥抚,十姓部落归附之,众二十万,遂雄西域之地。"开元五年,苏禄就联合吐蕃等拟取四镇,围拨换城(今新疆温宿)和大石城(今新疆乌什)。[3] 这使阿史那献和安西都护郭虔瓘"反侧不安"。当时形势,正如《册府元龟》卷992所记:"……初帝(玄宗)欲遣阿史那献为北番主,而苏禄拒而不纳。"由以上资料推知,开元五年前后,苏禄可能已控制了碎叶。由于文献阙乏,已不可尽稽。

其次,从阿史那献本人来看,同他父亲元庆一样,他在西突厥十姓中威信不高。正如当时郭元振所说:"今料献之恩义又隔远父兄,既未树立威恩","人心何繫?"[4] 作为唐朝直接支持、册封的十姓可汗,面临苏禄这一劲敌,他决不会"请居碎叶",要求唐朝撤回镇兵。相反,在开元五年,他曾要求回长安,请兵攻苏禄,但玄宗不许[5],后"终以娑葛(应为'苏禄')强狠不能制,亦归死长安"。[6]

唐朝见阿史那献已不能统帅和管理西突厥十姓,于是希望通过苏

---

〔1〕〔日〕松田寿男:《碎叶与焉者》,载《市村博士古稀纪念东洋史论丛》,富山房刊,昭和八年(1933)。

〔2〕《册府元龟》卷133。

〔3〕《册府元龟》卷992。

〔4〕《旧唐书》卷97《郭元振传》。

〔5〕《新唐书》卷215《突厥传》。

〔6〕《新唐书》卷215《突厥传》。

禄来达到巩固西域统治的目的,故于开元六年遣左武卫翊府中郎将王惠充使,正式册封苏禄为国公、左羽林大将军、金方道经略大使。开元七年又封之为忠贞可汗,并封阿史那怀道女为金河公主,嫁与苏禄。[1]

开元七年后,居碎叶者仍为苏禄。《册府元龟》卷 358 记:开元二十七年(739 年)唐碛西节度使盖"嘉运自率精兵攻碎叶,与火仙(苏禄子)接战。火仙弃镇而走,遂擒之"。《太平广记》卷 28 引《广异记》亦云:"上元初,豆卢荣为温州别驾,卒。荣之妻即金河公主也。公主尝下嫁辟叶,辟叶内属。其王卒,公主归来。荣出佐温州,公主随去州数年。"这里所说的金河公主即开元初下嫁苏禄的金河公主,阿史那怀道女。两"辟叶"皆"碎叶"之讹。[2]

由此可见,开元七年前后,苏禄均控制着碎叶。唐朝虽数次遣名义上的十姓可汗阿史那献带兵入西突厥故地,但苏禄是"拒而不纳"。在这种形势下,唐朝即封苏禄为忠贞可汗,所谓忠贞可汗,实际上就是西突厥十姓可汗。如唐朝封娑葛为十姓可汗,又封之为钦化可汗。[3] 这样一来,苏禄就正式成了唐朝委派管理西突厥十姓的首领。到开元七年,由于十姓可汗苏禄之请,唐朝便批准了他的请求,撤碎叶镇还于焉耆,以焉耆代碎叶为四镇之一。

综上所述,碎叶为安西四镇之一,实际上是在调露元年至开元七年这 40 年间的事。至天宝七载(748 年),北庭节度使王正见摧毁碎叶城后,它就逐渐失去其重要作用。[4] 所以,两《唐书》及一些唐代重要史籍一般均记安西四镇是焉耆、于阗、疏勒和龟兹。

5.3 碎叶的隶属问题

碎叶既曾为安西四镇之一,一般说来当隶唐安西都护府。按,唐管

<hr>

〔1〕《旧唐书·突厥传》内记此事时间有误。据岑仲勉考证,唐封苏禄为左羽林将军、金方道经略大使是在开元六年,封忠贞可汗是在开元七年,且"进为特勒(勤)"。见岑氏《唐史余渖》卷 2 "授册苏禄之余"、"进为特勤"条,中华书局 1960 年版,第 88 - 90 页。

〔2〕见岑仲勉:《唐史余渖》卷 2 "金河或交河公主"条,第 90 - 92 页。

〔3〕《资治通鉴》卷 193;《旧唐书》卷 7 云封娑葛为归化可汗。

〔4〕《通典》卷 193 引杜环《经行记》云:"又有碎叶城。天宝七载北庭节度使王正见薄伐,邑居零落。昔交河公主(应为'金河公主')所居之处,建大云寺犹存。"

·欧·亚·历·史·文·化·文·库·

辖西突厥十姓所居的碎叶一带,并不是始于调露元年王方翼改筑碎叶城之后,而是早在显庆二年苏定方平定西突厥阿史那贺鲁之时。《册府元龟》卷 64 云:"显庆二年十二月,伊丽道行军总管、右屯卫将军苏定方大破阿史那贺鲁于金牙山,尽收其所据之地,西域悉平。诏令其地置蒙(濛)池、昆陵二都护府,以右武卫大将军阿史那弥射为骠骑大将军、昆陵都护、兴昔亡可汗,屯卫大将军阿史那步真为骠骑大将军、行右(卫)大将军、蒙(濛)池都护、(继)往绝可汗,各赐物十万匹。"昆陵、濛池两都护府即以碎叶为界。[1] 唐朝还以西突厥所属各部置州县,设匐延、温鹿、鹰娑、双河等 6 都督府,"西尽波斯,并隶安西都护府"。[2] 碎叶当隶安西都护府。

考北庭都护府(治庭州,今新疆吉木萨尔)设于武后长安二年(702年)。此时,濛池、昆陵两都护府已改隶北庭。碎叶在濛池、昆陵之间,亦应改隶北庭。按,唐代边镇设有镇守使之类的官职,唐代文献中也数见"碎叶镇守使"之名。[3] 长安二年北庭都护府建立后,碎叶镇守使改隶北庭都护府,或由北庭都护兼任。《唐会要》、《元和郡县志》曾记属北庭都护府的瀚海军在长安二年改名独龙军,三年郭元振奏请改独龙军于碎叶。[4] 景龙四年(710 年)五月十五日《命吕休璟等北伐制》,内记:"右领军卫将军兼检校北庭都护、碎叶镇守使、安抚十姓吕休璟。"可见,长安二年后,碎叶曾改隶北庭都护府。到开元二年,任"北庭都护,兼瀚海军使"的阿史那献在碎叶击败都担,亦证明了这一点。[5]

开元七年改焉耆备四镇后,碎叶一直为臣属于唐朝的突骑施苏禄所据。到天宝十载(751 年)安西节度使高仙芝讨伐石国(今塔什干),

---

〔1〕《新唐书》卷 215《突厥传》。

〔2〕《唐会要》卷 73,《新唐书·突厥传》等。显庆三年后,都督府续有增置,至吐火罗道西尽波斯的 16 都督府,则系龙朔元年(661 年)置。

〔3〕《新唐书》卷 216 上《吐蕃传》记:延载元年时,有"碎叶镇守使韩思忠破泥孰没思城"。又参见上引《景龙文馆记》。

〔4〕见唐长孺《唐书兵志笺证》,又《大唐诏令集》卷 130。

〔5〕《册府元龟》卷 133。又《新唐书·地理志》记:"有保大军,屯碎叶城。"同上《兵志》云,保大军隶安西道。按,长安二年后碎叶驻军为属北庭都护府之瀚海军(独龙军),开元七年后,碎叶镇军已撤。疑保大军为长安二年前从安西都护府所派驻碎叶者。

执突骑施可汗及石国王。接着,高仙芝在怛逻斯城(今中亚江布尔)被大食击败。碎叶后即为西突厥葛逻禄部所据。安史之乱后,吐蕃攻陷陇右、河西,西域路绝,但安西、北庭仍为唐守。至贞元五年(789年)前后,安西、北庭相继陷吐蕃。

碎叶虽远处唐代的西部边疆,但当时与内地的交通是畅通的。从北庭、安西都护府到碎叶有好几条道路,最主要的即是从北庭都护府治所庭州,向西经伊丽水(今伊犁河),到碎叶。《新唐书》卷40《地理志》"北庭大都护府"条下较为详细地记载了这段路程。考其距离,从庭州至西林守捉(清代固尔图喀喇乌苏军台)890里,加西林守捉至伊丽水850里,再加伊丽水至碎叶约千里,共计约2640里。又《元和郡县志》记庭州至碎叶凡2220里,与上记载相差不远。

从安西都护府治所到碎叶也有好几条道路。除了自汉代以来传统的南、北道(唐时称南、中道)外,玄奘《大唐西域记》还记载了他从龟兹到碎叶的里程,即从龟兹西行600里至姑墨(今温宿),西北行300余里渡石碛至凌山(拔达岭),山行400余里至清池(热海,今伊塞克湖),又西北行500余里至碎叶,共约1800里。《新唐书》卷43下《地理志》引唐贾耽著《边州入四夷道》所记龟兹经热海到碎叶,也约千里,路线大致与玄奘所走的相同。此外,史载景龙二年,娑葛发兵拒唐,"五千骑出安西,五千骑出拨换,五千骑出疏勒"[1],可见,从碎叶越天山,入塔里木盆地是有好几条通道的。

(原载于《新疆历史论文集》,新疆人民出版社1978年版)

---

[1]《旧唐书》卷97《郭元振传》。

·欧·亚·历·史·文·化·文·库·

6 吉尔吉斯斯坦阿克别希姆遗址 出土两件汉文碑铭考释

——兼论唐朝经营西域中疆臣的作用

20 世纪 80 年代,在今吉尔吉斯斯坦托克马克西南 8 公里的阿克别希姆古城遗址(City site Ak-Beshim)出土了两件镌刻有汉文的碑石。其一是先后任过唐安西都护、安西副都护的杜怀宝,为其亡父母及众生暝福造像碑之基座;其二是残存约 40 余字的残碑石。承蒙新疆考古所于志勇先生寄赠碑铭拓片,并嘱代为考释。

6.1 唐杜怀宝造像碑基座题铭考释

出土安西副都护杜怀宝造像碑基座题铭,系红色花岗岩质,呈八角形,厚约 11 厘米,宽约 32.6 厘米,高约 13.5 厘米,下有础柱头。此造像题铭出土后,先后有俄罗斯汉学家斯普尔南科(G. P. Suprunen-ko)及日本学者林俊雄、内藤みとり等撰文,对题铭作了介绍和考释。[1] 其中尤以内藤みとり的考释研究较为深入。1998 年新疆考古研究所于志勇将内藤みとり发表的论文编译后,发表于《新疆文物》1998 年第 2 期上。[2]

据上引内藤みとり文及参照题铭拓片(照片),先将题铭辨识如下

---

〔1〕内藤みとり:アクベシム发见の杜怀宝碑について,シルクロード学研究 4,シルクロード学研究ヤソター研究纪要,中央アジアの佛教遗迹の研究";シルクロード学研究ヤソター编集发行,1997 年 3 月 31 日。林俊雄:天山北麓的佛教遗址,Dalvazhintipa DT25 1988—1993 年发掘报告,日本创价大学、The Khamta Fine Arts Research Centre 合作出版。按,林文仅在补注中提及此碑铭,并附照片。

〔2〕于志勇:《吉尔吉斯斯坦发现杜怀宝碑铭》,载《新疆文物》1998 年第 2 期,第 102 – 108页。

（见图6-1）：

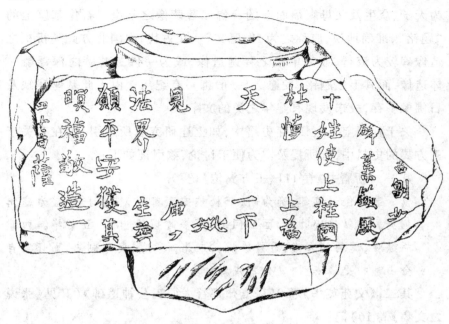

图6-1　杜怀宝造像题铭摹本（于志勇摹）

（第1行）　　安西副都

（第2行）　　护碎叶镇压

（第3行）　　十姓使上柱国

（第4行）　　杜怀宝上为

（第5行）　　天子　　　一下

（第6行）　　为　　　　姚

（第7行）　　见　　使

（第8行）　　法界　　生普

（第9行）　　愿平安获其

（第10行）　暝福敬造一佛

（第11行）　二菩萨

据此题铭,可知此乃时任安西副都护、碎叶镇压十姓使的杜怀宝,为天子、众生及父母暝福而造的一佛二菩萨像之基座。石像基座上的"题铭",准确地说,应称之为"发愿文"。在古代,中国北方此类祈福之造像碑较为流行,或为单独之释迦造像,或为一佛二菩萨之深浮雕一体造像,而其上之题铭(发愿文)一般都书有纪年。由于此基座残缺及石佛像不存,故未发现有纪年之类的文字。

关于杜怀宝其人,现存史籍中,如上述研究者所征引,仅在有关于王方翼的史料中,有所提及。为便于讨论,兹引证如下:

其一,《新唐书》卷 111《王方翼传》记:

> 裴行俭讨遮匐,奏为副,兼检校安西都护,徙故杜怀宝为庭州刺史。方翼筑碎叶城,面三门,纡还多趣以诡出入,五旬毕。西域胡纵观,莫测其方略,悉献珍货。未几,徙方翼庭州刺史,而怀宝自金山都护更镇安西,遂失蕃戎之和。[1]

其二,《文苑英华》卷 913《夏州都督太原王公神道碑》(又见《张说之文集》卷 16)记:

> 裴吏部名立波斯,实取遮匐。伟公威厉,飞书荐请。诏公为波斯军副使兼安西都护、上柱国,以安西都护怀宝为庭州刺史。大城碎叶,街郭回互,夷夏纵观,莫究端倪。三十六蕃承风谒贺。洎于[2]海东肃如也。无何,诏公为庭州刺史,以波斯使领金山都护,前使杜怀宝更统安西,镇守碎叶。朝廷始以镇不宁蕃,故授公代宝,又以未[3]失镇,复命宝代公,夫然有以见诸蕃之心摇矣。

事实上,以上两处记载为同一事,王方翼神道碑略详于《新唐书》本传。关于裴行俭以册送波斯王子泥涅斯为名,征讨西突厥阿史那都支、李遮匐等反乱一事,《旧唐书》卷 84《裴行俭传》及《张说之文集》卷 14《裴行俭碑》均记为唐高宗仪凤二年(677 年)时事。此年当为都支、

---

[1]《旧唐书》卷 185 上《王方翼传》,内容约同,不赘引。

[2]原注:"洎于"二字集(指《张说之文集》)作"自洎汗",似应为"洎瀚",则此句应为"洎瀚海东肃如也。"

[3]"未"字下原注:"集作'求'"。

遮匐反乱之时,平乱在调露元年(679年)六七月间,九月献俘。[1]值得注意的是,在裴行俭任安抚大食使,册送波斯王子时(约在仪凤三年底至四年初,仪凤四年六月十三日改元为调露),荐王方翼为"波斯军副使兼安西都护、上柱国,以安西都护杜怀宝为庭州刺史"、金山都护。[2]此为杜怀宝首次出现于史籍,其籍贯、身世不明,仅知其在调任前为安西都护。而造像碑铭记其职为"安西副都护、碎叶镇压十姓使",此乃杜怀宝不可能在仪凤三年末至四年初之前于碎叶造此造像碑的根据之一。

根据之二,即如内藤みとり所说,当时的安西都护府治所不在碎叶,也未曾管辖到碎叶。唐安西都护府初治西州(治今新疆吐鲁番交河故城),贞观二十二年唐平龟兹(今新疆库车),移治于龟兹,始统于阗、疏勒、龟兹、焉耆四镇[3]。到高宗咸亨元年(670年),吐蕃势力北上,"率于阗取龟兹拨换城(今新疆阿克苏),于是安西四镇并废"[4]。此时之安西都护府治所,与永徽年间第一次放弃四镇时一样,由龟兹迁回到西州。至上元年间(674—676年),唐朝在西域的势力有所恢复,先后设置或复设毗沙都督府(本于阗国,今新疆和田)、疏勒都督府(今新疆喀什)、焉耆都督府(今新疆焉耆附近),但四镇并未恢复。[5]一直到调露元年,裴行俭、王方翼平定西突厥都支、遮匐之乱后,始重置

---

〔1〕详细考证见岑仲勉《西突厥史料补阙及考证》,中华书局1958年版,第58页。

〔2〕《新唐书·王方翼传》说,方翼徙庭州,"而怀宝自金山都护更镇安西",故知怀宝由安西都护调任为庭州刺史、金山都护。见《新唐书》卷111《王方翼传》。

〔3〕按,贞观二十二年唐初置四镇中,有焉耆或是碎叶,至今中外学者意见分歧。笔者主张无碎叶,而有焉耆,见上文《略论碎叶的地理位置及其作为唐安西四镇之一的历史事实》。关于此问题的讨论情况,可参阅吴玉贵《唐安西都护府史略》,载《中亚学刊》第2辑,中华书局1987年版,第76-135页。

〔4〕见《新唐书》卷216上《吐蕃传》。此时之四镇是:龟兹、于阗、疏勒、焉耆,见〔宋〕王溥《唐会要》卷73引苏冕修《唐会要》部分,江苏古籍出版社1991年版,第1571页。

〔5〕中外学者多有以为上元年间唐已复置四镇者,如:森安孝夫《吐蕃の中央アジア进出》,载《金泽大学文学部论集·史学科编》第4号,1984年,第12页;王小甫《唐、吐蕃、大食政治关系史》,北京大学出版社1992年版,第74页;上引内藤みとり文;等等。笔者认为上元年间唐仅设了几个都督府,四镇之复置应在调露元年,见上引拙作《略论碎叶的地理位置及其作为唐安西四镇之一的历史事实》。

·欧·亚·历·史·文·化·文·库·

四镇,并以碎叶代焉耆为四镇之一。[1] 因此,在王方翼代杜怀宝为安西都护之前,安西都护府治所在西州,时任安西都护杜怀宝不可能在碎叶造此造像碑。

唐朝为何要采取将杜怀宝由安西都护任内调至庭州为刺史的措施呢?据上引《夏州都督太原王公神道碑》说,"朝廷始以镇不宁蕃,故授公代宝"。即是说,原安西都护杜怀宝所镇之地(西州)非西突厥十姓所居之地,且对镇压十姓反乱多有不便("镇不宁蕃");而此时王方翼随裴行俭到碎叶平定十姓之乱,故令方翼代杜怀宝为安西都护。杜由西州赴任也正便捷,并作裴、王之声援。

调露元年六七月,裴行俭平定西突厥十姓可汗都支等反乱后,时任安西都护的王方翼在碎叶,用"五旬"时间,重筑碎叶城,"街郭回互,夷夏纵观,莫究端倪"。此时,碎叶始代焉耆列为四镇之一。此镇深入西突厥十姓居地之中,成为控制中西交通和统御十姓之重镇。然而,令人费解的是,唐朝又立即将王方翼、杜怀宝相互对调(见上引《新唐书·王方翼传》及《神道碑》)。这次互调之原因,据《神道碑》说是"又以未(或作'求')不失镇,复命宝代公"。按文意,似乎是为了保住新列为四镇之一的碎叶不再落入十姓之手,故以怀宝代方翼。

关于王、杜再次互调的时间,约在调露元年底至二年初,内藤みとり推测基本可信。调动后的任职,王方翼是清楚的,即由安西都护调任为庭州刺史、金山都护,升为波斯(军)使,属于平级调动。而杜怀宝之任职,据上引史料则较为含混,"更镇安西",或"更统安西,镇守碎叶",似乎首先考虑到的是杜继王为"安西都护"。虽然安西都护府治所在龟兹,但方翼为安西都护时驻碎叶,故杜继任安西都护,镇守碎叶,也有先例可循。可是,出土的杜怀宝造像题铭明记其为"安西副都护、碎叶镇压十姓使",是否唐朝先以怀宝为安西都护,后又降其为安西副都护呢?因其任此职时间较短,故这种再次降职任命的可能性不大,但也不排除因怀宝"遂失蕃戎之和"而被很快降职的可能性。即是说,在调露

[1]《册府元龟》卷967《外臣部·继袭二》。

60

元年末或二年初,怀宝与方翼对调之职任是"安西副都护、碎叶镇压十姓使",驻地在碎叶,也即是造像碑基座出土的阿克别希姆古城。

"碎叶镇压十姓使",显然是唐使职中的一种,不见于记载。内藤文中一再强调此使即"碎叶镇守使"和"镇压十姓使"之意,且说题铭中可能省缺字。此说不确,因为在调露元年碎叶列为四镇之一后,唐朝还未曾设置"碎叶镇守使"一职。此职最早见于记载,是在武周延载元年(694年)二月,有"碎叶镇守使韩思忠"[1]。显然,这是长寿元年(692年)王孝杰一举复取四镇后,为加强对西突厥的控制和抵御吐蕃势力而设置的。又从碑题铭看,绝无漏损字的可能。因此,杜之造像题铭中的"碎叶镇压十姓使"绝没有"碎叶镇守使"的职名在内。"碎叶",表示镇守地点;"镇压十姓使"之"十姓",自然指西突厥十姓(又称"十箭"),即居碎叶以西的五弩失毕部和以东的五咄陆部。

又近年来有学者提出:杜怀宝造像题铭中的职名之"镇压"二字连读不妥,"按'镇压'二字连读乃近代的事,古无前例。且'碎叶镇压十姓使'之名亦不见于唐朝其他诰制典章,我以为'压'字同'押'。据此杜怀宝的官号应读作'安西副都护、碎叶镇、压(押)十姓使、上柱国'。这一官号实为'安西副都护、碎叶镇守使、押十姓使'之简称。绝不可将'镇压十姓使'作一官名理解,因为唐朝既真的进行镇压也总之以招慰、安抚等名义出现的"[2]。此说有一定的道理。但是说"镇压"一词是近代才有的事,古无前例,不确。"镇压"一词古已有之。如东汉班固《西都赋》有"禽相镇压,兽相枕籍";《晋书》卷42《唐彬传》记有"今诸军已至,足以镇压内外,愿无以为虑";《旧唐书》卷109《阿史那社尔传》记"……其酋长咸谏曰:'今新得西方,须留镇压。'"[3]其次,隋唐时所谓"押"某蕃落使之官号之"押"与"镇压"一词意相同,也非与招慰、安抚之类词类同。何况当时西突厥十姓"不宁",确需"镇压"。因此,将杜怀宝造像题铭中的官号按原文释为"碎叶镇压十姓使",更忠

---

〔1〕《资治通鉴》卷205,"则天后延载元年二月"条。
〔2〕薛宗正:《"杜怀宝碑铭"管窥》,载《吐鲁番学研究》2001年第2期。
〔3〕《旧唐书》卷109《阿史那社尔传》。又见于《晋书》卷73《庾亮传》,卷78《丁潭传》等等。

实于原意,是可以成立的。以上两说可以并存,仁者自见;不过笔者还是倾向于原文,以为"碎叶镇压十姓使"为胜。

至于杜怀宝任此职到何时,也即此题铭时代的下限是何时,史籍未载。不过,到武周垂拱二年(686年),据史载,因西突厥再次反叛,"安西不宁",武周朝遂"拔四镇"(退出四镇),再次放弃四镇。[1] 如果杜怀宝仍镇守碎叶的话,此时也一定退出了碎叶。若以上推测不谬,则出土的杜怀宝造像(基座)当镌刻于调露元年末二年初至垂拱二年(679—686年)之间。

杜怀宝造像基座题铭的发现,在学术上具有重要的意义和价值。其中最重要的一点,就是最终确定了唐代碎叶的地理位置,在今托克马克阿克别希姆古城遗址。其余关于唐代于这一时期经营西域疆臣的作用等问题,容后再叙。

6.2 阿克别希姆古城遗址出土残碑考释

据说,在20世纪80年代,一名摄影爱好者在阿克别希姆古城遗址发现了一砂岩质的残碑,长30厘米,宽20厘米,厚4厘米。上残留汉字(可辨认者)约40余字。现转录于下(见图6-2):

(第1行) 布微潭无涯而□□

(第2行) 前庭与后庭伊藐尔之

(第3行) 物以成劳乃西顾而授钺

(第4行) 逐别蹲林而已远望阴山

(第5行) 祭 天之旧物览 瑶 池之仙图

(第6行) □边 俄 指期于   皇

托克马克的阿克别希姆古城遗址,过去中外学者大多推定为唐朝

---

〔1〕《千唐志·忠武将军裴沙钵罗墓志》,西北大学图书馆藏千唐志原拓片;《全唐文》卷165,员半千《蜀州青城县令达奚君神道碑》等。关于垂拱二年"拔四镇"问题,学界意见分歧。大多数学者同意"拔四镇"是退出四镇。如上引拙作《略论碎叶的地理位置及其作为唐安西四镇之一的历史事实》,吴玉贵《唐安西都护府史略》,王小甫《唐、吐蕃、大食政治关系史》等。

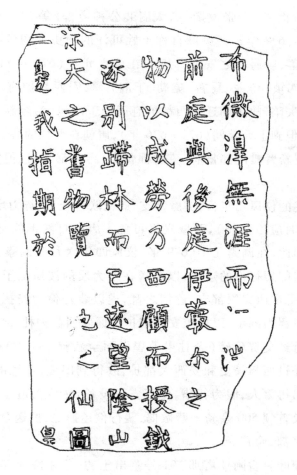

图6-2　阿克别希姆遗址出土残碑摹本(于志勇摹)

西边重镇碎叶城。又因该遗址出土唐安西副都护、碎叶镇压十姓使杜怀宝为其亡父母造像碑题铭基座,而得到确认。而碎叶在唐朝直接控制之下,为安西四镇之一的历史,也仅有40多年。残碑与杜怀宝造像基座均出土于碎叶城的遗址之中,其字体和风格与内地唐碑及出土基座相似,故其时代也相当。

唐代经营西域,在西边重镇碎叶仅有过一次立碑的记载,见两《唐书》的《裴行俭传》和张说撰《赠太尉裴公神道碑》等。[1] 事实是唐高宗仪凤二年(677年),西突厥自称十姓可汗的阿史那匐延都支和李遮匐,联合吐蕃,攻逼唐之安西。唐朝在咸亨元年(670年)因吐蕃的进逼,废安西四镇(龟兹、焉耆、疏勒、于阗)[2],安西都护府(治龟兹,今新疆库车)失陷,故唐朝迁安西都护府还治于西州(治今新疆吐鲁番交河故城)。但到上元年间(674—676年),唐朝在西域的势力有所恢复,先后重置或新置毗沙都督府、疏勒都督府、焉耆都督府;但安西四镇并未恢复。

到上述的仪凤二年,西突厥都支、遮匐联合吐蕃,势力增长,攻逼安西都督府(时应治西州),西域岌岌可危。唐朝自然不能坐视,轻易放弃西域。因此,在调露元年(679年,仪凤四年六月改调露)初,唐高宗听从吏部侍郎裴行俭的建议,以册送在京为质的波斯王子泥涅斯归国为名,乘机平定西突厥都支、遮匐之乱,遂以裴行俭为安抚大食使。行俭又荐王方翼为副手,以检校安西都护代原安西都护杜怀宝。裴行俭、王方翼一行经莫贺延碛(今甘肃敦煌以西至新疆一带戈壁),至西州。因行俭曾任过西州长史和安西大都护,故得到旧吏、百姓的拥护,因召集豪杰子弟得万人,假为行猎,使都支不设备,然后倍道至都支处。都支率儿侄及首领500余骑来营敬谒,裴行俭遂擒之,护送至碎叶。后又以精骑袭遮匐,谕其降。

今新疆吐鲁番阿斯塔那191号墓出土的《唐永隆元年(680年)军团牒为记注所属卫士征镇样人及勋官籍符诸色事》文书[3],记录了永隆元年前几年征调西州府兵卫士征镇(派出参加征战)、防戍(文书所记之"捉道"、"守囚"等)卫士之名录,下注录有"送波斯王"、"安西镇"、"庭州镇"等征镇情况。其中,"送波斯王"共残存4例。显然,此"送波斯王"事,即是指永隆元年前一年调露元年,裴行俭等以送波斯王子泥涅斯返国为名,平定西突厥都支、遮匐之乱事。因此,内一名卫

〔1〕张说:《赠太尉裴公神道碑》,《四库全书·张燕公集》卷18,第13页上。
〔2〕《唐会要》卷73,上海古籍出版社1991年版,第1571页。
〔3〕唐长孺:《吐鲁番出土文书》(3),文物出版社1996年版,第279-284页。

士白欢进因功"进上轻车（都尉）"的勋位，并"签符到府"，即履行取得
蠲免的凭证。[1] 这件文书也证实了唐代史籍所载，裴行俭以送波斯王
子为名，平息都支、遮匐反乱的事件。据史籍载，平息反乱后，"于是将
吏已下，立碑于碎叶以纪其功，擒都支、遮匐而还"[2]；或谓"华戎相庆，
立碑碎叶"[3]。此乃史籍所载唐于碎叶所立的唯一一块碑的情况。时
在调露元年六至七月间，九月献俘。同年，唐始复四镇，并以碎叶代焉
耆备四镇之一。接着，王方翼重筑碎叶城，"五旬而毕"。

下面再考察出土残碑所余文字，因碑四周均残，文意难以完全
通晓。

碑首行存"布微滜无涯而□□"，滜，读作 gáo，泽也。"布微"接上
句，下句是说有大泽无涯，十分宽广意。

第2行存"前庭与后庭伊蕺尔之……"数字。前庭、后庭之"庭"，
是否指"庭州"（治今新疆吉木萨尔），不能肯定。"蕺尔之……"之
"蕺"，应为"蕞"之异体字。蕞尔，小之意。此显然指反叛的西突厥都
支、遮匐，且为唐朝"讨伐"其反叛的用词。

第3行"物以成劳"接上句，意不明；下句"乃西顾而授钺"，按文意
是指裴行俭（或其他人）为解决朝廷"西顾"之忧，而"授钺"，即被授予
征伐的任务。钺，一种表示兵器的青铜礼器。

第4行"逐别蹛林而巳（已）"，蹛林，应即秦汉以来漠北匈奴秋社
八月中会祭处。《史记》卷110《匈奴列传》所谓："秋，马肥，大会蹛林，
课校人、畜计。"其地当在漠北，今蒙古人民共和国境内，似乎与唐西突
厥无关。其实，唐人官私文书、史籍，往往借匈奴的族名、地名来指北方
的突厥、回纥等。如前引张说《赠太尉裴公神道碑》记，调露元年十月，
原东突厥首领阿史德温博、奉职二部反唐。高宗命裴行俭为定襄道行
军大总管率军讨之。《神道碑》记此事云："至朔州，斥候相接，匈奴故

---

〔1〕见吴丽娱：《唐高宗永隆元年（680年）府兵卫士简点文书的研究》，载中国敦煌吐鲁番学
会编《敦煌吐鲁番研究论文集》，汉语大词典出版社1991年版，第672－692页。

〔2〕《旧唐书》卷84《裴行俭传》。

〔3〕见张说：《赠太尉裴公神道碑》。

·欧·亚·历·史·文·化·文·库·

态,狙劫粮以喂师……"内"匈奴"即借指东突厥温博、奉职二部。"逐别蹲林而已"似接上句,意为将反叛的都支、遮匐逐出其根据地。"远望阴山",此阴山也与蹲林一样为匈奴故地,此处借指西突厥故地。

第5行"祭天之旧物,览瑶池之仙图",意接上下句,不甚明。

第6行"□边"接上句,不明。下"俄(或为"我")指期于……皇",为一般朝廷檄文或记功之类的常用词,意为"指期"剿灭、攻灭反乱。

从以上6行残文分析,其中"蘘尔之……","乃西顾而授钺","逐别蹲林","远望阴山","俄指期于……"等片言只语,基本符合唐朝廷任命裴行俭以册立波斯王子归国为名,实为平定西突厥都支、遮匐反叛的事实,以及记功碑之文体。再参以前述裴行俭平都支、遮匐后,曾立碑碎叶的记载,使人不得不认为,此残碑很可能就是裴行俭在碎叶所立记功碑残石。

史称裴行检"文武兼备","工草隶,名家。帝尝以绢素诏写《文选》,览之,秘爱其法,物良厚",且自言:"褚遂良非精笔佳墨,未尝辄书,不择笔墨而妍捷者,余与虞世南耳。"[1]碎叶之记功碑,虽云裴行俭将吏所立,但书此碑者也很有可能即裴行俭本人。残碑文字妍丽多姿,略带行草,自然有力,如确系裴行俭所书,其价值当倍增也。

总之,出土于唐碎叶遗址(阿克别希姆古城遗址)的唐代残碑,无论从史籍所载唐立碑碎叶,或是从残留文字分析,均可断此残碑为唐调露元年裴行俭平西突厥都支、遮匐之乱后,于碎叶所立记功碑之残石,碑文也有可能系裴行俭本人所书写。如以上考证能成立,则此残碑为唐朝经营西域碎叶又一历史见证,其意义和价值均无法估量。

6.3 从阿克别希姆古城遗址出土两残碑
看唐朝经营西域中疆臣之作用

阿克别希姆古城遗址出土的两件汉文碑铭,是唐高宗至武周时期

---

〔1〕《新唐书》卷108《裴行俭传》。

唐朝经营西域的历史见证。它不仅解决了长期以来学术界未有定论的一些学术问题(如碎叶城的地理位置等),而且反映出唐朝经营西域过程中疆臣的活动情况。以上两件残碑碑铭涉及的疆臣有3人,即裴行俭、王方翼和杜怀宝。前两人在两《唐书》中均有专传,事迹较详,均为唐代名将。

唐朝在高宗及武后执政时期,凭借"贞观之治"之厚积,积极开拓西疆,灭西突厥汗国,锐意经营西域。据残碑及史籍所载,朝廷当时任命经营西域之疆臣,多为文武兼备之名将。

其中,裴行俭在高宗仪凤年间西突厥十姓可汗阿史那都支及李遮匐与吐蕃联合,西域动摇的形势下,向朝廷献策,以册立波斯王子泥涅斯为名,进军西域,用计擒都支,袭获遮匐,平定西域之乱,刻石碎叶以记功。后高宗亲自劳宴时说:"行俭提孤军,深入万里,兵不血刃而叛党禽夷,可谓文武兼备矣。"[1]史称行俭"善和人",善用人。其引荐名将王方翼即为一例。《新唐书》本传说,其"所引偏裨,若程务挺、张虔勖、崔智辩、王方翼、党金毗、刘敬同、郭待封、李多祚、黑齿常之,类为世名将,偕奏至刺史将军者数十人"。

王方翼则随裴行俭平定西突厥十姓之乱,镇守碎叶。特别是在永淳元年(682年)二月,西突厥十姓阿史那车簿啜又起兵围弓月城(今新疆霍城),时任安西副都护的王方翼率军平叛,"献捷无虚岁,蹙车簿于弓月,陷咽麭于热海(今伊塞克湖),剿叛徒三千于麾下,走乌鹊十万于城(集作'域')外,皆以少覆众,以诚动天"[2]。次年,高宗引见方翼,"见衣有汗濯处,问其故,具对热海苦战状。视其创,帝咨嗟久之"[3]。

杜怀宝,其先后任安西都护,安西副都护、碎叶镇压十姓使。史称其任内"遂失蕃戎之和"[4]。即是说,杜怀宝镇碎叶时,不能很好地抚慰西突厥十姓;其在西域任职时间较长,然功远不及裴、王两人。因史

〔1〕《新唐书》卷108《裴行俭传》。
〔2〕《文苑英华》卷913《夏州都督太原王公神道碑》。
〔3〕《新唐书》卷111《王方翼传》。
〔4〕《新唐书》卷111《王方翼传》。

籍阙如,详细情况已不得而知。

从总的方面看,高宗及武后执政时,唐朝在西域的势力远远扩展至碎叶以西,多次平定西突厥十姓贵族与吐蕃的反乱,安定了西域的局势。特别是在武周长寿元年(692年),王孝杰一举收复四镇,使唐在西域的势力进一步巩固。其中的重要原因之一,就是当时高宗、武后善于选择有才干之疆臣边吏,使之立功西陲。这正如《新唐书》卷111 王方翼、薛仁贵等名将诸传后"赞曰:唐所以能威振夷荒、斥大封域者,亦有虎臣为之牙距也。至师行数千万里,穷讨殊斗,猎取其国内鹿豕然,可谓选值其才欤!"

其次,这一时期唐朝在西域任用的疆臣边吏大多文武兼备,既是猛勇无比之虎将,又是富于谋略的文臣。上述裴行俭即为代表人物之一。史称其"工草隶,名家……所谓《选谱》、《草字杂体》数万言。又为营阵、部伍、料胜负、别器能等四十六诀";"通阴阳、历数,每战,豫道胜日"。[1] 上述阿克别希姆遗址出土残碑,如果真为其书写之记功碑,则从此可睹其书法之风采。而转战万里、勇猛无比的王方翼,也是一个文武兼备的人才,史称其"善书,与魏叔琬齐名"[2]。这种情况,应是初唐以来国内人才培养之特点,时代要求亦然。

此外,《资治通鉴》的撰者对安史之乱前,唐朝边臣将帅的任用变化有一段精彩的论述[3]:

> 自唐兴以来,边帅皆用忠厚名臣,不久任,不遥领,不兼统,功名著者往往入为宰相。其四夷之将,虽才略如阿史那社尔、契苾何力犹不专大将之任,皆以大臣为使以制之。及开元中,天子有吞四夷之志,为边将者十余年不易,始久任矣;皇子则庆、忠诸王,宰相则萧嵩、牛仙客,始遥领矣;盖嘉运、王忠嗣专制数道,始兼统矣。李林甫欲杜边帅入相之路,以胡人不知书,乃奏言:"文臣为将,怯当矢石,不若用寒畯胡人……"上悦其言,始用安禄山。至是,诸

---

〔1〕《新唐书》卷108《裴行俭传》。
〔2〕《新唐书》卷111《王方翼传》。
〔3〕《资治通鉴》卷216,"唐天宝六载十二月"条。

道节度尽用胡人,精兵咸戍北边,天下之势偏重,卒使禄山倾覆天下……

上述武后时经营西域的几个主要疆臣裴行俭、王方翼、杜怀宝等人的情况,大致符合开元前唐朝任用疆臣、将帅的情况。如他们均系汉臣,不久任,经常调换,事毕后,多调回内地,亦无遥领和兼统,与开元,乃至天宝年间所任边臣、将帅情况不同。

第三,这一时期唐朝在西域的疆臣,主要的作用是在军事上平定西突厥十姓贵族和吐蕃的联合反乱,以安定西域的局势。与此同时,唐朝的疆臣们也将中国内地的传统文化传入了边远的中亚地区。如王方翼任安西都护后,立即"大城碎叶,街郭回互,夷夏纵观,莫究端倪。三十六蕃承风谒贺";此城"面三门,纡还多趣以诡出入,五旬毕。西域胡纵观,莫测其方略,悉献珍货"。即是说,王方翼所筑(或改筑)之碎叶城,每面(或4面)有城门3个,城内街道回互,是仿中国内地城市建筑格局而建。这自然引起西域胡人的惊奇,纵观而莫测其方略。因此,国内学者多以为此系中国城市建筑形式传入中亚之始。

又据《通典》卷193引杜环《经行记》说:"又有碎叶城,天宝七年(748年)北庭节度使王正见簿伐,城壁摧毁,邑落零落。昔交河公主所居止之处建大云寺犹存。"论者一般以此为碎叶城衰落之始。内云"大云寺",遗址已在阿克别希姆古城遗址中发现。[1] 这是因武则天欲利用佛教为其革命制造舆论,下令于诸州及两京各建大云寺,地处西域的碎叶也建寺。杜怀宝造像题铭基座的发现,再一次证明当时已成为唐朝边远重镇的碎叶,因疆臣的缘故传入了中国内地佛教的信仰。而造像碑是自北魏以来黄河流域上至贵族、官吏,下至村邑百姓祈福、暝福的一种常见的佛教信仰形式,能在西域远镇碎叶造像冥福,亦可见内地佛教西传的轨迹。

(原载于《法国汉学》第12辑,中华书局2007年版)

---

〔1〕见张广达:《碎叶城今地考》,载《北京大学学报》1979年第5期。

7　吐谷浑在西域的活动与
定居西域

7.1　吐谷浑在西域的进出

　　吐谷浑是中国古代西北民族,其源于东北辽东东部鲜卑慕容部。此部首领慕容廆庶兄名吐谷浑,约在 4 世纪初,吐谷浑从部内分离出来,率部西迁阴山一带游牧。晋永嘉(307—313 年)末,吐谷浑又率部西迁,越陇山至今甘肃临夏西北一带;不久,又征服了甘南、青海等地的羌、氐等族。到吐谷浑孙叶延时(329—351 年在位),正式建立政权,以祖父吐谷浑之名为姓氏,亦为国号和族名。[1] 吐谷浑统治的民族、部落颇杂,主要有鲜卑、羌、氐、西域胡、铁弗匈奴等,约到隋末,逐渐形成为一个统一的吐谷浑族,活跃于中国的青海、甘南、四川西北及新疆东南等地。

　　吐谷浑兴起于青海、甘南等地后,曾与五胡十六国时的前秦、西秦、南凉、夏国、北凉等政权发生过关系。到北魏初,吐谷浑灭赫连氏夏国,势力增强。由于吐谷浑地处青海、甘南,与西域的鄯善、且末、于阗等城郭国邻近,从青海柴达木盆地,西越阿尔金山,至新疆之若羌(古鄯善)、且末和于阗,很早就有通道。[2] 吐谷浑强盛时,必然会向西扩展到西域的鄯善、且末等地。

　　据史籍载,吐谷浑势力进入西域,是在北魏太平真君六年(445 年)。时北魏因吐谷浑统治集团内讧,于太平真君五年和六年先后遣军向吐谷浑进攻。六年四月,北魏高凉王那率军攻吐谷浑于阴平(今甘肃文县)、

---

〔1〕见周伟洲:《关于吐谷浑的来源、迁徙和名称诸问题》,载《西北史地》1983 年第 3 期。

〔2〕参见周伟洲:《古青海路考》,载《西北大学学报》1982 年第 1 期。

白兰(今青海都兰、巴隆一带)[1]。八月,军至曼头城(今青海共和西南)。吐谷浑王慕利延(436—452年在位)率众西走,渡流沙,经且末入于阗,"杀其王,死者甚众"[2];有的史籍载:"慕利延遂西入于阗杀其王,据其地,死者数万人"[3];"南征罽宾(今克什米尔)"[4]。

关于吐谷浑慕利延西入于阗,诸书记载相同。其所行之道路,是从今青海柴达木盆地而入西域。其中原吐谷浑王慕璝子被囊一支,为魏军击破,经今甘肃当金口入敦煌三危山,后又南折至雪山(今祁连山),魏军生擒被囊、慕利延兄子什归及原西奏乞伏炽磐子成龙[5]。而慕利延则西入西域。按当时的形势,北魏恰好在太平真君六年四月命成周公万度归"乘传发凉州兵击鄯善";八月万度归攻下鄯善,"执其王真达以诣京师"[6]。因此,八月底,吐谷浑慕利延从柴达木西走,经今茫崖镇,越阿尔金山入鄯善,再经且末到于阗,似不太可能。因为此时鄯善及周围的绿洲已为北魏所占据。然而,从柴达木沿今楚拉克阿干河谷入新疆境,越阿尔金山,顺今阿雅克库木湖(唐代名为"萨毗泽")可到且末,再至于阗。这条通道过去一直是西宁至和田的商道之一[7]。因此,慕利延之入于阗,很可能是由此路,从柴达木盆地入且末,再到于阗的。

过去有一些外国史学家,引用敦煌石室发现的藏文《于阗国史》中一段记载:"文殊师利的化身之 Vijayakirfi 王之后代,第十四代……外敌入侵该地,人民甚受痛苦。此后,Drug-gu 之 A-no-shos 率兵侵至 Li-yui(于阗),牛头山之南诸大寺大半被焚夷,居民减少,未建一精舍。"他们认为,此藏文史籍中的 Drug-gu 即吐谷浑,A-no-shos 即慕利延[8]。

〔1〕关于白兰的地望,国内外学者看法不同,此从周伟洲、黄颢:《白兰考》,载《青海民族学院学报》1983年第2期。

〔2〕《魏书》卷102《西域于阗传》。

〔3〕《资治通鉴》卷124,"宋文帝元嘉二十一年"条。

〔4〕《北史》卷96《吐谷浑传》。

〔5〕《魏书》卷4《世祖纪下》。

〔6〕《魏书》卷4《世祖纪下》。

〔7〕见吴景敖:《西陲史地研究》,中华书局1948年版。

〔8〕L. A. Wadder:"Tou-yu-houen dans les Drng-gu", JRAS,1909;藤田丰八:《吐谷渾と Drug(Drug-gu)》,载《史學雜志》36编10号,1928;大谷勝真:《吐谷渾の名稱に就いて》,载《山下先生還歷紀念東洋史文集》,1938。

·欧·亚·历·史·文·化·文·库·

也有一些史学家不同意此说,认为吐谷浑的藏文名为 Va-za（A-za），Drugu 系藏人对突厥或回纥的称呼,上引藏文《于阗国史》中的记载非指吐谷浑慕利延。[1] 在敦煌发现之藏汉对译字书（P. 2762）内,汉文"退浑"（吐谷浑）的藏文对译是 Va-za,故后者的意见是正确的,不能将《于阗国史》内所记之"Drug-gu"比附为吐谷浑。

吐谷浑慕利延西入于阗后,又于"七年,遂还旧土"[2]。此"七年",当指太平真君七年（446 年）。《资治通鉴》卷 124 宋元嘉二十三年（446 年）亦记:"是岁,吐谷浑复还旧土。"如此,慕利延在于阗仅一年左右,上述慕利延"远征罽宾",似乎不可能,应如《通典》卷 190 作"南依罽宾"为是。然而,无论怎样,5 世纪中吐谷浑势力最早进入西域且末、于阗等地,并产生一定的影响是可信的。史称慕利延在于阗时,曾向南朝刘宋遣使上表说:"若不自固者,欲率部曲入龙涸（今四川松潘）越嶲门。并求牵车,献乌丸帽、女国金酒器、胡王金钏等物……虏竟不至也。"[3] 由于吐谷浑在于阗一年后遂返青海,当时北魏在西域东部的势力正有所增长。太平真君八年十二月,鄯善等国向北魏遣使朝献;九年,北魏即"以交趾公韩拔为假节、征西将军、领护西戎校尉、鄯善王,镇鄯善,赋役其人,比之郡县"[4]。接着万度归又大破焉耆,西讨龟兹。北魏即先后在鄯善、焉耆设镇,派兵驻守。此外,据史籍从 5 世纪后半叶,再未见西域鄯善、且末、于阗等地有吐谷浑人活动其间,更没有吐谷浑统治或占领该地区的记载,国内有的研究者认为,太平真君六年吐谷浑慕利延占领鄯善、且末、于阗后,就一直统治这些地区的说法[5],很难成立。然而,由于经青海柴达木至西域鄯善、且末有通道,故不能排除以青海为中心的吐谷浑或内地贸易、求法之人进入西域的

---

〔1〕P. Pelliot：“Note sur les T-ou-houen et Les Soou-pi”，TP XX，1920—1921；山本達郎：《Drug-gu（Dru-gu，Drug）に就いて》，载《東洋學報》第 29 卷第 1 期，1938；户口喜茂：《吐谷渾の西藏名と支那史傳》，载《東洋學報》第 27 卷第 1 期，1938。

〔2〕《北史》卷 96《吐谷浑传》。

〔3〕《宋书》卷 96《鲜卑吐谷浑传》。

〔4〕《魏书》卷 4《世祖纪下》。

〔5〕钱伯泉：《吐谷浑人在西域的历史》，载《新疆大学学报》1990 年第 2 期。

可能。

7.2　吐谷浑对鄯善、且末的占领和统治

吐谷浑何时占领和统治鄯善、且末地区？由于史籍阙载,故研究者有各种不同的看法。黄文弼先生以为,"按《魏书》称,兴安元年(452年)拾寅始居伏罗川,时太武被弑,国内乱,无暇顾及西陲。故吐谷浑得乘机扩充其势力。是吐谷浑之兼并鄯善、且末,疑在魏文成帝兴安元年以后也"[1]。冯承钧先生则以为,"高车既破车师前国,南下库鲁克山略鄯善国境,亦意中必有之事。其时疑在太和十七年(493年)前,北魏罢镇(指焉耆、鄯善镇)戍,或即为此,所以拜伏连筹为护西域中郎将,而吐谷浑由是'地兼鄯善、且末'"[2]。冯先生是以北魏鄯善镇之撤废时间为吐谷浑领有鄯善、且末的时间的。日本学者松田寿男认为,在吐谷浑拾寅时(452—481年在位),吐谷浑已兼有鄯善是确定无疑之事。理由是北魏和平元年(460年)魏军分三路进攻吐谷浑,其中有敦煌军(原文作"凉州军"),似专为对付鄯善、且末之吐谷浑者。[3]

以上三说均系推测:兴安元年北魏统治集团虽发生内乱,但对地处边远的西域并不会有多大的影响;北魏对吐谷浑伏连筹的封号,并不能表明吐谷浑已兼并鄯善、且末,因为吐谷浑在北魏政治中心平城之西,似也与"护西域中郎将"封号含义相当;至于北魏一军出敦煌或凉州,似为对吐谷浑中心青海形成包围形势,而非专对鄯善、且末。因此,上述三说均有疑问,难以成立。

我认为,史籍较为明确记载吐谷浑兼有鄯善、且末,是在《北史》卷98《高车传》所记北魏宣武帝给高车国主弥俄突的诏书之中。诏书说:"卿远据沙外,频申诚款……蠕蠕、呋哒、吐谷浑所以交通者,皆路由高

---

〔1〕见黄文弼:《古楼兰国历史及在西域交通上之地位》,载《边疆研究论丛》1944年,后收入作者《西北史地论丛》,上海人民出版社1981年版,第185－186页。

〔2〕冯承钧:《高车之西徙与车师鄯善国人之分散》,载《辅仁学志》1942年第11卷第1、2合期。

〔3〕松田寿男:《吐谷浑遣使考》(下),载《史学杂志》第48编12号。

·欧·亚·历·史·文·化·文·库·

昌,犄角相接。"据《魏书》卷8《世宗纪》,永平元年(508年)有高车国遣使及内附,乞师迎接的记载,故此诏应颁于是年。诏书说蠕蠕(柔然)、哒、吐谷浑交通皆由高昌,对吐谷浑来说,只有它据有高昌之南的鄯善、且末之后,才有可能。因此,可以说在永平元年之前吐谷浑已兼有鄯善、且末之地了。又《南齐书》卷59《芮芮虏传》记:"先是,益州刺史刘悛遣使江景玄使丁零……道经鄯善、于阗,鄯善为丁零所破,人民散尽。"此"丁零",即北魏太和十一年(487年)从柔然(芮芮)分离出去的高车副伏罗部。其首领阿伏至罗在车师前部西北建"高车国"。江景玄使高车国(丁零)道经鄯善的时间,据冯承钧先生考证,是在491—492年间。[1] 时鄯善为高车国所破,"人民散尽",并没有吐谷浑占领或统治该地的一丝痕迹。由此,我们可将吐谷浑兼并鄯善、且末的时间定在公元492年至508年之间,时吐谷浑伏连筹在位。

这一结论的旁证是,南朝史籍中的《宋书》、《南齐书》、《梁书》,前两书均未记吐谷浑兼并鄯善、且末,只有《梁书》的《河南(吐谷浑)传》中说,其"西邻于阗,北接高昌",即领有鄯善、且末。梁朝建于502年,故与以上结论大致吻合。

明确记载吐谷浑领有鄯善、且末的是北魏神龟元年(518年)宋云、惠生一行出使西域的行记。据《洛阳伽蓝记》卷5引宋云、惠生行记云:

> 发赤岭(今青海日月山)西行二十三日,渡流沙,至土谷浑国……从土谷浑西行三千五百里,至鄯善城。其城自立王为土谷浑所吞。今城(内主)是土谷浑第二息宁西将军总部落三千,以御西胡。[2]

文中说吐谷浑占领鄯善之前,其城是"自立王",如今城内主是吐谷浑王伏连筹第二息(子)宁西将军,有部众3000。这是对吐谷浑统治鄯善方式的唯一一条记载。

---

〔1〕冯承钧:《高车之西徙与车师鄯善国人之分散》,载《辅仁学志》1942年第11卷第1、2合期。

〔2〕范祥雍校注:《洛阳伽蓝记》,上海古籍出版社1982年版,第252页。

又据《南齐书》卷 59《河南传》记,吐谷浑国内有四大戍地,"皆子弟所治"。吐谷浑占领鄯善后,以子弟戍守这一中西交通要冲是理所当然之事。唯伏连筹第二子宁西将军是谁? 有的研究者以为,《北史·吐谷浑传》等记伏连筹有世子名"贺鲁头"(或作"贺虏头"),朝于北魏京师,第二子即是继伏连筹王位之夸吕[1]。但南朝史籍却载,伏连筹还有子名"阿罗真"(或作"呵罗真"),此亦系继伏连筹王位者。梁朝曾于中大通元年(529 年)伏连筹死后,封阿罗真为"宁西将军,西秦、河、沙三州刺史"[2]。此人似乎更似原镇守鄯善的伏连筹第二子宁西将军。由于史籍未明载伏连筹有子若干,第二子是谁,故上述种种看法,均不过是一些推测而已。

"总部落三千,以御西胡",说明以青海为中心的吐谷浑派遣了至少 3000 部众戍守鄯善。此乃吐谷浑以戍守方式迁入西域之始。吐谷浑是一个以游牧为主,兼有农业的民族,戍守鄯善等地的吐谷浑部众的供给,应大部分是以贡赋的形式取之于当地土著,另一部分可能以戍卒屯田、放牧来供给。因史料阙如,详情不得而知。所御之"西胡",很可能是紧邻鄯善、且末西边的于阗,以及当时控制了天山南路的哒哒。

值得注意的是,吐谷浑自 5 世纪末 6 世纪初兼并了地处中西交通要冲的鄯善、且末之后,其所在的青海地区的交通地位更为重要,甚至成为中西交通("丝绸之路")最重要的通道,一度取代了北边的河西路。漠北的柔然使经高昌南下至鄯善,再东经青海、甘南,顺岷江而下到南朝的益州(治今四川成都),然后再到京师建康(今江苏南京)。史称吐谷浑所据之青海、甘南的道路为"河南道"。中亚、西域诸国,如波斯、哒哒、于阗、龟兹等,与南朝的通使、贸易也多走河南道。甚至北朝的北魏、东魏、北齐等政权与西域的通使贸易也多经河南道[3]。总之,这一时期吐谷浑成了联结漠北、西域和内地的一个交通枢纽,成为中

〔1〕钱伯泉:《吐谷浑人在西域的历史》,载《新疆大学学报》1990 年第 2 期。
〔2〕《梁书》卷 3《武帝纪》。
〔3〕参见松田寿男《吐谷浑遣使考》及拙作《古青海路考》。

西交通的中继者和向导,占有极为重要的地位。其次,吐谷浑兼有西域鄯善、且末后,就有可能与嚈哒、高车、柔然、北魏争夺西域丝路的控制权,成为崛起于西域东南的一大势力。

到隋大业五年(609年),隋炀帝为了开疆拓土,扫清通向西域的交通阻碍,在裴矩的鼓动下,发动了一场以征服吐谷浑为目的的"西巡"。结果吐谷浑政权灭亡,隋朝于原吐谷浑之地设置西海(治吐谷浑都城伏俟城,今青海湖西铁卜卡古城)、河源(治今青海共和南)、鄯善(治今新疆若羌)、且末四郡。[1] 又于四郡之地采取"谪天下罪人,配为戍卒,大开屯田,发西方诸郡运粮以给之"等措施。[2] 可是,隋朝统辖上述四郡的时间不长,到大业末年(617—618年),因国内群雄并起,逃至党项的吐谷浑伏允可汗尽复故地,其中应包括鄯善、且末二郡之地。而此时,北方的突厥重新崛起,史称突厥始毕可汗(609—619年在位)强盛,契丹、室韦、吐谷浑、高昌等"皆役属"之。因此,吐谷浑伏允可汗至少在名义上臣属于突厥。

这种情况一直延续到唐贞观九年(635年),唐太宗以李靖为西海道行军大总管,率各路大军进攻吐谷浑之时。吐谷浑伏允可汗西奔且末,为唐军追于突伦碛(且末西大沙漠),伏允为部下所杀,其子慕容顺在伏俟城降唐。唐朝先封慕容顺为西平郡王、趉胡吕乌甘豆可汗,顺旋为部下所杀;唐又封顺子诺曷钵为河源郡王、乌地也拔勤豆可汗,继其宗祀,复其国。[3] 从此,吐谷浑为唐之属国,其土地、人民仍为吐谷浑可汗所统治,故有的研究者以为此时鄯善、且末为唐直接统治的说法,是没有根据的。

那么贞观九年唐征服吐谷浑后,鄯善、且末之地到底为谁所控制?因史料阙乏,国内外学者有多种推测:

一是以日本学者山口瑞凤、中国藏学家王忠等为首的学者们,他们认为早在贞观九年之前,吐谷浑就分为东、西两支,西支即以鄯善为

[1]《隋书》卷3《炀帝纪》。
[2]《隋书》卷24《食货志》。
[3]参见拙著《吐谷浑史》,宁夏人民出版社1985年版,第86-95页。

中心,其首领或是伏允次子尊王[1],或说是《敦煌本吐蕃历史文书》纪年首次出现于 659 年的"达延芒波结"[2]。贞观九年唐攻灭吐谷浑后,以东支诺曷钵为可汗,而西支则为吐蕃所立的可汗,或即达延芒波结,或为斯坦因在敦煌所获藏文《阿柴纪年残卷》(编号千佛洞 Vol. 69. fol. 84)中提到的"莫何吐浑可汗"(Magatho gon khaan)所控制。莫何吐浑可汗之母是吐蕃的一位公主墀邦(Khri baogs)。即是说,贞观九年后,鄯善、且末是在吐蕃扶植的吐谷浑西支可汗的控制之下。

吐谷浑王以子弟分镇各地是确实的;但在贞观九年前后吐谷浑即分为东、西两支的说法,则未见任何汉藏史籍有所涉及,故不可信。其次,《阿柴纪年残卷》所记之年代,国内外学者看法不同,笔者同意卷中所记之"莫何吐浑可汗"系 663 年吐蕃灭吐谷浑所扶植的可汗,其母墀邦即《敦煌本吐蕃历史文书》纪年中所说 689 年吐蕃嫁与吐谷浑王的公主墀邦。残卷中记莫何吐浑可汗、母后墀邦迎接之唐公主非文成公主,而是金城公主。[3] 因此,山口瑞凤、王忠等先生以上结论是值得商榷的。

还有的研究者认为,吐谷浑分为东、西两支(或南、北两支)是在贞观十二年(638 年),吐蕃松赞干布因怨吐谷浑"离间"其与唐朝的关系,唐不允和亲,而出兵击吐谷浑,吐谷浑不支,走青海之北。于是西支的鄯善地区为吐蕃所控制,或正式分为东、西两支。[4] 此说亦不确,因未见有任何汉藏文资料论及此。《敦煌本吐蕃历史文书》中所说松赞干布亲自出巡,迫使唐人与吐谷浑人"岁输贡赋",显系将使臣往还作为臣属的夸大之词,不足为据。

事实上,自贞观中,吐谷浑在唐朝的打击下日益衰弱,其对西域鄯

---

〔1〕山口瑞凤:《吐蕃王国成立史研究》,岩波书店 1983 年版,第 679 页。

〔2〕王忠:《新唐书吐蕃传笺证》,科学出版社 1956 年版,第 28 页。

〔3〕见 G. 乌瑞:《阿柴小王编年——斯坦因文书敦煌 Vol. 69. fol. 84 号的年代与类型问题》,载《乔玛纪念文集》,布达佩斯汉学研究院 1912 年第 2 期。周伟洲、杨铭:《关于敦煌藏文写本吐谷浑(阿柴)纪年残卷的研究》,载《中亚学刊》1990 年第 3 辑。

〔4〕穆舜英:《新疆出土文物中关于我国古代兄弟民族的历史文物》,载《新疆历史论文集》,新疆人民出版社 1978 年版。

善、且末之地的统治已较为削弱。于是,正如敦煌发现的有关沙州伊州
地志残卷(如 S.0367 唐光后元年写本沙州伊州地志残卷、S.788 沙州
图经、晋天福十年写本寿昌县地志等)所记:"石城镇……隋置鄯善镇。
隋乱,其城遂废。贞观中,康国大首领康艳典东来居此城,胡人(随
之),因成聚落,亦曰典合城(寿昌地志作'兴谷城'),四面皆是沙碛。
上元二年(675 年)改为石城镇,隶沙州。"又记康艳典入鄯善后,曾建 4
城:典合城(原鄯善城,今若羌)、新城(在典合城东 180 余里,今米兰)、
蒲桃城(在典合城北 4 里)、弩支城(在典合城西 240 里,今瓦石峡)。
如此,则康艳典入居鄯善后,吐谷浑势力似乎已退回青海,但该地留居
之吐谷浑人当为数不少。

康艳典入居鄯善,可能在贞观九年唐朝击败吐谷浑之后,即是说,
吐谷浑从 5 世纪末占据鄯善,一直到 635 年后,因康艳典等胡人之入
居,失去了对鄯善的控制。如果减去隋灭吐谷浑于鄯善置郡的时间外,
吐谷浑统治鄯善大约共有 140 年左右。而据有鄯善的康艳典则可能到
贞观末,因唐朝在西域势力的增长而归服于唐朝。贞观二十二年(648
年)唐军破龟兹,将安西都护府从西州移治龟兹,设置安西四镇。康艳
典或于此时降唐,如《新唐书》卷 43《地理志》记石城镇时所说:"康艳
典为镇使以通西域。"至于且末之地是否还控制在吐谷浑手中,抑或为
康艳典所据,因史籍阙载,不得而知。

到高宗龙朔三年(663 年),吐蕃灭吐谷浑,尽有其故地,鄯善、且末
是否此时为吐蕃所据有? 史未明载。从一些汉藏史籍的记载来看,吐
蕃虽据有吐谷浑原青海、甘南等地,与唐争夺西域,斗争激烈,但因唐在
西域势力较强,故鄯善、且末似仍在唐朝的控制之下。一直到高宗咸亨
元年(670 年),吐蕃"入残羁縻十八州,率于阗取龟兹拨换城(今阿克
苏),于是安西四镇并废"[1]。上引《敦煌本吐蕃历史文书》纪年亦记:
唐总章二年(688 年),吐蕃在"且末国(原文作 Jimakhol,佐藤长、王尧
均以为且末)建造堡垒";咸亨元年,吐蕃"于且末国击唐军多人"。由

---

〔1〕《新唐书》卷 221 上《西域于阗传》。

78

此知此年前后,吐蕃已据有且末,甚至鄯善。可是到上元二年(675年),唐朝在西域的势力有所恢复,在于阗设毗沙都督府,分其境为十州。同时,也收复了鄯善、且末之地,于是才有上引《光启元年写本沙州伊州地志残卷》中所记"上元二年改石城镇(鄯善)隶沙州,上元三年改且末为播仙镇,亦隶沙州"的记载。又有在武周天授二年(691年)属唐之石城镇将康拂耿延弟地舍拔上奏的记载(见P.2005号文书《沙州都督府图经》)。此后,唐与吐蕃争夺西域的斗争仍未停止,鄯善、且末的控制权可能几番易手,详情已难考辨。

7.3 吐蕃统治下的西域吐谷浑人

吐蕃称吐谷浑为阿柴(Ha-za),此名之由来,乃系吐谷浑从辽东迁到西北后,因其系鲜卑慕容部庶出,故"西北杂种谓之为阿柴虏,或号为野虏焉"[1]。此后,兴起于西藏高原的吐蕃就沿用西北诸族对吐谷浑的称呼,名之为"阿柴"。英国著名藏学家F.M.托玛斯认为,阿柴仅是吐谷浑所属之西支。这种看法不妥,中外学者均有论述,不赘述。[2]

据汉藏史籍载,吐蕃自唐龙朔三年统治吐谷浑后,扶植了一个号称"莫何吐浑可汗"的吐谷浑王,从此青海等地吐谷浑国成为吐蕃的小邦属国。其可汗娶吐蕃公主,且自称为"甥"(Vban),作为吐蕃小邦王子而存在。吐谷浑属国内设置有大尚论、尚论等各级官吏,有与吐蕃相同的"告身"制度。国内也以万户、千户为军事行政单位。吐蕃还定期向吐谷浑征收贡赋,多次进行户口大清查等。[3]

吐谷浑属国领地,基本上包括了原吐谷浑国的辖地,即东起今青海湖东,西至今新疆若羌、且末,北抵祁连山与唐为界,南到青海湖南。安史之乱后,吐蕃相继攻占唐所属之陇右、河西及西域天山以南地区,

---

〔1〕《晋书》卷97《吐谷浑传》。

〔2〕F. M. Thomas:Tibetan Literery Texts and Documents Concerning Chinese Turkestan,London,1951,pp.30-38;上引伯希和、山本达郎、户口喜茂等文。

〔3〕参见周伟洲、杨铭:《关于敦煌藏文写本吐谷浑(阿柴)纪年残卷的研究》。

·欧·亚·历·史·文·化·文·库·

而吐谷浑属邦领地似仍无多大变化。据前引敦煌发现之藏文写本《吐谷浑(阿柴)纪年》残卷所记吐蕃属下之莫何吐浑可汗所居夏宫、冬宫之地点来分析,在公元 709 年以后,可汗所居夏、冬宫基本上从东边的黄河河西一带的曼头岭、兰麻梁,向西迁至色通(七屯城,今新疆若羌米兰)、查雪(敦煌南)一带。[1] 因此,我们推测:吐蕃完全占领和统治西域鄯善(今新疆若羌)、且末等地,大致是在 7 世纪之后,一直到 9 世纪中吐蕃王朝瓦解为止。

在这约一个多世纪的时间里,西域的鄯善、且末,甚至于阗、伊州(治今新疆哈密西)地区,都有吐谷浑人定居其间。从上述《吐谷浑纪年》残卷所记莫何吐浑可汗以色通为夏宫来看,西域的吐谷浑至少有一部分也为吐蕃所属吐谷浑邦国的一部分。自 8 世纪后,吐谷浑属国的政治中心一直在沙州与鄯善之间。自 20 世纪以来,在今新疆若羌东米兰、和田北面的玛札塔格吐蕃古戍堡遗址中,曾出土了一批古藏文简牍,内也多有关于西域吐谷浑人的活动情况。下面以这批简牍为主,对吐蕃统治下的西域吐谷浑人情况作一概述。

在西域的吐谷浑人,大多也以部落的形式,按吐蕃千户、万户的军事行政体制纳入吐蕃的行政体系之中。米兰出土简牍(王尧编号 61)记:"吐谷浑上部万人部落,凡属唐所辖者……"还记有"许垓冲木道穷吐谷浑武士之部"(王尧编号 231);[2] 玛札塔格简牍(托玛斯编号 4－5)有:"……在突厥啜尔(Drugu cor,伯希和释为'突厥州'),吐谷浑……仙千户。"按,"吐谷浑上部万人部落",当在今米兰附近;万人部落则是吐蕃军事行政单位之"万户",敦煌汉文卷子中有"万人将"、"乞利本"(藏文 khri sde 的汉文音译,意为"万人将")。前引《吐谷浑纪年》残卷中,亦记有吐谷浑属邦的莫何吐浑可汗向其境之"各千户(stong sde)课以新税"的记载。因此,万户之下为千户、百户,如吐蕃统治河陇地区的汉人、吐谷浑人的军事行政组织一样。可惜在出土藏文简牍中

---

〔1〕参见周伟洲、杨铭:《关于敦煌藏文写本吐谷浑(阿柴)纪年残卷的研究》。

〔2〕见王尧、陈践:《吐蕃简牍综录》,文物出版社 1985 年版,第 38、57 页。

没有找到直接的证据。

　　据有的学者研究,吐蕃在统治鄯善地区(也称为"罗布泊地区")后,也设置了一个相当于唐朝节度使的军事行政机构,称之为"Khrom",敦煌汉文卷子译为"节度衙"。吐蕃在河陇地区设有5个节度衙,汉文史籍称之为"东境五节度"或"东境五节度大使"。在罗布泊地区,则设有一个"萨毗节度衙",藏文作"tshal bgi khrom"。[1] 米兰简牍(王尧编号172)亦记:"在大萨毗所辖地面,通颊北边驻有个别守边斥候。"[2] 内"大萨毗所辖地面"也可作为证明有萨毗节度衙存在的一例。显然,萨毗节度衙设在萨毗泽附近的萨毗城,此地正是从青海入西域且末的交通要冲,有许多吐谷浑部居住其间。前引《光启元年写本沙州伊州地志残卷》记:"萨毗城,西北去石城镇(今新疆若羌)四百八十里。康艳典所筑,其城近萨毗泽(今新疆阿雅克库木湖)。山险阻,恒有吐蕃及吐谷浑来往不绝。"此乃吐蕃王朝瓦解后,萨毗泽一带民族活动的情况。米兰简牍(王尧编号138)内记:"……如在萨毗地面发现可疑足迹,由吐谷浑(军)负责……"[3] 可见萨毗泽一带是吐谷浑人聚居之地,吐谷浑万户、千户部落等军事行政组织当属吐蕃当局萨毗节度衙管辖。萨毗地面除吐谷浑人外,还有众多的吐蕃人,如米兰简牍(王尧编号172)记:"……萨毗属地之内没庐氏、属庐氏等家族叛离,做尽坏事……"[4] 没庐氏、属庐氏均为吐蕃大姓。

　　除萨毗一带有众多的吐谷浑人外,鄯善其他地方及且末、于阗也有吐谷浑部众居住其间。如前引简牍中提到的"吐谷浑上部万人部落"、"许垓冲木道穷吐谷浑武士之部"、"靠近突厥啜尔的吐谷浑……仙千户"、"门玛以下的吐谷浑……"(王尧编号286)等。他们居住的具体地点已难考辨。玛札塔格简牍(托玛斯编号472)有"供给于阗玉姆。因为军队驻扎在吐谷浑(Va-zha,乡村),甚至没有一定数量的

　　〔1〕G.乌瑞:《释 khrom:七一九世纪吐蕃帝国的行政单位》,汉译文载《国外藏学研究译文集》第1辑,西藏人民出版社1986年版。
　　〔2〕王尧、陈践:《吐蕃简牍综录》,第51页。
　　〔3〕王尧、陈践:《吐蕃简牍综录》,第48页。
　　〔4〕王尧、陈践:《吐蕃简牍综录》,第51页。

·欧·亚·历·史·文·化·文·库·

Vizng(高山疾病?)开支"[1]。于阗玉姆大致在鄯善至于阗间,在突厥嗫尔的最远处。

在西域伊州纳职县(今新疆哈密西),也有一些吐谷浑部落居住。上引光启元年写本《沙州伊州地志残卷》"伊州纳职县"条记:"唐初有土人鄯伏陀,属东突厥。以征税繁重,率城人入碛,奔鄯善,至并吐浑(吐谷浑)居住……既从鄯善而归,遂以为号耳。"唐初,鄯伏陀从鄯善返回伊州时,可能有部分吐谷浑人也一起迁到了伊州。敦煌发现之《张义潮变文》(P.2962)记:"敦煌北一千里镇伊州城西纳职县,其时回鹘及吐浑居住在彼,频来抄劫伊州,俘虏人物,侵夺畜牧,曾无暂安。仆射(张议潮)乃于大中十年(836年)六月六日,亲统甲兵,诣彼击逐伐除。"[2]由此知纳职有吐谷浑部众。

从汉藏文献及出土简牍来看,鄯善地区居民并非全部或大部为吐谷浑人。仅从米兰出土的藏文简牍分析,8至9世纪鄯善地区还有大量的吐蕃人,主要是从吐蕃本土征调来的贵族、官吏及军队(茹)。吐蕃为了统治这一地区,自然派遣大批贵族、官吏及军队戍守,米兰出土简牍多书有吐蕃人姓名、军队行政组织(茹)名称就是明证。然而,也不能因此而认为该地区吐蕃人占了绝大多数。

其次,简牍记载的民族或部落还很多,如"白兰"、"南茹"("南"部族);还有中亚一带的粟特(sog-po)人,即所谓"胡人",米兰简牍中也有记载。[3] 其实,康艳典率胡人居鄯善,当也留存不少。

在这一时期,北方的游牧民族突厥、回纥也多有迁于鄯善地区者。米兰简牍中多次出现突厥(Drugn)和回纥(hor)人。关于此,王尧等译注之《吐蕃简牍综录》中有详细的记述,不赘。米兰藏文简牍中,还提到鄯善地区有许多于阗人,因于阗与鄯善邻近,均为吐蕃所统治,故鄯善有于阗人。

---

〔1〕F. M. Thomas:Tibetan Literery Texts and Documents Concerning Chinese Turkestan,London,1951,pp.30-38.

〔2〕王重民、向达等编:《敦煌变文集》(上),人民文学出版社1984年版,第115页。

〔3〕见王尧、陈践:《吐蕃简牍综录》,第39页等。

在这里有两个问题需要辨明：

其一，是唐神龙二年至开元十年（706—723 年）间，唐朝是否在今且末或鄯善设置了一个名"阇甄都督府"的羁縻州，由吐谷浑王族慕容明任都督的问题。国内有的研究者根据今甘肃武威南青嘴喇嘛湾吐谷浑先茔出土的《大唐故代乐王上柱国慕容明墓志铭》首行衔名有"检校阇甄都督"，认为"阇甄"即元代"阇鄽"，为今且末车尔臣河之异译，故唐于且末、鄯善曾置"阇甄都督府"，以慕容明为都督。[1] 按，墓志铭文记慕容明生平及所历官职，均无"检校阇甄都督府都督"字样，显然此号乃慕容明死后唐朝或吐谷浑本藩追赠之号。当时，吐谷浑诸葛钵一支投唐，迁至灵州，唐设安乐州（治今宁夏中宁鸣沙）以处之，其子弟童年入侍，后任各级官吏，慕容明即为其中之一。当时且末、鄯善究竟是否在唐朝控制之下，还不清楚。慕容明不可能到今且末车尔臣一带去任都督。因此，若"阇甄"确指车尔臣的话，那么慕容明死后，唐朝或吐谷浑本藩因吐谷浑原曾领有且末、鄯善之地，追赠其为"阇甄都督府都督"之虚衔，是有可能的。

其二，1959 年新疆考古工作者在发掘米兰古戍堡遗址上层发现了两张汉文书写的诗签，这就是至今仍然困惑着学术界的著名的"坎曼尔诗签"。其中一张署名及年代是"纥坎曼尔元和十年"。关于此诗签的真伪问题，目前学术界是有争议的。[2] 我们姑且假定此诗签为真，且写于唐元和十年（814 年）。学界一般认为坎曼尔是回纥人。但有的学者却以为唐元和年间，"若羌一带的主体居民是吐谷浑人"，故坎曼尔是吐谷浑人；吐谷浑有大将名"纥拔埿"，可见吐谷浑有"纥"姓，与"纥坎曼尔"同姓。[3] 按，吐谷浑姓氏中无"纥"姓，"纥拔埿"有可能姓"纥"，更有可能姓"纥拔"，与高车"斛拔氏"音近。因此，说若羌一带主体居民是吐谷浑，或吐谷浑有"纥"姓等，均不可靠。坎曼尔为吐谷

〔1〕见钱伯泉：《吐谷浑人在西域的历史》，载《新疆大学学报》1990 年第 2 期。

〔2〕依作者愚见，从诗签作者的行文出土地点的可疑，以及纸后有察合台文字情况分析，此诗签很可能系伪作或时代稍后的作品。

〔3〕钱伯泉：《吐谷浑人在西域的历史》。

·欧·亚·历·史·文·化·文·库·

浑人说,难以令人信从。

居于鄯善、且末等地的吐谷浑部众,有一部分可能仍从事于游牧,而大部分则以农业为主。如上述米兰简牍中记"上部万人部落",吐蕃对其"每户征收五升(青稞);万人部落田赋以六成计所征,征青稞混合堆置一处,一部分(青稞)如以羊驮运不完,可派牛运"。简牍中还多次出现吐谷浑运粮人,如玛札塔格简文(托玛斯编号43)记:"马年仲春月中旬,神山(shing-shan,即玛札塔格)堡塞兵站(So-res?)人员的口粮,已经送去一百四十驮麦子。由粮食输送者吐谷浑王赞(Ha-zha G-yu-brtsan)提供给神山的粮官书·恰勒。"[1] 米兰简文(王尧编号40)有:"……有无,可问吐谷浑送粮人。"[2]

吐蕃当局除对所属之吐谷浑各万户、千户征收赋税外,还不时强征其外出争战,或戍守各地。吐蕃万户、千户的组织本身就是一个军事行政单位,平时耕作畜牧,战时则服兵役或戍守各地。如米兰简文(王尧编号132)说:"吐谷浑人户有多少?长住户若干?根据所计住户之数,决定派来边隅斥候人数。"[3] 又有简文(王尧编号53)记:"河东菊慕之口粮,吐谷浑坐哨之干粮一顿也没有";又有记:吐蕃兵被围,"请从吐谷浑部或通颊派援兵……十人,消除危险,乞予垂怜"等。[4]

至9世纪初,统一的吐蕃王朝瓦解,吐蕃在西域的统治也逐渐崩溃。于阗、鄯善等城郭相继自立,居于鄯善、且末等地的吐谷浑诸部情况不明,其名也渐从史籍中消失,可能后来融入当地土著,至16世纪后,成为当地维吾尔族的一个组成部分。

7.4 简短结论

以今青海为中心的古代吐谷浑族在西域的活动和定居情况,归纳

---

〔1〕托玛斯:《中国新疆出土的藏文文献及文书》第2卷,第207-208页。

〔2〕见王尧、陈践:《吐蕃简牍综录》,第34页。

〔3〕见王尧、陈践:《吐蕃简牍综录》,第47页。

〔4〕见王尧、陈践:《吐蕃简牍综录》,第36、63页(编号322)。

起来有如下几点：

（1）北魏太平真君六年，吐谷浑王慕利延曾为北魏军所追击，由今青海柴达木盆地，沿楚拉克阿干河谷越阿尔金山入西域，顺今阿雅克库木湖，经且末到于阗，杀其王，死者甚众，并南依厨宾。次年，慕利延返回青海。这是吐谷浑第一次在西域的进出。

（2）到5世纪初，吐谷浑伏连筹西进，兼并西域鄯善、且末，以其次子宁西将年领兵3000驻守，以御西胡，从此控制了丝路南道的交通要冲，使其在中西交通中的地位日益重要。这种情况一直延续到7世纪唐初之时。其间，隋大业五年炀帝西巡，灭吐谷浑，于其地设鄯善、且末等四郡，但为时仅10年左右。

（3）贞观九年，唐太宗遣李靖等击败吐谷浑，使之成为唐之属国。或在此后，中亚康国人康艳典率胡人定居鄯善，筑四城以居，后属唐朝，为镇使以通西域，吐谷浑失去对鄯善、且末的统治。至龙朔三年吐蕃灭吐谷浑，与唐争夺西域。8世纪时，吐蕃基本控制了鄯善、且末。安史之乱后，陇右、河西及西域天山以南相继为吐蕃所统治。在西域鄯善、且末、于阗等地的吐谷浑人遂长期在吐蕃的统治之下。

（4）根据汉藏文简牍文书，吐蕃统治下的西域吐谷浑各部处于吐蕃及其附属的吐谷浑小邦王子直接管辖之下，以万户、千户为军事行政单位，主要从事游牧或农业。吐蕃当局征收吐谷浑人田赋，并经常调他们外出打仗、戍守、运输等。公元9世纪中，吐蕃政权瓦解后，西域鄯善、且末等地吐谷浑人逐渐不见于记载，可能融入当地土著，最后成为今天若羌、且末一带维吾尔族的组成部分之一。

（原载于马大正等主编《20世纪西域考察与研究》，中国社会科学出版社1994年版）

·欧·亚·历·史·文·化·文库·

8 古代新疆地区的民族及其变迁

8.1 两汉时期新疆地区的民族及其分布

公元前2世纪后,中国史籍对新疆地区开始有了较为详确的记载。其原因是公元前139年和前118年,西汉武帝为了抗击北边的强敌匈奴,两次遣张骞出使匈奴,联络大月氏、乌孙,共抗匈奴。张骞出使的结果之一,是正式开辟了与西域的交通,即后世所称的"丝绸之路"。同时,汉武帝还遣骠骑将军霍去病出兵,从匈奴手中夺取了河西走廊,设置河西四郡。公元前104年,武帝又遣贰师将军李广利伐大宛(今中亚费尔干纳)。此后,"西域震惧,多遣使来贡献,汉使西域者益得职。于是自敦煌西至盐泽(今罗布泊),往往起亭……"这样,张骞出使西域之后,中国内地对于西域(包括今新疆地区)的民族及其分布情况有所了解,并由当时的史学家们著录于史书之中。其中最著名者,即西汉时期司马迁所撰《史记》、东汉班固撰《汉书》等。而班固撰《汉书》卷96《西域传》所记是"自宣平"(公元前73年—前33年)后,西域"土地山川王侯户数道里远近翔实"的情况。在今新疆境内大约有46国,按《汉书·西域传》记载的顺序为:若羌、鄯善(本名楼兰国,后改名)、且末、小宛、精绝、戎卢、扜弥(宁弥)、渠勒、于阗、皮山、乌秅、西夜和子合、蒲犁、依耐、无雷、休循、捐毒、莎车、疏勒、尉头、姑墨、温宿、龟兹、乌垒、渠犁、尉犁、危须、焉耆、乌贪訾离、卑陆、卑陆后国、郁立师、单桓、蒲类、蒲类后国、西且弥、东且弥、劫国、狐胡、山国、车师前国、车师后国、车师都尉国、车师后城长国、大月氏、乌孙。

以上所列46国,内大月氏、乌孙为天山以北以游牧经济为主的

"行国",是中国史籍最早记载居于天山以北的两个游牧民族。

　　大月氏,其原居地在"敦煌、祁连(今新疆东部天山)间",即在今新疆天山东部哈密、巴里坤以东至甘肃敦煌之间。[1] 约在公元前177年至前176年,大月氏被兴起于漠北蒙古草原的匈奴所击破,迁于今新疆伊犁河流域,击走原塞王(塞种人,西方文献称之为Saka),占有其地。至公元前130年左右,大月氏又为臣属于匈奴的乌孙所破,向西南迁徙至今中亚阿姆河一带,并征服了当地大夏(巴特克里亚,Bactria)而居之。[2] 遗留在敦煌、祁连间的月氏人,则保敦煌南山(今甘肃祁连山),中国史籍称之为"小月氏"或"月氏胡",而称迁至阿姆河流域的为"大月氏"。[3] 至于月氏人的人种和语言系属问题,中外学界意见分歧,未有定论。[4]

　　乌孙,据中国史籍记载,其原居地"与大月氏在敦煌、(祁连)间",后为大月氏所攻,夺其地,人民亡走匈奴。公元前130年左右,乌孙在匈奴支持下攻破在伊犁河一带的大月氏,占有其地,遂游牧于此,为西域天山以北一强国,故史籍称"乌孙民有塞种、大月氏种云"[5]。即是说,两汉时期新疆天山以北的乌孙族内杂有塞种人(Saka)和大月氏人,成为中国史籍所称之乌孙民族。公元前118年,汉武帝为抗击北边匈奴,第二次遣张骞出使西域,主要的政治目的就是联络乌孙,共抗匈奴。此后,汉朝在经营西域的过程中,与乌孙关系日益密切,元封(公元前110—前105年)中,武帝曾以江都王建女细君公主与乌孙昆莫和亲,联合乌孙与匈奴争夺西域。

　　以上是中国史籍所记两汉时期新疆天山以北的月氏、乌孙及塞种各族。

　　除月氏、乌孙外的44国,均在今新疆天山以南各绿洲,中国史籍泛

　　〔1〕见王建新:《古代月氏人活动的中心地域》,载《中国文物报》2003年2月28日。
　　〔2〕《史记》卷123《大宛列传》,《汉书》卷96《西域传》,其中年代考证见余太山《塞种史研究》,中国社会科学出版社1992年版,第56、58页。
　　〔3〕见《汉书》卷96《西域传》。
　　〔4〕参见余太山:《塞种史研究》,第52-69页。
　　〔5〕《汉书》卷96《西域传》。

·欧·亚·历·史·文·化·文·库·

称其为"西域三十六国",《汉书·西域传》基本是以通西域道路顺序排列诸城郭国的,即诸城郭国的顺序与塔里木盆地边缘绿洲交通道路相一致的。也就是说,在公元前 2 世纪前后,特别是西汉经营西域 60 多年后,在今天新疆的沙漠绿洲及山谷间,已出现了许多大小不等的城郭国。这些城郭国的人口差别较大,有如鄯善、扜弥、于阗、莎车、疏勒、龟兹、焉耆那样人口上万的大国,也有许多仅有数百人的小国。其中以"田畜"(农牧相兼)为主的城郭国有:鄯善(包括楼兰)、且末、小宛、精绝、戎卢、扜弥、渠勒、于阗、皮山、乌秅、莎车、疏勒、尉头、姑墨、温宿、龟兹、乌垒、渠犁、危须、焉耆、车师前国、车师后国、车师都尉国、车师后城长国等 25 国;其余多为以游牧为主的"行国"。这一情况与前述公元前 2 世纪以前新疆青铜时代至早期铁器时代文化遗址所反映的畜牧兼农业的主要特征,是一脉相承的。

这些城郭国最早土著居民的民族构成十分复杂,限于资料的阙如和研究的局限,目前我们只有一个总体的大致推测:今新疆天山以南的诸城郭国土著居民,从人种上讲,应大部为欧罗巴人种(白种人),这与上述人类学家对新疆青铜时代和早期铁器时代当地人种的分析应是一致的。这些人种的族称或族源,似仍以前述青铜时代和早期铁器时代所称之塞种人为主,或称为"吐火罗"之欧罗巴之民族。而若羌及沿昆仑山至帕米尔高原一带也有一些称为"氐羌行国"之羌族分布其间。在今新疆沙雅县于什格提遗址曾出土过一枚东汉时的"汉归义羌长"铜印。西晋鱼豢撰《魏略·西戎传》亦记:"以婼羌西至葱岭(今帕米尔高原)数千里,有月氏余种葱茈羌、白马羌、黄牛羌,各有酋豪……"[1]

西汉末年,由于王莽实行错误的民族政策,导致西域诸国怨叛,复役属于匈奴。而西域诸国至"哀平间"(公元前 6 年—公元 5 年),自相分割为 55 国。[2] 东汉建立后,西域诸国相互兼并,诸国人口也有所改

---

〔1〕《三国志·魏志》卷 30《乌丸鲜卑东夷传》注引《魏略·西戎传》。
〔2〕《后汉书》卷 88《西域传》。

变,但其民族成分及分布格局基本没有多大的变化。

除上述两汉时期新疆原有的土著民族之外,由于匈奴和汉朝相继统治西域地区,故部分匈奴和汉族(华夏族)也因各种原因不断从北面和东面向今新疆地区移居。

匈奴是北方的游牧民族,自公元前3世纪兴起于大漠南北,建立了一个强大的游牧民族政权。其国内种族复杂,经过长期发展逐渐形成了一个为中国史籍称作"匈奴"的古代民族。大约在匈奴西击破月氏时,它就征服了西域诸城郭国。《史记》卷110《匈奴列传》记汉文帝前元四年(公元前176年),匈奴冒顿单于致书汉朝,内云:"今以小吏之败约故,罚右贤王,使之西求月氏击之。以天子之福,吏卒良,马强力,以夷灭月氏,尽斩杀降下之。定楼兰、乌孙、呼揭,及其旁二[三]十六国,皆以为匈奴。"至匈奴狐鹿姑单于(公元前96年—前85年在位)时,以其子先贤掸为西边"日逐王";而"匈奴西边日逐王置僮仆都尉,使领西域,常居焉耆、危须、尉黎间,赋税诸国,取富给焉"[1]。到西汉神爵三年(公元前59年),匈奴日逐王降汉,"僮仆都尉由此罢,匈奴益弱,不得近西域"[2]。汉置西域都护管辖西域之地。

但是,在天山以北的蒲类(今新疆巴里坤一带)仍有匈奴"东蒲类王兹力支"所率匈奴部众,神爵二年(公元前60年)兹力支率部1700人降汉,"都护分车师后王之西为乌贪訾离地以处之"[3]。此后,汉朝与匈奴对天山以北地区进行长期的争夺,到平帝元始(公元1—5年)中,紧邻车师后国之北部即是匈奴南犁汙王之南将军的驻牧地[4]。西汉末年,西域诸国又并役属于匈奴,"匈奴敛税重刻,诸国不堪命"[5]。东汉建立后,又与匈奴展开了对西域的争夺,双方战争集中在车师和伊吾(今新疆哈密),以此地制西域。到和帝永元三年(91年),东汉军队再次出居延塞,大破匈奴于金微山(今阿尔泰山),北匈奴单于率部

〔1〕《汉书》卷96《西域传》。
〔2〕《汉书》卷96《西域传》。
〔3〕《汉书》卷96《西域传》。
〔4〕《汉书》卷96《西域传》。
〔5〕《后汉书》卷88《西域传》。

·欧·亚·历·史·文·化·文·库·

向西迁徙到乌孙一带。[1] 在此,北匈奴"赢弱不能去者住龟兹北,地方数千里,众可二十余万"。到南北朝时,居于该地的匈奴与当地土著曾建立一个政权,史称"悦般国"。[2] 这可能是匈奴政权灭亡前后留居今新疆地区人数最多的一支。

北匈奴西迁后,仍有部众留居今新疆天山东北一带,如北单于弟左谷蠡王于除鞬自立为单于,游牧于蒲类海(今新疆巴里坤)一带,后为汉朝击破。[3] 其中有部分留驻于该地。又北匈奴西迁后,匈奴呼衍王一部仍活动于蒲类海至伊吾一带,并与汉朝时有争战。[4] 西域车师前王庭一带仍有匈奴伊蠡王部众活动其间等。[5]

总之,两汉时期漠北匈奴在击走大月氏之后,今新疆东北天山一带月氏原游牧之地,事实上已成为匈奴部众驻牧之地;其势力也一度达今新疆哈密、吐鲁番一带。在北匈奴西迁过程中,留居于乌孙驻地(今伊犁河流域)的赢弱者人数众多。以上这些匈奴部众以后逐渐与当地土著相融合,成为古代新疆民族的组成部分。

除匈奴族外,从东面汉朝内地也有大批汉人迁居于今新疆地区。首先是张骞两次出使西域、河西四郡设置和李广利伐大宛前后,汉朝派遣出使西域的使者一批接着一批出现在西域。正如《史记》卷123《大宛列传》所记:使西域的"使者相望于道。诸使外国一辈大者数百,少者百余人……汉率一岁中使多者十余,少者五六辈,远者八九岁,近者数岁而返"。更有打着官方使者的旗号追逐厚利的民间出使者,人数也甚多。在当时,使者及随从因西域恶劣的自然条件和环境而留居于今新疆者,为数众多。不仅如此,由于两汉时期长期与匈奴及匈奴支持下西域城郭国的战争,汉朝派遣至西域的军队也往往因战争失利或艰苦的条件,而有大批士卒流落于今新疆各地。因此,汉朝使者及流亡士卒是留居于今新疆地区汉人的一个重要组成部分。

---

〔1〕《后汉书》卷45《袁安传》。
〔2〕《魏书》卷102《西域传》。
〔3〕《后汉书》卷89《南匈奴传》。
〔4〕《后汉书》卷88《西域传》;同书卷47《班勇传》。
〔5〕《后汉书》卷47《班勇传》。

其次,汉朝为联络和巩固与西域一些城郭国或民族的关系,采取"和亲"政策,出嫁公主或宫女与西域一些国家首领。和亲之公主及随从,最后大部分留居于西域。如上述汉元封年间下嫁与乌孙昆莫的细君公主及随从数百人;太初元年(公元前104年)下嫁与乌孙的解忧公主及随从;元康元年(公元前65年)汉朝赐给龟兹王夫人、解忧长女弟史"车骑旗鼓,歌吹数十人,绮绣杂缯琦珍凡数千万";元凤四年(公元前77年),汉朝"以宫女为夫人",赐楼兰王尉屠耆等[1] 正如有的学者所说:汉朝公主或随从,"这些人大部分留在了西域,人数虽不多,但服务于统治集团,对当地政治制度和文化习俗有较大的影响"[2]。

第三,两汉时移居今新疆地区的汉人,最多的还是汉朝在今新疆地区屯田的士卒及戍守各地烽燧亭障之戍卒。虽然这些屯田、戍守的士卒有定期轮换流动的情况,但留居于西域者数量众多。两汉时期在西域屯田的地区,据史载,有轮台(仓头)、渠犁、楼兰、车师前部、伊吾、交河、高昌壁、金满城、柳中、精绝等,有的地区(渠犁)屯田士卒达千人以上。[3] 汉朝还于敦煌至罗布泊(楼兰)、渠犁等地沿途设置烽燧亭障,戍守的士卒人数众多;而驻守西域的都护、戊己校尉的士卒及其随从、家属等数量也很可观。[4] 总之,屯戍士卒及家属、随从是留居于今新疆地区人数最多的部分。

此外,两汉时期自由流入西域的内地汉族平民及商人、手工业者,均是当时移居今新疆地区汉人的一部分。

两汉时期,因以上各种原因移居于今新疆地区的汉人,主要定居于交通沿线的城镇及各镇戍之地,集中于伊吾、车师、楼兰、鄯善、渠犁、精绝等东部地区。他们与移驻于天山以北的匈奴人一样,为开发和建设新疆作出了贡献;并逐渐与当地土著民族相融合。

---

〔1〕均见《汉书》卷96《西域传》。

〔2〕贾丛江:《关于西汉时期西域汉人的几个问题》,载《西域研究》2004年第4期。

〔3〕参见周伟洲:《两汉时期新疆的经济开发》,载《中国边疆史地研究》2005年第1期。

〔4〕参见贾丛江:《关于两汉时期西域汉人的几个问题》;葛剑雄主编:《中国移民史》第2卷,福建人民出版社1997年版,第179—180页。

·欧·亚·历·史·文·化·文·库·

8.2　魏晋南北朝时期新疆地区的民族
及其迁徙与融合

　　220 年东汉灭亡后,中国历史进入魏晋南北朝时期(220—581 年),在这 300 多年的时间内,除西晋有短暂的统一外,其余时间多处于分裂割据之中。两汉以来,西域地区为中央政权统一管辖的局面已有所变化。自东汉以来,原分裂的 50 多个小国又相互兼并,到曹魏时,仅余下 20 个左右的城郭国。这正如西晋鱼豢所撰《魏略·西戎传》所记:"西域诸国,汉初开其道,时有三十六(国),后分为五十余。从建武 (25—56 年)以来,更相吞灭,于今有二十(国)。"其具体兼并情况,据此书记载:"且志国(且末)、小宛国、精绝国、楼兰国皆并属鄯善也"; "戎卢国、扜(扜)弥国、渠勒国、穴(皮)山国皆并属于寘(阗)";"尉犁国、危须国、山王国皆并属焉耆";"姑墨国、温宿国、尉头国皆并属龟兹也";"桢中国、莎车国、竭石国、渠沙国、西夜国、依耐国、满犁国、亿若国、榆令国、捐毒国、休脩国、琴国皆并属疏勒";"东且弥国、西且弥国、单桓国、毕陆国、蒲陆国、乌贪国,皆并属车师后部王";"转西北则乌孙、康居"。

　　到西晋时,汉代高昌壁的地位日益重要,西晋所设置的戊己校尉即驻守于此。[1] 十六国时,前凉张骏于此正式设置与内地一样的郡县,置"高昌郡,立田地县"。[2] 此后,北凉残余势力沮渠无讳、沮渠安周灭车师前王国,在高昌重建北凉政权,后为柔然所灭。[3] 南北朝时,高昌(今新疆吐鲁番)成为西域重要的城郭国之一。

　　以上西域诸国相互兼并及发展情况,不仅对西域的社会经济发展,而且对西域古代民族的形成来说,均具有重要的意义。事实上,西域诸城郭国从西汉末分裂为 50 余国,东汉以来,50 余国相互兼并,并

---

〔1〕《晋书》卷 3《武帝纪》。
〔2〕《晋书》卷 86《张骏传》;《初学记》卷 8 引顾野王《舆地志》。
〔3〕《宋书》卷 98《氐胡传》;《魏书》卷 43《唐和传》,同书卷 30《车伊洛传》。

融合入居西域的匈奴及汉人,到魏晋南北朝时形成几个较大的城郭国。其原有的民族成分(塞种人、吐火罗人、羌人等)已发生了变化,即以沿塔里木盆地边缘的各个绿洲为中心,逐渐形成了有一定共同地域、共同语言、共同经济及以佛教文化为基础的较为巩固的族体。因此,我们完全有理由将上述鄯善(包括且末)、于阗、疏勒、龟兹、焉耆、高昌(原车师)、伊吾及南北朝时在帕米尔高原建国的朅盘陀等,正式称为西域的古代民族,以其国名为其族称。这些以城郭国国名为中心的古代民族形成后,仍然不断与移居西域的各民族相互融合,其民族成分不断发生变化,但其族称在西域历史上一直延续到 10 世纪后新疆地区民族重新整合时为止。

在魏晋南北朝 300 多年时间内,今新疆地区四周各民族仍然不断移入该地区,其民族种类、数量之多,情况之复杂,远远超过了两汉时期。

自 91 年漠北北匈奴西迁之后,据有漠北草原匈奴故地的是东北的鲜卑族,此族系操阿尔泰语系蒙古语族的民族。276 年(西晋咸宁二年),晋于高昌设置之戊己校尉马循曾击走来寇扰的"鲜卑阿罗多部"[1];此部鲜卑应是东汉桓帝时(147—167 年)鲜卑檀石槐所建鲜卑军事大联盟西部之余裔,因史籍曾记联盟西部是"西接乌孙"[2],即已有一些鲜卑部落在今新疆天山东部一带游牧。

继鲜卑之后,雄踞于漠北草原的是柔然(又称蠕蠕、茹茹、芮芮等),其族源与拓跋鲜卑同,是以鲜卑为主,融合了高车(敕勒)、匈奴等其他民族后形成的"杂胡"[3]。402 年,柔然首领社仑统一漠北高车、匈奴余部等,建立起一个强大的政权。史称其盛时西部疆界在"焉耆之地"[4]。5 世纪 60 至 70 年代,柔然与北魏展开了争夺西域的激烈斗争。其间,柔然曾于 460 年(北魏和平元年)灭据高昌的北凉残余势

〔1〕《晋书》卷 3《武帝纪》。
〔2〕《三国志·魏志》卷 30《乌桓鲜卑传》注引王沈《魏书》。
〔3〕参见周伟洲:《敕勒与柔然》,上海人民出版社 1983 年版,第 76–81 页。
〔4〕《魏书》卷 103《蠕蠕传》。

力,另立阚伯周为高昌王。470 年(北魏皇兴四年)柔然甚至向南进攻于阗,旋退走。[1] 事实上,正如《宋书》卷 95《芮芮传》所记:柔然(芮芮)盛时,"西域诸国:焉耆、鄯善、龟兹、姑墨,东道诸国皆役属之"。

至 487 年(北魏太和十一年),柔然役属下的高车副伏罗部首领阿伏至罗及族弟穷奇,因不满柔然进攻北魏,而率部落十余万西迁至车师前部西,建立政权,史称"高车国"。高车,又作敕勒,原系秦汉时匈奴北面的丁零(又作"钉灵"、"丁令"),系操阿尔泰语系突厥语族之民族;南方诸政权的文献也仍称高车为丁零。高车国建立后,阿伏至罗"自立为王,国人号之曰'侯娄匐勒',犹魏言大天子也。穷奇号'侯倍',犹魏言储主也。二人和穆,分部而立,阿伏至罗居北,穷奇在南"[2]。即是说,高车国事实上取代了柔然对西域东道诸国的统治。491 年(北魏太和十五年),高车国杀柔然在高昌所立高昌王阚伯周子首归兄弟,立敦煌人张孟明为王,控制了高昌,并强迫车师前部人迁入焉耆,又攻破鄯善,引起鄯善国人之分散。[3] 此后,高车国为建国于中亚阿姆河南之哒哒所击败,部众分散,到 541 年(东魏兴和三年)最终为柔然所灭,前后共存 54 年。高车国亡后,其部众仍留居于今新疆东北一带游牧,于 546 年(东魏武定四年)左右为兴起于金山(今阿尔泰山)的突厥所征服。

柔然灭高车国前后,其在西域的势力有所恢复,如高昌新立王麴嘉曾一度役属于柔然。但到 6 世纪 50 年代,原役属于柔然的突厥部逐渐强盛起来。突厥属操突厥语之民族,原居地在"匈奴之北",据其传说,可能在今叶尼塞河上游一带,后迁至"高昌北山"(今博格达山),役属于柔然,为其铁工(锻奴)。6 世纪中,突厥首领阿史那土门征服邻近高车(原高车国余众)5 万余落,势力大增。土门因求婚于柔然可汗阿那瓌遭拒绝,遂于 552 年击杀阿那瓌,建立了一个强盛的突厥政权

---

〔1〕《魏书》卷 103《西域传》。

〔2〕《魏书》卷 103《高车传》。

〔3〕参见冯承钧:《高车之西徙与车师鄯善国人之分散》,载《辅仁学志》1942 年第 11 卷第 1、2 合期。

（"突厥汗国"）。土门子木杆可汗（名燕都，又称"俟斤"）即位后，于555年灭了柔然，统一漠北。木杆可汗"又西破哎哒，东走契丹，北并契骨，威服塞外诸国"；其疆域"东自辽海（今东北辽河上源）以西，至西海（今里海）万里，南自沙漠以北，至北海（今贝加尔湖）五六千里，皆属焉"[1] 如此，今新疆地区已为突厥所统治，致使天山以北民族分布格局发生巨大变化。

今新疆天山以北伊犁河流域，是汉代以来乌孙的游牧地区，据中国史籍记载，到5世纪初乌孙已逐渐衰弱。大约到5世纪中期，柔然强盛时，势力已达西域，乌孙则"数为蠕蠕（柔然）所侵，西徙葱岭山中，无城郭，随畜牧逐水草"[2]。此后，乌孙之名再未见于中国史籍。4世纪以来乌孙的衰弱可能与兴起于伊犁河流域的悦般国有关。如前述，91年北匈奴西迁时，其羸弱不能去者住乌孙一带，众约20余万。悦般国人可以说是这批匈奴余众与当地土著融合后形成的。在柔然大檀可汗（414—429年在位）时，悦般与柔然交好，后失和，双方争战不已，悦般又遣使北魏，要求与魏联合击柔然。[3] 到南北朝时，中国史籍再没有关于悦般的记载，大约为兴起于阿姆河南之哎哒所灭。[4]

今新疆地区的东面，自两汉后，大多处于分裂割据时期，在这大约300多年时间内，内地的曹魏、西晋、前凉、前秦、后凉、北凉、西凉、北魏等政权，均大致沿两汉以来的旧制，不同程度地管辖今新疆地区。如曹魏、西晋在西域仍设置西域长史和戊己校尉，屯田戍守。前凉张骏时，首次在高昌设置与内地一样的郡县制。前秦曾遣吕光征西域；后凉、西凉、北凉均不同程度在西域东部设官置守，屯田戍边；北魏也曾一度在鄯善、焉耆设立军镇等。以上这些事实，不仅中国史籍有明确的记载，而且20世纪以来在新疆吐鲁番，楼兰、尼雅遗址，以及和田等地出土的大批汉文文书和简牍中，也记录了当地汉族和汉化的卢水胡（沮渠

---

〔1〕皆见《北史》卷99《突厥传》。
〔2〕《魏书》卷102《西域传》。
〔3〕《北史》卷97《西域传》。
〔4〕见松田寿男：《古代天山历史地理学研究》，早稻田大学出版部1970年增补版，第216页。

·欧·亚·历·史·文·化·文·库·

氏)、氐、羌等族人屯田戍守的情况。[1] 因此,在魏晋南北朝时期,内地的汉人(包括汉化的各族)因动乱或以出使、屯田、戍守等形式,不断移居于今新疆地区,主要集中在高昌、伊吾、鄯善、楼兰、尼雅、于阗等地。特别是处于丝绸之路门户的高昌地区,从出土的汉文文书看,汉人竟占了高昌人口的一半,其余还有匈奴、卢水胡、月氏、高车、柔然、突厥及中亚粟特人等;汉族传统文化在高昌也得到了迅速的发展。[2]

除从东面移居鄯善、且末的汉人外,还有吐谷浑人。吐谷浑,原为东北辽东慕容鲜卑部一首领名,因其部与弟慕容廆部牧地上发生马相斗的事件,愤而率部700户(或云1700家)西徙今内蒙古阴山一带游牧。至西晋永嘉之乱(312—313年),吐谷浑率部经陇山迁至枹罕(今甘肃临夏)。以后,吐谷浑征服青海、甘南、四川西北的羌、氐等族,至其孙叶延(329—351年在位)正式建立政权,以祖吐谷浑为姓氏及国名。[3] 445年(北魏太平真君六年)北魏遣军击吐谷浑,其王慕利延率部西走,入于阗,"杀其王,死者甚众";次年,吐谷浑复还故土。[4] 到492年至508年间,吐谷浑王伏连筹占据鄯善、且末;[5]518年(北魏神龟元年),北魏遣宋云、惠生等出使西域求佛经,经过鄯善时,见"其城自立王为土(吐)谷浑所吞。今城内主是土谷浑第二息(子)宁西将军总部落三千以御西胡"[6]。吐谷浑人移居鄯善、且末,控制了西域南道,此后直到8世纪,该地仍有吐谷浑人居住其间。[7]

在今新疆地区的西面,也有不少的中亚古代民族不断移居今新疆地区。自两汉以来,中亚及印度北部各族及其文化就不断传入今新疆地区。1世纪时,在阿姆河流域大月氏统治的大夏5部翕侯中,贵霜翕

〔1〕见《吐鲁番出土文书》第1册,文物出版社1981年版;林梅村:《楼兰尼雅出土文书》,文物出版社1985年版。

〔2〕参见杜斗城、郑炳林:《高昌王国的民族和人口结构》,载《西北民族研究》1988年第1期。

〔3〕见周伟洲:《吐谷浑史》,宁夏人民出版社1983年版,第10页。

〔4〕《魏书》卷102《西域传》;《资治通鉴》卷124"宋文帝元嘉二十三年"条。

〔5〕见周伟洲:《吐谷浑史》,第40页。

〔6〕范祥雍校注:《洛阳伽蓝记校注》,古典文学出版社1958年版,第252页。

〔7〕参见周伟洲:《吐谷浑在西域的活动及定居》,载马大正等主编:《西域考察与研究》,新疆人民出版社1994年版,第256-275页。

侯统一另外 4 部,建立了贵霜王朝,中国史籍仍称其为大月氏国。2 世纪末,贵霜王朝强盛起来,上引《魏略·西戎传》说:"罽宾国、大夏国、高附国、天竺国皆并属大月氏(贵霜)。"强盛的贵霜王朝内崇信佛教,使用佉卢文字,钱币上也铸有佉卢文。佉卢文是源于印欧语系中古印度雅利安语的一种俗语方言,最早在今巴基斯坦白沙瓦(古称"犍陀罗")一带使用,后传入阿姆河等地。贵霜王朝建立后,官方也使用佉卢文。19 世纪 80 年代至今,在中国新疆的和田,尼雅、楼兰遗址及若羌(古鄯善)等地相继发现和出土了数量众多的汉佉二体钱币,以及用佉卢文书写的简牍文书、碑铭题记等。经中外学者研究,当时的鄯善王国的官方文书、铸币即使用佉卢文。关于这些佉卢文书写的文书、钱币的时代有各种说法,但一般都认为是 3 世纪前后的遗物。正因为如此,近现代有一些西方的学者认为,在 2 世纪末贵霜王迦腻色伽在位时,贵霜王朝曾一度征服过于阗、鄯善,有大批贵霜人入居该地。然而,据中国史籍及出土文物证明,上述的推测是不符合历史事实的。有可能是在 2 世纪末至 3 世纪初,因贵霜王朝的内乱,有大批贵霜移民迁入于阗、鄯善一带定居,因此这一带,特别是鄯善王国内一度通用佉卢文字。[1]

除贵霜人外,中亚锡尔河北岸的康居人、河中地区(阿姆河、锡尔河之间地区)的粟特人(又称"昭武九姓")、印度佛教僧人等,经过丝绸之路到中国经商(粟特人为商业民族)或传播宗教(佛教、祆教等),他们当中有一批人留居于今新疆地区。这种情况在中外史籍及新疆出土汉文、佉卢文等文书、简牍、佛经中均有反映。

此外,在南北朝时,还有中国史籍所称之嚈哒国,曾一度据有今新疆天山以南地区。嚈哒,中国史籍又称之为"滑国",西方载籍称为"白匈奴",对其族源中外学者众说纷纭,无定论。据中国史籍记载,嚈哒原居塞外,臣属于柔然,大约在 4 世纪中叶,迁至阿姆河南部,征服寄多

---

〔1〕参见林梅村:《沙海古卷——中国所出佉卢文书》(初集),文物出版社 1988 年版,导论部分;马雍:《古代鄯善、于阗地区佉卢文字资料综考》,载《中国民族古文字研究》,中国社会科学出版社 1984 年版,第 6 - 49 页。

罗贵霜王朝(大月氏)。到 5 世纪末至 6 世纪初,哒逐渐强大,"征其
旁国波斯、盘盘(揭盘陀)、罽宾(今克什米尔)、焉耆、龟兹、疏勒、姑墨、
于阗、句盘等国,开地千余里"[1]。其间,哒曾进攻高车国,杀穷奇,
掳去其子弥俄突,时在 490—497 年间。[2] 至 507 年左右,哒立弥俄
突为高车王,高车国附属于哒。[3] 哒还与柔然和亲,并不时遣使
北魏及梁朝。6 世纪中叶突厥兴起后,哒衰弱,势力逐渐退出新疆天
山以南地区。到 565 年,哒最终为突厥和波斯联军所灭,领土被瓜
分。[4] 尽管如此,有哒人留居于今新疆南部是完全可能的。

综上所述,在魏晋南北朝 300 多年间,今新疆地区的古代民族与周
边各族的关系复杂,迁徙频繁,有众多的邻近民族移居于今新疆地区。
在天山以北,最初有乌孙、鲜卑、柔然、高车等族,6 世纪中叶后突厥兴
起,统治了天山南北各地,突厥及其所役属的高车(隋以后称为"铁
勒")成了天山以北的主要民族。在天山以南,除这一时期形成的高
昌、鄯善、于阗、疏勒、龟兹、焉耆、揭盘陀等几个大的古代民族之外,从
东边又有大量汉人(包括汉化之卢水胡、羌、氐等族)、吐谷浑人,西边
贵霜(大月氏)、粟特、康居、哒等进出或移居于新疆各绿洲之地。上
述各民族,有的在隋唐时名称已消失,有的则逐渐壮大,处于相互影响、
相互融合之中。

8.3 隋唐时期新疆地区的民族及其变迁

581 年杨坚夺取北周政权,建立隋朝。其时,北边的突厥汗国强
盛,不时寇扰隋边。隋文帝杨坚采用长孙晟"远交近攻,离强合弱"的
策略,暂时遏制了突厥的进攻,并促使突厥内部分裂。大致在 583 年,
原来强大的突厥汗国分裂为东、西突厥两大部分,从此西域地区完全

〔1〕《梁书》卷 54《西北诸戎·滑国传》;《北史》卷 97《西域传》。
〔2〕参见松田寿男:《古代天山历史地理学研究》,第 215 页。
〔3〕参见麦高文著,章巽译:《中亚古国史》,中华书局 1958 年版,第 222 – 223 页。
〔4〕麦高文著,章巽译:《中亚古国史》,中华书局 1958 年版,第 209 页。

归属于西突厥汗国所统治。而早在此之前,作为突厥汗国西面可汗的室点密(562—576年在位)已率十姓部落居于今新疆天山以北,控制了西域地区。

唐朝建立后,唐太宗于630年(贞观四年)击灭东突厥汗国,而西突厥汗国仍然强大。638年(贞观十二年),西突厥咥利失可汗重新整顿原十姓部落(又称"十箭"),分为左、右厢:左厢号五咄陆部,置5大啜;右厢号五弩失毕部,置5大俟斤,通谓之十姓部落。[1] 五咄陆部居碎叶川(今中亚楚河)以东,五弩失毕部居碎叶(今吉尔吉斯斯坦托克马克阿克别希姆遗址)以西。[2] 即是说,居今新疆地区的是五咄陆部:处木昆律部(今新疆塔城一带)、胡禄屋阙部(今新疆乌鲁木齐西北玛纳斯河西)、摄舍提暾部(今新疆博乐塔拉河一带)、突骑施贺逻施部(今伊犁河中游北岸)、鼠尼施处半部(今新疆焉耆北裕勒都斯河流域)。此外,在今新疆的还有西突厥所属的葛逻禄3部(炽俟、谋落、踏实)、处密部(今新疆乌鲁木齐西北)、处月部(今乌鲁木齐东北)、沙陀部(今新疆巴里坤一带)等。[3]

唐朝经过20多年对西域的逐渐扩展,终于在657年(唐显庆二年)灭亡了西突厥汗国,统一西域地区,设置各级地方行政机构,进行管辖。而在西域的西突厥部众又往往与从西藏高原北上的吐蕃联合,同唐朝争夺西域。此后,西突厥中的突骑施部乌质勒、娑葛、苏禄又先后兴起于西域,但在755年唐安史之乱前,唐朝一直控制着西域地区。居于该地的西突厥诸部,除有一部分西迁中亚外,其余大多留居于今新疆地区,与当地民族相互融合。这与今后新疆地区的突厥化有着密切的关系。

在西突厥统治西域的时期,其役属下的铁勒(高车、敕勒在隋唐时的名称)部众也有一部分游牧于今新疆天山以北地区。《隋书》卷84

〔1〕《唐会要》卷94《突厥》;《新唐书》卷215《突厥传下》。
〔2〕《唐会要》卷94《突厥》;《新唐书》卷215《突厥传下》。
〔3〕见林幹:《略论西突厥史中若干问题》,载《突厥与回纥历史论文选集》上册,中华书局1987年版,第338－341页。

《铁勒传》记:在"伊吾以西,焉耆以北,傍白山(今新疆天山),则有契弊(契苾)、薄落、职乙(此两部应为葛逻禄3部中的谋落、炽俟2部)[1]、哇苏娑、那曷、乌讙(《通典》作'乌护')、纥骨、也哇、于尼讙等(《通典》作'于尼护'),胜兵可二万";"金山(今阿尔泰山)西南有薛延陀、哇勒儿、十槃、达契等,一万余兵"。其余铁勒部则在漠北及中亚草原。605年(隋大业元年),居天山一带的铁勒契苾、薛延陀等部曾反抗西突厥处罗可汗而自立,一度控制伊吾、高昌诸国,并"恒遣重臣"驻高昌,"有商胡往来者,则税之送于铁勒"。[2] 至610年(大业六年),西突厥射匮可汗兴起后,契苾、薛延陀二部去可汗号,复臣属于西突厥。[3] 因此,今新疆天山以北一直有铁勒部落驻牧其间。

隋唐时期,随着内地统一的中央王朝的建立和强大,以及对西域的积极经营,内地大批汉人以镇戍、屯田、经商、移民等各种方式移居今新疆地区。隋炀帝杨广即位后,重用裴矩,欲灭突厥、吐谷浑,向西开拓,积极经营西域。为此裴矩还撰《西域图记》3卷,鼓动炀帝先灭吐谷浑。[4] 609年(大业五年),炀帝开始了以击灭吐谷浑、开拓中西交通为目的的"西巡";吐谷浑灭亡,其可汗伏允逃至党项。隋朝在吐谷浑故地置4郡,其中鄯善郡、且末郡即在今新疆,并"谪天下罪人,配为戍卒,大开屯田,发四方诸郡运粮以给之"[5]。次年,隋朝又于伊吾置伊吾郡。[6] 到616年(大业十二年)后,隋末乱,吐谷浑复故地;伊吾也为西突厥所据有。

唐朝建立后,逐渐向西开拓。630年(贞观四年),唐太宗灭东突厥汗国,占据伊吾,设伊州;635年(贞观九年),唐朝击降吐谷浑;640年(贞观十四年),灭高昌麹氏王朝,于高昌之地设西州和安西都护府;

〔1〕见内田吟风:《北亚细亚史研究·鲜卑柔然突厥篇》内《初期葛逻禄(Karluk)族史之研究》,同朋舍1975年版,第495–496页。

〔2〕《隋书》卷83《高昌传》。

〔3〕《旧唐书》卷199下《铁勒传》。

〔4〕《隋书》卷67《裴矩传》;《旧唐书》卷63《裴矩传》。

〔5〕《通典》卷10《食货》。

〔6〕《元和郡县图志》卷40,"伊州"条。

642年(贞观十六年),击败西突厥咄陆可汗,取天山北麓之地;648年(贞观二十二年),攻据龟兹,移安西都护府于此,统龟兹、疏勒、于阗、焉耆四镇。到657年(唐显庆二年),唐朝最终灭西突厥汗国,从此完全管辖了今新疆地区。

唐朝在统一西域的过程及其后的经营中,在今新疆地区设置了3种类型的地方行政建置:一是与内地相同的州郡县制,共设伊州(治今哈密)、西州(治今吐鲁番)和庭州(治今吉木萨尔)及各州下属郡县;[1]二是军府制,即管理西域军政的最高机构——安西都护府(治今库车)和北庭都护府(治今吉木萨尔),下辖"四镇"及军、守捉等;三是羁縻府州,如灭西突厥后,置昆陵都护府,统碎叶以西五弩失毕部,置濛池都护府,统碎叶以东五咄陆部,两都护府之下于各部或国置羁縻都督府、州等。唐朝在西域的驻军数量较多,武周长寿年间(692—694年),唐驻守西域地区的军士达3万人左右。[2] 唐朝还于西州等地推行与内地一样的均田制,并实行屯田。据史载,唐朝在西域的屯田,主要在西州、北庭一带,即北庭20屯、伊吾1屯、天山1屯、安西20屯、疏勒7屯、焉耆7屯等。[3] 此外,经丝绸之路到西域贸易的内地汉族商人、手工业者,也有部分留居于今新疆地区。吐鲁番出土的大量唐代汉文文书中,称内地商人为"行客",中亚胡商为"兴胡"。"行客"在文书中出现很多,说明当地汉族商人数量不少。总之,唐代沿着兴盛的丝绸之路,以戍守、屯田、贸易、移民等方式入居今新疆地区的汉人数量和规模,远远超过了两汉和魏晋南北朝时期。

吐谷浑国,于663年(唐龙朔三年)为北上的吐蕃所灭亡,吐蕃保留了其国的政权,作为役属的小邦而存在。敦煌发现的汉、藏文书及新疆米兰、玛札塔格等地出土的古藏文简牍中,记载了在今新疆若羌、且末、和田,甚至哈密等地均有吐谷浑人居住其间。[4]

---

〔1〕《新唐书》卷40《地理志四》。
〔2〕《新唐书》卷221《西域传上》,"龟兹"条。
〔3〕见《唐六典》卷7《屯田郎中》。
〔4〕参见周伟洲:《吐谷浑在西域的活动及定居》。

·欧·亚·历·史·文·化·文·库·

值得注意的是,从 7 世纪 60 年代后,兴起于西藏高原的吐蕃势力北上,灭吐谷浑,据有今青海之地,即积极向西域扩张,与唐朝展开了对西域的争夺。唐朝安史之乱后,吐蕃先后占领陇右、河西,并向西域扩展。唐安西、北庭将士与漠北回鹘汗国联合坚守,直到 8 世纪 90 年代,北庭、西州和安西才先后陷于吐蕃。[1] 到 9 世纪初,回鹘毗伽可汗又从吐蕃手中夺回北庭,天山以北地区大致为回鹘所控制。[2] 总之,吐蕃从 7 世纪中叶起进出于西域,与唐朝争夺四镇,一直到 8 世纪末基本上据有天山以南地区,统治该地近一个世纪。在今和田北玛札塔格、若羌的米兰,至今还保留有当时吐蕃的戍堡遗址,自 20 世纪以来,在该遗址中出土了大批古藏文简牍,而敦煌石室也发现了一批古藏文文书。根据这些古藏文资料,可知吐蕃在今新疆南部设置了两个相当于唐朝节度使的机构,称为“Khrom”(音“冲”),即萨毗节度衙和于阗节度衙。[3] 同时,这些古藏文简牍和文书还记载了吐蕃抽调本土及甘青一带的军队(茹、东岱)、部落等戍守当地的情况。[4] 到 842 年,统一的吐蕃王朝瓦解,西域各地相继自立,而留居于该地区的吐蕃人及吐谷浑、白兰羌、多弥(“南”国)等逐渐与当地土著民族融合。

隋唐时期,今新疆西边的中亚诸国、印度北部,甚至西亚波斯等国人,也有的活动和入居今新疆地区。由于唐朝对西域的统一和经营、丝绸之路的通畅和中西交往的频繁,这一时期因贸易、传教和大食(阿拉伯)东进而移居今新疆的中亚粟特人数量最多,其文化的影响亦甚巨。有的学者据和田、库车、楼兰遗址、喀什、焉耆、图木舒克等地发现的用粟特文、佉卢文、中古波斯语文等书写的文书、诗集等资料,得出了以上地区均有粟特人活动的结论。[5] 特别应提到的是,敦煌石室发现的唐

---

〔1〕参见王小甫:《唐、吐蕃、大食政治关系史》,北京大学出版社 1992 年版,第 206 - 209 页。

〔2〕见森安孝夫:《回鹘吐蕃 789—792 年的北庭之争》,载《亚细亚学报》1981 年第 269 卷 1 - 2 期;周伟洲:《中国中世西北民族关系研究》,西北大学出版社 1992 年版,第 358 - 362 页。

〔3〕乌瑞著,沈卫荣译:《释 Khrom:七—九世纪吐蕃帝国的行政单位》,载《国外藏学研究译文集》第 1 辑,西藏人民出版社 1985 年版,第 32 - 63 页。

〔4〕王尧、陈践:《吐蕃简牍综录》,文物出版社 1986 年版。

〔5〕参见周伟洲:《多弥史钩沉》,载《民族研究》2002 年第 5 期。

代图经、地志中,明确记载了中亚康国人康艳典、康拂耽延于唐贞观至武周天授二年(691年)在今新疆若羌及米兰一带筑城定居,形成一个粟特人聚落,并接受唐朝任命的官职。[1] 在吐鲁番出土的唐代汉文书中,记录了大量的中亚昭武九姓胡人(兴胡)在高昌等地贸易和居住的情况。此外,因波斯萨珊王朝的衰亡,阿拉伯(大食)东进占据中亚地区,从而使一些波斯和中亚人民向东流亡,或传播宗教(景教、祆教等),定居于今新疆地区。

以上大致是在9世纪40年代前漠北及天山以北突厥人、铁勒人、回鹘人、内地的汉人、吐谷浑人,南面的吐蕃人,西面的中亚粟特人、波斯人等,移居或活动于今新疆地区的情况。

到840年之后,由于漠北的回鹘汗国在黠戛斯(纥骨部)人的进攻和灾荒的困扰下发生内乱,而终于灭亡,致使今新疆民族分布格局又发生了一些变化。回鹘,原是铁勒诸部中的一部,其来源可追溯到北魏时漠北高车的袁纥(韦纥、乌护)。至隋代大业(605—618年)年间,袁纥并仆固、同罗、拔野古等部,建立了回纥联盟。此后,回纥部日益强大,于744年(唐天宝三年)与唐朝联合灭亡了后突厥汗国后,正式建立回纥汗国(后改称回鹘汗国),与唐朝关系密切,曾助唐朝平定安史之乱,收复两京(长安、洛阳)。[2] 8世纪末,回鹘汗国与吐蕃争夺北庭,之后基本控制了天山以北地区。[3] 因此,当841年回鹘汗国灭亡后,其部众向西向南迁徙。据中国史籍记载,回鹘向西域迁徙主要有两支:"有回鹘相驳职者,拥外甥庞特勤及男鹿并遏粉等兄弟五人、一十五部西奔葛逻禄;一支投吐蕃;一支投安西。"[4] 葛逻禄三部原居北庭西北,唐至德(756—758年)时,西迁至原西突厥十姓之地,"尽有碎叶、

〔1〕见荣新江:《西域粟特移民考》,载马大正等主编:《西域考察与研究》,新疆人民出版社1994年版,第157-172页;又见同作者《西域粟特移民聚落补考》,载《西域研究》2005年第2期。
〔2〕《沙州伊州地志残卷》(S.0367)、《沙州图经》(S.788)、《沙州都督府图经》(P.2005)等,以上文献见于郑炳林:《敦煌地理文书汇辑校注》,甘肃教育出版社1989年版。
〔3〕《旧唐书》卷195《回纥传》。
〔4〕《旧唐书》卷195《回纥传》。其余唐代史籍,如《新唐书》卷217《回鹘传下》等记载大致相同。

·欧·亚·历·史·文·化·文·库·

怛逻斯(今中亚江布尔)诸城"。[1] 即是说,回鹘一部分迁至今中亚楚河流域。"一支投安西",则指原唐安西都护府所辖之西州、北庭之地。以上两部分西迁之回鹘以后均建立政权,对今新疆古代民族的发展和变迁有着重大的影响。

8.4 辽宋元明时期新疆地区民族的重新整合

回鹘自 841 年西迁后,在今新疆地区先后建立了 3 个政权,即高昌回鹘王国(又称西州回鹘、九姓乌古斯等)、于阗国(又称金国、宝国)和喀喇汗王朝。在这 3 个政权的统治下,今新疆地区原有的古代民族经过相互融合和重新整合,从而为 16 世纪新疆近代民族及其分布格局的形成奠定了基础。

10 世纪至 13 世纪蒙古族兴起之前,是中国国内五代十国和宋、辽、金对峙的时期,其间只有辽朝(契丹)一度迫使高昌回鹘王国臣属,其余内地和漠北的政权均未直接统治和管辖到今新疆地区。因此,这一时期内地汉人移居今新疆地区的人数较之两汉、隋唐时期要少;但是西域诸国与内地诸政权的政治、经济和文化交往仍然没有中断。而今新疆西面诸多操突厥语的民族及其文化,对今新疆地区的影响则十分巨大,这是促使该地区全面突厥化的重要时期。

高昌回鹘王国是 9 世纪 60 年代由西迁的回鹘建立的,其盛时统治的地区,东起今哈密,南至焉耆、罗布泊,北抵吉木萨尔以北,西北达伊犁河。王称可汗,以高昌(今吐鲁番高昌故城)为首都,北庭(今吉木萨尔北)为夏都。到 12 世纪 30 年代,高昌回鹘王国为西辽所役属;13 世纪初蒙古成吉思汗兴起,又转附蒙古;直到 13 世纪 70 年代最终为蒙古帝国所灭,立国约 400 多年。其国境内,除统治民族即西迁的回鹘外,原民族成分复杂,有汉族、操突厥语的各部族(如拔悉密、样磨、大小仲

---

〔1〕《唐会要》卷 98《葛逻禄》。

云等）、粟特人、吐蕃人等。在回鹘统一政令的管辖之下，境内各族经过长期的共同生活逐渐融合为"高昌回鹘人"。13世纪蒙古兴起后，称该族"畏兀儿"（回鹘一词 Uyghur 的异译），即后来构成近代维吾尔族的主体之一。

于阗国是9世纪中叶吐蕃王朝瓦解之后逐渐形成的。938年，后晋曾封其王为"大宝于阗国王"。其疆域东到今尼雅遗址，西抵莎车，北至阿克苏东，南到昆仑山。境内民族除魏晋南北朝以来形成的古代于阗人之外，又有汉族、中亚粟特人和吐蕃人等，处于相互融合之中。962年，于阗西边的喀喇汗王朝已信仰伊斯兰教的穆萨·阿尔斯兰汗，在"圣战"的旗帜下，向信仰佛教的于阗发动进攻，[1]经过大约一个世纪的战争，才终于完全占领和灭亡了于阗国，直接统治了新疆天山以南的地区。

喀喇汗王朝是9世纪中西迁回鹘与一些操突厥语的部落，如葛逻禄、样磨、处密、处月等建立的政权。[2]其国东抵今阿克苏与拜城之间，北至今巴尔喀什湖，西北到咸海，南达帕米尔及昆仑山一带。王朝实行双王制，后分为东、西两部。西部以撒马尔罕为都，东部以八拉沙衮（今中亚托克马克东）和喀什噶尔（今新疆喀什）为双都。王朝境内原有的粟特、波斯、大食等族，在操突厥语诸部的长期统治下，逐渐开始突厥化和伊斯兰化。大约在10世纪下半叶，喀喇汗王朝的萨图克·布格拉汗皈依了伊斯兰教，并在境内大力推行，其都城喀什噶尔一带有了伊斯兰教的传播。其子穆萨·阿尔斯兰汗继立后，更是用武力强制推行伊斯兰教，并攻占王朝大汗所居八拉沙衮。962年后，他又向于阗国进攻。经过一个世纪的战争，汗国最终占据了天山以南地区。此后，在以今新疆喀什为中心的天山以南地区，伊斯兰教及其文化进一步传播，对原当地民族及其文化产生了广泛而深刻的影响。天山以南各民

〔1〕参见《中国新疆地区伊斯兰教史》编写组：《中国新疆地区伊斯兰教史》，新疆人民出版社2000年版，第89－90页。

〔2〕关于喀喇汗王朝的建立者属何族的问题，中外学者有回鹘、葛逻禄、样磨等诸说，迄今无定论。参见魏良弢：《喀喇汗王朝史稿》，新疆人民出版社1986年版，第27－32页。

族从语言、历史传说,以至文学艺术、风俗习惯、心理因素等各方面,均发生了变化。因此,各族逐渐融合,这对近现代新疆维吾尔族的形成和发展具有十分重要的意义,是维吾尔族古代历史上重要的一页。

到1089年,西喀喇汗国为突厥族所建之塞尔柱王朝所征服,后又附属于西辽。而东喀喇汗国也于1133年臣属于西辽。13世纪初,东、西喀喇汗王朝皆亡于蒙古。西辽,阿拉伯和西方史籍称为"喀喇契丹"(Qara Khitag),原是中国东北契丹族所建辽朝的继续。1124年,辽朝为女真所逼即将灭亡之际,原辽朝都统耶律大石率军西征,并于1132年称帝,征服高昌回鹘王国;以后又先后征服东、西喀喇汗王朝,大败塞尔柱帝国,建立了一个雄踞中亚的大国。西辽沿袭过去辽朝的统治方式,没有像喀喇汗王朝那样对征服地区分封领地或变为国有牧场,而是维持征服地原有的制度和文化,帝国只征收一定的赋役。因此,在新疆地区立国的高昌回鹘王国和东喀喇汗王朝事实上其社会制度及文化没有多大变化,其境内各族的融合、发展仍沿着以前的轨迹进行。西辽派驻于这些地区的少量军队和官吏对其民族的重构和发展影响不大。

13世纪初,蒙古族兴起于漠北。1209年,因不堪西辽派驻于高昌官吏的压迫,高昌回鹘王国亦都护自愿归附蒙古成吉思汗,从而得到保存其王朝及制度的优待。从此,在元代的史籍中,正式以"畏兀儿"等译名来称呼原高昌回鹘王国及其居民。1218年,成吉思汗子屈别大败西辽军队,南疆各地亦归属蒙古。此后,新疆地区分别成为成吉思汗诸子的领地。其中三子窝阔台领有今额敏县以北至阿尔泰山一带,其后裔建窝阔台汗国;二子察合台领有原西辽所属之天山南北及河中等地,其后裔建察合台汗国。到1271年忽必烈继立,正式建元朝,新疆地区则皆属元朝所管辖。但是,窝阔台孙海都、察合台后裔笃哇等藩王起兵反忽必烈,双方的战争持续了数十年,使天山南北的经济遭到一定的破坏。畏兀儿地面(原高昌回鹘王国)亦都护纽林的斤正是在藩王多次围攻下,于1275年(元至元十二年)后,率领部分部众迁至今甘肃永昌等地。直到1306年,海都子察八儿兵败降元朝,西北藩王之乱才告一段落。

大约到 14 世纪初,元朝对新疆地区的统治日渐松弛,兼并了窝阔台汗国的察合台汗国实际上领有了天山南北各地。14 世纪中叶,察合台汗国分裂为东、西察合台汗国两部分。东察合台汗国于 1347 年在阿克苏正式建立,统治着新疆大部分地区,并于 1360—1361 年占领中亚撒马尔罕,恢复原汗国的领土,大力推行伊斯兰教。但不久,汗国内乱,西部建帖木儿帝国。而中国内地,以朱元璋为首的农民起义军灭元朝,于 1368 年建立明朝。明初,曾领有今新疆哈密地区。

1389 年,察合台后裔黑的儿火者被拥立为汗王,东察合台汗国(中国史籍称其为"别失八里")复兴,并以伊斯兰教圣战的名义,最终占据了哈喇火州畏兀儿地面(今吐鲁番)。到 15 世纪中叶,东察合台汗国再度分裂。1462 年,东察合台的一支羽奴思从也先卜花汗的后继者手中夺取吐鲁番地区,并与明朝争夺哈密。羽奴思死后,其次子阿黑麻汗控制了察合台汗国东部领土,并最终据有哈密地区。此后,东察合台汗国内战不断,势力渐衰。到 16 世纪初,阿黑麻汗死后,其子满速儿继立;满速儿弟赛依德汗在叶尔羌建立政权,史称叶尔羌汗国。1570 年叶尔羌汗国出兵兼并东察合台汗国,统一南疆。其最盛时疆域:东到哈密、嘉峪关,与明朝接界;西至中亚喷赤河,与月即别相邻;北抵天山,与游牧为生的吉利吉斯、哈萨克相接;南达今昆仑山。清初,叶尔羌汗国为准噶尔汗国所灭。

在蒙古贵族和军队统治今中亚和新疆地区期间,他们也开始了突厥化和伊斯兰化的进程,并逐渐融合到当地的民族之中。而原在新疆地区的各民族经过重新整合和相互融合,已显露出新的民族形成和分布格局的端倪。

(附言:本文由《公元前 2 世纪至 6 世纪新疆地区的民族及其变迁》[载吉林大学古籍研究所编《"1—6 世纪中国北方边疆民族社会国际学术研讨会"论文集》,科学出版社 2008 年版]和《公元三至九世纪新疆地区民族及其变迁》[载周伟洲主编《西北民族论丛》第 5 辑,中国社会科学出版社 2007 年版]两文整合而成。)

9 3—9 世纪新疆的经济开发

9.1 3—6 世纪新疆的经济开发

3 世纪 20 年代东汉亡后,中国历史进入魏晋南北朝时期。在这约 300 年的时间内,除西晋有短暂的统一外,其余均处于分裂割据的时期。尽管如此,中国内地的一些割据政权,如曹魏、前凉、前秦、后凉、西凉、北凉、北魏等,均沿汉的旧制不同程度地管辖西域。而这一时期的西域,从东汉末年分裂为 50 余国,曹魏时各国相互兼并,仅余下几个大国。[1] 其中在今新疆境内的有鄯善、于阗、疏勒、龟兹、焉耆、车师(后为高昌)等城郭大国,以及天山以北的乌孙、悦般、突厥等以游牧为主的民族,这种情况一直延续到隋唐时期。又四周的许多民族也在这一时期因各种原因而迁入西域:由蒙古草原迁入新疆北部的鲜卑(高昌以东)、柔然(蠕蠕)、高车;由甘青一带迁入的吐谷浑(据有鄯善、且末);由中亚阿姆河南入据南疆的哒哒,以及因经商而迁入的粟特人等。特别是因内地分裂割据,战乱不断,故有大批汉人入居西域,主要聚居于高昌等地。以上这些民族入居西域后,逐渐改变了西域原有的民族成分,不同程度地对新疆的开发作出了贡献。

关于这一时期新疆的经济开发,首先应指出的是,内地的割据政权(包括西晋)管辖西域期间,沿袭两汉在西域的一系列政策,有力促进了当地的开发。如曹魏、西晋、前凉等政权沿汉制,于西域设置戊己校尉等管理屯田的官吏,在西域楼兰等地屯田。楼兰遗址出土的木简

---

〔1〕曹魏时西域各国兼并情况,见《三国志》卷 30《乌丸鲜卑东夷传》注引《魏略·西戎传》。

中有许多关于上述政权屯田的记录。[1] 简文中还出现了一些管理屯田的官名,如仓曹、监仓史、督田椽、督仓椽,以及关于胡刀、胡铁锯、大锯等生产工具和守堤、乘堤、溉田的记载。这说明随着屯田的开拓,农业工具及水利事业也有所发展。在吐鲁番出土的文书中,也有一些关于屯田的文书,如北凉时的《兵曹下八幢为屯兵值夜守水事》文书,内容就是调屯兵往"中部屯"守水。[2] 随着屯田的发展,内地汉族牛耕技术也在西域得到传播和发展。[3]

第二,这一时期,西域城郭国经济得到进一步的发展,农业、手工业和商业均达到了一个新的水平。史称:高昌(今吐鲁番,即汉车师前部国)"地多石碛,气候温暖,厥土良沃,谷麦一岁再熟,宜蚕,多五果,又饶漆……引水溉田"。焉耆"气候寒,土田良沃,谷有稻、粟、菽、麦,畜有驼、马。养蚕,不以为丝,唯充绵纩"。龟兹"物产与焉耆略同……又出细毡,饶铜、铁、铅……"[4] 而高昌还种植棉花,如《梁书》卷54《高夷传》"高昌"条记:"多草木,草实如茧,茧中丝如细纑,名为白氎子,国人多织以为布。"白氎子,又作白氎,即棉花。上述记载说明,西域诸国农作物种类增多,特别是种桑树和白氎、五果(水果)等经济作物的种植,具有重要的意义。农业生产工具方面,新疆至今仍在使用的"坎土曼",当时已出现。[5] 其次是与农业、畜牧业密切相关的丝织、棉织和毛织手工业的发展,以及冶铁、冶铜手工业的发达。特别是丝织业的出现与发展,尤为重要。原西域地区不知种桑、养蚕织丝,大约在这一时期,内地汉族将养蚕织丝的技术传入西域。玄奘《大唐西域记》、藏文《于阗授记》及斯坦因在和田北丹丹乌尼克遗址发现的"中国公主传入蚕种"版画,即反映了这一情况。在吐鲁番文书中,也出现了西域当地

---

〔1〕见林梅村:《楼兰尼雅出土文书》,文物出版社1985年版,第70页等。

〔2〕见国家文物局古文献研究室、新疆维吾尔自治区博物馆、武汉大学历史系编:《吐鲁番出土文书》第1册,文物出版社1981年版,第138页。

〔3〕见林梅村:《楼兰尼雅出土文书》,第72页;参见汪宁生:《汉晋西域与祖国文明》,载《考古学报》1977年第1期。

〔4〕均见《北史》卷97《西域传》。

〔5〕见阎文儒:《新疆天山以南的石窟》,载《文物》1962年第7、8期合刊。

·欧·亚·历·史·文·化·文·库·

的织锦名,如丘慈(龟兹)锦、疏勒锦等。西域的龟兹、于阗、疏勒等地是西域冶炼业的中心。《水经注》卷1引《释氏西域记》曰:"屈茨(龟兹)北二百里有山,夜则火光,昼日但烟,人取此山石炭,治此山铁,恒充三十六国内。"

第三,城镇的发展和商业的繁荣,也是这一时期新疆开发的重要标志之一。据《北史》卷96《西域传》记:高昌有八城,北周时增至十六城;焉耆凡有九城;于阗有大城五,小城数十;疏勒国有大城十二,小城数十等。这些城郭国内城镇数远远超过汉代,城镇的增多,说明人口的增长和商业的发展。由于丝路的畅通,内地与西域的经济贸易加强,内地商人与西域胡商的贸易及西域诸国以"朝贡"名义进行的贸易发展,商业繁荣。近代以来,在新疆出土的大量内地钱币、钱范,于阗出土的佉卢文与汉文两种文字的"马钱",以及作为商品的大量丝绸,即是明证。

事实上,魏晋南北朝时期新疆的经济开发可以说是两汉的继续,仍处于上升时期。在面积不大的绿洲上,以传统农业为主的经济开发基本上达到了饱和状态,个别地区也因过度开发而使生态环境恶化。

9.2　6—9世纪新疆的经济开发

在6世纪中期,居于今阿尔泰山之阳的突厥兴起,攻灭柔然后,建立起强大的突厥汗国,征服、统治了漠北及天山南北西域诸族。隋开皇三年(583年),突厥分裂为东、西两个政权,西域诸国处于西突厥的统治之下。7世纪初唐朝建立后,长期与突厥展开了争夺西域的斗争,最终唐高宗显庆二年(657年)击灭西突厥,重新统一西域。唐朝实行开明的民族政策和开放的外交政策,积极经营西域,维护丝绸之路的畅通,先后在西域设置伊(治今哈密西)、西(治今吐鲁番)、庭(治今吉木萨尔)3州,安西都护府、北庭都护府及4个军镇以及若干羁縻府州。这种行政建置及设置驿站、军、守捉等一系列措施,均促进了西域经济的发展,新疆的开发进入到一个新的时期。

有唐一代,西域的民族分布格局也发生了大的变化。唐朝着力经营西域,于西域东部设立与内地相同的伊、西、庭 3 州,汉族人口大为增加;突厥长期统治过西域,故突厥诸部人口入居西域为数不少。特别是唐开成五年(840 年)回鹘汗国灭亡后,大批回鹘人迁入西域,使西域的民族成分发生了重大的变化。在天山以南,崛起于西藏高原的吐蕃势力扩张,与唐争夺西域安西四镇;在安史之乱后,吐蕃占据河陇及西域天山以南地区长达百年之久。此外,中亚粟特人、波斯人等因经商等原因也迁居于西域各地。[1]

唐代所设伊、西、庭 3 州,因汉族大量迁入而人口猛增,经济繁荣。如伊州已有户 2467,口 10157,西州有户 19016,口 49476,庭州有户 2226,口 9964,[2] 远远超过两汉时该地的人口数。北周时有城 16 的高昌,唐初已达 21 城。近代以来,在吐鲁番出土的大量公私籍账、文书,证明唐朝在西州一带推行与内地一样的“均田制”,并实行屯田、兴修水利等措施,大大促进了该地区经济的发展和繁荣。唐朝在西域的屯田,据载,有北庭(北庭 20 屯、伊吾 1 屯、天山 1 屯)、安西(治龟兹,有安西 20 屯、疏勒 7 屯、焉耆 7 屯)屯田。[3] 在新疆巴里坤、焉耆、库车、轮台等地,考古工作者均发现了唐代屯田的遗迹。

唐朝还在西域设立“互市”,与各族进行贸易,并征收商税,及采取设置驿站等一系列维护丝路畅通的措施,使西域的商业获得了历史上空前的繁荣。以丝路的门户高昌为例,出土的大量文书表明,唐时在西州治所高昌设“市”进行商业管理,西州市上汇集了内地及中亚各地的商品,内地的“行客”和中亚胡商——兴胡聚集于此。当时的西州,“都会未及于沙州(治今甘肃敦煌),繁富大出于陇右”[4]。丝路上的其余西域城镇的商业虽不及西州,但也获得了较大的发展。

此外,唐代西域的纺织(丝织、棉织、毛织)、冶铁、酿酒等手工业均

---

〔1〕敦煌石室发现的唐《沙州伊州地表残卷》(S.036)等记:贞观中,有康国大首领康艳典东来居鄯善等地,即为一例。

〔2〕见《新唐书》卷 40《地理志》。

〔3〕《唐六典》卷 7《屯田郎中》。

〔4〕乐史:《太平寰宇记》卷 156 引《十道记》。

有所发展。特别是造纸业也由内地传入了新疆,在西州就有"纸坊"造纸。[1]

有唐一代西域的开发,从深度来讲,有较大的进展,伊、西、庭 3 州之地开发的深入,即是明证。然而,从广度来讲,由于战乱和过度开发,南疆塔里木盆地边沿绿洲的经济明显受到影响。比如于阗、焉耆、疏勒、鄯善等地人口比两汉时期就大为减少;[2]沙漠南,一些城镇变为废墟,被迫南移,即是明显的例证。

9.3　结语

3 至 9 世纪新疆经济开发的历史首先证明:新疆的早期开发,是古代先后居于今新疆地区各族人民在生产和社会实践中共同实现的。从新疆史前时期的塞人、吐火罗人、羌人,到两汉魏晋南北朝时期的匈奴、月氏、乌孙、汉、吐谷浑、卢水胡、鲜卑、柔然、高车(敕勒、铁勒)、哒、粟特、突厥,隋唐时期的西突厥各部、回鹘、吐蕃,对新疆早期开发和建设均不同程度地作出过贡献。而这些古代民族定居于新疆地区后,于共同开发建设新疆的过程中,经济、文化逐渐趋于一致,各族相互融合,最终形成了近代新疆的主体民族维吾尔族。而在这些众多的古代民族中,回鹘和原居于新疆的土著民族又是近代维吾尔族两个主要的族源。

第二,新疆早期经济开发的历史证明,在中国封建王朝统一时期,内地中央王朝积极经营西域,设官置守,采取屯田、改善交通、加强经济交流等一系列发展经济的措施,大批汉族士卒、商人、百姓进入西域,形成了相对稳定的和平环境,因而大大促进了新疆的早期开发。上述 6 至 9 世纪新疆的经济开发即是明证。

第三,新疆早期经济开发还与历史上新疆社会环境有直接的关

---

〔1〕木英:《新疆的古代造纸》,载《新疆日报》1979 年 2 月 13 日。

〔2〕据《新唐书》卷 221《西域传》记,焉耆有胜兵 2000,户 4000(东汉时户 15000);疏勒胜兵 2000,户约 4000(东汉户 21000);于阗胜兵 4000(户数、人口阙载),东汉时人口 83000 人。

系。每当中国处于统一强盛时期,边疆的经济通常能得到较好的开发。然而,就是处于分裂割据时期,但社会相对安定,其经济发展、开发建设的力度有时并不亚于统一时期。正如有的学者所说:在分裂割据时期,"因各政权割据一方,为了巩固政权和兼并对方,于是不得不着力开发本国资源和发展经济,从而大大有利于边疆地区的开发……从这个意义上讲,分裂割据时期比统一时期更有利于边疆地区的开发"[1]。相反,无论统一还是分裂割据时期,只要社会动荡,战乱不断,经济就会遭到破坏,开发和建设自然受到很大的阻碍。

第四,古代新疆(西域)地处丝绸之路的要道上,在宋代之前丝绸之路(陆上)处于兴盛时期,丝路沿途形成了一个繁荣的经济带。丝路沿途城镇增多,人口猛增,工商业繁荣,开发和建设的深度和广度均达到了较高的水平。如两汉时期丝路南道上的鄯善(包括楼兰)、于阗,唐代的伊吾、高昌、于阗、疏勒等。但自安史之乱,特别是宋代以后,陆上丝路衰落,以上诸地繁华景象不复存在。然而,在宋代前,丝路的兴盛对于新疆的开发仍然起到不可估量的作用。

第五,新疆早期开发的历史,也有我们今天值得借鉴的历史教训。新疆的地理环境决定了沙漠边沿绿洲生态环境的脆弱。在沿塔里木盆地边缘面积不大的绿洲上,森林、草地、水源等人们赖以为生的生态资源是有限的,即只能养活、容纳一定数量的人口。干燥少雨的气候、沙化的土壤和风沙不断的自然条件,本来就逐渐侵蚀着绿洲,如果在这些绿洲上过度开发,人口增加到一定的限度,或者出现社会动乱,都必然会引起森林、草地的缩减和水源的匮乏,使绿洲生态环境遭到破坏。绿洲上的人们只好迁移他处,使原来的绿洲为沙漠所吞噬。如西汉时著名的楼兰,废弃于东晋咸和五年(330年)前凉后期,关于废弃原因,学者们讨论很多,意见分歧,但是两汉以来该地区过度开发,人口增

---

〔1〕马大正主编:《中国边疆经略史》,中州古籍出版社2000年版,第96-97页。

加，水源短缺，生态环境遭到破坏，应是主要原因之一。[1] 又如丝绸之路南道上的西域诸城郭国，东汉时，于阗人口达83000人，比西汉时塔里木南缘城郭国总人口还多。人口增加势必扩展耕地面积，毁草伐林，造成环境恶化，致使绿洲王国多有南移。西汉时的精绝国大约在3世纪后即遭废弃。[2] 到唐贞观末年，玄奘由印度返回，道经西域南道时所见，已是一片触目惊心的景象：于阗（瞿萨旦那国）已是"沙碛太半，壤土隘狭"，人口比东汉时大为减少；尼壤城（汉代精绝国，今尼雅遗址）"周三四里，在大泽中。泽地热湿，难以履涉，芦草荒茂，无复途径"；由尼壤城东行"入大流沙，沙则流漫，聚散随风，人行无迹……行四百余里，至睹货逻故国（今安德悦遗址），国久空旷，城皆荒芜"；且末国（今且末）"城郭岿然，人烟断绝"。当然，西域南道诸国的沙漠化和南移，其主要原因之一是过度开发，同时也与自然条件的变化、社会动乱等有关系。总之，新疆早期开发的这一惨痛的历史教训，应引起今天我们的注意和深思。

第六，在3至9世纪新疆早期开发的历史中，由于长期受到封建经济制度的束缚，传统的自给自足的农业经济占主导地位，生产力发展迟缓。比如作为新疆农业主要工具的坎土曼，从魏晋以来，直到1949年前后，1000多年始终没有发生多大变化。事实上，新疆早期经济开发始终处于波浪式的缓慢发展状态，不可能有大的突破。这种状态只有到了近现代生产力发生根本变化之后，才会逐渐发生改变。

（原载于周伟洲主编《西北民族论丛》第5辑，中国社会科学出版社2007年版）

〔1〕参见侯灿：《论楼兰的发展及其衰废》，黄文弼：《楼兰王国的兴衰及其原因的探讨》，陈汝国：《楼兰古城历史地理若干问题的探讨》等。以上均载于穆舜英等主编：《楼兰文化研究论集》，新疆人民出版社1995年版，第20–83页。
〔2〕见殷晴：《从历史窗口看和田地区的开发建设》，载《和田绿洲研究》，新疆人民出版社1988年版，第119页。

10 也谈新疆维吾尔族族源问题

谷苞先生于 1980 年在《中国社会科学》第 6 期发表了《新疆维吾尔族族源新探》一文,对维吾尔族的族源问题提出了一种新的见解,作了一些新的探索。我仔细拜读了几遍,觉得有一些问题值得提出来商榷,因此写下这篇文章,就教于谷苞同志,并以期在这个问题上引起争鸣。

10.1 关于 840 年回鹘西迁的问题

在过去讲新疆维吾尔族历史的论著中,十分重视 840 年建国于蒙古草原的回鹘汗国被黠戛斯人打败后向西迁移的事件,认为这是新疆地区维吾尔族形成的关键,十分重要。但是,这些论著并没有直接把西迁回鹘作为新疆维吾尔族唯一的或主要的族源。试以新中国成立后出版的有关维吾尔族历史的两本著作为例:一本是郭应德著的《维吾尔史略》(东方书社 1952 年版);另一本就是冯家昇等 3 人编著的《维吾尔族史料简编》(上、下,民族出版社 1958 年版)。前者在第一章第五节"汉至元魏时代的维吾尔族"里,提出"维吾尔、突厥、铁勒,高车与丁零都是同一民族……"后者在第一章"回纥的由来"提要中也说:"维吾尔是突厥诸族的一支,当公元前 3 世纪时,在丁零或丁灵这个名称之下分为东西二部……4 世纪时,丁灵在汉人史书上又叫铁勒或敕勒;又以其车轮高大叫高车。他们常和鲜卑拓跋氏、蠕蠕作无已的斗争,终于492 年[1],一部分随着他们的领袖迁天山一带。其后,东部铁勒中有袁

---

[1]据《魏书》卷 103《高车传》载,高车西迁至金山是在北魏太和十一年(487 年),此处据同书《蠕蠕传》,误。

·欧·亚·历·史·文·化·文·库·

纥或韦纥,西部铁勒中有乌护或乌纥,后来都衍变为回纥这个名称。"而 840 年回鹘的西迁,在该书中列入第三章"西迁后的分布"。事实证明,关于维吾尔族族源,上述两部著作并没有如谷文开头所述,把 840 年西迁回鹘作为"维吾尔族唯一的或主要的族源"。相反,同谷文一样,在论述维吾尔族族源时,总是上溯到公元前 3 世纪就出现的丁零及以后出现的铁勒、高车等。这一点是必须首先说明的。

其次,谷文接着对上述《维吾尔族史料简编·上》(下简称《简编》)关于 840 年回鹘西迁的史实提出异议。文中抽出《简编》注引《新唐书·回鹘传》一段话,即"……其相驳职与庞特勒(勒应作勤)十五部奔葛逻禄(葱岭西),残众入吐蕃(甘州)、安西(高昌)"(见《简编》第 44 页),然后加以分析,从而得出"这种解说和考证是有问题的"之结论。

中国史籍关于回鹘西迁的记述,大致有 5 处,除上引《新唐书·回鹘传》外,还有《旧唐书·回纥传》、《新五代史·回鹘传》、《旧五代史·回鹘传》、《宋史·回鹘传》,等,所记不完全相同。《简编》作者参照上述记载,根据西迁后回鹘于 10 至 11 世纪在河西、新疆等地所建立的 3 个政权,得出了回鹘西迁分 3 支的结论。这种看法,既与上述两《唐书·回鹘(纥)传》记载基本相合,又与稍后历史发展的情况相符,因而基本上是正确的。

但是谷文举出 3 点以证明上述看法是有问题的。其一,回鹘 15 部入葛逻禄,《简编》注为"葱岭西",谷文以为葛逻禄是回鹘 11 部之一部,其游牧地区主要在天山以北及伊犁河流域,故葱岭西一说不确。按,葛逻禄本是突厥,回鹘强大后,为其统治,成为其 11 部之一[1] 它原始居地在金山(今阿尔泰山)之西[2] 可是在 8 世纪中叶,葛逻禄的主力已经离开了阿尔泰山区,迁到今中亚楚河一带,766 年他们占领了

---

[1]见《新唐书》卷 217 下《回鹘传》,V.V.巴托尔德《七河史》,V.敏诺尔斯基英译本(三)《葛逻禄简史》部分。

[2]《唐会要》卷 100《葛逻禄国》。

碎叶(今吉尔吉斯斯坦托克马克附近),在此建都。[1] 因此,9 世纪中叶回鹘西迁所依附的葛逻禄,当是指今楚河流域。《简编》(第 50 页)对此说得十分明白:"汉文史料中说突厥系的葛逻禄族在 8 世纪中曾移住葱岭西吹河(今楚河)以南的地方。"那么 9 世纪中迁到葛逻禄的 15 部回鹘自然也就是迁到"葱岭西"了。无可讳言,"葱岭西"一词是不够确切的,中国古代所谓"葱岭",一般是指帕米尔高原,其西指今阿姆河流域,与当时葛逻禄中心楚河流域方位并不完全一致。但《简编》既对葱岭西的具体方位作了明确的说明,因而基本上还是正确的。而且《简编》在注明作为回鹘外九族之一的葛逻禄的居地时,用了此族原来居地"在金山西,乌德犍山"(第 16 页)。因此,根本不存在谷文所说对葛逻禄分布的说法"自相矛盾"的问题。又葛逻禄的主力虽于 8 世纪中迁至楚河一带,但在天山以北及唐朝原安西、北庭都护府辖区内仍有不少。谷文所举的例证,只不过说明了这一点而已。

其二,《简编》注"安西"为高昌,基本上也是正确的。因为同书第 56 页已指出"九世纪中回鹘西迁时,主力的一支投安西(西州,即高昌)",则两《唐书》所云之安西,实指 9 世纪中的西州,而非指安西都护府。因为此时唐安西都护府所辖之地基本上已陷于吐蕃。[2]

而设在高昌的西州,自"乾元元年(758 年),复为西州"[3]。安西陷吐蕃后,"唯西州之人犹固守焉"[4]。从稍后于西州高昌之地兴起的"西州回鹘"政权来看,将安西注为西州即高昌基本上是正确的。[5] 至于说游牧的回鹘人迁到高昌,短期内改变为农居的问题,将在下面叙述。

其三,谷文以为,"当时吐蕃曾一度统治着西北广大的地区,'残

〔1〕见《新唐书》卷 217 下《回鹘传》,V. V. 巴托尔德《七河史》,V. 敏诺尔斯基英译本(三)《葛逻禄简史》部分。

〔2〕据《新唐书》卷 40《地理志四》,吐蕃陷安西、北庭在贞元三年(787 年)。

〔3〕《新唐书》卷 40《地理志三》。

〔4〕《旧唐书》卷 195《回纥传》。

〔5〕近来日本学者森安孝夫有《关于回鹘的西迁》一文,引用中外资料,证明迁往安西的一支,最初中心在焉耆,而后才以高昌为牙帐(载《东洋学报》1977 年第 59 卷第 1、2 号,陈俊谋中译文载《民族译丛》1980 年第 1 期)。

·欧·亚·历·史·文·化·文·库·

众'入吐蕃不一定就都是到达甘州"。关于这个问题,《简编》虽然在"残众入吐蕃"后注为"甘州",但在另一处对此作了说明。该书第44页对"回鹘西迁河西走廊的一支",引《新五代史·回鹘传》,明明记作"初依吐蕃",后又"暂附议潮","五代时吐蕃势衰,回鹘渐强,牙帐设在甘州"。这是《简编》综合了各种史料所得出的结论,所以在引《新唐书·回鹘传》时,将"残众入吐蕃"径直注为甘州,也是可以的。

当然,如果硬要从字面上孤立地来分析上述资料,那么"回鹘分三支向西南迁徙"是不够明确。但是,如果结合回鹘西迁后在河西、新疆等地所形成的三个较大的回鹘政权的事实,是可以得出"分三支向西南迁徙"的结论的。这正如《简编》第40–41页引《旧唐书·回纥传》的一段:

> 有回鹘相驳职者,拥外甥庞特勒(当作庞特勤)及男鹿并遏粉等兄弟五人,一十五部西奔葛逻禄(吹河畔,建立后日之黑汗王朝),一支投吐蕃(形成后日之河西回鹘),一支投安西(哈剌和卓,形成后日之高昌回纥),又有近可汗牙十三部,以特勒乌介为可汗,南来附汉。(谷文云《简编》未引此段,实误。)

事实上,关于840年回鹘西迁的问题本身就是十分复杂的,汉文史料记载也不够清楚,国内的研究也较差。近年来日本学者森安孝夫著《关于回鹘的西迁》一文,内有一段国外关于此问题的研究情况,兹录如下:

> 据以上资料(上引新、旧《唐书》等),首先可以得出这样的结论,西迁回鹘的十五部大致分散于三个地区:葛逻禄领域(西部天山地区——谢米列契[1])、安西(东部天山地区)和吐蕃(治下的河西走廊)。这与后来的史实相符。虽然有的学者把上述(A)(上引《旧唐书·回纥传》等)史料群中的葛逻禄看作是他们曾占据过的阿尔泰南部地区,并认为整个西迁回鹘曾一度奔往该地,

---

〔1〕所谓"谢米列契"即俄文 Смиречь 的音译,意为七河,即流入巴尔喀什湖的七条河流之地。

然后由这里一分为二,一支奔安西,另一支奔吐蕃。现在看来,西迁回鹘之一部确曾于九世纪中叶进入葛逻禄境内。

可见在国外,关于回鹘西迁分 3 支的说法,基本上没有多大争议。总之,关于这个问题还可进一步研究。[1]

10.2　关于丁零、高车、铁勒是否为维吾尔族族源及新疆的铁勒化问题

当然,正如谷文所说:"问题的关键还不在于公元 840 年以后回鹘是否分作三支进入河西、新疆和葱岭西,而在于这些西迁后的回鹘是否成了尔后形成维吾尔族的主体。"在这里,谷文事实上把维吾尔族族源问题变成了"西迁后的回鹘是否成了尔后形成维吾尔族的主体"的问题。我认为这两个问题不能混淆,一是族源问题,一是维吾尔族怎样形成的问题,应该分别清楚,不能以后者代替前者,混而为一。

在维吾尔族族源的问题上[2],谷文认为:"从公元三世纪居住于新疆的丁令(西丁零),公元五世纪以后居住于新疆南部的丁令与新疆北部的铁勒,以及他们在长期历史中与当地各民族的融合,是尔后形成维吾尔族的主体。"那么上述的丁令(西丁零)、铁勒等到底与回鹘是什么关系?与尔后形成的新疆维吾尔族又是什么关系呢?谷文既承认中国史书中所谓的丁零、高车(敕勒)、铁勒系同族异名,而且引用《新唐书》、《旧五代史》中《回鹘传》说它们即回纥(维吾尔);同时又承认它们与回纥在历史上有密切的渊源关系,铁勒(高车)成员很复杂,仅只是铁勒中所谓"袁纥、韦纥和乌护",是"构成回纥即以后维吾尔的族源"。从前者出发,谷文把历史上的丁零、高车、铁勒等均视为回纥(维吾尔),认为它们都是维吾尔族的族源;从后者出发,谷文又明确提出铁勒(高车)中的袁纥、韦纥、乌护是维吾尔族的族源。谷文的立论即

---

〔1〕要彻底解决回鹘西迁问题,还必须对西迁的回鹘作仔细的研究和分析,提出每支迁徙的情况,因为问题复杂,故将另文叙述。

〔2〕实际上是维吾尔族的形成问题。

混淆了上述两者的区别,把新疆维吾尔族的形成问题与族源问题搅在一起了。

我认为,中国史籍中的丁零、高车、铁勒,甚至突厥、回纥,都是属于阿尔泰语系突厥语族的民族。这些名称各有不同的含义和得名的由来,内涵也不完全一致。而回纥(维吾尔)最早仅是被称为丁零或高车、铁勒这一包含了许多突厥语族部落(或部落联盟)的共名中的一部,以后又兼并或融合了其他许多丁零、铁勒或突厥部落逐渐形成的。特别是在744年回纥击败了突厥、薛延陀,建立了一个庞大的回鹘汗国,其所兼并、融合的铁勒、突厥部落更多,以致有"十一部"或"十五部"之称。840年回鹘西迁后,又兼并或融合了河西、新疆等地的突厥、铁勒以及当地原有的各个民族,最后形成今天的新疆维吾尔族。这种情况与古代我国其他北方民族兴起完全相似。如匈奴,它最早仅是漠南阴山游牧的一个小部落,至冒顿单于时开始征服附近的各个部落,最后统治了大漠南北,存在时间很长,影响极大。在探讨它的族源时,可以把匈奴形成后兼并或融合的部落称为"匈奴"或"匈奴别部",但不能说这些被兼并或融合的部落是匈奴的主体(尽管有时它们的人数很多),更不能说是匈奴的族源,而只能说是匈奴的组成部分而已。

如此,则对于上述谷文所引铁勒、丁零、高车即回纥的史料就可以作出合理的解释,即回纥汗国(后改名"回鹘汗国")形成后,统治了过去称为铁勒、高车诸部,所以到唐代也均称它们为"回纥"了。至于《魏书》、《北史》、《隋书》、两《唐书》等5部史书把铁勒写成一个传或分别写成两个传的问题,并不是在写成两个传时"把分布在东部与西部的两个部分分开写了"。《魏书》只有《高车传》,是因为当时居住于北方的诸(华)夏族(包括汉化了的鲜卑)称游牧于大漠南北"乘高车"的民族为"高车",同时又因其自称敕勒;而它们所称之"丁零",是指在十六国以前入居中国北方(主要是今河北、山西、河南)操突厥语族语言的民族。至隋代,敕勒(高车)讹为"铁勒",故立《铁勒传》而无《高车传》。到唐代李延寿撰《北史》,依据《魏书》、《隋书》,将两传并存,故有《高车传》,又有《铁勒传》。到了唐代,突厥、回鹘兴起,铁勒先后属于此两族,故《旧唐书》除《突厥传》、《回纥传》外,保留了《铁勒传》,而《新唐书》就直接将《铁勒传》并入《回鹘传》之中了。

综上所述,谷文把中国史籍中的丁零、高车、铁勒这些中国古代北方属于突厥语族的共名的民族笼统地当做回纥(维吾尔)的族源,是不妥当的。当然,它们与回纥同属突厥语族,回纥最初也在这些共同名称之下,相互关系十分密切,甚至在回纥汗国建立前后,其中大多数部落或部落联盟成了汗国的组成部分,有的融合到回纥之中。可是,在最初,也即在探寻回鹘的族源时,绝不能把它们与真正自称为回纥(Uy-ghur)的部落混为一谈。如果认为两者没有区别的话,那么维吾尔族族源则至少可追溯到公元前 7 世纪的"赤狄";蒙古族的族源则也可追溯到匈奴[1]。这样,一部中国北方民族史与一部单一发展的民族史,还有什么区别呢?

至于在 840 年以前新疆、甘肃等地有没有回鹘人存在的问题,《简编》曾明确地指出,"在新疆、甘肃一带地方,从公元五世纪起,就住有回鹘人"(第 42 页)。这一结论的根据,主要是《魏书·高车传》、《隋书·铁勒传》等所记在高车或铁勒共名之下的袁纥(韦纥)、乌护等回纥部落。正如《简编》所指出:"其后,东部铁勒中有袁纥或韦纥,西部铁勒有乌护或乌纥,后来都演变为回纥这个名称。"但是,谷文认为这种说法"是不确切的","应该说从公元一世纪起,甘肃河西地区就住有丁令即尔后的回鹘人,从公元三世纪起新疆北部就住有西丁零即尔后的回鹘人。关于这两件事准确地记载在《三国志·魏书·乌丸鲜卑东夷传》裴注引《魏略·西戎传》中,可供查考。公元三世纪以后,有多批回鹘人迁到了新疆,公元一世纪后也有多起的回鹘迁到甘肃河西"。为了便于"查考",现将这两段资料摘引如下:

> 呼得国在葱岭北、乌孙西北、康居东北,胜兵万余人……坚昆国在康居西北,胜兵三万人……丁令国在康居北……此上三国,

---

[1]现在有相当多的学者认为匈奴是属阿尔泰语系蒙古语族的民族。按谷文的说法它们就应为蒙古族的族源。

·欧·亚·历·史·文·化·文·库·

坚昆中央,俱去匈奴单于庭安习水七千里……西南去康居界三千里,西去康居王治八千里。或以为此丁令即匈奴北丁令也,而北丁令在乌孙西,似其种别也……

始建武时,匈奴衰,分去,其奴婢亡匿在金城、武威、酒泉北黑水、西河东西……部落稍多,有数万,不与东部鲜卑同也。其种非一,有大胡,有丁令,或颇有羌杂处,由本亡奴婢故也。

第二段是说 1 世纪左右(东汉建武时),匈奴亡后,有一部分匈奴的奴婢(赘虏)逃至甘肃北部,其中有大胡(西域胡)、丁零("丁令"),还杂有羌。这部分丁零并非"尔后的回鹘人",丁零也并非"即回纥"。它们不过是与以后的回鹘人均同属突厥语族的民族而已。关于上述的"赘虏"(包括丁零),有人认为它融入了西秦乞伏氏政权[1],也有人说它是组成吐谷浑的一部分[2]。我们认为,赘虏中的丁零等到汉、魏之际,有"南迁在广魏(魏广汉郡,治今甘肃天水东北)、令居(今甘肃永登西北)者"[3]。从十六国时期甘肃陇西一带有翟氏(丁零大姓)及成县西北有丁零溪、丁零谷的记载[4],可知这部分丁零有的东迁到陇西、南下至成县一带定居。总之,赘虏中的丁零在甘肃定居后,最后均融合到当地汉族或鲜卑之中,绝不会在四五百年之后再变成"回鹘人"。

至于第一段资料,本身记载就有不清楚之处,自相矛盾之处也不少。如讲呼得、坚昆与丁令三国的方位,呼得在康居东北,坚昆在康居西北,丁令在康居北,则丁令应在中间。可是下文又说"此上三国,坚昆中央",又云此三国皆在康居东南。又如下文"或以为此丁令即匈奴北丁令也,而北丁令在乌孙西,似其种别也"。这又说匈奴北丁令在乌孙西,疑此"北丁令"为"此丁令"之讹。从这些矛盾的记载中,大致可知在康居北还有一个"西丁零"。康居的位置,中外学者大致看法一致,即应在今中亚锡尔河流域撒马尔罕之地。其北,当指今额尔齐斯河

〔1〕见唐长孺:《魏晋南北朝史论丛》,三联书店 1958 年版,第 438–439 页。
〔2〕〔日〕松田寿男:《吐谷浑遣使考》(上),载《史学杂志》第 48 编 11 号。
〔3〕《三国志·魏志》卷 30《乌丸鲜卑东夷传》注引《魏略·西戎传》。
〔4〕见《水经注》卷 20,"丹水"、"漾水"条。

以西、锡尔河以北。因此《简编》所云之"在额尔齐斯河和巴尔喀什湖之间",谷文所谓在"新疆北部伊犁河一带",是不够确切的。中亚康居一带有丁零,还可找到一个例证,即《通鉴》卷94"晋成帝咸和五年(330年)"条记:"初,丁零翟斌世居康居,后徙中国……"此或系《魏略》中所指"西丁零"吧!

其次,即使《魏略》中所云之"西丁零"是在今新疆地区,也不能认为"丁零即回鹘",因为丁零与以后的回鹘只不过同是属突厥语族的民族,它们以后是否融合到回鹘之中,也不可考。

5世纪后《魏书》、《北史》、《隋书》等记载有高车或铁勒居住在今新疆天山以北,其中有名为"乌护"的部落才是回鹘真正的祖先。那么总称为高车(丁令)或铁勒的民族从5世纪以来居住在新疆等地的情况又是怎样的呢?这个问题之所以重要,并不是如谷文所说它们即回鹘的族源,而是在于它们的居留为以后该地区的民族融合为回鹘开辟了道路,所以也有必要进行一番探讨。关于此问题,谷文引了许多资料,得出一系列结论。我认为有些地方需要商榷,现试举一二:

(1)关于1、3世纪的丁零在新疆、甘肃的情况,上已论及,不再赘述。

(2)谷文一再强调的,在5世纪末"丁令曾统治过南疆广大地区,迁到南疆的丁令人当然不会很少",所根据的资料是《南齐书·芮芮虏传》一段记载:"先是益州刺史刘悛遣使江景玄使丁令,宣国威德。道经鄯善、于阗,鄯善为丁令所破,人民散尽[1]。于阗尤信佛法。丁令僭称天子,劳接景玄,使反命。"按,此所云之丁令,就是谷文后引《北史·高车传》所云之高车弥俄突,也即北朝史书所记之"高车国"或"阿伏至罗国"(阿至罗国)。《魏书·高车传》云:"高车……诸夏以为高车、丁零。"诸夏指北方汉族及汉化了的鲜卑,称此族为高车,称早入居内地的为丁零;又南方的华夏族(汉人)称此族一律为丁零,不加区别。据同传所记,5世纪在新疆北部建立的高车国,是在487年从柔然政权中

---

〔1〕按,谷文作"人民尽散",误。

分离出去的高车副伏罗部,在首领阿伏至罗的率领下西迁到今新疆北部,建高车国,中心在金山(阿尔泰山)[1]。以后,高车国与柔然不断发生战争。高车国内部"种类繁多"[2],可能是以副伏罗部为主,也包括了一些其他的高车部落。上引《南齐书》所说的丁零,即指此高车国。此国初与北魏联合,共抗柔然,并于北魏太和十五年(491年)[3]左右从柔然手中夺取了中西交通的要冲——高昌,以后势力一度伸入到焉耆、鄯善。这就是上引《南齐书》所说的鄯善为丁零所破一事。关于此,我国已故学者冯承钧先生著有专文论述,据他的考证,此事当在齐永明十一年(493年)前[4]。但是,高车势力并没有深入到南疆于阗等地,就是统治高昌,为时也很短,497年高昌麴嘉又转臣属于柔然,而鄯善、且末之地为吐谷浑所据有,南疆于阗、龟兹等地又为哒哒所统治。到5世纪最后10年间,哒哒破高车国,立弥俄突为高车王,高车乃属于哒哒。总之,在5世纪末,高车、柔然、吐谷浑、哒哒及北魏都在争夺中西交通的要冲——高昌、焉耆等地。高车国的主要势力在金山,一度占领高昌,攻入鄯善,于541年左右被柔然所灭。所以,事实上丁零仅一度攻入南疆的鄯善、且末,并没有"统治过南疆广大地区"。

高车国亡后,突厥兴起,此时中国史书称高车为铁勒,其活动地区主要在高昌北贪汗山(今新疆博格达山)北[5],臣属于突厥。至隋大业元年(605年)后,铁勒败突厥。其莫何可汗征服了伊吾、高昌、焉耆诸地。[6]至唐初,这一带又为西突厥所控制,直至贞观末铁勒薛延陀所建政权被唐所灭为止。在高车、突厥、铁勒的统治下,高昌地区有显著的铁勒化、突厥化的倾向。但是,所谓铁勒化、突厥化并不等于回鹘化,也不等于该地区有了大量的回鹘人。从5世纪末至7世纪初,高车、铁

---

〔1〕《魏书》卷69《袁翻传》引袁翻上书云:"……去高车所住金山一千余里……"

〔2〕《魏书》卷69《袁翻传》云:"……而高车今能终雪其耻复摧蠕蠕者,正由种类繁多,不可顿灭故也。"

〔3〕《魏书》卷101《高昌传》内太和"五年"应作"十五年"。

〔4〕冯承钧:《高车之西徙与车师鄯善国人之分散》,载《辅仁学志》1942年第11卷第1、2合期。

〔5〕《北史》卷99《铁勒传》。

〔6〕《北史》卷97《西域高昌传》;《隋书》卷83《西域高昌传》。

勒、突厥对新疆东北部地区的控制,在维吾尔族历史上的意义,恰如冯承钧先生所指出的:"高昌北有强国,不能不依附自存,所以历附蠕蠕、高车、突厥、铁勒,而用其官号,从其服饰。国王与突厥通婚,臣民自亦难免。则西域变为'突厥斯坦'之动机早已肇于六世纪中叶,不必等待九世纪中叶回纥抵其地之时也。"[1]

新疆、甘肃之有真正自称为"回纥"的人民,应是在回鹘汗国建立的前后。《简编》及谷文均引用了《宋史·高昌传》一段话:

> 高昌……唐贞观中侯君集平其国,以其地为西州。安史之乱(755—763 年),其地陷没。乃复为国,语讹亦云高敞,然其地颇有回鹘,故亦谓之回鹘。

谷文据此,以为安史之乱时回鹘就在高昌建立了政权。《简编》则云此时高昌"已有些回鹘"人(第 57 页)。按,这两种理解均欠妥。文中言安史之乱"其地陷没",此句含混,因安史之乱时,高昌(西州)并未陷没,其陷没在唐贞元年后。即是说,高昌颇有回鹘,称回鹘不是在安史之乱陷没时,而是在高昌复为国之时。高昌复国至少应在唐末、五代西州回鹘建立政权之时,则称回鹘是很自然的事。

尽管如此,我认为在回鹘汗国建立前后是有一部分回纥人(包括已融入回纥中的铁勒)进入到新疆及甘肃一带,如 7 世纪末 8 世纪初有一部分回纥进入甘、凉一带。[2] 唐天宝年间,回鹘汗国裴罗"斥地愈广","东极室韦,西金山,南控大漠,尽得古匈奴地"。[3] 此金山即今阿尔泰山。又《新唐书·地理志四》记吐蕃陷河、陇后,郭昕守安西,"与沙陀、回纥相依,吐蕃攻之久不下","贞元三年,吐蕃攻沙陀、回纥,北庭、安西无援,遂陷"。这条资料说明,在 8 世纪末,安西、北庭一带回鹘部落的势力是很大的。[4]

---

〔1〕冯承钧:《高车之西徙与车师鄯善国人之分散》。
〔2〕《新唐书》卷 217《回鹘传上》。
〔3〕《新唐书》卷 217《回鹘传上》。
〔4〕《新唐书》卷 217《回鹘传上》云:贞元三年,北庭陷吐蕃后,"于是都护杨袭古引兵奔西州。回鹘以壮卒数万召袭古,将还取北庭……"此云回鹘有壮卒"数万",但此战为吐蕃所败,回鹘之众大半又随其首领迦斯奔还漠北。

总之,通过以上的分析,知 5 世纪末至 9 世纪中,新疆、甘肃有不少的铁勒(高车)、突厥人活动于此,致使这些地区有铁勒化、突厥化的倾向。特别是在 8 世纪中叶后,甚至有不少的回鹘人入居该地。这一切无疑为 840 年西迁的回鹘迅速融合当地民族,由游牧转入半农半牧经济打下了良好的基础。这就是上述西迁的回鹘能在像高昌那样的地区很快定居下来的主要原因。

在估计 5 世纪末以来新疆地区突厥化、铁勒化程度的问题上,我的看法与谷文有点区别。比如谷文说:"从南北朝经隋至唐初"今吐鲁番盆地先后建立过马儒、张孟明和魏氏等几个高昌王国。魏氏高昌王国……虽说是以汉族为主建立的,但这些汉族却是突厥化、铁勒化了的汉族。不是在 840 年以后这批大量的汉族才变成了回纥、回鹘(维吾尔),而是在隋朝(581—618 年)以前就变成了突厥、铁勒(维吾尔)。为了证明这一点,谷文举了一系列例证。

其一,谷文引《北史·西域·高昌传》说,高昌人"兼用胡书",并肯定此"胡书"为突厥文即回鹘文。按,自近代以来从吐鲁番等地出土的有文字的文物中,属 9 世纪以前的,除汉文外,就只有属印欧语系的所谓甲种吐火罗语(焉耆/高昌语),而无突厥语即回鹘语。如著名的用焉耆/高昌语写成的《弥勒会见剧本》(*Maitrcyasa -mitionataka*)及与之相应的回鹘文本《弥勒会见经》(*Maitdsimit*);后者经中外学者考证,认为是 8 世纪中或 8—9 世纪译成。至于 1959 年出土于哈密的回鹘文《弥勒会见经》序文,则为时更晚至 10 世纪左右。[1] 而中外学者一致认为:甲种吐火罗语主要流行于 5—7 世纪。所以我认为,《北史》所云之"胡书",目前看来只能是指甲种吐火罗语,而非指突厥文即回鹘文。该地通行回鹘文至少在 9 世纪以后。

其二,谷文举出 1959 年出土于若羌米兰古城遗址的《坎曼尔诗签》,以证明坎曼尔这个回鹘人的祖父、父亲、自己及儿子 4 代人都是学习汉文的,从而早在 840 年回鹘西迁前约 115 年,当地不仅有回鹘

---

〔1〕见耿世民、张广达:《唆里迷考》,载《历史研究》1980 年第 2 期。

人,而且学习汉文。关于此诗签,郭沫若先生断代为唐元和十年(815年),这是大有问题的。最近萧之兴写了一篇《关于"坎曼尔诗签"年代的疑问》[1],分析了诗签的个别汉字及背面的察合台文等,认为它不是唐元和时的文物。

其三,谷文说"公元五世纪时丁令即回纥曾统治过南疆广大地区",于是举出《北史·铁勒传》记叙铁勒风俗一段:"……唯丈夫婚毕,便就妻家,待产乳男女,然后归舍。"然后,说此风俗与今天南疆(于阗、麦盖提等)维吾尔族"已婚的妇女在临产前还是要回到娘家生孩子的"风俗相似,并说"这就是一千多年前铁勒的遗俗,是现实生活中的一个活化石"。关于5世纪时丁零是否统治过南疆的问题,上面已论述。至于《北史》所述铁勒的风俗,我认为那不过是一般母系社会的残余。新中国成立前,我国西南少数民族,如僮族、水族、侗族、布依族、仫佬族等就有所谓"不落夫家"的习俗,即男女结婚后一直住在娘家,只有怀孕或生育后方回夫家。[2] 当然不能说这些民族也"铁勒化"了。因此,《北史》所记铁勒的风俗也好,今天南疆维吾尔族的风俗也好,只不过是一般母系氏族社会的残余,是否与南疆的铁勒化有关系,不得而知。

10.3　关于维吾尔族族源及形成之我见

现在,我们再返回到维吾尔族族源问题上来。一个民族的族源,我认为主要是指它最早的来源,哪怕当时它不过还是一个很小的氏族、部落或部落联盟,或附属于另外的强大的部落联盟或国家。它可能逐渐为邻近的强大部落集团所兼并,在历史上很快就消失了;也可能逐渐强大,兼并周围其他的部落或部落联盟(其中也有与它同属一个民族的部落),甚至像历史上匈奴、柔然、突厥、回鹘、蒙古等族一样,统治了整个蒙古草原,建立了强盛的国家政权。这样,就正如谷文所说:它们的"族名往往就成了北方草原各游牧民族的共名"。我们在探求这

---

〔1〕文载《光明日报》1980年11月18日《史学副刊》。
〔2〕参见中央民族学院历史系编:《中国少数民族志简编》,内部发行,1961年。

·欧·亚·历·史·文·化·文·库·

个具有"共名"民族的族源时,主要是寻求它最初具有这个名称的氏族、部落或部落联盟,还是寻求最早具有这个名称的氏族、部落或部落联盟以后兼并、融合的关系十分密切的其他民族共同体? 显然,前者是主要的族源,后者仅是它在形成过程中兼并、融合的部分,即组成之一。当然,从某种意义上讲,后者也是具有"共名"的氏族的族源之一,但不是主要的。比如,新中国成立以后,我国学术界关于"汉民族的形成"的讨论,就是指汉族在发展、形成过程中融合哪些其他民族。融合到汉族中的其他民族虽然也是今天汉族的祖先之一,但毕竟不是汉族的主要族源。

新疆维吾尔族的族源,我认为首先应追溯到 8 世纪中在漠北草原建立的回鹘汗国,再由此追溯到 5 世纪在突厥、铁勒(高车)的共名之下出现的乌护、袁纥、韦纥部。再往上则不见史书记载,而仅有与上述自称为"Uyghur"部落具有基本相同的语言(突厥语族)和风俗的丁零、高车、铁勒、突厥等。这是一条探寻新疆维吾尔族族源的基本线索。

作为维吾尔族主要族源的袁纥、韦纥和乌护(又作乌纥)部又是怎样发展和形成维吾尔族的呢? 这个问题过去研究不够,从中国史籍中可以大致找到一条线索。《新唐书·回鹘传》说:"袁纥者,亦曰乌护,曰乌纥,至隋曰韦纥……大业中,处罗可汗攻胁铁勒部,哀责其财,既又恐其怨,则集渠豪数百悉坑之,韦纥乃并仆骨、同罗、拔野古叛去,自为俟斤,称回纥。"《旧唐书》本传记载大致相同,唯指"大业中"为"大业元年"(605 年),"袁纥"作"特勒",所并诸部除《新唐书》所述 3 部外,还有"回纥"、"覆罗"。此时回纥联盟的中心在"薛延陀北娑陵水上"(今蒙古色楞格河)。而在此之前,中国史书所记之"袁纥"(隋时韦纥)在"独洛河(今蒙古土拉河)北",今鄂尔浑河一带游牧[1],而"乌护"则在"焉耆之北,傍白山"之地。隋大业间兴起的新的回纥联盟以在土拉河北的韦纥为主,其联合(或兼并)的仆骨、同罗、拔野古、覆

---

[1]《魏书》卷 2《太祖纪》"登国五年"条记:"帝西征,次鹿浑海(今蒙古鄂尔浑河畔乌吉淖尔),袭高车袁纥部,大破之……"又见《北史》卷 99《铁勒传》。

罗[1]均在土拉河北。[2] 这可以说是回纥最早联合的其他铁勒部落,这个回纥联盟初步奠定了后来回鹘汗国的基础,也是以后形成的维吾尔族的基础。

至唐贞观初,回纥联盟首领菩萨联合南边的铁勒薛延陀部击败了突厥,尽有其地,转附于薛延陀部。"回纥之盛,由菩萨之兴焉。"薛延陀汗国亡后,回纥联盟的中心南迁至独乐水上,并且南投归唐朝,唐于回纥及其所统各部设置了"六府七州"。[3]这时,回纥所统的铁勒诸部似保持着相对的独立,并没有完全融合到回纥之中,这只要从两《唐书》仍称各部名及唐于各部分置各府州即可知。至开元、天宝年间,回纥又先后击破属于铁勒的拔悉密部和属于突厥的葛逻禄等,并于744年以鄂尔浑河为中心,建立了庞大的回鹘汗国。至此,它的内部组成,据两《唐书》的记载,有原来的回纥九姓:"曰药罗葛(可汗姓氏),曰胡咄葛,曰崛罗勿,曰貌歌息讫,曰阿勿嘀,曰葛萨,曰斛嗢素,曰药勿葛,曰奚邪勿"(《简编》称之为"内九姓"),再加上后并入的拔悉密、葛逻禄,合称11部落。[4]又《唐会要》卷98又云其九姓为:"一曰回纥,二曰仆骨,三曰浑,四曰拔曳固,五曰同罗,六曰思结,七曰契苾,以上七姓部,自国初以来著在史传,八曰阿布思,九曰骨苍屋骨(葛逻禄)"(《简编》称之为"外九姓")。《新唐书·回鹘传》开头又总结回鹘所包括的部落共15部,即"袁纥(回纥)、薛延陀、契苾羽(契苾)、都播、骨利干、多览葛、仆骨、拔野古、同罗、浑、思结、斛薛、奚结、阿跌、白霫"。此15部又缺前11部中的葛逻禄和拔悉密。其中绝大部分是原属铁勒的部落。它们有的后来逐渐融合到回纥之中,也自称回纥,再不见于记载[5];有的则后来又从回鹘中分离出来,如都播(元代的兀良哈、清代

---

〔1〕覆罗,即前述之高车副伏罗部,建高车国,国亡后一部分迁回土拉河一带游牧。

〔2〕《北史》及《隋书》之《铁勒传》。

〔3〕《新唐书·回鹘传》。

〔4〕两《唐书》记载略同,唯对11姓部落的分法有异,此从《旧唐书·回纥传》。

〔5〕如原系铁勒的仆骨部,后融入回纥,在《新唐书·回鹘传》中,云唐懿宗时(860—874年),有"回鹘大酋仆固俊自北庭击吐蕃",此"仆固"应原为仆骨部人。此时已成回纥了。又同上书云:仆固怀恩之孙即回鹘可汗的"可敦",怀恩子为回鹘叶护。可见仆固(骨)部基本上融入回纥。

·欧·亚·历·史·文·化·文·库·

的乌梁海)、葛逻禄等,后者于 8 世纪中占领了楚河流域,建牙碎叶,成了盛极一时的国家。

至 840 年左右,回鹘汗国为居于今叶尼塞河上游的黠戛斯(唐以前的坚昆,今柯尔克孜族的祖先)所破灭,大致分 3 部分西迁到今甘肃、新疆及中亚之地,与稍早进入这些地区的铁勒、突厥、回鹘人会合,分别建了 3 个政权。以后,在这 3 个政权的统治下,融合了原居于上述地区的各族人民,最后形成了今天新疆的维吾尔族。

下面着重谈谈 840 年回鹘西迁在维吾尔族历史及维吾尔族形成上的作用问题。《简编》将维吾尔族早期历史分为"鄂尔浑游牧时代和西迁后的时代",这种分法,不论从政治、经济或民族本身的形成等方面来看,都是十分恰当的。从政治上看,鄂尔浑时代是回纥初步形成和建立国家的历史,西迁是回鹘汗国灭亡后西迁的回鹘由分裂到逐步形成为 3 个政权的历史;从经济上看,前者是以蒙古草原为中心的游牧经济,西迁后则逐渐由单一的游牧转变为半农半牧的经济。

至于回鹘的西迁对新疆维吾尔族的形成,那更是有着重大的意义。尽管在西迁前,新疆地区早已有了与回鹘属同一语族的铁勒、突厥,甚至有回鹘人迁居于此,但是他们先后受西突厥、唐朝、吐蕃等的统治。9 世纪中,唐朝、吐蕃相继衰落,先后失去了对河西及新疆地区的控制,那里形成了较为混乱的局面,各个民族的势力错综复杂,其中有沙陀、吐蕃、突厥(主要是葛逻禄)、回鹘、汉族和当地的民族(如所谓的龙家——焉者人)等。可以想见,如果没有 840 年回鹘的西迁,河西和新疆地区是不会形成回鹘人占优势,而最终建立黑汗(喀喇汗王朝)、西州和河西(甘州)3 个回鹘人的政权的。

据目前可知的史料,西迁的以庞特勤为首的一支最早称可汗,"有碛西诸城",其后嗣君又据甘州,成为甘州回鹘的统治者。又据元代陶宗仪《辍耕录》卷 26"高昌世家"等云:安西(高昌)回鹘统治者源于和林山(今蒙古鄂尔浑河和硕柴达木湖一带),"后迁至交州"(治今新疆高昌西交河故城),并自认为是回鹘汗国的嫡系。至于西迁至葛逻禄的一支,目前资料还较少,但从《简编》所引的白莱胥乃德《中亚中古史研究》卷 1 等外文资料看,黑汗王朝的统治阶级的祖先也是最先居住在鄂尔浑河沿岸的(第 51 页)。

所以,840 年回鹘的西迁,促使回鹘族后来统治了新疆、中亚及甘肃河西等地,这一点对于这些地区维吾尔族的形成起了很大的作用。在阶级社会中,统治民族应用国家机器,实行强迫同化政策,是促使各民族同化的强有力的杠杆。试想,如果 9 世纪中叶后,突厥人一直统治着新疆,那么可以想象,今天新疆绝不会有如此众多的维吾尔族,而是必然成为以突厥族为主的地区。按照另一个历史规律:征服民族总是被其征服的有较高文化的民族所征服,作为漠北较为落后的游牧的回鹘族征服了有较高文化的新疆原有的各民族,它在经济、文化等方面固然会受到影响,有的方面,如经济、文化、宗教(由摩尼教逐渐变为佛教)等逐渐采用被征服民族的方式,但是,由于新疆地区本身民族关系复杂,不是一个很强大、单一的民族聚居地区,而且这一地区早在 5 世纪以后就不断进行着铁勒化、突厥化,甚至回鹘化的过程,因此在民族称谓、语言、政治制度等方面,作为统治民族强迫推行民族同化政策的结果,当地各民族以后均同化于回鹘之中,形成了今天的维吾尔族。10 世纪末至 11 世纪新疆等地回鹘统治者强迫推行伊斯兰教,致使这一地区原来盛行的佛教销声匿迹,各族人民一律改信了伊斯兰教,这一事实就是一个最好的例证。当然,西迁后在新疆等地逐渐形成的维吾尔族,与鄂尔浑河时代的回鹘族,不论从哪个方面看都有了区别,有了新的特点,这是自不待言的。

(原载于西北大学《西北历史资料》1981 年第 2 期,后收入林幹编《突厥与回纥历史论文选集》下,中华书局 1987 年版)

11 关于维吾尔族族源问题

——评吐尔贡·阿勒玛斯《维吾尔人》的有关部分

　　1989 年新疆青少年出版社出版了吐尔贡·阿勒玛斯所著《维吾尔人》(维文版)一书,读过之后,我认为书中有许多观点是不能让人接受的。作为一部史学著作,作者在概念、史料的辨析和引用、分析和推理等各方面,凭主观的意识,任意发挥,甚至歪曲、篡改史料,以为自己的观点服务。因而,书中的结论往往与历史事实相距甚远。下面我们仅对《维吾尔人》一书中关于维吾尔族族源的问题,发表一点看法。不妥之处,敬请批评指正。

11.1　维吾尔族起源于何时何地?

　　首先应辨明一点,即《维吾尔人》(下简称《维》书)的作者所使用的书名及书中所使用的"维吾尔人"一词。"人"的用法很广,它可以与国家、民族、地区,甚至性别、年龄等连用,表示不同的含义。但从书中的用法和含义来看,作者所谓的"维吾尔人"是指"维吾尔族"。作者不采用现代世界上通用的"民族"(广义的民族)这一科学的概念,而用"人"这一含义广泛的概念,是否另有他意,不得而知。我们只能将"维吾尔人"这一含混的概念当做"维吾尔族"这一科学的概念来进行讨论。

　　关于维吾尔族的族源(来源)问题,过去学术界发表的论著颇多,意见分歧。特别是 1980 年年底在新疆乌鲁木齐召开的学术会议上,与会者就维吾尔族族源问题展开了热烈的讨论,提出了许多新的问题,意见也颇为分歧。[1] 如今《维》书作者又提出了一种新的看法，即认为维吾尔人（族）起源（其"故乡"）于广义的中亚："东起大兴安岭，西迄黑海，北起阿勒泰山，南至喜马拉雅山"，至今8000年前生活在中亚各地的人，包括兴起于中亚的塞种、匈奴、突厥、坚昆等都与维吾尔人同种同源。也就是说，上述诸古代民族皆与古代维吾尔族有血缘关系，他们都是"古维吾尔人"。[2] 作者这一基本观点，在书中开首的《出版社的话》中概括得十分明确："维吾尔是生活在中亚的具有几千年有文字记载的历史的最古老文明的人民之一。距今8000年前，在今天称作南西伯利亚、阿尔泰山麓、准噶尔原野和塔里木河谷、七河的地理范围内，维吾尔人像星斗一样散布其中。"为了证明这一观点，作者从地质学和考古学、历史文献、神话传说等方面，进行了详细的论证，广征博引。然而，只要对这些论据稍加查对和分析，即可发现，作者关于维吾尔人在8000年前就已分布在中亚各地的说法是没有什么根据的。

作者首先从地质学、考古学提出根据，说大约1万多年前，中亚气候比较湿润，雨量多，河流、湖泊水量丰富，给农业、牧业提供了有利的环境。但是，"大约距今8000年，中亚的自然环境发生了巨大的变化，出现了干旱。由于这个原因，我们祖先的一部分被迫迁往亚洲的东部和西部。当时，在中亚东部的塔里木河流域生活的我们的祖先的一部分，经阿尔泰山迁往今天的蒙古和贝加尔湖（古时候称'巴伊库尔'）周围。840年从蒙古利亚迁往新疆的东部回纥就是距今8000年前从塔里木河流域迁往蒙古利亚和贝加尔湖周围的我们祖先的后裔"。又说："距今8000年前的迁徙中由塔里木盆地经由拉达克之路迁往印度北部的我们的祖先对印度土著达罗毗荼人的古印度文化产生了影响。"[3]

这一结论令人吃惊，据我国地质学家们的调查研究，在第四纪塔里木盆地由于昆仑山冰川发育规模的逐渐缩小，一些水源减少，地下

---

〔1〕见陈超：《关于新疆维吾尔族族源问题讨论综述》，载《中国社会科学》1981年第4期等。
〔2〕见该书第一、二章，第1—88页。
〔3〕见该书第8—10页。

水位降低,在原来的绿洲群上,逐渐出现了沙漠。"随着冰川一次比一次缩小,沙漠也一步一步地向西推移、扩展。"即是说,早在距今 250 万年开始的第四纪起,新疆地区气候就已逐渐变得干燥,沙漠形成;以后一直继承下来,除有短期周期性的小变化外,并无任何特殊变干的迹象。[1] 因此,《维》书中所说的距今 8000 年,塔里木河流域的维吾尔族祖先因干旱而分别向东、西迁徙的观点,纯属作者的想象。何况,从目前新疆还未发现有旧石器时代遗址来看,距今 8000 年前,整个新疆地区(包括塔里木河流域)是否已居住着大量的原始人群,还在未知之中,又哪来的居民迁徙呢?作者想象出在塔里木河流域这一中心,在距今 8000 年前有大量的原始人居住,因干旱而向蒙古贝加尔湖一带迁徙,不过是想证明 840 年西迁的回纥(维吾尔族主要族源)又回到了塔里木河流域的神话。这种毫无根据的幻想,凡是具有一般常识的人都会感到震惊的。

所谓 8000 年前塔里木河流域的维吾尔祖先向西迁入印度的结论,同样荒谬可笑。作者以印度河流域阿拉帕(旁遮普一带)地区曾发现一尊类似中亚突厥人(维吾尔——原著者注)的塑像,来证明这一结论。关于印度文明的创造者,学术界一般认为是作者提到的达罗毗荼人;对于与他们并存的印度土著,学者们则据考古资料提出了多种假说,有布拉灰、苏美尔、帕尼、阿修罗、乌拉提亚、瓦黑卡、达萨、那迦、雅利安等人。[2] 然而,从没有提到"中亚突厥人",更没有说有从塔里木河流域迁去的维吾尔的祖先。作者的这一结论亦纯属无稽之谈。

为了证明距今 8000 年前,塔里木盆地有人类居住,并且是距今 8000 年前后迁徙后余下的维吾尔人的祖先,作者引用了 1981 年 2 月 17 日《人民日报》关于新疆楼兰女尸时代为距今 6412 年的报导。然而,作者未曾注意到紧接着的《人民日报》同年 4 月 17 日的报导,内容是根据中国考古研究所测定,楼兰女尸距今只有 2000 多年。此后,又

---

〔1〕中国科学院新疆综合考察队等编著:《新疆地貌》,科学出版社 1978 年版,第 235 – 236、253 页。

〔2〕转见崔连仲主编:《世界史·古代史》,人民出版社 1983 年版,第 153 页注。

经过我国人类学家的研究,认为罗布泊附近的文化遗址(包括楼兰女尸出土遗址)的时代,不会早到新石器时代,也不会晚于汉代,而可能代表该地区铜器时代(距今 3000~2000 年间)某个时期的文化。[1] 这一结论,亦为新疆考古工作者所肯定。[2]

事实上,考古工作者在新疆地区虽然至今还未发现有 1 万年以前的旧石器时代遗址,但是却发现了约 8000 年以前的新石器时代遗址。[3] 这些遗址的居民是目前所知的新疆地区最早的居民,他们是否就是今天新疆维吾尔或其他民族的直接祖先呢? 很难作出肯定的答复。

关于此,20 世纪 40—50 年代苏联学者在讨论中亚各族起源时的教训可以吸取。苏联学术界曾一度风行极端土著论,即任何民族的祖先只能在该民族现在所居住的地方。这一理论把具体历史过程简单化、贫乏化了。1943 年苏联著名学者斯·普·托尔斯托夫在一次中亚民族起源学术讨论会上说得好:"在很久以前已经形成了的历史的区域的共同体的基础上,由种类驳杂的、土著的和外来的民族成分发展出了现代中亚细亚各民族。这些民族没有一个是直接来自任何一个古代民族的。相反地,无论古代本地的民族或外来的民族,通常在不同比例上都变成了中亚细亚某些民族的成员,有时变成了中亚细亚所有民族的成员,而局部地区也成了中亚细亚范围外各民族的一部分。"[4] 这段话,我认为完全适用于属于广义的中亚,并且与邻近各族交往更为频繁和复杂的新疆地区的各族(包括维吾尔族)。因此,那种力图证明 8000 年以前维吾尔人(或其直接祖先)就居住在今塔里木盆地的看法是很难成立的。

不仅如此,《维》书作者还力图用各种历史文献来证明维吾尔族的

---

〔1〕韩康信:《新疆孔雀河古墓沟墓地人骨研究》,载《考古学报》1986 年第 8 期。

〔2〕王炳华:《新疆地区青铜时代考古文化试析》,载《新疆社会科学》1985 年第 4 期等。

〔3〕参见穆舜英等:《建国三十年新疆考古的主要收获》,载《新疆考古三十年》,新疆人民出版社 1983 年版,第 2－8 页;《新疆古代民族文物》,文物出版社 1985 年版,第 2 页。

〔4〕转见中国科学院民族研究所编译:《民族史译文集》,科学出版社 1959 年版,第 120－122 页。

·欧·亚·历·史·文·化·文·库·

故乡在中亚(广义的)。他首先引用中国汉文史籍《史记》、《汉书》的《匈奴传》、鱼豢的《魏略·西戎传》中,关于公元前许多世纪居住在贝加尔湖南的"丁零"[1],及居住在今新疆准噶尔盆地的"呼揭"(《魏略·西戎传》作"呼得国",就是 7 世纪汉文史籍所记之敕勒、狄历、铁勒、乌护等)的记载。他认为,丁零、敕勒、铁勒、狄历等名,都是中亚拜火教圣书《阿吠斯塔》等书所说的"土拉"(Tura)这一名称的汉文音译。汉文史籍《魏略·西戎传》又将"土拉人"分为"东土拉人"和"西土拉人"(原文作"北丁零"和"西丁零")两支。作者认为:东、西土拉人,就是维吾尔族的祖先,也就是"东维吾尔人"和"西维吾尔人"。

关于中国古代北方民族丁零(包括北丁零、西丁零,及后期所称之狄历、敕勒、铁勒、突厥甚至敕勒的另一名称"高车")的分布,中国汉文史籍记载是较为明确的。特别是到了 6 世纪的隋代,《隋书·铁勒传》(《维》书作者亦引用)对铁勒诸部名称及分布的记载更为详确。国内外学者一般认为,上述这些名称是突厥语 Tolos 的同名异译,即所有操突厥语民族的泛称[2],但也有学者不同意此说。

然而,汉文史籍所记的分布于中亚广大地区操突厥语诸部并非都是维吾尔族的祖先,或者后来大部分成为维吾尔族。事实上,只是一小部分操突厥语的部众经过长期的历史发展过程,同化、融合了其他许多民族(一部分)之后,才逐渐形成为今天的维吾尔族。因此,不能将古代中亚(广义的)所有操突厥语的民族,统统说成是维吾尔族的祖先。因为分布于中亚的古代操突厥语的各族,以后经过长期的历史发展所形成的现代操突厥语的民族不下数十个,而维吾尔族仅是其中之一。《维》书作者正是将古代中亚所有操突厥语,甚至非操突厥语的一些中亚民族,统统当做维吾尔族的祖先或径直称之为"维吾尔人",把它们的起源地中亚(广义的)视为维吾尔人的故乡。这就是贯穿在《维

---

〔1〕《维》书作者引《汉书·匈奴传》说,此书称丁零为"狄历"误。

〔2〕参见小野川秀美:《铁勒考》,载《东洋史研究》1940 年第 5 卷 2 号;马长寿:《突厥人与突厥汗国》,上海人民出版社 1957 年版,第 1 – 2 页;林幹:《突厥史》,内蒙古人民出版社 1988 年版,第 9 页。

吾尔人》一书中,一个最基本的错误观点。作者这样立论,又置今天中亚及新疆所有源于操突厥语古代各民族于何地？难道它们都是由古代维吾尔族演变、发展而来的吗？事实并非如此。

回纥族及回纥(后改名回鹘)汗国的主要活动地区在蒙古草原及天山以北地区。天山以南,特别是塔里木盆地原住有许多土著民族。这些土著居民(民族),据《维》书作者断言,他们是维吾尔人。

为了证明这一点,作者首先举出中国汉文史籍有关西域一些地名,与今天维吾尔族语言、意义相同,来证明天山以南的最早土著是维吾尔人。关于新疆地区的地名,学者们考证甚多,有各种各样的说法。比如《维》书作者所说的"巴里坤湖"(维语意为"老虎湖"),其实汉文文献最早称此湖为"蒲类海",到唐代才又名"婆悉",而"婆悉"之得名,系由当时居于此的操突厥语的拔悉密部而来。[1] 疏勒,有的学者认为其语源于突厥语 suluk,有"水"意,有的学者又不同意此说。[2] 总之,新疆的古今地名的语源是一个十分复杂的问题,其得名与居住或往来这里的民族有关,其中许多地名(包括《维》书所举的地名)在今维吾尔语(突厥语)和蒙古语中均能找到根源。何况,还存在着以非突厥语得名的地名,后为突厥语人所沿袭的问题。因此,从古今新疆地名来证明今新疆地区的土著民族为维吾尔人(突厥人)是没有多大意义的。

《维》书作者还列举了古希腊罗马文献中关于"赛里斯"国(意为"丝国")的记载,说当时留下了许多关于塔里木盆地丝国、丝国的维吾尔人的活动、种族面貌的珍贵史料。[3] 我们翻检了古代希腊、拉丁作家关于远东古文献的著作,其中也包括《维》书作者所列举的一些希腊、罗马作家的著作。当中所记载的"赛里斯"国,大多系传闻,后来有的学者据此进行考证,提到这些文献所描写的"赛里斯"国,所指是模糊的,有时指中亚(包括今新疆),有时指中国内地或其他地方,其人的

---

〔1〕见苏北海:《西域历史地理》,新疆大学出版社 1988 年版,第 190－192 页。

〔2〕参见周连宽:《大唐西域记史地研究》,中华书局 1984 年版,第 207－208 页。

〔3〕见该书第 32 页。

·欧·亚·历·史·文·化·文·库·

风俗(如高寿达 300 岁等)也是传闻。[1] 因此,这些文献关于"赛里斯"的记载,根本不能证明塔里木盆地的古代居民是维吾尔人。

《维》书作者引用了 9 世纪阿拉伯人塔米姆·伊本·巴哈儿的游记,证明在今新疆(包括塔里木盆地)等地,在 8 世纪中叶就居住着"突厥异教徒,自巴儿思寒(在今伊塞克湖畔)到蒙古草原回鹘汗国的首府哈剌巴尔哈逊,只有突厥汗(指回鹘可汗)的驿卒往来"等。事实上,塔米姆的游记原本已佚,1948 年经英国学者密诺尔斯基(V. Minorsky)从其他阿拉伯文献中整理出来。据他的考证,塔米姆东行到托古兹古思(Tughuzghuz,即九姓乌古斯,这里指回鹘汗国)的时间是在 821 年[2],而非作者所说的 750 年。此时,回鹘汗国正是保义可汗在位之时,其势力一度达中亚拔贺那国(今中亚费尔干纳),故塔米姆有上述之描写。从现存的汉、藏、阿拉伯文的文献来看,漠北的回鹘汗国从未统治到龟兹以南的塔里木盆地,只是一度将势力伸入到中亚费尔干纳一带。而当时中亚主要居住着一些操突厥语的部族,如葛逻禄、样磨、突骑施等,回鹘只占少数。

那么,在回鹘西迁西州等地之前,今新疆地区,特别是塔里木盆地的土著居民到底是一些什么民族呢?《维》书作者根据上述的史料,错误地断言:840 年回鹘西迁以前,新疆及中亚(狭义的)居住的是维吾尔人,人口有 100 万余。[3] 并且作者还"驳斥"了那种因新疆各地出土大量用梵文、佉卢文书写的印度语的有关佛教文字材料,而证明这里居住的是属雅利安人种的观点,认为持这种观点的人无论如何也解释不了这样的问题:如果这里生活的不是维吾尔人,而是别的部族的话,无论其宗教和民族差异,无论其数量上相差甚远,怎能在短短的一个时期就把他们同化而成为维吾尔人呢?[4]

在这里,《维》书作者首先有意歪曲事实:20 世纪以来在新疆各地

---

〔1〕参见戈岱司编,耿昇译:《希腊拉丁作家远东古文献辑录》,中华书局 1987 年版。

〔2〕V. Minorsky, Tamim ibn Bahr's Journey to the Nrghurs, BSOAS, 1948, pp. 300 – 301.

〔3〕见该书第 107 页注。

〔4〕见该书第 85 页。

发现的大批属印欧语系的佉卢文(属阿拉美文的一个支系,是印欧语系中古印度雅利安语中的一种俗语方言)文献[1],以及作者未曾提到的焉耆/高昌语、焉耆/龟兹语(甲、乙种吐火罗语)、于阗塞语等文献,还有藏、汉文献等,并非只是书写佛经的,有出土的各种文字书写的文书、契约、碑铭、钱币等可证。因此,绝非如《维》书作者所说,文献只是佛教徒使用的。它与新疆原有土著及公元前几世纪以来陆续迁入新疆的各个民族有密切关系。据历史文献记载,迁入并定居于今新疆的民族就有匈奴、月氏(包括后之贵霜)、塞种、吐火罗、粟特、羌、吐蕃、厌哒,还有操突厥语之铁勒、突厥、回纥等。这些民族与原有的新疆土著民族相互影响、相互融合,形成了840年回鹘西迁前,新疆土著民族复杂的局面。[2]

至于在回鹘西迁前,新疆地区土著民族为什么最后能维吾尔化的问题,是可以找到比较圆满的解答的。因为今新疆地区自5世纪以来即深受北方操突厥语各族的影响,特别是6世纪至9世纪中叶,今新疆全部或大部处于突厥和回鹘先后的直接统治之下,大大加速了中亚(包括新疆地区)突厥化、回鹘化的进程。经过漫长的历史发展(而非如《维》书作者所言"迅速的"维吾尔化)过程,原西迁回鹘与原新疆的土著各族逐渐同化、融合,至16世纪才逐渐形成为今天的维吾尔族。

综上所述,《维》书作者所列所有论据都不能证明今天的维吾尔族起源于距今8000年前广义的中亚地区。他主要的错误是把古代中亚所有操突厥语的民族,甚至非操突厥语的各族的起源时间和地区,统统说成是维吾尔族的起源时间和地区。这样,他得出的结论自然是不符合历史事实,是难以让人接受的。

维吾尔族到底起源于何时何地?这一问题也是十分复杂的。一般说来,一个民族起源于何时何地,主要是指这个民族的主要族源最早的居地及时间,而不能将与这一民族密切相关的民族,或一部分后来

---

〔1〕参见林梅村:《沙海古卷》,文物出版社1988年版。
〔2〕参见冯·佳班(A. V. Gabain):《高昌回鹘王国的生活》,中译本(新疆内部刊印),第6—16页。

同化、融合于这一民族的民族的起源地和时间,当成这一民族的起源地和时间。否则一个民族起源的地区和时间就可以无限地扩大或往上推。这样的研究是毫无意义的。要真正回答维吾尔族的起源地和时间,应首先解决维吾尔族主要的族源是什么。

11.2 维吾尔族的主要族源是什么?

在讨论维吾尔族的来源地(故乡)和时间时,我们实际上已涉及维吾尔族的族源问题。《维》书作者在第二章中,又从神话传说、历史文献、考古资料等几个方面来论证维吾尔族的来源(族源)。其所论维吾尔族来源,似是而非,模糊不清,其主要的论点也是相互矛盾,错误很多。比如,书中一会儿讲维吾尔人与匈奴、塞种人有血缘关系,或同出一源,一会儿又讲匈奴是维吾尔人的最古的祖先等。下面我们拟分几个问题来仔细分析一下《维》书作者的论点。

11.2.1 维吾尔族族源是否是匈奴的问题

《维》书作者首先在维吾尔族众多的神话传说中,选择了他认为比较符合历史真实的传说,即英雄史诗《乌古斯可汗传》。目前有所存最早用回鹘文书写的《乌古斯可汗传》;在 14 世纪波斯史家拉施特的《史集》和 17 世纪中亚史家阿不勒哈孜的《突厥世系》等书中,也有乌古斯可汗的传说。中外学者大都认为,乌古斯的传说大约形成于 10 世纪,以后又经过突厥人民的加工;到 14 世纪拉施特写《史集》时,又加入了许多关于伊斯兰教的内容。[1] 乌古斯可汗的传说是中亚突厥诸族人民的英雄史诗。过去,有的历史学家将乌古斯可汗比拟为匈奴的冒顿单于或蒙古的成吉思汗,这是毫无根据的推测。正如有的外国学者将藏族人民传说的英雄格萨尔王比为罗马皇帝恺撒一样荒唐可笑。这一点早为学者们所指出。[2] 关于乌古斯可汗传说的英雄史诗式的性

---

〔1〕参见耿世民译:《乌古斯可汗的传说·导言》,新疆人民出版社 1980 年版。
〔2〕耿世民:《乌古斯可汗的传说·导言》;程溯洛:《维吾尔族族源考》,载《向达先生纪念论文集》,新疆人民出版社 1986 年版。

质,正如有的研究者所说的那样:"与其将乌古斯可汗这位始祖英雄形象比定为某个具体的历史人物,不如将其看做是突厥人,以至突兰人在一定的历史时期内的全民性的一系列或若干次威武雄壮的光辉战斗历程的集中概括,倒更为切合历史的真实了。"[1]而《维》书作者正是将乌古斯可汗说成是匈奴冒顿单于,从而引申出匈奴与维吾尔同源,或匈奴是维吾尔人最早祖先的结论,这显然是靠不住的。

《维》书作者还说匈奴与丁零、高车、铁勒(所谓的"东维吾尔人")一样,都以狼为图腾,其根据是1972年内蒙古阿鲁柴登匈奴墓中出土一个金冠,上部立有一鹰,盯着金冠上两只狼追咬两只羊的图案,说明匈奴人十分看重狼,并以它为图腾。阿鲁柴登发现的这个金冠及其他文物,据考古工作者研究,大约是战国时(公元前403—前221年)匈奴族墓的遗物。[2]从金冠造型图案看,匈奴人对鹰比狼更为看重,所以无论怎样也得不出匈奴是以狼为图腾的结论。

《维》书作者又引用汉文史籍两《唐书》的《回鹘(纥)传》(引用中有误)中说"回纥,其先匈奴之裔"一类的记载,以证匈奴是维吾尔人的祖先。然而,在《魏书》、《北史》的《高车传》中,又明言,高车与匈奴有别,其先为匈奴的外甥等。高车即后之铁勒,回纥(袁纥、韦纥)即高车、铁勒之一部。对于汉文史籍这种矛盾的记载,中国史家几乎无人相信前一种关于铁勒(包括回纥)源于匈奴的记载。如果两者同源,那么高车、铁勒的前身丁零就不会在汉文史籍中作为与匈奴对立的民族出现。它们之间有密切的关系,但是两个不同源的古代民族。突厥与铁勒一样,都是操突厥语的古代民族,同样以狼为图腾。即便如此,两者仍然是有区别的两个不同的古代民族,两者都是在铁勒这一共名之下,以后逐渐形成的操突厥语的不同民族。

作者还用文献及考古资料证明:属战国时期的阿尔泰巴泽雷克出土的古尸(作者认为是匈奴人或突厥人),汉代匈奴休屠王子金日磾,6

〔1〕李雍:《维吾尔民族英雄史诗的二元化起源》,载《新疆大学学报》1989年第4期。
〔2〕田广金等:《内蒙古阿鲁柴登发现的匈奴遗物》,载《考古》1980年第4期。

世纪被西方史籍称为"白匈奴"的哒，陕西客省庄出土的匈奴牌饰上角力的人像，吐鲁番出土的沮渠封戴墓中的 4 尊泥俑，还有上述的楼兰女尸等，均具有高鼻、身材高大、白皮肤等特征，因而匈奴与突厥人种是相同的。巴泽雷克墓古尸是否是匈奴人或突厥人，根本无法确定。当时，匈奴是否已统治该地？如统治该地，古尸是匈奴贵族，还是当地土著贵族？均弄不清楚，至今没有结论。沮渠封戴并非匈奴人，而是杂有匈奴的杂胡——卢水胡人，沮渠封戴墓出土的 4 个泥俑，又非封戴本人，如何能断其为匈奴人？顺便说一句，《维》书作者说沮渠蒙逊封沮渠封戴为高昌太守，误。此时蒙逊早已死去，北凉也亡于北魏。此乃北凉残余势力沮渠无讳和安周在高昌重建的北凉小政权，封戴之为高昌太守，乃无讳或安周所敕封。[1] 而被称为"白匈奴"的哒，与匈奴更是没有什么关系，因为他们皮肤白，故希腊史家称之为"白匈奴"；反过来说，匈奴的皮肤并不一定是白色的。

总之，用这种支离破碎、似是而非的材料，来证明匈奴与回纥（维吾尔）人种相同是不能成立的。匈奴统治蒙古草原等地的时间很长，国内居民的人种也很复杂。最近中国考古研究所乌恩将国内外所有出土的匈奴人种的材料加以分析研究，得出的结论就是如此。[2] 如果只抓住个别匈奴人种类型来立论，显然是不能成立的。退一步说，即便是匈奴与尔后之铁勒、回纥同属一个人种，也不能单以此来证明回纥（维吾尔）是源于匈奴的。因为民族是一个历史范畴，而不是一个种族范畴，两者是有区别的，因此，人类学的资料只能作为一个确定因素，而不能将它提高到决定性的高度。

关于匈奴的语言系属问题，中外学者过去研究甚多，目前还没有定论，主要有属阿尔泰语系的突厥语族或蒙古语族，以及突厥、蒙古语族混合等意见。近来，倾向于属突厥语族的学者较多。[3]《维》书作者

---

〔1〕参见拙作《试论吐鲁番阿斯塔那且渠封戴墓出土文物》，载《考古与文物》1980 年创刊号。

〔2〕乌恩：《论匈奴考古研究中的几个问题》，载《考古学报》1990 年第 4 期。

〔3〕参见亦邻真：《中国北方民族与蒙古族源》，载中国蒙古史学会编印：《中国蒙古史学会成立大会纪念集刊》，1979。

是主张匈奴属突厥语族的民族,他甚至说,匈奴早在公元前几世纪就已采用了叶尼塞—鄂尔浑文字(古突厥文字),根据是匈奴单于给汉朝皇帝的书信,以及苏联在伊塞克湖畔发现一位公元前5世纪突厥王子的墓葬,出土的一枚银碗上所刻的叶尼塞—鄂尔浑文字。[1] 我们未查到苏联有关的发掘报告,但是,可以肯定地说,如果公元前5世纪就出现了公元7世纪在蒙古鄂尔浑河畔发现的突厥文碑上的古突厥文字,那一定是世界上突厥学界为之震惊的大事。然而,至今我们还未见到突厥学界有对此事的反应,说明这一事实是大有疑问的。匈奴单于给汉朝皇帝的书信,只有汉文,到底匈奴是否已有文字,仍然是匈奴史家们未曾解决的问题。[2] 即便匈奴主要是操突厥语的民族,也不能证明它与维吾尔族同源,或是其祖先,因为当时除匈奴外,还有操突厥语的丁零、乌揭、坚昆及中亚某些民族。既然作者认为丁零、乌揭系东维吾尔人,曾经统治过丁零的匈奴又是什么人呢?

　　至于《维》书作者用今天裕固族(撒里维吾尔)音乐曲调与匈牙利相似,证明匈奴与维吾尔同源,也是不能成立的。匈奴经过西域、中亚而迁至欧洲,途中已与各地民族(包括操突厥语的民族)相互影响、相互融合,留传至今的匈牙利音乐曲调可能遗留有蒙古草原民族和中亚操突厥语的民族的曲调。而裕固族的一部分原是蒙古草原回鹘西迁的一部分,其音乐曲调与匈牙利的有某种相似之处,并不奇怪。不能以此来断定匈奴与维吾尔同源,或匈奴是维吾尔的祖先。关于且末的岩画,其时代绝不会早到8000年前,游牧民族的岩画有其共同的特征,这里的岩画原属于何族所镌刻,它与蒙古、阿尔泰岩画有什么关系等一系列问题,还没有弄清楚。《维》书作者却以此来证明:"维吾尔人和古时候生活在南西伯利亚原野、色楞格河、鄂尔浑河、克鲁伦河流域、鄂尔多斯草原、阴山、阿尔泰山和中亚各地的人民(土拉人、匈奴人、塞人、突厥人)在种族方面是同一个。"[3] 这种从中亚(广义的)游牧民族岩

---

〔1〕见该书第53页。
〔2〕参见林幹:《匈奴通史》,中华书局1986年版,第166－167页。
〔3〕见该书第102页。

143

画的共同特征,而推断中亚古代各族为同一人种,拥有一种共同的民族文化,是否将中亚各民族的历史简单化了?

总之,《维》书作者所断言的匈奴是维吾尔族最早的祖先,或两者同出一源等,是不能成立的。但是,匈奴族曾统治过西域,并且1世纪北匈奴西迁经过今新疆地区,留下了大批羸弱,"众可二十余万"。5世纪时曾在今新疆西北建"悦般"政权,后不见于记载。[1] 据有的学者推测,可能亡于哒。[2] 以上这些先后留居于今新疆等地的匈奴族与当地土著居民长期相处,并逐渐融入当地土著民族之内。而这些土著民族尔后又成为维吾尔的主要族源之一。从这个意义上讲,匈奴的一部分也是维吾尔族间接的、次要的族源之一。

11.2.2 塞种人是否与维吾尔族同源,或是其祖先的问题

古希腊罗马史家的记载和考古资料证明,早在公元前2000年至前1000年(相当于青铜时代),生活在中亚广大地区的是被称为塞种的民族(或作斯基泰、西徐亚、塞克、萨迦人等)。如公元前7世纪波斯帝国阿黑门尼德王朝大流士一世所刻之著名的"贝希斯敦铭文"中,就提到3个塞种人集团。[3] 近代以来,在苏联中亚地区也发掘了许多塞种人的墓葬,使人们对塞种人及其文化有了一定的了解。塞种人分布极广,其东已达我国新疆地区。我国考古工作者根据汉文史籍(如《汉书》中的《西域传》、《张骞李广利传》等)和天山阿拉沟、伊犁昭苏、尼勒克奴拉赛山古代铜矿遗址、塔吉克香巴拜墓葬、罗布泊地区遗址等的发掘,认为这些遗址是古代塞种人居住的地区。[4]

关于塞种人的语言系属及人种,目前中外学者已有较为一致的结论,即塞种人多系操属印欧语系的东伊朗语支的东伊朗人种(或称吐兰或伊兰)。然而,《维》书作者却断言塞种人是维吾尔族的祖先,或他

[1]《魏书》卷102《西域传·悦般国》。
[2] 参见松田寿男:《古代天山历史地理学研究》,早稻田大学出版部1970年版,第216页。
[3] 铭文中译文见《世界通史资料选辑》上古部分,商务印书馆1974年版,第189页。
[4] 王炳华:《古代新疆塞人历史钩沉》,王明哲:《伊犁河流域塞人文化初探》,均载《新疆社会科学》1985年第1期。

们与维吾尔是同族的。其主要根据是"伊朗和突厥传说中所说的阿甫剌昔牙卜（又译作额弗莱夏）是公元前 7 世纪我们的著名的、英雄的祖先之一"，他是塞种人著名的可汗。[1] 阿甫剌昔牙卜是古伊朗传说中的人物，在拜火教圣书《阿吠斯塔》及波斯诗人菲尔多西的《王书》（又译作《帝王纪》）中，均有记载。前者记阿甫剌昔牙卜出生在伊朗传说中人类始祖依马的第三代后裔弗里东的二子突拉氏族之中，突拉即后被认为是吐兰人的祖先，因为突拉反叛，故与伊朗结下世仇，不断争战。此后，阿甫剌昔牙卜（突拉后代）就统率全体吐兰人为始祖突拉复仇，进攻出自于自己兄弟的伊朗人。可见，尔后突厥各族的传说英雄史诗式的人物阿甫剌昔牙卜真正史源来自《阿吠斯塔》，经过了突厥各族人的一番根本的再创造过程，而这一过程与中亚各族在 6 世纪后逐渐突厥化的进程是一致的。正如苏联学者所指出的："额弗莱夏（阿甫剌昔牙卜）从古伊朗神话与史诗中被否定的英雄人物，飘逸演变为突厥人英雄史诗中的备受赞颂的著名英雄人物，反映了古代游牧的伊朗人（稍后则为突厥人）部落对定居的伊朗农耕公社反复进行征战的真实历史。"[2] 因此，到 11—13 世纪，突厥各族著名学者所撰写的著作中的英雄人物阿甫剌昔牙卜，就成了突厥人的祖先，人们对于他的死表示深切的悲痛和哀悼。这就是《维》书作者所引用的马赫穆德·喀什噶里著《突厥语词典》（成书于 11 世纪 70 年代）中，关于哀悼阿甫剌昔牙卜的歌谣的由来。

《维》书作者甚至认为伊朗和突厥传说中的英雄人物阿甫剌昔牙卜真有其人，并将古罗马史家希罗多德名著《历史》一书中所记之马萨该塔人（塞种人之一）反抗伊朗阿赫门尼德王朝居鲁士的著名女王托米丽司，说成是阿甫剌昔牙卜的曾孙女，把塞种人之一的马萨该塔人说成是维吾尔人的祖先和同胞，还说塞种人后来伊朗化了。这些对传说中关于阿甫剌昔牙卜这一英雄人物的任意发挥和比定，是毫无价值

---

〔1〕见该书第 58 页。
〔2〕李雍:《维吾尔民族英雄史诗的二元化起源》，载《新疆大学学报》1989 年第 4 期。

的。它只能说明,作者在此又犯了上述歪曲和任意发挥英雄史诗《乌古斯可汗的传说》的错误。事实上,早在作者之前 700 年,波斯史家志费尼所撰之巨著《世界征服者史》中就指出,当时有人认为阿甫剌昔牙卜就是维吾尔族传说的祖先卜可汗(关于卜可汗传说见后),或说他是喀喇汗王朝王室的祖先。[1]这些比定,都是不真实的。

为了证明塞种人与维吾尔族同族,《维》书作者还引用了汉文编年史《资治通鉴》卷 211 唐开元二年(714 年)所记:东突厥可汗默啜遣其子"同俄特勒(勤)"等攻围唐北庭,后被杀,"突厥请悉军中资粮以赎同俄,闻其已死,恸哭而去"。就因为此"同俄特勤"与突厥传说的英雄人物阿甫剌昔牙卜(作者认为即"阿勒甫艾尔统阿")的名字相近,《维》书作者甚至说:"突厥人自那时起每年到同俄特勤死那一天都要举行纪念仪式。这说明突厥人通过纪念用其最古的祖先阿勒甫艾尔统阿的名字命名的同俄特勤来纪念阿勒甫艾尔统阿。"[2]这显然是作者牵强附会之词,任何史籍或传说均未记突厥人每年举行仪式纪念同俄特勤事,这是作者的编造。

《维》书作者还试图用塞种人的宗教信仰和风俗习惯与匈奴、突厥人相同为由,认为他们都是突厥人,都是维吾尔族的祖先或同族。从希腊、罗马史家记载及中国史籍的记述来看,塞种、匈奴、突厥各族都是以游牧为生的民族。从远古时代起,中亚草原与蒙古草原之间的各游牧民族就存在着文化的交流,以及风俗习惯上的共同性(因为都是游牧民族)。这些民族在无力与自然斗争的情况下,都有崇拜日、月、山、川,信仰巫术,杀敌人头颅为饮器等信仰。这就是今天学者们所谓的"原始萨满教"。不仅匈奴、塞种和突厥各族,就是属蒙古语族的古代鲜卑、乌丸、柔然等族也是如此。至于骑马射箭、衣皮食肉、父亡妻后母、兄死娶寡嫂等风俗,也是一般游牧民族的习俗。属蒙古语族的鲜卑、柔然及汉藏族系的羌族均是如此。因而,以此来证明塞种与匈奴、

---

〔1〕何高济中译本,内蒙古人民出版社 1980 年版,第 62、417 页等。
〔2〕见该书第 102 页。

突厥(包括维吾尔)同源,塞人也是维吾尔祖先,亦是难以让人接受的。

《维》书作者甚至还说:"正如维吾尔人的一部卫拉特部在蒙古利亚居住时蒙古化了一样,塞种人的一部分也伊朗化了。"[1]在这里,作者将蒙古族的一部卫拉特部(西蒙古),说成是原为"维吾尔人的一部",也许是根据波斯史家拉施特的大著《史集》中,称蒙古卫拉特部(斡亦刺惕部)为"现今称为蒙古的突厥部落"吧。[2]须知拉施特所谓的"突厥"一词,并非民族学和语言学的用语,而是一种社会习惯用语,即"游牧人"的意思。因此,拉施特的用语,不能用作确定某一部落起源的根据。[3]根据中外学者们的意见,事实恰恰相反,不是塞种人一部分后来伊朗化了,而是原属东伊朗部族的塞种人后来大部分突厥化了。

自然,与匈奴一样,在840年回鹘西迁之前,今新疆的土著民族中含有塞种人的成分,也是可以肯定的。即是说,古代塞种人有迁入(或原居)于今新疆地区的一部分,在长期的历史发展过程中,融入了当地的土著民族之中,最后又随土著民族一起构成了维吾尔族。从这个意义上讲,塞种人也是维吾尔族间接的、次要的族源之一。

11.2.3 《维吾尔人》一书关于族源问题错误的症结及根源

在对《维》书关于维吾尔族族源问题中的两个主要问题辨析清楚之后,我们就基本划清了匈奴、塞种与维吾尔的界限,明确了它们之间的关系。《维》书作者不仅将不属于或未有定论的操突厥语族的古代民族——匈奴和塞种,说成是维吾尔族的祖先或同族,而且还将古代所有操突厥语的民族,说成是维吾尔族的祖先或族源。因而,作者把广义的中亚作为维吾尔族的故乡。这就是《维》书关于维吾尔族族源问题错误的症结所在。事实上,维吾尔族只是从古代中亚(广义的)操突厥语的各族之中的一部分,后又融合了其他民族(主要是新疆土著民族)之后,才逐渐形成的。因而,那种将维吾尔族族源无限地扩大,将

---

〔1〕见该书第58页。

〔2〕拉施特:《史集》,中译本,商务印书馆1983年版,第126-127页。

〔3〕拉施特:《史集》,中译本,第92页俄文原本注释。

·欧·亚·历·史·文·化·文·库·

凡是中亚古代操突厥语或后来突厥化的民族,统统称为维吾尔人,视之为维吾尔人的祖先或同族的看法,是非科学的。中亚古代操突厥语的民族、部落甚多,在漫长的历史发展过程中,形成了今天从欧洲东南部至亚洲广大地区大约 30 个不同的操突厥语的民族,人口约 8000 万。[1] 而维吾尔族仅是这约 30 个民族中的一个。难道这约 30 个操突厥语的民族都由古代维吾尔人发展而来,都同出一源? 显然,这是荒谬的。

《维》书作者上述的错误观点有其深远的根源。早在 10 至 14 世纪时,中亚地区由于操突厥语各族的迁徙和强大,先后建立了一些政权,中亚(包括塔里木盆地)一带非突厥语族的各族也程度不同地进行着突厥化、伊斯兰化的过程。在这一时期,出现了一批用古回鹘文、波斯文、阿拉伯文撰写的巨著,如上述的《突厥语大词典》、《世界境域志》、《福乐智慧》、《世界征服者史》、《史集》等。这些著作具有极高的学术价值和文学价值,是我国历史上和中亚人民历史上宝贵的精神财富。然而,由于受当时历史条件的限制,书中仍然有一些非科学的内容,如上述《史集》以伊斯兰教精神来说明整个人类的起源,关于"突厥"的含义的阐释,及将一些属蒙古、汉藏语系的民族划入突厥等等。这一切,正如苏联学者伊·普·彼特鲁舍夫斯基《拉施特及其历史著作》一文所说:"拉施特及当时其他作者书中的一些含混不清的用语,被外国的种族主义伪学者利用来建立一套大国主义的泛突厥主义'理论'。"[2]现今出版的《维吾尔人》一书的整个倾向及其错误根源,也就不难理解了。此书所表现出的分裂倾向,其危害性是非常明显的。他所说的上述种种观点,我想全国各族人民,特别是新疆各族人民是记忆犹新和不能接受的。

我们不同意《维》书作者关于维吾尔族族源的观点,指出其错误的根源,并非否定我们的兄弟民族维吾尔族是一个历史悠久、具有自己

〔1〕见魏萃一:《突厥语族语言的分布及我国诸突厥语的特点》,载中国突厥语研究会编辑组编:《中国突厥语族语言概况》,1983 年,内部刊行。

〔2〕载拉施特:《史集》,中译本,第 29 页。

优秀文化传统的民族,也无意贬低它在历史上开发和建设祖国边疆的功绩。在我国多民族的大家庭中,每一个民族的起源和历史都是不同的。想尽量将自己民族的历史往前推算,将其他古代民族纳入本民族历史之中,这种主观愿望是可以理解的。但是,历史的事实是客观的存在,不是由人们的主观愿望就能改写的。至于那种企图用歪曲和伪造历史的办法,来达到某种政治目的的人,其行径则应得到无情的揭露和批判。

11.2.4 维吾尔族的主要族源问题

在论述维吾尔族族源问题之前,有必要先澄清两个问题。

第一,民族(广义的民族)是一个历史范畴,其族源是指它在形成前主要由哪一个或几个民族、部落或氏族解体后而形成。因此,并不需要从主要的族源又漫无边际地一直追根溯源,如果这样一直追溯下去,那么世界上所有民族都会追溯到一个共同的族源,那就是变成真人的猿人,这是毫无意义的。何况一个民族(特别是近现代民族),本身在古代就已经成为一个民族,有它的历史和文化,有它自己形成的主要族源。如果这一主要族源的主要部分或全部最后再融合一些民族形成近现代民族,那么,这一主要族源的历史,也就构成了近现代这一民族的古代历史(在定居农业的民族中经常存在这种情况)。如果这一主要族源只有一部分形成另一个近现代民族,则它的历史就不应被当做这一近现代民族的历史,而只能看成它主要的族源(在游牧民族中经常存在这种情况)。近代以来,学者们在研究某一民族的族源时,往往要从这个民族所在地区考古发掘最早的资料,即旧、新石器时代追溯起。这对于一直居住在该地区的农业民族,以后又以之为主形成近现代民族的情况来说,是非常必要的,因为两者在族的起源上有必然的联系和一致性。然而,在中亚,包括新疆地区,由于民族迁徙的频繁和民族间融合的复杂,以至于近现代中亚各族"没有一个是直接来自任何一个古代民族的。相反地,无论古代本地民族或外来的民族,通常在不同的比例上都变成中亚细亚某些民族的成员,有时变成了中亚细亚所有民族的成员,而局部地也成了中亚细亚范围以外各民族的

·欧·亚·历·史·文·化·文·库·

一部分"(上引斯·普·托尔斯托夫语)。因此,仅从中亚旧、新石器时代的当地土著,来找寻近现代中亚民族的族源,往往是行不通的。

第二,辨识民族的族源,是带有综合性的研究工作,除历史文献外,还要借助于语言学、人类学、考古学和民族学等学科的手段。但是,语言、人种、考古资料和民俗等某一方面相同,不能作为辨识族源的唯一的、有决定性的标准。同操突厥语的民族,并不一定就是一个民族,其族源也并不一定相同;同一人种,可以发展为好几个民族,其族源也不一定相同。国家与民族、民族族源与民族形成等,这些既有密切关系,又各有不同含义的概念,应严格分别清楚;否则辨识族源的工作就会走入歧途。

关于维吾尔族的族源问题,事实上我国学术界早已有了比较一致的看法,即维吾尔族的主要族源有两个:一是中国汉文史籍所载之回纥(回鹘);一是840年回鹘西迁前居住于塔里木盆地周围的土著民族(或称为农业民族),因为塔里木盆地周围的这些古代居民最终大部分融合于维吾尔民族之中。近现代的维吾尔族就是这两个主要的族源,经过长期的历史发展,逐渐融合、发展而形成的。

维吾尔族关于其祖先卜可汗的传说,也可证明维吾尔主要来源于蒙古草原的色楞格河(仙娥河)、鄂尔浑河一带。卜可汗的传说见于突厥文的"毗伽可汗碑"、志费尼的"世界征服者史"、拉施特的《史集》、"高昌王世勋碑"、《高昌偰氏家传》等。这一传说与袁纥原居地相吻合,说明维吾尔族最早应源于今蒙古草原色楞格河、鄂尔浑河一带的"袁纥"。然而,令人奇怪的是,《维》书作者对卜可汗的传说却有意回避,只字不提。

还有的研究者认为,回纥包括了丁零、铁勒的一些部落,它们应是维吾尔族的主要族源。回纥最早应是高车、铁勒这些操突厥语各族之下的一个部落,此乃源,而非流。只是到此以后,回纥才慢慢强大,与属铁勒的仆骨、同罗、拔野古、覆罗(副伏罗)等组成了部落联盟,曾在突厥的统治之下。到744年,以回纥为首的部落联盟在蒙古草原建立了回纥汗国。至此,回纥内部组成基本定型,有所谓"内九姓"、"外九族"、"九姓乌古斯"、"十姓回鹘"之称。[1] 回纥汗国的建立,标志着古代回纥民族的形成。但是,国家与民族是有区别的。前者是国家概念,国家统治下的民族除回纥外,还有其他民族的部落;后者才是以回纥为主逐渐融合其他铁勒部而形成的一个民族。回纥所融合的其他铁勒部也仅是一部分,而非全部或大部。

古代的回纥族并不等于就是今天的维吾尔族,而仅是维吾尔族的主要族源。840 年回鹘汗国灭亡后,回鹘分散西迁或南徙,有的融入属蒙古语族的民族之中,有一部分迁入今中亚,分别融入今中亚各族之中,另有一部分迁入今新疆地区,构成了尔后维吾尔族的主要部分,其族名 Uyghur 也就沿用了过去回纥(Uyghur)的名称。由此看来,古代的回纥族并非全部或大部尔后成为维吾尔族。这就是不将古代回纥族与后来的维吾尔族等同起来的根本原因之一。

维吾尔族第二个主要族源是塔里木盆地周围的土著民族。这些土著民族并非如《维》书所说,是什么西土拉人(西维吾尔人)。从目前考古发掘资料看,今新疆地区在 8000 年前就有人类居住,属新石器时代文化遗址。然而,因无古人类学方面的资料,目前还不能说明新石器时代居民属于何种类型。但是在新疆发现了一些公元前 3000—2000年的铜石、青铜时代古人类学的资料。据我国人类学家对这一时期人骨的研究,原始形态的欧洲人种类型已分布在罗布泊地区,至汉代,楼兰的主要居民是长颅型印度—阿富汗类型,与帕米尔的古代塞种人属于相同的人种学类型。公元前几世纪在伊犁河流域主要是乌孙和塞种人,人种多属欧洲人种帕米尔—费尔干纳类型。[2] 当时,新疆(西域)有所谓的"三十六国",其人种与民族十分复杂。此后,历经汉、魏晋南北朝、隋唐,其间氐、羌、大月氏、乌孙、匈奴、汉、高车、粟特、印度、吐谷浑、哒、吐蕃、回纥等先后入居新疆地区,与当地原有土著民族融合,形成了回鹘西迁前新疆土著民族更为复杂的局面。这从目前发现

---

〔1〕见《唐会要》卷 98;哈密顿:《九姓乌古斯和十姓回鹘考》,耿昇中译文载《敦煌学辑刊》总第 4 期。

〔2〕韩康信:《新疆孔雀河古墓沟墓地人骨研究》,载《考古学报》1986 年第 8 期。

·欧·亚·历·史·文·化·文·库·

的古代流行于新疆地区(特别是天山以南地区)的各种古文字(如佉卢文、于阗塞语、梵文、藏文、汉文、甲乙种吐火罗语等)文书、契约、典籍(包括宗教典籍)等可以反映出来。这些土著民族的大部分后来与西迁回鹘同化、融合,经过长期的历史发展过程,最终形成今天的维吾尔族。

维吾尔族主要的两个族源既然已经找到,那么对于前面提出的维吾尔族的起源时间和地点,也就可以作出较为明确的回答。根据维吾尔族的两个主要族源,维吾尔族的故乡(起源地)一个在蒙古草原,一个就是今新疆地区。然而,近现代维吾尔族真正以 Uyghur 为名出现于历史文献记载的源头,乃是 5 世纪活动于蒙古草原操突厥语的高车诸部之一的"袁纥"部落。

(原载于《西域研究》1991 年第 2 期)

12　新疆近代以维吾尔族为主的民族分布格局的形成和发展

12.1　新疆近代维吾尔族的形成和发展

　　840 年漠北回鹘汗国灭亡,回鹘部众西迁,逐渐形成了高昌回鹘王国、于阗、喀喇汗王朝等政权。回鹘族,包括一些操突厥语的民族逐渐与当地的土著民族相互融合。此后,新疆地区先后处于元朝、东察合台汗国、叶尔羌汗国的统治之下,该地区各民族经历了重新整合的过程。东察合台汗国,特别是在汗国黑的儿火者汗(1389—1399 年在位)执政时,兼并了吐鲁番地区;15 世纪中叶又从明朝手中夺取哈密地区,使新疆天山以南(包括哈密)的广大地区成为各族逐渐融合的共同地域,即成为近代维吾尔族形成的重要条件之一。

　　回鹘在西迁前,曾使用过古突厥鲁尼文字,其语言属阿尔泰语系突厥语族。到 11—13 世纪,天山以南长期在高昌回鹘王国和喀喇汗王朝的统治之下,由于这两个王朝突厥人无论在政治上或人数上都占优势,故突厥语逐渐成为天山南北各地通行的语言。喀喇汗王朝在征服于阗后,原于阗居民所操之于阗塞语及其他民族所操之粟特语等,也逐渐为突厥语所替代,而其文字也渐为以阿拉伯字母书写的回鹘文所替代。到东察合台汗国时期,突厥语进一步发展,有统一的趋势,而书面文字则还未统一,通行多种文字。如哈密、吐鲁番的畏兀儿人通用古回鹘文(以粟特文字母拼写的回鹘文);吐鲁番以西南疆操突厥语各族则使用波斯文、阿拉伯文和察合台文。所谓"察合台文",是以阿拉伯字母为基础的喀喇汗文演变而来,流行于塔里木盆地中部、西部蒙古后裔统治的地域内。直到 16 世纪中后期,叶尔羌汗国相继统一吐鲁

·欧·亚·历·史·文·化·文·库·

番、哈密之后,上述察合台文和古回鹘文两种主要的文字才逐渐统一为以阿拉伯字母为基础的察合台文(亦称老维吾尔文)。因此,作为近代维吾尔族形成的条件之一,共同的语言文字也基本上确立。

新疆天山以南各绿洲,早在 1000 多年前,同处于丝绸之路南道、中道之中,相互之间经济联系十分紧密。各绿洲城郭国的经济类型及封建生产关系也大致相同,在长期的统一过程中,逐渐趋于一致,即具有了共同性。特别是在东察合台汗国、叶尔羌汗国统治南疆的时期,共同经济生活的形成,统一货币的流通,中心市场的建立,封建生产关系的巩固与发展,使近代维吾尔族共同的社会经济也基本形成,成为维系近代维吾尔族的基础。

然而,近代维吾尔族形成最重要的条件,仍是其共同的、相对稳定的宗教文化,及由此而产生的共同心理状态,也就是本民族的认同。当然,近代维吾尔族的共同文化、共同心理状态和认同感,也是建立在上述共同地域、共同语言文字和共同经济生活的基础之上的;但是,如果没有共同的文化、心理状态和认同,近代维吾尔族是难以最终形成的。如前所述,10 世纪至 11 世纪皈依伊斯兰教的喀喇汗王朝征服于阗,新疆天山以南各族即开始了伊斯兰化的过程。此后,在西辽、元朝统治新疆地区时,统治者采取了各种宗教兼容的政策,伊斯兰教也得以进一步发展。据 1271 年沿南疆东行的意大利人马可波罗的记述,当时喀什噶尔、叶尔羌、莎车、和田、且末(车尔臣)、鄯善(罗布镇)的居民信奉伊斯兰教,仅喀什噶尔、叶尔羌、莎车部分居民信奉聂斯托利派基督教(景教);库车等地居民则有信奉佛教、伊斯兰教及基督教者;哈密居民仍信奉佛教。[1] 到东察合台汗国时,首先是汗国的奠基者秃黑鲁·帖木儿汗第一个皈依伊斯兰教。据说在 1353—1354 年间,他使 16 万蒙古人集体皈依伊斯兰教。[2] 1388 年,黑的儿火者被扶上东察合台汗王位后,支持喀什丁和卓到库车传教,改佛寺为清真寺。1392—1393 年,

---

〔1〕见冯承钧译,党宝海新注:《马可波罗行记》,河北人民出版社 1999 年版,第 156—203 页。

〔2〕米儿咱·马黑麻·海答儿著,新疆社会科学院民族研究所译:《中亚蒙兀儿史——拉失德史》第 1 编,新疆人民出版社 1988 年版,第 165 页。

黑的儿火者以伊斯兰教"圣战"的名义,用武力兼并吐鲁番地区,强迫当地居民改信伊斯兰教。直到16世纪中叶后,伊斯兰教才基本上成为吐鲁番及哈密地区居民主要信奉之宗教。

伊斯兰教及其文化在南疆的传播和居民的普遍信仰,对南疆维吾尔族原以佛教为主的文化产生了广泛而深刻的影响。它不仅逐渐摧毁了许多地区以佛教为主的文化根基,而且在语言文字、历史传说、文学艺术、风俗习惯、心理特征等各方面,使之发生了变革。这一变革即是伊斯兰文化与当地民族原有的一些文化特质相融合后,形成的一种新的以伊斯兰文化为主要特征的统一的新文化。这就是近代维吾尔族的文化。正是在这一统一的新的伊斯兰文化的基础上,形成了近代维吾尔族的共同心理和认同,即是说近代维吾尔族正式形成。

16世纪中叶近代维吾尔族形成后,基本上处于叶尔羌汗国的统治之下,而作为汗国统治者的蒙古宗王后裔及蒙古部众也逐渐融入到近代维吾尔族之中。到1609—1610年叶尔羌汗国马黑麻汗去世后,其子阿黑麻汗继立,家族内乱,汗权衰落,而伊斯兰和卓家族[1]势力进一步发展,形成白山与黑山两派,争斗不已。1680年,叶尔羌汗国终为兴起于天山以北的卫拉特准噶尔汗国噶尔丹所灭。

噶尔丹灭叶尔羌汗国后,扶植汗廷成员阿卜都·里什特为汗王,作为代理人,对南疆维吾尔族横征暴敛,并强迫当地农民迁徙至伊犁地区屯垦,称为"塔哩雅沁"(又译作"塔兰奇",意为"种地人")。据日本学者佐口透的统计,当时在伊犁屯垦的维吾尔族农奴(塔兰奇)约有数千户,达数万人。[2] 这是天山以南维吾尔族大量向伊犁一带移居的开始。

到18世纪中叶,清朝统一新疆,灭准噶尔汗国及平定南疆大小和卓之乱时,在伊犁屯垦的塔兰奇又大部分逃回南疆。到1760年至

---

〔1〕"和卓家族",指伊斯兰教创立者穆罕默德的女儿法蒂玛与阿里所生的子孙后代,与赛亦德(Sayyid)含义相同。在中亚,最有影响的和卓家族为苏非派的玛哈图木·阿杂木,其后裔先后进入今新疆,势力逐渐强大。

〔2〕佐口透著,章莹译:《新疆民族史研究》,新疆人民出版社1993年版,第220－229页。

1765 年(清乾隆二十五年至三十年),清朝沿过去准噶尔汗国的旧例又多次迁徙南疆维吾尔族农民至伊犁屯垦,仍称"塔兰奇",共 11 批,6383 户。[1] 到乾隆末年,据《钦定西域图志》卷33《屯政·附户口》载,伊犁的"回户"(清代称维吾尔族为"回部"、"缠回",此即指维吾尔族)达 6406 户,20356 口。即是说,天山以南的维吾尔族已有数万人移居到天山以北伊犁一带,改变了维吾尔族过去主要聚居于南疆的分布格局。

由于清初的恢复和发展,新疆经济进入了一个新的开发时期。其重要标志是南疆维吾尔族人口和新开辟之农田面积成倍增长,城镇、回庄之间网络格局形成,从而带来了工商业的发展。1782 年(乾隆四十七年)前,新疆维吾尔族人口(包括伊犁回屯人口)约有 66871 户,262078 口[2],到 1828 年(道光八年)清平定南疆张格尔之乱后,新疆维吾尔族人口大约增至 65 万口[3]。1884 年(光绪十年)新疆建省后,经济得以全面复苏与发展,维吾尔族人口又有大幅度的增长。1887 年(光绪十三年)刘锦棠曾饬造新疆全省户口清册,各类人口分项数字载入光绪《大清会典》卷17《户部》中,其中仅镇迪、阿克苏、喀什噶尔三道的"缠回"(维吾尔族)人口就达 240618 户,1132251 口,约为道光时全疆维吾尔族人口的两倍。1892 年(光绪十八年)陶模任甘肃新疆巡抚后,正式提出"就地另行招垦"的政策,特别是招垦南疆地少、贫苦的维吾尔族农民到北疆或其他人口稀少、荒地多的地区落户,如此则"逃亡亏本各弊不禁自绝,富庶亦可渐臻"。[4] 于是,南疆维吾尔族人口继续向北疆流动就有了官方的允许和支持,这种人口流动更为频繁,除北疆各地之外,南疆东部塔里木河下游一带也有了较多的维吾尔族移民。这一举措的意义不仅在于改变新疆农业发展的布局,而且逐渐使原聚居于南疆的维吾尔族又大批迁入北疆各地,几乎遍于全疆。

---

〔1〕见王希隆:《清代西北屯田研究》,兰州大学出版社 1990 年版,第 209—210 页。

〔2〕据《钦定西域图志》卷33《屯政·附户口》的记载统计。

〔3〕据苗普生《清代维吾尔族人口考述》(载《新疆历史研究》1988 年第 1 期)一文推测,道光初维吾尔族人口约 65 万,内包括伊犁回户。

〔4〕《陶勤肃公奏议》卷3,全国图书馆文献缩微复制中心,1987 年版,第 10—11 页。

清末,新疆维吾尔族人口已达 1575090 口。[1] 民国时期,新疆维吾尔族人口增长很快,而且分布益广。据统计,1942 年新疆总人口约 3730051 口[2],其中维吾尔族人口已突破 200 万。特别是在 1935 年盛世才主政新疆时召开的民众大会上,正式确定新疆各民族的名称,其中正式以"维吾尔族"为族名,废除清代"缠回"、"缠头"的旧名,此名遂沿用至今。会上,还确定了"塔兰奇"族,此应是维吾尔族迁入北疆的一部分,到 1949 年后才取消此名,将塔兰奇归入维吾尔族中。

12.2　西蒙古卫拉特诸部与近代新疆蒙古族

13 世纪初,蒙古族兴起于漠北,其中有一支游牧于今蒙古色楞格河北一带的"林木中百姓",内有名"斡亦剌惕部",此即后西蒙古卫拉特诸部的前身。由于斡亦剌惕部与蒙古其他部激烈斗争,前者向西北迁徙,游牧于今叶尼塞河上源的锡什锡得河一带。[3] 1368 年元朝灭亡,蒙古族大部退回漠北后,卫拉特诸部开始勃兴,并与东部蒙古诸部分庭抗礼。明代文献称卫拉特诸部为"瓦剌"[4],而称东部蒙古诸部为"鞑靼"。15 世纪 20 至 40 年代,瓦剌托欢、也先父子相继在位时,势力强大,曾统一漠北,威服东蒙古诸部,击败明朝;在西北,瓦剌也先一度控制了明所设的哈密卫(今新疆哈密),并多次进攻东察合台汗国(明代文献又称为别失八里、亦力把里,中亚文献称为蒙兀儿斯坦),取得胜利。

1454 年也先死后,瓦剌势力渐衰,多次为复兴之东蒙古及漠南诸部所攻掠。到 15 世纪 70 年代,卫拉特(瓦剌)诸部被迫再向西迁徙,至今额尔齐斯河和鄂毕河中上游、叶尼塞河上游一带游牧,其南边已达

---

〔1〕见苗普生:《清代维吾尔族人口考述》。

〔2〕周东郊遗稿:《盛世才在新疆的统治》,载《新疆文史资料选辑》第 6 辑,新疆人民出版社 1980 年版。

〔3〕《卫拉特蒙古简史》编写组:《卫拉特蒙古简史》上册,新疆人民出版社 1992 年版,第 8 页。

〔4〕斡亦剌惕、瓦剌、卫拉特及清代所记之厄鲁特,均是不同历史时期对"Oyirad"一词的音译和异译。

·欧·亚·历·史·文·化·文·库·

今新疆天山以北地区。此时,卫拉特蒙古主要分为 4 个大部落,即准噶尔、土尔扈特、和硕特和杜尔伯特。

西迁后,由于人口和牲畜增加,牧场紧张,以及沙皇俄国势力南下等原因,卫拉特中的土尔扈特部和鄂尔勒克率本部及和硕特、杜尔伯特部一部分,于 1628—1630 年向西越过哈萨克草原,迁徙到额济勒河(今伏尔加河)下游一带驻牧,俄国文献称之为"卡尔梅克"人(Калмыки)。1636 年,和硕特部固始汗又率部迁徙到青海一带驻牧。这样,卫拉特原居地仅余下准噶尔部及附于它的杜尔伯特部和辉特部。而准噶尔部开始日益强盛,其政治中心已移到伊犁地区。到噶尔丹在位时,准噶尔于 1679 年(清康熙十八年)迫使吐鲁番、哈密臣服;1680 年(康熙十九年),噶尔丹率军南下,灭叶尔羌汗国。从此,今新疆天山南北均为准噶尔部所统治。

1755 年至 1756 年(乾隆二十年至二十一年),清朝出兵新疆,灭亡了准噶尔汗国,统一了新疆地区。原聚居于新疆天山以北的卫拉特准噶尔及其他部落因灾荒、疾病和战乱,人口锐减。除了在清朝统一新疆战争前后,准噶尔等部归降部众被安置在东蒙古和京师驻牧之外,最后驻牧于今新疆地区的卫拉特和其他蒙古部众,主要有以下几支:

一支是在 1762 年(乾隆二十七年),清朝在新疆正式设置军府之后,在伊犁分别置察哈尔、厄鲁特(卫拉特之异译)、索伦、锡伯"四牧营"以戍边。其中人数最多的是厄鲁特营,自设置后,流散的准噶尔等部人逐渐集中到伊犁地区。以后,厄鲁特营形成右翼"上三旗"和"下五旗"。前者游牧于今新疆特克斯察林塔玛哈一带,时有官员 56 名,兵丁近 3000 人;后者游牧于霍诺海、崆吉斯河、喀什河流域,有官员 82 名,兵丁近 5000 人。[1]

此外,"四牧营"中的察哈尔营,也由蒙古族组成。察哈尔部原为明代蒙古部落之一,清初被编为"察哈尔八旗",居今内蒙古乌兰查布

---

[1] 管兴才译自锡伯文,纪大椿整理:《伊犁略志》,载马大正主编:《新疆稀见史料汇编》,全国图书馆文献缩微复制中心,1989 年。

盟及锡林郭勒盟。1762 年至 1763 年(乾隆二十七年至二十八年),清朝为加强新疆边防,抽调察哈尔蒙古官兵 2000 余名及家属到伊犁地区的博罗塔拉、哈布塔海、赛里木诺尔一带驻牧。据《伊江汇览》记载,移驻伊犁地区(包括塔城)的察哈尔官兵有 1836 户,5548 人。[1]

以上厄鲁特、察哈尔营蒙古族以后遂驻牧于伊犁地区,成为近代新疆蒙古族的重要组成部分之一。

另一支是 1771 年(乾隆三十六年)原迁至伏尔加河下游一带的卫拉特土尔扈特部,因不堪沙皇俄国之统治,在其首领渥巴锡率领下,历经千难万险,东归故土,抵达新疆时仅余 15793 户,66073 人。[2] 1773 年,清廷将东归的土尔扈特等部主要安置于今新疆地区:渥巴锡所领部分(称"旧土尔扈特部")分为 4 盟,各驻牧于喀喇沙尔(今焉耆)、布克赛里、精河县、喀喇乌苏(今乌苏县)等地;舍楞所领部分(称"新土尔扈特部")则驻牧于科布多、阿勒泰(今阿尔泰)地区,置 2 旗;和硕特恭格部,置 4 旗,驻牧于博斯腾湖畔(今和硕县)。[3]

上述两支蒙古族入居新疆地区后,成为近代新疆蒙古族的主要部分,其分布地区也成为近现代新疆民族分布格局中的组成部分。

12.3 近代哈萨克族、柯尔克孜族、塔吉克族

12.3.1 哈萨克族

哈萨克族历史悠久,是由古代西北许多部落或民族逐渐融合形成的,如历史上的塞种、月氏、乌孙、柔然、阿兰、突厥咄陆、突骑施、葛逻禄、钦察、乃蛮、克烈、阿尔根、弘吉剌、阿里钦等。"哈萨克"这一名称,虽然早在 10 世纪以前便出现在各种文字的史籍中,但是近代哈萨克族的得名及正式形成,则是以 15 世纪哈萨克汗国建立为其标志的。此后,哈萨克族又不断融合中亚草原上的乌孜别克人的一些蒙古部落,

---

〔1〕见格琫额:《伊江汇览》,"户籍"条。此书撰于乾隆四十年(1775 年)。
〔2〕见马大正:《土尔扈特蒙古东返人、户数考析》,载《历史档案》1983 年第 1 期。
〔3〕参见《卫拉特蒙古简史》上册,第 53 页。

·欧·亚·历·史·文·化·文·库·

将牧地扩展到巴尔喀什湖西北,直到中亚塔什干等地。到 17 世纪,哈萨克族按部落系谱划分为大、中、小 3 个玉兹(中国史籍称大帐、中帐、小帐)。大玉兹各部落的驻牧地在巴尔喀什湖南部及伊犁河与锡尔河之间;中玉兹的驻牧地在锡尔河北部;小玉兹驻牧地则在今哈萨克斯坦的西部。[1] 18 世纪前半叶,哈萨克族不断遭到东边准噶尔汗国的侵扰,有的被迫西迁,有的则臣属于准噶尔。

18 世纪中叶,清朝击灭准噶尔汗国,统一新疆地区,哈萨克中玉兹阿布贲汗及大玉兹等部投归清朝。清朝以"藩属国"对待,对其地不"张官置吏",仅定期接受其朝贡而已。而与此同时,沙皇俄国却向哈萨克诸部步步进逼,最终吞并了哈萨克草原,并逐渐侵入中国西北边疆。1860 年和 1861 年,沙皇俄国强迫清朝政府签订了不平等的《北京条约》和《中俄勘分西北界约记》,后者规定,划界以后,哈萨克族"向在何处住牧者,仍应留于何处住牧……所以地面分布在何国,其人丁即随地为何国管辖",[2] 即所谓"人随地归"的原则。划界后,原属清朝后归俄国境内之哈萨克人纷纷迁入划界后的中国境内。在以后一个很长的历史时期内,作为跨国民族的哈萨克族时有迁徙,而在中国新疆境内的哈萨克族则主要驻牧于伊犁、塔城、阿尔泰、巴里坤等地,成为近现代新疆民族的重要组成部分。

12.3.2　柯尔克孜族

柯尔克孜族也是操突厥语的一个历史悠久的民族,早在 2000 多年前中国史籍就记载了其先民的分布和活动,即两汉时居于匈奴西北的"鬲昆"、"坚昆",魏晋南北朝时高车中的"纥骨"、"契骨",唐代称为"黠戛斯",13 世纪蒙古兴起后,汉文史籍又称之为"乞儿吉思"、"吉利吉斯"等。其原游牧之地在今叶尼塞河中上游一带,到明代,吉利吉斯与兴起于漠西的瓦剌(卫拉特蒙古)有过长期的斗争,曾一度附属于瓦剌。15 世纪中叶,随着瓦剌为东蒙古诸部击败而部众西迁,一部分吉

---

〔1〕《哈萨克简史》编写组:《哈萨克简史》,新疆人民出版社 1987 年版,第 162 页。
〔2〕王铁崖编:《中外旧约章汇编》第 1 册,三联书店 1982 年版,第 217 页。

利吉斯部落也逐渐向西南迁徙,进入到今新疆阿克苏以西一带游牧。15 世纪末至 16 世纪初,吉利吉斯人基本上由原居地逐渐南迁至天山地区,成为天山一带活动的众多操突厥语的族体之一[1]。由于历史上长期与邻近的契丹、钦察、蒙古等族相互影响和相互融合,吉利吉斯各部逐渐形成一个新的族的共同体,也即是说,大约在 16 世纪吉利吉斯各部形成为近代的柯尔克孜族。

清朝初年,中国史籍称其为"布鲁特"(准噶尔语,"高山居民"意),以天山为界,以北称为"东布鲁特",以南为"西布鲁特"。当时,布鲁特诸部也为准噶尔汗国所侵扰。18 世纪中叶,清朝灭准噶尔汗国,统一新疆,布鲁特诸部(柯尔克孜族)归属清朝。19 世纪中叶,沙皇俄国通过一系列与清朝签订之不平等边界条约,划定西北疆界,布鲁特人也分属俄国和中国清朝[2]。属清朝的布鲁特诸部主要驻牧于今新疆南部克孜勒苏柯尔克孜自治州。1934 年盛世才主政新疆时,在民众大会上正式确定改清代"布鲁特"名为"柯尔克孜族",沿用至今。

12.3.3 塔吉克族

塔吉克族是操印欧语系东伊朗语的一个古老民族,自公元前若干世纪以来即居于今帕米尔高原。汉唐时,中国史籍称其居地为"西夜"、"子合"、"揭盘陀"等,为西域城郭国之一。11 世纪,中亚操突厥语诸部将中亚地区操伊朗语、信仰伊斯兰教的人民统称为"塔吉克"。近代塔吉克族的形成也大致在 15—16 世纪。清朝统一新疆后,称塔吉克人居地为"色勒库尔",于此地设伯克加以管理。1895 年,英、俄两国背着中国私自分占帕米尔,原属中国的帕米尔地区只有塔克敦巴什帕米尔全部(属今新疆塔什库尔干)和郎库里帕米尔部分地区在中国清朝管辖下,其余帕米尔地区全部被非法侵占,帕米尔地区的塔吉克族也成了跨国民族。在新疆的塔吉克族主要聚居在今新疆塔什库尔干一带,莎车、叶城等地亦有部分塔吉克族居住其间,成为近现代新疆民

---

〔1〕参见《中国少数民族》编写组:《中国少数民族》,人民出版社 1981 年版,第 210 - 211 页。
〔2〕在俄国统治下的中亚天山布鲁特人,后译称为"吉尔吉斯"族。

族的组成部分。

12.4　锡伯族、达斡尔族、乌孜别克族、
 塔塔尔族、俄罗斯族

12.4.1　锡伯族

　　锡伯族最早的族源可追溯到古代中国东北的东胡鲜卑族,世代居于东北地区。16 世纪后期,满族(女真)兴起后,征服了锡伯各部,并编入蒙古和满洲八旗,调戍各地。其语言属阿尔泰语系满—通古斯语族,锡伯系其自称。18 世纪中叶,清朝统一新疆后,为巩固、加强西北边防,于 1764 年至 1765 年(乾隆二十九年至三十年)调遣锡伯官兵约 1000 人(加上家属共 2000 余人)从东北远徙于今新疆塔城一带。1767 年(乾隆三十二年),清朝将赴新疆的锡伯人分编为 8 个牛录(旗),组成锡伯营,驻防伊犁河南岸,并屯田自给。1802 年(嘉庆七年),锡伯营在察布查尔山口引水凿渠,长约 200 里,取名为"察布查尔"("粮仓"之意),遂居于大渠两岸。由于锡伯族辛勤劳动,发展农业,其人口增长很快。到 1949 年前,仅察布查尔三、四两区即有 2273 户,土地 135200 余亩。[1]

12.4.2　达斡尔族

　　该族可能为辽代契丹族的后裔,语言系属阿尔泰语系蒙古语族。17 世纪中叶前,达斡尔族先民居黑龙江中、上游北岸,清朝初年称这里为"索伦部",并将达斡尔青年编入"八旗"之中。清朝统一新疆后,也抽调以达斡尔族为主的"索伦部",远戍新疆伊犁地区,"索伦营"就成为新疆"四牧营"之一,主要驻守在塔城地区。从此部分达斡尔族就世代居住于此,成为近代新疆民族的组成部分。

12.4.3　乌孜别克族

　　此族的主体部分在今中亚乌兹别克斯坦。其族名源于 14 世纪蒙

---

　　[1]见《中国少数民族》,第 224 – 227 页。

古贵族所建金帐汗国(钦察汗国)的乌兹别克汗,中国史籍又称其国为"月即别"、"月祖别"。15 世纪金帐汗国瓦解后,留在中亚地区各种不同来源的游牧民均被泛称为乌兹别克人。16 世纪初,乌兹别克游牧部落进入中亚农业区,与当地操突厥语、从事农业的居民相互融合,逐渐形成为近代的乌兹别克族。[1] 明清时,中国史籍按地名称乌兹别克族为撒马尔罕人、浩罕人、布哈拉人、安集延人。近代乌兹别克族主要因经商等原因,从 16 世纪以来有的陆续迁入中国新疆地区。特别是 18 世纪中叶清朝统一新疆之后,与中亚各族的关系日益紧密,在新疆的南疆与北疆均有乌孜别克族商人、农民定居。直到 20 世纪初,仍有一些安集延人定居新疆,有商人,也有农民、手工业者和知识分子。其中主要从事商业者,多居于伊宁、塔城一带,从事农业的乌孜别克人大多居于南疆的哈什、莎车、巴楚、阿克苏,手工业者主要集中在莎车,少数从事畜牧的则分散在北疆各地。

12.4.4　塔塔尔族

塔塔尔一词是鞑靼、达旦、达达的异译,此名最早见于唐代,是北方突厥汗国役属下的游牧部落。唐代以后,鞑靼一名有时成为北方游牧民族的泛称。13 世纪蒙古兴起后,鞑靼为蒙古所兼并,而西方和中亚的民族通常将蒙古族泛称为鞑靼。明代,称北元东部蒙古诸部为鞑靼。13—14 世纪蒙古西征中亚后,建立了 3 个汗国。其中由成吉思汗孙拔都所建的金帐汗国于 15 世纪衰落后,在其统治的伏尔加河及卡玛河一带建立了一个"喀山汗国",汗国首领自称为蒙古后代"塔塔尔人"。从此塔塔尔就成为喀山汗国及其附近居民的名称,逐渐成为近代塔塔尔族。事实上,塔塔尔族是由保加尔人、奇卜察克(钦察)人、蒙古人在历史上相互融合发展形成的。[2]

到 19 世纪,由于沙皇俄国对中亚塔塔尔人的压迫,他们的土地多被侵占,引起他们向东逃亡,有的迁入了中国新疆地区。19 世纪中叶

---

〔1〕以下凡指定居新疆者,用"乌孜别克族"名,中亚地区则用"乌兹别克族"译名,统指国内外时,用"乌兹别克族"。

〔2〕见《中国少数民族》,第 251 页。

·欧·亚·历·史·文·化·文·库·

后,俄国加紧对中国新疆的经济掠夺,俄商及部分塔塔尔商人、知识分子也移居新疆。他们主要分布于今新疆的伊宁、乌鲁木齐等地,成为近现代新疆民族的组成部分。

12.4.5　俄罗斯族

在新疆的俄罗斯族,最初是 18 世纪后因经商等原因从沙皇俄国移居来的,但人数不多。到 1917 年俄国"十月革命"前后,有较多的白俄国军队和百姓移居到新疆的伊犁、迪化(今乌鲁木齐)等地。民国盛世才主政时,新疆的俄罗斯人被称为"归化族",聚居地称为"归化村",此后即成为定居于新疆的民族之一。

12.5　近代新疆的汉、回、满等族

从公元前 2 世纪后,一直到 16 世纪的明代,中国内地的汉族(华夏族)就因各种原因不断移居于今新疆地区,一批又一批地融入该地的民族之中,特别是汉、唐时期更是如此。近现代居于今新疆的汉族,主要是 18 世纪中叶清朝统一新疆之后,陆续迁入的。清朝统一新疆后,于 1762 年,以明瑞为"总管(统)伊犁等处将军"(后简称"伊犁将军")[1],节制天山南北两路,统辖外夷部落,操阅营伍,广辟屯田。后又于伊犁、塔尔巴哈台、喀什噶尔、乌鲁木齐(后改为"都统")设置参赞大臣,下领各地办事大臣或领队大臣等。这就是所谓的"军府制"。[2]

在军府制下,清朝还因地制宜设立了 3 种不同形式的地方行政制度:一是在北疆和南疆东部,沿内地州县制,于乌鲁木齐设镇迪道(1773 年设,治乌鲁木齐巩宁城),下辖镇西厅(改巴里坤置)和迪化直隶州(改乌鲁木齐同知置),下辖若干县;二是沿统一新疆前在哈密、吐鲁番及后由俄国伏尔加河一带迁回之西蒙古土尔扈特部中实行的蒙古札萨克制;三是在天山以南维吾尔族聚居地区,仍沿其旧制,实行伯

---

〔1〕伊犁将军掌职,见松筠:《新疆识略》卷 5,"官制兵额"条。
〔2〕参见管守新:《清代新疆军府制度研究》,新疆人民出版社 2002 年版。

克制。[1]

由于当时清朝在新疆的军政重心和驻兵在北疆,驻戍军队多是八旗和绿营(以汉族士兵为主),故除采取"屯垦养边"的方针,实行传统的"军屯"之外,还施行了各种形式的屯田,如民屯、旗屯、回屯、犯屯等,另外还移民出关屯垦。于是大批内地汉族先后移入新疆北部地区屯垦。据有的学者统计,到嘉庆末(1820年)新疆屯垦人数约在20万人以上。[2] 至1828年(道光八年)后,清廷又改变了过去在南疆实行的民族隔离政策和"重北轻南"的方针,在南疆兴屯、治屯,准允内地商民携眷招垦,裁兵屯为民屯,于是大批汉族农民、商人又进入南疆地区定居。此后,经新疆建省、晚清新政再到民国时期,内地汉族,特别是失去土地流亡困顿的农民、手工业者、商人仍然不断移居新疆,从而奠定了汉族成为新疆地区人口数仅次于维吾尔族的民族分布之基础。

回族是13世纪蒙古西征过程中,大量信仰伊斯兰教的中亚、波斯、阿拉伯的军士、工匠、商人等迁居中国西北和沿海诸省,与当地汉、蒙古等族融合后形成的。元代称之为"回回",到15世纪至16世纪的明代,回族正式形成,主要分布在陕、甘、宁等地及沿海诸省。清同治年间(1862—1874年),爆发了陕甘回民起义,清朝出兵镇压,陕甘回民及起义军大部分西迁,进入青海、新疆地区,甚至有一部分迁入俄国统治下的中亚地区,称为"东干回"。[3] 新疆地区的回族,除了自清代统一新疆后,有一些随汉族移垦、经商移居新疆地区外,主要是同治年间回民起义后移居新疆的。1931年金树仁主政新疆时,哈密农民起义,甘肃回族马仲英又率部入新疆,转战各地。马仲英后入苏联,而留居新疆的回族人数也不少。他们主要聚居于今新疆的焉耆、昌吉,散居于各地。

最后还应提及的是满族,18世纪中叶清朝统一新疆后,满族官员及八旗官兵戍边、屯田于新疆,以后有的就留于此。他们主要定居于伊

---

〔1〕关于伯克制可参见苗普生:《伯克制研究》,新疆人民出版社1995年版。

〔2〕见王希隆:《清代实边新疆述略》,载《西北史地》1985年第4期。关于清代新疆屯垦,过去发表论著甚多,不赘述。

〔3〕参见王国杰:《东干族形成发展史——中国陕甘回族移民研究》,陕西人民出版社1997年版。

·欧·亚·历·史·文·化·文·库·

犁、巴里坤、木垒、焉耆等地。

12.6　新疆近代民族分布格局
形成及发展的特征

　　从上述新疆近代各民族形成、分布和发展的概述中,可知新疆近代民族分布格局形成、发展的一些特征:

　　(1)新疆近代民族分布格局应是从 16 世纪始至 18 世纪清朝统一新疆之后即基本形成。其重要的标志之一应是 16 世纪前后新疆原有的古代民族经过长期的重新整合,形成的新疆人口最多、分布最广的近代维吾尔族,以及大致在同一时期形成的近代新疆哈萨克族、柯尔克孜族、塔吉克族等。它们的居住和分布情况可以说奠定了近代新疆民族分布格局的基础。第二个标志是 18 世纪中叶清朝统一新疆后,因各种原因由中国内地、中亚地区移居今新疆地区的民族,如近代汉族、回族、满族、锡伯族、达斡尔族、乌孜别克族。此外,还有在这一时期定居于今新疆的蒙古族等。

　　由此可见,近代新疆民族分布格局的形成是新疆地区各民族长期历史发展的结果;而 18 世纪中叶清朝统一新疆地区,对于这一民族分布格局的形成和发展起了重要的作用。

　　(2)近代新疆民族中,16 世纪形成的近代维吾尔族从人口数、分布地区及其影响而言,均为新疆诸民族之首,是分布格局中的主要民族。如上所述,近代维吾尔族是 2000 多年来居于今新疆地区的各个古代民族(包括汉族)相互融合及重新整合而形成的。其分布地区原主要在天山以南塔里木盆地四周的各绿洲上,近代以来又有的陆续迁入天山以北地区,几乎遍于全疆各地。维吾尔族对新疆地区的经济开发、建设及抵御外来的侵略均作出了巨大的贡献。

　　其次,从历史上看,新疆天山以北历来是漠北和中亚游牧民族进出和定居之地,15 世纪至 16 世纪形成的哈萨克族、卫拉特蒙古及清代由东北调戍新疆的锡伯族、达斡尔族、满族等,主要聚居于此。此外,还有居于帕米尔高原及天山南部的塔吉克族、柯尔克孜族,近代陆续迁入新疆地区的汉、回族,以及乌孜别克族、塔塔尔族、俄罗斯族等。它们也是近代新疆民族分布格局的组成部分,同样为开发、建设新疆,抵御外来侵略作出了自己的贡献。

因此,可以说,以近代维吾尔族为主的多民族分布,是近现代新疆民族分布格局的另一个特征。

(3)新疆地区地处中西交往的通道上,是世界几个大的古文明交汇之地。因此,从古至今,蒙古草原和中亚草原游牧民族,如匈奴、柔然、突厥、蒙古等族,印度北部和中亚绿洲的民族,如贵霜(大月氏)、哌哒、粟特、波斯等族,南边西藏高原的吐蕃,东面的汉、羌、回等族,不断在新疆地区进出,并有部分定居于此。所以,近代新疆地区几乎每一个民族的族源和构成都是多元的,都是由古代和近代民族相互融合后形成的。这就决定了构成新疆近代民族分布格局的民族人种、文化(包括语言文字、宗教及风俗等)的复杂性、多样性和独特性;同时,也决定了近现代新疆民族与四周民族天然的密切关系,甚至有较多的跨国民族的存在。

(原载于《西域文史》第 1 辑,科学出版社 2006 年版)

13　沙俄对我国西部地区的早期侵略

　　沙皇俄国早在 17 世纪初期,就将侵略魔爪逐渐伸入我国边疆地区。特别是在 19 世纪中叶以后,沙俄勾结西方帝国主义国家,推行瓜分中国的政策,在短短的半个世纪中,先后强迫清朝政府签订了《中俄瑷珲条约》、《中俄天津条约》、《中俄北京条约》和《中俄伊犁条约》等一系列不平等条约,割占了我国东北和西北地区 150 多万平方公里的领土,血腥镇压中国人民的革命运动,犯下了一系列滔天罪行。沙俄侵略我国西部地区的历史,是整个沙俄侵华史的重要组成部分。

　　早在 17 世纪初,沙皇俄国就向东扩张,开始与当时我国西北部厄鲁特蒙古地区的一段边界接壤。厄鲁特蒙古是我国蒙古族的一支。沙俄在继续向西伯利亚东部扩张的同时,还在西伯利亚西部建立侵略据点,向南侵略我国厄鲁特蒙古各部。开始,沙俄频繁地派遣"使臣",企图用政治收买的手段,不费一兵一卒,吞并我国西部领土;以后,又用煽动和支持厄鲁特准噶尔部贵族分子叛乱的手段,妄图分裂我国。18 世纪初,沙皇彼得一世又派遣侵略军,图谋占领额尔齐斯河上游至叶尔羌的我国西部广大地区,但是没有得逞。1759 年,清朝政府平定了准噶尔部和回部贵族分子的割据叛乱,统一了西部地区,这对野心勃勃的沙俄侵略者是一个沉重的打击。

　　此后,沙俄继续采用武装蚕食领土、派遣间谍、掠夺资源、颠覆分裂等手段,不断入侵我国西部地区。特别是 1840 年鸦片战争以后,中国沦为半殖民地,沙俄对我国西部地区的侵略更加疯狂。在这些侵略活动中,武装蚕食我国西部领土又占首位。到 19 世纪 50 年代,沙俄已逐渐用武力侵占了我国巴尔喀什湖以东以南的部分领土,并强迫清朝政府签订了不平等的《伊犁、塔尔巴哈台通商章程》,攫取了一系列政治、经济特权。这些侵略活动,为沙俄在 19 世纪 60 年代大规模地侵略我国西部地区做了准备。

今天,前苏联一些学者接连发表文章,肆意篡改和歪曲沙俄侵略中国的历史。在这些文章中,有一部分是为老沙皇对中国西部地区侵略的罪恶历史翻案的。这些文章的作者编造了种种谎言,说什么:19 世纪中叶被沙俄侵占的中国巴尔喀什湖以东以南地区,过去"实际上没有受中国管辖",甚至说这些地区"从来没有隶属过清帝国";沙皇政府在 19 世纪中叶"继续同中国保持着睦邻关系";等等。他们把老沙皇在逼签不平等条约前对我国西部领土的武力侵占,说成是"俄罗斯移民的经济开拓";把沙俄在我国少数民族地区进行颠覆分裂的侵略活动,称为这些少数民族向沙俄寻求"保护",而"自愿归并"于俄国。[1] 为了澄清事实,还历史以本来的面目,我们有必要重新翻一翻老沙皇 1759 年至 1860 年这 100 年间侵略我国西部地区的历史。[2]

13.1 对我国科布多、唐努乌梁海等地区的入侵活动

早在公元前 60 年,汉朝政府就在巴尔喀什湖一带的广大西部地区设置了西域都护。7 世纪,唐朝政府又在这里设官置守,征收赋税,驻军屯田。18 世纪中叶,清朝政府平定西部少数贵族分子叛乱,统一西部地区,设置以伊犁将军为首的行政机构,建立卡伦(哨所)、台站,规定了一系列巡查边界的会巡制度,行使有效的行政管辖。沙俄入侵前,中国西部的边界在巴尔喀什湖,这是举世共知的事实,不仅有我国大量官方文献的记载,就连沙俄和前苏联的许多历史著作和地图都是确

---

〔1〕齐赫文斯基主编:《中国近代史》,莫斯科 1972 年版;别斯克罗夫内、齐赫文斯基等:《论俄中边界形成史》,载前苏联《国际生活》1972 年第 6 期;古列维奇:《大汉族沙文主义和中亚细亚民族历史以若干问题》,载前苏联《历史问题》1974 年第 9 期。
〔2〕关于 1759 年以前沙俄侵略我国准噶尔部的历史,《历史研究》1976 年第 2 期已有专文,本文暂不论述。

·欧·亚·历·史·文·化·文·库·

认的。1759 年,清朝政府统一西部地区时,沙俄与中国巴尔喀什湖一带的边界相距尚远,仅仅在额尔齐斯河上游到沙宾达巴哈之间有一段边界接壤。这段边界以南的我国领土是清朝乌里雅苏台定边左副将军所属唐努乌梁海和科布多的一部分。

沙俄为了侵占我国西部领土,一面在中俄边境上制造事端,杀害中国守卡官兵,一面大肆制造中国要向中亚"扩张"、"威胁"俄国安全的谎言,伺机向我国边境入侵。修筑堡垒,偷立标记,武装蚕食,是沙俄在这一时期的侵略特点之一。

1760 年 3 月,沙俄西伯利亚总督索伊莫洛夫在"防御"清朝"进攻"的借口下,向沙皇政府提出要从俄国边堡铿格尔图喇(今乌斯季卡缅诺戈尔斯克)沿我国领土布克图尔玛河(今布赫塔马河),到阿勒坦淖尔(今帖列茨科耶湖)建筑堡垒的建议。为此,他派了两个武装"勘探队",进入我国科布多境内的哈屯河(今卡童河)、阿勒坦淖尔一带,树标测量,勘察建筑新城堡和多角堡的地形。当时,清朝阿勒坦淖尔总管扎拉纳克立即将沙俄这一侵略行径上报朝廷。清朝政府就命令乌里雅苏台将军成衮扎布"传集游牧兵丁",前往查办;并抽调官兵"两路会哨巡查阿勒坦淖尔之处,果有设立标记,即行拆毁;如有屯驻人等,即行驱逐"。[1]

沙俄枢密院根据以上两个"勘探队"提供的情报,于同年底下达了从铿格尔图喇到我国阿勒坦淖尔以及其他"合适地点"建筑堡垒的指令。[2] 1763 年 9 月,清朝政府得到报告,沙俄侵入卫满河(又名鄂依满河)河源、库克乌苏河(均哈屯河上游支流)、布克图尔玛河和色毕河(今查雷什河上游一个支流)等地,"造屋树栅",建造堡垒,就立即命令成衮扎布派厄鲁特、乌梁海官兵各 100 名,前往色毕等地,"将俄罗斯木栅、屋宇尽行拆毁"。[3] 次年夏,清朝军队遵照上述命令,拆毁了沙俄

---

〔1〕《清高宗实录》卷 617,第 8 页上至 9 页下、16 页下至 18 页上;卷 618,第 2 页。
〔2〕《帝俄法律全书》第 1 编第 15 卷,第 534 页。
〔3〕《清高宗实录》卷 692,第 1 - 2 页。

在布克图尔玛、色毕等处所建之碉堡和房屋。[1] 清朝政府的措施,遏止了沙俄这次武装蚕食我国领土的侵略活动。

1764年10月,沙皇政府在彼得堡召开"国务会议",专门讨论强化西伯利亚管理系统,增加西伯利亚的兵力,企图以重兵压境,威胁我国边疆地区,伺机向我国西北边境入侵。1771年,清朝科布多参赞大臣集福向清廷报告:在所属境内汗山(今北部阿尔泰山)、哈屯河一带发现有潜入该地耕种的俄国殖民者,建议"将三年稽查一次之处,改为每年稽查一次"。清朝政府批准了这一请求,下令"每年妥派干员,带兵百名,搜查一次"。[2] 到了18世纪最后10年,沙俄武装殖民者又沿额尔齐斯河而上,潜入我国布克图尔玛河一带,非法建盖木房,逼迫当地中国人民"归附"俄国。1831年,又有沙俄商人潜入哈屯河上游推河(又名吹河)一带,陆续修建木房37间。[3] 这些入侵活动都是沙俄利用我国边疆地区地广人稀的情况,偷偷摸摸地进行的。

派遣间谍、窃取情报和掠夺资源,也是沙俄在这一时期的侵略特点之一。

1764年,沙俄西伯利亚总督派遣间谍泽列诺夫和格涅泽尔等,潜入我国塔尔巴哈台、科布多界上的斋桑湖,并沿额尔齐斯河而上,深入该河70俄里。同一时期派遣的另一名间谍科兹明潜入阿勒坦河(今比亚河)和叶尼塞河上游间的我国唐努乌梁海领土,刺探情报。[4] 1793年,又有沙俄"植物学家"西伐尔斯、"采矿工程师"斯内格希罗夫等,进入我国塔尔巴哈台山区进行"考察",窃取有关资源的情报。[5] 这些特务、间谍盗窃了我国边疆地区大量的军事、地理、经济等情报,为沙俄从我国侵略我国西部地区提供了重要的资料。

在掠夺资源方面,沙俄驻额尔齐斯河堡垒的哥萨克军队于1803年

〔1〕《清高宗实录》卷710,第7页下至9页上。
〔2〕《清高宗实录》卷888,第32页。
〔3〕《筹办夷务始末·同治朝》,卷16,同治二年五月壬戌;卷18,七月丙午。
〔4〕舒金娜:《中亚地图是怎样形成的》,莫斯科1955年版,第24-25页。
〔5〕普里热瓦尔斯基著,摩尔根英译:《从伊宁翻过天山到罗布淖尔》,伦敦1879年版,英译本附录,第171页。

·欧·亚·历·史·文·化·文·库·

逐渐沿河而上,侵入我国斋桑湖,掠夺我国渔业资源。最初,他们在我国科布多境内布克图尔玛河至纳林河(今纳雷姆河)口一段非法捕鱼。以后又继续沿河而上,到达我国卡伦和尼迈拉虎、辉迈拉虎一带捕鱼。最后,就钻进斋桑湖地区进行掠夺。1808年,沙俄正式建立了"军用渔场",大肆掠取我国斋桑湖一带的渔业资源。据统计,仅从1803年到1845年这个时期,沙俄从我国掠取的渔业收入就达504880卢布。[1]

沙俄对我国科布多、唐努乌梁海地区的侵略活动,不断受到清朝政府的反击。直到1864年沙俄逼签不平等的《中俄勘分西北界约记》以前,清朝政府一直在这一地区行使有效的行政管辖,任免当地乌梁海各部总管,征收赋税;清朝的边疆大臣也基本上坚持了每年巡查边界的会巡制度。这些历史事实,再一次证明了这些地区是我国领土,所谓"从来没有隶属过清帝国",只不过是前苏联某些学者捏造的谎言。

为了替老沙皇的侵略罪行辩护,前苏联某些人还胡说什么,早在1756年,额尔齐斯河上游的布赫塔马河、纳雷姆河入口处,以及阿勒坦淖尔等地都划入了俄国的版图。[2] 他们的唯一借口是,这个地方的乌梁海首领12人曾于1756年"归顺"了俄国。这个借口是根本站不住脚的。

事实的真相是,1756年(乾隆二十一年)我国境内汗山、哈屯河一带的乌梁海首领鄂木布及其子博罗特等12人,因惧罪由中国国界白河(今查雷什河上游)叛逃俄境,被沙俄收留。当时,清朝政府曾派兵"赴俄罗斯边境索取"[3]。1757年5月,沙皇在给清朝政府的回文中,借口鄂木布及其子博罗特从前曾抢掠过俄国边境地方,因此将他们"由边界严押解送来此"。[4] 这些乌梁海头人完全是叛逃的丧家之犬,叛逃后根本不能再管辖他们原来管辖的地方了。当年老沙皇还不敢以此

---

[1]巴布科夫:《1859—1875年我在西西伯利亚服务的回忆》,圣彼得堡1912年版,第200页。

[2]古列维奇:《18世纪下半叶清帝国入侵中亚和俄国的政策》,载前苏联《苏联历史》1973年第2期。

[3]《清高宗实录》卷515,第10页。

[4]刘泽荣、王之相编译:《故宫俄文史料》第23号,第309–310页。

作为侵占我国领土的借口,而前苏联某些人竟然企图据此来证明这一带土地早已属于俄国,这是对历史史实的歪曲。

13.2 将侵略魔爪伸入我国巴尔喀什湖一带

在向我国科布多、唐努乌梁海等地区入侵的同时,沙俄还逐渐吞并了巴尔喀什湖以西的哈萨克草原,逼近和开始入侵我国巴尔喀什湖以东以南地区。

18世纪初,沙皇俄国的边界在里海北岸,同中国巴尔喀什湖相距尚远。当时,在里海东边的广阔的哈萨克草原上,分布着哈萨克人的3个"帐"(又称"玉兹",即以氏族为基础所建立的封建游牧性质的部落联盟):大帐、中帐和小帐(中国文献又称右部、左部和西部)。18世纪30至40年代,沙俄不断向东扩张,修建军事堡垒,并联结成堡垒线,将哈萨克大块大块的土地圈入了俄国的版图。同时,又用武力威胁和欺骗拉拢的手段,收买哈萨克封建上层统治者"归附"俄国。在这种形势下,游牧于草原西部和北部的哈萨克小帐和中帐的一部分统治者被迫在名义上臣服于沙俄。

到18世纪中叶,我国清朝政府平定准噶尔后,哈萨克大帐、中帐的一些部落自1767年起,经清朝政府允许,陆续迁入我国巴尔喀什湖以东以南地区游牧。清朝政府派遣官员定期向这部分哈萨克人征税,"牛马百取一,羊千取一"[1]。这些历史事实雄辩地证明了巴尔喀什湖以东以南地区从来是中国的领土,前苏联某些人所谓这些地区"实际上没有受中国管辖",完全是睁着眼睛说瞎话。

到19世纪20年代,沙俄加紧了对哈萨克草原的吞并。根据1822年由西西伯利亚总督斯佩兰斯基拟定、沙皇政府批准执行的《关于西

---

〔1〕椿园:《西域闻见录》卷1,第10页。

·欧·亚·历·史·文·化·文·库·

伯利亚吉尔吉斯条例》[1]，沙俄正式侵吞了哈萨克小帐和中帐，划归西西伯利亚、奥伦堡总督管辖。接着，在临近我国西部边界地区，沙俄建立了一系列所谓的"外围州"，如 1824 年设置的科克切托夫和卡尔卡拉林斯克两州，1826 年设置的巴彦乌尔外围州等。有的外围州已经逐渐逼近我国边界地区。这种吞并哈萨克草原，侵入我国西部边境的侵略行径，在上述《条例》中有明确的规定："西伯利亚边界线在防卫的意义上不是永久的设施……这种防卫可以向前推进，最后，应该在实际的国界上永久固定下来。"[2]就在这时候，沙俄侵略军的铁蹄踏上了中国巴尔喀什湖以东以南的土地。

沙俄侵略军最早侵入中国巴尔喀什湖以东以南地区是在 1825 年。这年 7 月，沙俄派遣上校舒宾率领 300 余名侵略军，侵入我国巴尔喀什湖以东的库克乌苏河（今卡拉塔尔河）的哈喇塔拉一带，在我国哈萨克上层分子中大搞分裂颠覆活动，企图建造侵略据点，武装蚕食我国领土。他们拉拢收买我国哈萨克上层分子，强征哈萨克人赋税，还私盖房屋，扬言"明岁筑城种地，为屯兵之所"。9 月间，伊犁领队大臣乌凌阿依例巡查边界，征收哈萨克人马税，中途发现沙俄侵略者在哈喇塔拉所盖的土房，立即上报清廷。清朝政府为此向沙俄提出了强烈抗议，指出："凡爱古斯（今阿亚古斯）、勒布什（今列普萨）、哈喇塔拉均立有鄂博"，是中国领土，斥责沙俄侵略者"越境远来，盖房侵占"，要求"萨纳特衙门（沙俄枢密院）……速行拆毁"。[3] 由于我国对上述地区拥有明确的主权，沙俄枢密院理亏心虚，在回文中多方狡赖，说什么俄军建盖房屋"并未呈明国王"，只是"暂避风雨"，"谅不日亦必坍塌"等。[4]在清朝政府的抗议之下，沙俄不得不于第二年将所盖房屋拆毁。[5]

---

〔1〕这里的吉尔吉斯是指今哈萨克族。18 至 19 世纪，欧洲人普遍把哈萨克人称为吉尔吉斯，把哈萨克草原称为吉尔吉斯草原，又把现名吉尔吉斯族称为"吉科卡门吉尔吉斯"（Дикокаменнй Киргиз）。

〔2〕巴布科夫：《1859—1875 年我在西西伯利亚服务的回忆》，第 153 页。

〔3〕《清季外交史料·道光朝》，道光五年九月初十日，十二月十五日。

〔4〕《清季外交史料·道光朝》，道光六年六月十三日。

〔5〕《清季外交史料·道光朝》，道光六年八月十九日；巴布科：《1859—1875 年我在西西伯利亚服务的回忆》，第 154 页。

1831 年至 1832 年间,沙皇政府两次召开"西伯利亚和亚洲问题委员会"会议,进一步策划向我国西部地区侵略扩张的方法和步骤。会议最后决定仍然采取"渐进行动"和"审慎行事"的原则,也就是说,要"一步一步地逐渐占有据点,移入武装居民和建立防线,在防线上逐渐准备继续前进活动的物质材料"。沙皇政府企图用占领中国领土的既成事实,使清朝政府领会到:俄国占领的土地"都是属于俄国的"。[1] 沙俄之所以采取这种隐蔽的蚕食政策,是因为害怕急进的侵略行动会引起我国哈萨克人民的强烈反抗。同时,它也企图以此来麻痹清朝政府,防止和减少清朝政府的抗议和武装反击。根据会议的决定,沙皇政府命令西西伯利亚总督继续在楚克里克河(今科克佩克特河)、爱古斯河的我国边界附近驻扎军队。

总之,在 1840 年前,沙俄企图侵占我国巴尔喀什湖以东以南领土的侵略活动,因我国清朝政府的抗议而未能得逞。以后,为了寻找时机实现侵占我国西部领土的野心,沙俄进一步在我国西部边界附近建立据点,驻扎军队,随时准备入侵我国领土。

13.3 非法建立侵略据点,侵占我国大片领土

1840 年以后,沙俄对我国西部地区的侵略更加疯狂。它进一步采取"筑垒移民"的武装蚕食手段,公开侵入我国巴尔喀什湖以东以南地区,设立侵略据点,武装移民,霸占中国领土。1846 年到 1847 年,沙俄侵略军再次入侵到库克乌苏河的哈喇塔拉以北,建立了一个侵略据点——科帕尔。为了巩固和扩大在这一地区的侵略势力,沙俄还把原驻比斯克的一团哥萨克军全部调到谢尔基奥波利(今阿亚古斯)、科克佩克特和科帕尔等据点附近,强占我国巴尔喀什湖以东以南的大片领土。

这种赤裸裸的侵略行径,立即遭到我国清朝政府的强烈抗议。

---

〔1〕巴布科夫:《1859—1875 年我在西西伯利亚服务的回忆》,第 152 – 153、158 – 159 页。

·欧·亚·历·史·文·化·文·库·

1849 年清朝伊犁领队大臣依例巡查,走到哈喇塔拉附近的库库鄂罗木河(今卡拉塔尔河支流库克苏河)时,被沙俄侵略军无理阻拦。清朝政府得报后,立即通过理藩院向沙俄提出抗议,指出哈喇塔拉一带是中国领土,道光五年(1825 年)俄军"于哈喇塔拉地方搭盖房屋",经抗议后拆毁,今又"越界扎营,阻拦我官兵正常巡查边界",必须立即"全数撤回"。[1] 1850 年 10 月,沙俄极其狡猾地作了"不确定的答复",含糊地声称:当交西西伯利亚衙门,"令其查明回报"。[2] 1851 年 3 月,沙俄枢密院竟然在咨复中歪曲事实真相,诡称 1849 年中国伊犁派官与俄官在库克苏河"会面",请求索回该处中国丢失的马匹和骆驼,现在俄国已如数查出,并派人送还伊犁。这显然是有意制造混乱,避免正面答复清朝政府的抗议。在咨复中,沙俄还无耻地把它刚侵占的我国领土说成是俄国的,把它非法建造的科帕尔堡垒,说成是因该地哈萨克人"再三恳请",故俄国"于廓帕勒(科帕尔)地方设立营寨"。[3] 沙俄侵略者在这里又采用了它扩张领土的惯用手法,打着"保护"哈萨克人的幌子,侵占我国西部大片领土。

还必须指出:沙俄的两次咨复是其枢密院、外交部精心策划的。据1864 年《中俄勘分西北界约记》的俄方签字代表巴布科夫供认,他们使用这种"不确定的答复",是"为了争取时间,并有机会准备应付各种意外事故"。[4] 做贼心虚的沙俄同时还密令西西伯利亚总督采取"必要的措施",于 1850 年在科帕尔及临近我国边界的各个据点充实了粮食储备,加强了军队。

当时,清朝政府忙于镇压 1851 年爆发的太平天国革命运动,无力反击外来侵略势力,给日益猖獗的沙俄以可乘之机。

1851 年,新上任的沙俄西西伯利亚总督加斯弗尔德派遣哥萨克军队,攻占了我国伊犁河南的托乌楚别克。接着在 1854 年,沙皇尼古拉

---

〔1〕道光二十九年十月二十日理藩院给俄罗斯咨文。
〔2〕道光三十年九月初四日俄罗斯萨那特(枢密院)衙门咨复。
〔3〕《筹办夷务始末·咸丰朝》卷4,咸丰元年正月辛亥。
〔4〕巴布科夫:《1859—1875 年我在西西伯利亚服务的回忆》,第 155 页。

一世批准了加斯弗尔德侵占我国伊犁河南的土地和建筑堡垒的建议。是年8月,由1个步兵营和300名哥萨克组成的沙俄侵略军侵入我国伊犁河古尔班阿里玛图附近,开始建筑堡垒,次年建成,名维尔内(今阿拉木图)。这支侵略军在向西深入时,遭到当地我国布鲁特人民(今新疆柯尔克孜族)的愤怒反抗,他们包围了侵略军,迫使其缩回堡垒。到1855年至1856年,沙俄开始向维尔内附近移入两连哥萨克军队,建立大、小阿拉木图殖民村,进行武装垦殖。当这些武装殖民者到达维尔内附近时,世世代代居住在这里的我国布鲁特人民出于对侵占他们家乡的沙俄侵略者的仇恨,袭击了俄军的驻地,赶走了马群,并杀死了12个哥萨克殖民者。[1]

沙俄凭借非法建造的科帕尔、维尔内等侵略据点,武装移民垦殖;然后,再将这些据点连接起来,形成"堡垒线",一块一块地蚕食侵占了我国巴尔喀什湖以东以南的大片领土。这条新的堡垒线,北接谢米巴拉丁斯克的额尔齐斯堡垒线(又名西伯利亚堡垒线),中经谢尔基奥波利、科帕尔,直至维尔内,名新西伯利亚堡垒线。以后,在这条新堡垒线的两侧,沙俄又继续移住武装哥萨克,不断在被侵占的我国领土上建立殖民村和哨所,最终切断了我国正常巡查边界的道路。1856年,沙俄竟然在它陆续侵占的我国巴尔喀什湖以东以南地区非法成立所谓"阿拉托夫区",由西西伯利亚总督管辖,对当地我国居民实行血腥的殖民统治。

沙俄这种赤裸裸的侵略行径,今日却被人歪曲成什么"俄罗斯移民的经济开拓"和当地人民"自愿归并于俄国"。事实证明,他们所谓的"俄罗斯移民",正是全副武装的哥萨克侵略军;所谓"经济开拓",正是这些沙俄殖民强盗霸占土地、牧场,屠杀和掠夺我国当地人民的侵略罪行;而所谓"自愿归并于俄国",正是他们借以掩盖老沙皇武力征服我国当地少数民族、血腥镇压他们反抗斗争的无耻谎言。

---

〔1〕谢苗诺夫:《天山游记》,莫斯科1947年版,第78页。

177

欧·亚·历·史·文·化·文·库·

13.4 通过《中俄伊塔通商章程》攫取侵略权益

在武装蚕食领土的同时,沙俄还以"通商"的手段,扩大对我国西部地区的侵略。早在1847年,沙皇政府就曾数次向清朝政府提出在中国伊犁、塔城和喀什噶尔通商的要求。1849年,清朝政府被迫同意沙俄在伊犁、塔城两处通商,拒绝了在喀什噶尔通商的要求。1851年8月,中俄双方在伊犁签订了《中俄伊犁、塔尔巴哈台通商章程》。根据这一章程,沙俄商人取得了在伊塔两处免税贸易,及在指定地区存货、居住、放牧、埋葬、设置教堂等一系列特权。沙俄的工业产品(如棉毛织品、铁器、皮革等)源源不断输入我国西部,从中掠取了巨额的经济利益。

沙俄通过《章程》还取得了在我国西部重镇伊犁、塔城设置领事的特权。这两个俄国领事的驻地立即成了沙俄侵略我国西部的间谍活动中心。首任驻伊犁领事札哈罗夫就是因在这里大搞间谍活动,受到沙皇的赏识,以后被任命为与中国签订不平等的《中俄勘分西北界约记》的俄方首席代表的。在领事任内,他偷偷地绘制了我国西部边防、卡伦的地图,窃取了大量重要情报[1]。《章程》里还规定,"遇有两边商人之事,各自秉公办理","两边商人遇有争斗小事,即着两边贸易官员究办"等。这种规定因仅在中国领土上实行,所以实际上使沙俄取得了在我国西部的领事裁判特权。

不仅如此,沙俄代表科瓦列夫斯基等借口贸易安全问题,诱使昏庸的中国清朝代表奕山在《章程》中写明:俄国商人在卡伦外活动,"中国概不经管"。这就使沙俄以"保商"为名,肆无忌惮地不断派兵侵占我国西部领土。所以,巴布科夫曾得意地说:"从这个观点来看,《伊宁条约》(指1851年《章程》)不仅在商业方面,而且在政治方面也具有重

---

〔1〕谢苗诺夫:《天山游记》,第185页;巴布科夫:《1859—1875年我在西西伯利亚服务的回忆》,第230-231页。

大的意义,它成为向中亚细亚内部继续进攻的强有力的动机。"[1]也就是说,《章程》的这一规定,给他们扩大侵占我国西部领土大开方便之门。

19世纪40至50年代,沙俄对我国西部领土的侵占和经济掠夺,激起了我国西部各族人民的愤怒反抗。1855年爆发的塔城各族人民烧毁沙俄贸易圈的斗争,就是突出的例证。

这一斗争是由沙俄侵占我国塔城地区图古勒池(今阿拉湖)南的雅尔噶图金矿,派遣军队驱逐、残害我国挖金人民所引起的。1855年8月20日,塔城各族人民聚集了五六百人,用苇子放火烧沙俄塔城贸易圈。是夜,风大火猛,不多时就将贸易圈延烧殆尽。沙俄领事和哥萨克卫队在塔城人民的反抗声中,狼狈逃回俄国。[2] 沙俄乘机向清朝政府勒索巨额"赔款",扬言要仿效英国"在广东索赔烟土"之例,向中国发动战争。最后,清朝政府在沙俄的军事压力和战争恫吓之下,被迫同意以"赔补"为名,"赔款"30余万卢布,以武夷茶5500箱抵偿,分3年付清。[3]

13.5　入侵我国特穆尔图淖尔、楚河下游,妄图侵吞喀什噶尔地区

1856年,沙俄在克里木战争失败后,向西扩张暂时受挫,于是就加强了对中亚和我国的侵略。这时,沙俄利用英、法发动第二次鸦片战争之机,以更加疯狂的势头,对我国进行大规模的领土掠夺。在我国西部,它一面巩固和加强在已侵占的我国领土上的侵略据点;一面继续向南扩张侵略势力,侵入我国特穆尔图淖尔(热海,今伊塞克湖)、楚河上游(中国文献称为"吹"地区)一带,甚至妄图吞并我国喀什噶尔地区。

---

〔1〕巴布科夫:《1859—1875年我在西西伯利亚服务的回忆》,第134页。
〔2〕《筹办夷务始末・咸丰朝》卷12,咸丰五年八月庚戌;卷13,咸丰六年三月甲子。
〔3〕《筹办夷务始末・咸丰朝》卷30,咸丰八年八月辛未。

1856 年 5 月,沙俄西西伯利亚总督加斯弗尔德派遣以哈米托夫斯基上校为头目的哥萨克侵略军,从维尔内出发,侵入我国特穆尔图淖尔地区,血腥地残杀了当地我国布鲁特族人民 40 余名,[1]并且测量地形,企图建造侵略据点。由于我国布鲁特族人民的反抗,这支侵略军的阴谋未能得逞。[2]

这时,沙俄"探险家"谢苗诺夫也打着"科学考察"的幌子,潜入特穆尔图淖尔地区,沿湖对我国天山北坡约 200 公里的地区进行了侦察。他极力收买和拉拢我国布鲁特族布库部上层分子,窃取了大量情报。1857 年 4 月,他再次潜入该地,挑拨和分裂我国布库部和萨尔巴噶什部的关系。他还向东经过善塔斯达坂,偷偷绕过我国卡伦,深入天山中部,最后甚至潜入特克斯谷地,窥测伊犁通往喀什噶尔的最东边的通道——穆札尔特达坂。7 月,谢苗诺夫回国后,大肆鼓吹侵占我国伊犁河南,包括特穆尔图淖尔、楚河上游等地的重要性,说什么,占领了这些地区,就"可以建立起俄罗斯在中亚的势力和统治的最坚强的不可摧毁的堡垒","尤其可以将俄国国界往前推移"。[3] 谢苗诺夫的一系列侵略主张,以后为沙皇政府所采纳。这个以"考察"我国天山起家的沙俄"探险家",后来还把他的名字改为"谢苗诺夫 – 天山斯基"。

谢苗诺夫在我国天山一带大搞间谍活动的时候,发生了中亚的浩罕汗国策动和卓后裔倭里汗入侵我国喀什噶尔的事件。沙皇政府密切窥伺这一事件的发展,企图乘机插手,侵吞我国喀什噶尔地区。

沙皇政府决定:(1)派一名"训练有素"的军官潜入喀什噶尔地区刺探情报;(2)在临近喀什噶尔边界增派侵略军;(3)不拒绝入侵喀什噶尔的和卓后裔的求援等。陆军大臣苏哈札涅特将决定通知了加斯弗尔德,加斯弗尔德立即草拟了派遣俄军支持倭里汗的行动计划。[4]但是,与侵略者的愿望相反,浩罕支持下的倭里汗,不到 3 个月就被清

---

〔1〕巴托尔德:《吉尔吉斯(历史概述)》,伏龙芝 1929 年版,第 50 – 52 页。
〔2〕佐姆戈尔捷诺夫:《吉尔吉斯归并于俄罗斯》,莫斯科 1959 年版,第 157 – 160 页。
〔3〕谢苗诺夫:《天山游记》,第 194 – 195、370 – 371 页。
〔4〕哈尔芬:《俄国在中亚的政策》,莫斯科 1960 年版,第 107 页。

军击溃,狼狈逃出国境。沙俄侵吞我国喀什噶尔地区的计划破产了。可是,沙俄仍不死心,决定仍然要派一名"有经验的可靠的"军官去喀什噶尔刺探情报。最后选中了在西西伯利亚军队里充任骑兵中尉的哈萨克人卓湛·瓦里汉诺夫[1]。

瓦里汉诺夫出发前,沙俄外交部给他的训令中特别指出:"此举的目的是政治性的,而非商业性的……"[2]1858年6月底,瓦里汉诺夫按计划在科帕尔附近加入了一个专门组织的从谢米巴拉丁斯克来的浩罕商队,经过我国的特穆尔图淖尔、纳伦河上游,向喀什噶尔进发。一路上,瓦里汉诺夫偷偷地记录了山川形势、民族分布等情报。他通过与各阶层人士以及中亚各汗国商人的频繁接触,窃取了我国喀什、英吉沙尔、乌什、阿克苏、莎车及和阗等6城的政治、经济、文化和军事等方面的大量情报。1859年4月,瓦里汉诺夫随商队返回维尔内。沙皇政府对瓦里汉诺夫所盗窃的情报十分赏识。这些情报成为沙皇政府制定和推行侵略政策的重要依据。

到1859年,沙俄还进一步将侵略触角伸进了我国巴尔喀什湖以南的楚河上游地区。当时,清朝政府在这一带的边防力量十分薄弱。在沙俄侵略势力伸进来之前,浩罕汗国曾不断向这一带入侵,并在楚河上游非法建筑了皮什别克(今伏龙芝)和托克马克等堡垒。沙俄认为这是侵占我国领土的有利条件,便打着"防御浩罕"的旗号,向我国楚河上游地区伸出魔爪。1859年夏,沙俄派维纽科夫率领一支侵略军,从维尔内出发,沿楚河而下,进行侦察和骚扰活动。这支侵略军穿越我国领土600余俄里,测量地形,绘制托克马克、皮什别克等地平面图,并收集有关我国哈萨克、布鲁特族部落的大量情报。[3] 沙俄西西伯利亚总督根据这次侦察结果制定了进攻楚河上游的侵略计划,并在卡斯捷克山口建立前哨堡垒。完成这些准备工作之后,沙俄便于1860年8

〔1〕此人系原哈萨克中帐阿布赉汗的曾孙,毕业于沙俄鄂木斯克武备中学。1856年和1857年,他曾参加过哈米托夫斯基和谢苗诺夫"考察团",在中国西部进行间谍活动。
〔2〕《瓦里汉诺夫文集》第1卷,阿拉木图1961—1962年版,第65页。
〔3〕哈尔芬:《俄国在中亚的政策》,第110–116页。

181

月,派出齐麦尔曼上校率领的配有各式火炮的 2000 名侵略军,大举入侵楚河上游,攻占托克马克、皮什别克等地。但是,沙俄当时并未能在楚河上游完全站住脚,侵略军在当地布鲁特人民的反抗下,后来不得不退回了维尔内。直到 1864 年,沙俄侵略军才完全占领了这一带。

沙俄侵占了我国巴尔喀什湖以东以南大片领土后,就寻求有利时机把它得到的东西"合法化",用武装侵占领土的既成事实,逼签不平等条约。1860 年,英、法联军侵入北京。沙俄利用英、法侵略军的军事压力,强迫我国清朝政府签订了不平等的《中俄北京条约》,规定了中俄西部边界的大致走向,把它已经侵占的和还没有侵占的大片中国领土划到了自己的一边。随后,在 1864 年,沙俄又歪曲《北京条约》的有关条款,逼签了《中俄勘分西北界约记》,割占了我国西部 44 万多平方公里的领土。这就是历史的真相。

（原载于《历史研究》1976 年第 3 期）

14 沙俄驻我国西部领事馆的
罪恶活动

近百余年来,在沙皇俄国向我国侵略扩张的过程中,设置于我国境内的直接执行沙皇政府侵略扩张政策的领事馆起了特殊作用。沙俄领事馆的种种罪行集中反映了沙俄不择手段地向外侵略扩张的丑恶面目。我国人民,特别是我国西部各族人民对沙俄领事馆的累累罪行,至今记忆犹新。

14.1 沙俄在我国西部领事馆的设置
是其侵略扩张的产物

沙皇俄国是侵略我国最早的国家之一,特别是在 1840 年鸦片战争后,我国逐渐沦为半殖民地半封建国家,而沙俄则逐渐变成军事封建帝国主义国家。从 19 世纪 40 年代开始,沙俄勾结西方帝国主义国家,推行掠夺、瓜分中国的政策。在短短的半个世纪中,沙俄先后强迫我国政府签订了一系列不平等条约,不仅割占了我国 150 多万平方公里的领土,而且还攫取了一系列政治、经济特权,其中包括在我国西部和其他地方设置领事馆和取得领事裁判权。

沙俄在我国西部设置领事和取得领事裁判权,始于 1851 年强迫清朝政府签订不平等的《中俄伊犁塔尔巴哈台通商章程》之时。按该《章程》第二条规定,伊犁、塔尔巴哈台两地通商后,沙俄可在伊、塔两处"专派管贸易之匿苏勒(俄文"领事"的音译——引者)官照管"。《章程》还规定:"遇有两边商人之事,各自秉公办理","两边商人遇有争斗小事,即著两边管贸易官员究办,倘遇人命重案,即照恰克图现办之例

· 欧 · 亚 · 历 · 史 · 文 · 化 · 文 · 库 ·

办理"等。[1] 这些规定,从表面上看是仿照乾隆五十七年(1729年)《中俄恰克图市约》的规定,是平等的;实际上,《中俄恰克图市约》的有关规定在中俄边境双方实行,因而是对等的,而《章程》规定仅在我国伊、塔两处实行。因此,这一规定使沙俄商人在我国西部领土上犯法不受我国法律制裁,而是由俄国法律处置。这是沙俄在我国西部取得领事裁判权的开始。沙俄通过该《章程》,还攫取了在我国伊、塔两处免税贸易、建立贸易圈和设置教堂等特权。

1858年和1860年,沙俄利用英、法侵略军的军事压力,先后强迫清朝政府签订了不平等的《中俄天津条约》、《中俄北京条约》(又名《中俄续增条约》),攫取了在"中国通商海口设立领事馆",以及"除伊犁、塔尔巴哈台二处外,即在喀什噶尔、库伦设立领事馆"的权利。这两个不平等条约正式明确了沙俄在我国的领事裁判权。[2] 1881年,沙俄又借"交还"我国伊犁,强迫清朝政府签订了不平等的《中俄伊犁条约》(又名《中俄改定条约》,俄人称《圣彼得堡条约》),进一步取得了在我国西部肃州(今甘肃嘉峪关)、吐鲁番增设领事,及"其余如科布多、乌里雅苏台、哈密、乌鲁木齐、古城五处,俟商务兴旺,始由两国陆续商议添设"领事等特权。[3]

1884年,我国西部新疆改设行省后,乌鲁木齐成为省会,地位日益重要。沙俄为强行在乌鲁木齐设领事,多次向清朝政府施加压力,但遭拒绝。1896年,沙俄采取把吐鲁番的沙俄领事馆移置到乌鲁木齐的卑劣手段,强迫清朝政府同意它在新疆政治、经济和文化中心——乌鲁木齐设置了总领事馆。[4]

到1911年初,沙俄又借口中国不遵守《中俄伊犁条约》的规定,采取突然袭击手段,向清朝政府发出最后通牒,进行军事威胁和外交讹

---

〔1〕条约全文见王铁崖编:《中外旧约章汇编》第1册,三联书店1982年版,第78-80页。

〔2〕王铁崖编:《中外旧约章汇编》第1册,《中俄天津条约》第7条、《中俄北京条约》第8条,第88、151页。

〔3〕王铁崖编:《中外旧约章汇编》第1册,第381-385页。

〔4〕王树枏主编:《新疆图志》卷56《交涉四》,宣统三年活字本;鲍戈亚夫连斯基:《长城外的中国西部》,圣彼得堡1906年版。

诈,强迫清朝政府接受了 6 条新的侵略要求。其中一条,就是要在科布多、乌里雅苏台、哈密、奇台 4 处,增设领事。[1] 同年,沙俄又诱迫当时清朝驻阿尔泰办事大臣帕勒塔同意在阿尔泰地区承化寺(今新疆阿勒泰)设置领事馆。

总之,从 1851 年至 1911 年,沙俄在短短的 60 年中,先后取得在我国西部地区的伊犁、塔城、喀什噶尔、肃州、乌鲁木齐、哈密、古城、承化寺等地设置领事及领事裁判等特权。其中除哈密、古城还未来得及设置外,其余各地均设置了领事馆。这样,沙俄就将其侵略的据点从西扩张到东,由边境深入到腹地。这些领事馆的设置完全是沙俄向我国侵略扩张的产物,是沙俄通过逼签不平等条约和其他侵略手段,攫取到的侵略权益之一。

但是,前苏联一些学者却颠倒黑白,说什么,19 世纪中叶沙俄强加给中国的一系列不平等条约,"所根据的是互惠的原则"。他们别有用心地引用不平等的 1860 年《中俄北京条约》的条款,声称:"根据俄中(北京)条约的条款,中国在互惠的基础上不仅有权在俄国境内进行贸易,还有权'在俄罗斯京城或别处设立领事馆'。"[2] 言下之意,《中俄北京条约》是平等互惠的条约,沙俄在中国设置领事馆和取得领事裁判权也是正当的。

这是对历史的严重歪曲。谁都知道,按照国际惯例,两个独立国家之间互设领事是平常的事。但是,近百年来,帝国主义列强侵略其他殖民地、半殖民地弱小国家,强迫在这些国家设置领事馆和取得领事裁判权,其性质与上述两个独立、平等国家之间互设领事完全不同。它是帝国主义列强侵略殖民地、半殖民地弱小国家的一种形式。19 世纪中叶以后,沙俄通过一系列不平等条约,强迫在半殖民地半封建的中国设置领事和取得领事裁判权,完全是不平等的,是沙俄侵略中国的产物。尽管在不平等的《中俄北京条约》中有中国可在"俄罗斯京城或别

---

〔1〕王树枏主编:《新疆图志》卷 56《交涉六》。

〔2〕斯拉德科夫斯基:《19 世纪中期的俄中关系》,载前苏联《近代史和现代史》1975 年第 3 期。

处设立领事馆"的条款,但当时受帝国主义列强和沙俄欺侮、压迫的半殖民地的中国,要在沙俄帝国主义国内设置领事馆是十分困难的,更不用说享受领事裁判权。《中俄北京条约》的上述条款,只不过是沙俄为了掩盖其侵华罪行所用的一块遮羞布而已。

事实就是如此。1912 年,中国政府向沙俄提出,要在毗邻新疆的俄属费尔干纳省安集延等处设置领事馆,以照顾和保护华商利益。沙俄帝国主义即原形毕露,竟以"该各处向无他国领事"为由,蛮横地加以拒绝。[1] 这完全违反了上述不平等的《中俄北京条约》的规定。

14.2　沙俄驻我国西部领事馆的组织和职能

沙俄在半殖民地半封建的中国西部设置的领事馆的组织机构和职能,不同于它在欧洲资本主义国家所设领事馆。沙俄是从侵略扩张的目的出发,把领事馆作为伸入我国西部地区"合法的"侵略据点而设置的。

沙俄驻中国西部领事馆组织机构十分庞大,除有领事外,还设有副领事(也称领事秘书或帮办领事)、翻译官、帮办翻译官、医官、卫队武官和全副武装的卫队。领事馆下设教堂、学校、邮局、办事处等。其中领事馆卫队,在沙俄逼签的不平等条约里并没有明文规定,只是在1858 年,沙俄借口保护俄国领事馆和俄商,强加给清朝政府的。按当时的规定,沙俄可在伊犁、塔城两处领事馆增添武装卫队,每处不得超过 50 名。[2] 以后,沙俄于新添设领事馆之地相沿为例,而且卫队数额超过了 50 名。据各种资料记载,19 世纪末 20 世纪初,在一般情况下,沙俄驻伊犁领事馆卫队约 200 名,塔尔巴哈台 30 到 50 名,喀什噶尔 60名,乌鲁木齐 30 名。[3] 这些装备优良的卫队驻在我国西部各重要城

〔1〕杨增新:《补过斋文牍》庚集 2,《呈请在俄属设立中国领事文》。
〔2〕《筹办夷务始末·咸丰朝》卷 31。
〔3〕耿兆栋:《伊犁旅行记》,载《地学杂志》1910 年;王树枏主编:《新疆图志》卷 56《交涉六》;《新疆之现状》,载《东方杂志》卷 7 第 3 期;伊瑟汤:《穿过世界屋脊》,伦敦 1911 年版,第 149页等。

市内,所住兵房俨然照营团布置。平时俄兵出入中俄边境,不容盘查。不仅如此,每当沙俄与我国有重大交涉时,它可以"保护领事馆和俄侨"为名,随意增派卫队,有时一处增达千余名之多。名为保护领事馆的武装卫队,实际上是沙俄向我国进行军事讹诈、镇压当地各族人民反侵略斗争和扩张侵略势力的得力工具。

沙俄领事馆还非法向附近城镇、乡村委派乡约(当地称"阿克萨噶尔"或"商约"),作为各地领事的耳目和爪牙。各地俄国乡约或由领事任命,或由当地俄商、俄侨推选,经领事批准,然后知照清朝政府。如1903年4月2日沙俄乌鲁木齐总领事给清朝地方当局关于在古城设置乡约、帮办乡约的照会上说:"兹经古城贸易俄商人等公举俄属塔什干缠回哈吉柏拉特拜为俄乡约,浩罕缠回哈其木得然为帮办乡约。本署领事已允所请。以后一切交涉案件,保全商务,皆系该乡约等应办之责,应照请贵道,札饬奇台县。嗣后遇有应办事件,准该乡约、帮办乡约来署报明核办,俄人一切事宜均归哈吉柏拉特拜暨哈其木得然二人经理,他人无管理之权。"各地俄乡约狐假虎威,凌驾于中国地方官之上,擅作威福,欺压我国人民。他们争占水利,抢掠财产,贩运烟土,草菅人命,无恶不作。他们还收集情报,定期向领事汇报。沙俄就是通过领事馆和各地的乡约,逐渐在我国西部形成了一套凌驾于我国政府之上的侵略势力,严重损害了我国主权。

沙俄领事馆还负责管理该地俄国的"贸易圈地"。每当沙俄在一地的领事馆设立后,随即援引不平等条约中"准俄民建造铺房、行栈","由中国指定一区,令俄罗斯商人自行盖造,以便住人、存货"等条款,肆意强占我国土地,规划"贸易圈地"。伊犁、塔城设置沙俄领事馆最早,贸易圈地也最大。1882年沙俄"交还"伊犁后,分散的俄侨逐渐集中,于是在城里出现了"一个俄国人的地区,在那里居住的几乎全是俄国侨民"。不久,沙俄又在城外领事馆附近抢占土地,于是,"领事馆附近又形成了一个新的俄国人地区"[1]。沙俄驻塔城领事同样不通过清

---

〔1〕鲍戈亚夫连斯基:《长城外的中国西部》,第335页。

朝政府,非法抢占土地,扩大领事馆、贸易圈地的范围。1882 年该地恢复领事馆后,沙俄擅自在城东北旧贸易圈外占地盖房。次年,沙俄驻塔城领事通过强签《中俄塔城俄属商人贸易地址条约》,把所占地区合法化。该条约甚至把贸易圈近旁"西南墙圈往西到河边之地"划入贸易圈,作为将来"俄国所属之人来者较多",须再议添给的地址。[1] 又如省城乌鲁木齐,自 1896 年设置领事后,沙俄强迫清朝政府同意在南门外二道桥一带建筑领事馆和贸易圈,致使大批民房被拆毁,人民流离失所。[2] 这些所谓"贸易圈地",完全独立于我国行政和司法系统之外,成了"俄国领土的一角"。[3] 当时,有人就痛切地指出:"夫租借地犹有租借之名,此则并租界之名而无之,是与割让何异! 主权丧失,莫此为甚。"[4]

按不平等的《中俄伊塔通商章程》的规定,沙俄在伊、塔两处所设领事馆,是"专管贸易"的,这也是平等国家互设领事馆的职能。但是,沙俄驻中国西部领事的职能主要不是管理俄商贸易,而是起一个"外交代表"的作用,即是说,起一个直接推行沙俄侵略政策的作用。曾任过沙俄驻我国伊、塔领事馆官员的鲍戈亚夫连斯基就毫不掩饰地承认:"驻东方国家(指亚洲弱小国家——引者)的领事首先是个外交代表,而驻文明国家(指资本主义国家——引者)的领事无此职能。因此,在东方国家有时甚至会在一些俄国人数量很少,没有商业,但却有政治利益的地方设领事。由于领事享有总督和省长对中央政府那样的独立自主权,所以驻中国的领事作为外交代表,他的作用特别大。作为一个外交代表,领事在其管属区内力求达到某一时期我国政府认为重要的政治目的。"[5] 而沙俄对我国一贯的"政治目的"就是攫取我国领土。正因为领事披着"外交官"的合法外衣,以领事裁判权作护身符,有庞大的武装卫队作后盾,在沙俄侵华过程中起了非常重要的作

〔1〕《清季外交史料·光绪朝》卷 31;鲍戈亚夫连斯基:《长城外的中国西部》,第 337 页。
〔2〕《饶应祺奏稿》,光绪二十三年十一月二十日。
〔3〕鲍戈亚夫连斯基:《长城外的中国西部》,第 345 页。
〔4〕杨增新:《补过斋文牍》第 3 编第 5 卷《外交上》。
〔5〕鲍戈亚夫连斯基:《长城外的中国西部》,第 345 页。

用。所以,沙皇政府总是处心积虑地急于在我国西部设置更多的领事馆,以扩展自己的侵略势力。1909 年到 1911 年间潜入我国内蒙古、新疆等地"探险"的沙俄边宁格伯爵就供认:如果要"伸张我国的势力,就需要在对我们有利的一切城镇,急速地开设领事馆,以优秀的将校担任武官的领事护卫队(每馆至少 50 人)的出现,不仅对当地居民心理影响极大,而且十分有助于我国势力范围的扩张"[1]。

14.3 沙俄驻我国西部领事馆的侵略罪行

14.3.1 盗窃情报,积极推行蚕食侵吞我国西部领土的侵略政策

19 世纪 50 年代初,沙俄在我国伊犁、塔城设置领事馆后,这两处领事馆立即成为沙俄的情报站和侵略据点。当时,沙俄已经侵入我国西部巴尔喀什湖以东以南地区,非法建立了科帕尔(今卡拉塔尔河以北)和维尔内(今阿拉木图)两个侵略堡垒,进行武装殖民,蚕食侵吞我国领土。为了推行上述沙皇政府蚕食侵吞我国西部领土的侵略方针,沙俄驻伊、塔两处的领事,一面千方百计盗窃我国西部政治、军事、经济等方面的情报,一面直接配合沙俄,侵占我国西部边境领土。

当时,首任伊、塔两处的沙俄领事是随科瓦列夫斯基到伊犁谈判《中俄伊塔通商章程》的两个随员:札哈罗夫(我国文献译称杂哈劳)和塔塔林诺夫。这两个曾在沙俄驻北京东正教团混过的所谓"中国通"上任后,首先大肆盗窃我国西部地区的情报。札哈罗夫在领事任内,通过各种手段盗窃情报,偷偷地绘制了一份嘉峪关以西我国西部的详细地图,上面用俄文标有山川河流、城镇及卡伦的位置。这一地图及其他情报为沙俄蚕食侵吞我国领土,以及以后逼签不平等的《中俄北京条约》、《中俄勘分西北界约记》,割占我国西部 44 万多平方公里领土提供了重要的资料。[2]

---

〔1〕边宁格:《现代蒙古》,东京 1914 年版,第 61 - 62 页。

〔2〕巴布科夫:《1859—1875 年我在西西伯利亚服务的回忆》,圣彼得堡 1912 年版,第 185 页;谢苗诺夫:《天山游记》,莫斯科 1947 年版,第 230 - 231 页。

·欧·亚·历·史·文·化·文·库·

同时,沙俄领事还积极配合沙皇政府,蚕食侵吞我国西部领土。在我国塔城西图古勒池(今阿拉湖)南,有一座雅尔噶图山,山上盛产金砂。1853 年,清朝政府曾在此设立官厂,开挖金矿。同年,沙俄为了霸占金矿,竟然通过西西伯利亚总督向清朝政府施加压力,声称:雅尔噶图地方"是我们属下的哈萨克地方",威胁清朝政府将挖金人民撤回,"不然日后不和之事起与不起,我们不保"。[1] 以后,沙俄又数次派遣军队闯入雅尔噶图一带,驱逐、屠杀我国挖金工人。当时,驻塔城沙俄领事塔塔林诺夫贿买了塔城清朝原管理金矿的官员萨碧屯,与之"明来夜去","为亲为友",暗中互通消息。正是塔塔林诺夫"申报驱逐"我国挖金群众,"又复亲往差人驱逐,伤毙多人"。[2] 其中一次,沙俄军队到雅尔噶图,"沿途剿杀,将死尸抛入海(阿拉湖)内"。据记载,沙俄杀害我国挖金工人总约 200 余名,犯下了滔天罪行。

当清朝塔尔巴哈台参赞大臣向塔塔林诺夫提出质问时,他不仅"佯为不知",而且威胁说:"卡伦以外是我们哈萨克的地方,你们将民人逐回,不然亦难保事之有无。"此事激起了塔城各族人民的极大愤怒。他们把矛头首先对准了直接参与残杀我国挖金工人的沙俄驻塔领事馆。1855 年 8 月 26 日夜,塔城各族人民集合了约五六百人,在挖金工人安玉贤等领导下,放火烧了他们早已痛恨的沙俄领事馆和贸易圈。平日作威作福的沙俄领事塔塔林诺夫和哥萨克卫兵在塔城各族人民的愤怒声中,狼狈逃回俄国。[3]

事后,沙俄进行无理要挟,勒索赔款,并企图借此扩大侵略。沙俄驻伊犁领事札哈罗夫更是积极活动:"始而暗布流言,有阻止哈萨克不准贸易之谣";继之又行文清朝伊犁将军,诬称又有中国人民前往雅尔噶图挖金,将派兵驱逐;后又要挟清朝政府准允俄国商品改由伊犁河载船运入卡内贸易;等等。遭到清朝政府拒绝后,沙俄遂于 1858 年 8 月将伊犁领事馆官兵、商人全行撤回俄国,以示要挟。1858 年,沙俄派

〔1〕《筹办夷务始末·咸丰朝》卷 11。
〔2〕《筹办夷务始末·咸丰朝》卷 13。
〔3〕《筹办夷务始末·咸丰朝》卷 14。

遣札哈罗夫到伊犁与清朝政府谈判。谈判中,札哈罗夫多次以发动战争相威胁,扬言要依英国"在广东索赔烟土"之例,以战争索取赔款。[1]在沙俄的军事讹诈之下,腐败的清朝政府最后妥协,同意修复塔城沙俄贸易圈,并以"贴补"俄商为名,赔款 302000 多个卢布,合抵中国武夷茶 5500 箱,分 3 年付清。[2]

沙皇政府因札哈罗夫侵略"有功",将他提升为驻伊犁总领事。以后,又任命他为逼签割占我国西部 44 万多平方公里领土的不平等条约——《中俄勘分西北界约记》的俄方首席代表。札哈罗夫的所作所为不啻是沙俄驻我国西部领事早期侵略的一个缩影。

14.3.2 利用特权,为非作歹,粗暴干涉我国内政

19 世纪 60 年代初,我国西部各族人民在内地太平天国运动的影响下,先后爆发了反对清朝统治阶级的武装斗争。伊、塔两地的各族人民不仅动摇了清朝在该地的统治,而且,捣毁了当地沙俄领事馆和贸易圈,中断了沙俄在中国西部地区掠夺性的贸易。

直到 1881 年,沙俄在逼签不平等的《中俄伊犁条约》后,恢复了伊犁、塔城俄国领事馆,并在喀什噶尔、肃州、吐鲁番(后改在乌鲁木齐)建立了领事馆。

此后,各地领事馆就包庇、支持一批逃入俄境的叛匪,在我国西部边疆一带抢劫、骚扰,严重影响了我国边防治安。1883 年 5 月,伊犁将军报称:投降俄国的叛匪在边境地区骚扰,"咨会俄官严禁,置若罔闻;拿获到案,俄官必索回不办"。[3] 沙俄领事包庇叛匪的侵略活动,有时甚至达到干涉我国内政的恶劣地步。如 1883 年伊犁提督曹正兴营中战马,屡为沙俄支持的叛匪抢劫。该营官兵擒获盗犯两名,供认系投俄叛匪。正管押间,这两名叛匪乘间脱逃,一直下落不明。这时,沙俄驻伊犁领事宝德琳突然送来焦尸两具,诬告我国官兵杀害俄侨两名,并无理要求伊犁将军金顺摘去曹正兴的顶戴,缉命"凶手"。而后,又于 8

---

〔1〕《筹办夷务始末·咸丰朝》卷 30。
〔2〕《筹办夷务始末·咸丰朝》卷 30。
〔3〕《清季外交史料·光绪朝》卷 32,第 2－4 页。

·欧·亚·历·史·文·化·文·库·

月通过驻京俄使数次向清朝总理衙门威逼,说什么清朝伊犁将军办理不力,"实属无济",要求"将以上各员撤任,照例惩办,幸勿耽延"。最后,又以"此案久悬未结"为借口,妄图"建约索赔"。[1]

与此相反,1888年10月,沙俄侨民非法打死中国营勇冉青云等3人,将尸体藏于领事馆附近荒园。经清朝当局查获,人证物证确凿。可是,沙俄驻伊犁领事吴思本却"狡赖不认",而且反诬"中国兵民,无端见害"于他。更恶劣的是,他竟添派马队护卫,并在边境霍尔果斯河西俄卡增兵,以相威胁。此事激起了伊、塔一带我国各族人民的极大愤慨,"兵怒民怨"。在这种形势下,吴思本才不得不撤回马队,与清朝官员谈判。[2]

在我国西部的部分俄商、俄侨以领事裁判权为护身符,为非作歹,强占民女,诬良为盗,霸占产业,欺压人民,种种不法之事,均为俄领事所包庇。当我国兵民与俄商发生争执,或地方官逮捕民愤极大的叛匪,沙俄领事即出面干涉。甚至通过沙俄外交部及驻京俄使,反诬中国军民"虐待俄商","兵勇抢劫","囚禁商人","不遵条约",等等,并威逼清朝政府"将一切虐待情事速行遏禁","切勿延宕"。[3] 事实上,经我国地方当局查明,所谓"虐待俄商",只是清朝政府对犯了法,并早已加入中国国籍的安集延商人"按法讯究";所谓"兵勇抢劫",只不过是喀什中国兵士赴市买马,与俄商口角,俄领事即诬兵士抢劫;至于所谓"囚禁商人",更是沙俄妄图干涉中国内政的无耻诬告,事件真相是:清朝地方当局逮捕了追随阿古柏多年、残杀中国人、民愤极大的叛匪和罪犯米尔开里木父子。[4] 这本是中国的内政,沙俄根本无权过问。可是,沙俄驻喀什领事却无理干涉,捏称该犯已加入俄籍,坚请释放。遭到拒绝后,又通过沙俄外交部捏词诬告,粗暴地干涉中国内政。

〔1〕《清季外交史料·光绪朝》卷45,第22-23页。
〔2〕《清季外交史料·光绪朝》卷78,第19-24页。
〔3〕《清季外交史料·光绪朝》卷76,第16-18页。
〔4〕《清季外交史料·光绪朝》卷79,第1-3页。

14.3.3 镇压我国革命,扩展侵略势力,积极推行沙俄吞并我国西部的扩张政策

19世纪末20世纪初,随着世界主要资本主义国家先后进入帝国主义阶段,分割和重新分割世界的斗争日益尖锐。各帝国主义国家掀起了瓜分中国的狂潮,我国面临着被帝国主义瓜分的危险。具有反侵略斗争的光荣传统的中国人民奋起反抗,1900年掀起了轰轰烈烈的义和团爱国运动,沉重打击了帝国主义在华的侵略势力,粉碎了它们瓜分中国的迷梦。

在义和团运动前后,沙俄侵华的凶残面目进一步暴露。在我国西部地区,沙俄以领事馆为基地,增派卫队,镇压当地人民革命,乘机扩张侵略势力。

1900年9月,在沙俄驻伊犁领事的建议之下,沙俄借口"保护领事馆和俄商",从塔什干调兵200余名侵入我国境内,强行进驻宁远。接着,沙俄又在临近我国伊犁、喀什噶尔边境增加驻军,[1]直接威胁到我国西部边疆的安全。

1901年1月,在内地义和团反帝斗争的影响下,南疆喀什噶尔爆发了各族人民反抗沙俄侵略者的斗争,约2000多名群众集合到沙俄驻喀什领事馆外,进行示威,抗议沙俄侵略者压迫、欺侮中国人民的罪行。示威群众斗志昂扬,与沙俄领事馆卫兵展开了搏斗。沙俄领事彼得罗夫斯基气急败坏,出动了领事馆全部卫队,镇压这次示威。[2]

1911年,我国爆发了辛亥革命。沙皇政府为了俄国资本家的利益,利用中国发生革命运动的时机掀起了一个宣传运动,叫嚣占领与俄国接壤的中国的几个省份。

1912年年初,新疆伊犁地区爆发了响应辛亥革命的武装起义。起义军迅速控制了整个伊犁地区。伊犁起义后不久,沙皇政府连续召开

---

〔1〕斯克莱因、奈丁格尔:《马继业在喀什噶尔》,伦敦1973年版,第124页。

〔2〕大卫·丁·达林:《俄国在亚洲的兴起》,伦敦1949年版,第146页。

·欧·亚·历·史·文·化·文·库·

秘密会议,策划入侵我国。会上,陆军大臣苏卓林诺夫迫不及待地主张派遣军队重占伊犁。外交大臣沙佐诺夫害怕这种露骨的武装侵占会引起其他帝国主义列强的干涉,因而主张借保护俄国领事馆和商人,以增加领事馆卫队为名,派遣军队进驻我国西部各领事馆,伺机而动。[1] 会议最后采纳了沙佐诺夫的侵略主张。于是,沙俄在我国西部的领事馆又直接成为沙俄干涉我国革命,阴谋侵吞我国西部领土的活动中心。

1912 年 5 月 8 日,沙俄哥萨克侵略军 200 余名,从霍尔果斯尼堪卡侵入我国境内,强行进驻伊犁。[2] 6 月 22 日,沙俄仍以保护领事馆和俄国商民为借口,派遣 700 多名哥萨克兵(步、骑各一半)进入喀什噶尔,分 7 处驻扎在疏附县城北门外。以后,又增加到 1000 多名。[3] 1913 年 7 月 22 日,沙俄驻承化寺领事故意挑起事端,持棍乱打当地中国驻兵。中国士兵持枪自卫,刺伤俄国领事。沙俄就向中国政府施加压力,无理要求撤出当地我国驻军、道歉和惩办"凶手"等。在沙俄的威逼下,袁世凯政府撤出了当地驻军,处罚了刺伤俄国领事的我国官兵。但是,沙俄仍借口处罚太轻,竟于同年 9 月出兵 1500 多名,分驻承化寺等地。俄军入侵阿尔泰地区后,抢占土地,砍伐林木,建筑营房,架设电线,设立邮局,企图长期占据。[4]

尽管沙俄借口保护领事馆和商民,以增加领事馆卫队的手段,三路增兵,妄图一口吞并我国西部地区,但是,辛亥革命本身充分显示了中国人民的觉醒,正是中国人民的反抗,迫使沙俄放弃了用武力吞并我国西部地区的狂妄计划。同时,沙俄国内自 1905 年革命之后,专制制度已经千疮百孔。可是,它还要作垂死的挣扎,把侵略的魔爪伸向世界各地,以缓和、转移国内革命运动的压力。当时,重新分割世界的帝国主义第一次世界大战即将爆发,沙俄将其主要力量放在争夺欧洲之

---

〔1〕中华民国外交部文书科编印:《外交部交涉节要·伊犁俄领署增设护兵案》(民国元年五月)。

〔2〕杨增新:《补过斋文牍》第 3 编第 5 卷《外交上》。

〔3〕斯克莱因、奈丁格尔:《马继业在喀什噶尔》,第 224 页。

〔4〕《民国政务司各国悬案选辑·承化寺俄兵案》。

上。因此,在我国人民的反抗和政府的多次交涉之下,沙俄不得不先后撤离了在伊犁、喀什噶尔增驻的军队,而阿尔泰的沙俄军队直到1917年沙俄政府崩溃后才撤出。

14.3.4 操纵地方官吏,企图从政治上控制我国西部地区

19世纪末20世纪初,沙俄通过领事馆,还加强了对我国西部地区的政治控制,采取的主要手段就是操纵地方官吏。沙俄领事通过各种方式强迫中国政府撤换一些反对和妨碍他们扩大侵略的地方官吏,而代以较为驯服的卖国奴才。在这方面,沙俄驻喀什领事彼得罗夫斯基是十分典型的。1900年年底,彼得罗夫斯基以帕米尔俄通讯兵被打和色勒库尔驿卒被逐为借口,强迫新疆巡抚命令喀什提督撤换了驻色勒库尔旗官戴富臣。次年初,他又干涉喀什噶尔知府的任命,坚持要以沙俄宠信的官吏充任。同年8月,在他的无理要求下,莎车知府也被撤换。[1]

当时,因喀什噶尔提督张宗本在1901年初支持过当地人民向沙俄领事馆的示威,彼得罗夫斯基把他视为眼中钉,千方百计地想要撤换他。同年10月,彼得罗夫斯基以"增加喀什噶尔俄国军队数量"相威胁,强迫新疆当局撤换张宗本,但无结果。于是,他通过沙俄驻京公使向清朝政府施加压力。次年3月,腐朽的清朝政府终于被迫调离了张宗本,将他降为阿克苏镇总兵。喀什提督一职则为沙俄领事提名的焦大聚所代替。[2]

沙俄领事还强迫清朝政府提拔一些媚外的败类,报复和处罚一些不顺从于他的地方官吏。1913年,喀什通商局局长刘润通,事事听命于俄国领事,深得赏识,遂被清朝政府提拔升迁和田州缺,仍兼交涉局局长。[3] 皮山知县蔡甫周由于反对沙俄非法发展俄侨,据理严惩了一些加入俄国籍的地痞流氓。沙俄领事即责令一味媚外的喀什道台张

---

〔1〕斯克莱因、奈丁格尔:《马继业在喀什噶尔》,第127页。

〔2〕斯克莱因、奈丁格尔:《马继业在喀什噶尔》,第127 – 128页。

〔3〕《西北杂志》1913年第3期附录。

·欧·亚·历·史·文·化·文·库·

应选"严令惩戒",蔡甫周"愤不能忍",被迫投水自杀。[1] 伊犁地区的"中俄局",名为交涉机关,但每有交涉事件总是沙俄领事说了算数。[2]

沙俄驻我国西部领事操纵了一部分中国官吏后,就通过他们为自己效劳,侵压我国主权,扩大侵略势力。

1906年,沙俄驻喀什领事柯洛柯洛夫就通过喀什道台,强行修筑了一条从中俄边境的图噶尔特山口到喀什的道路。[3] 这条道路对于沙俄扩大对南疆的侵略具有十分重要的意义。1913年,沙俄道胜银行发行新式金币(纸币)时,即通过沙俄领事责成喀什道台转报新疆都督及阿克苏道,"查照施行"。如果我国地方当局采取某种措施触犯了沙俄的利益,沙俄领事即出面干涉,勒令取消。如1910年冬,喀什道台袁鸿祐出告示禁止面粉出口,沙俄领事竟认为此项命令事前没有知照他,并取得他的同意,横蛮地要求取消。更严重的是,沙俄领事馆竟毫无顾忌地在我国西部推行殖民政策,妄图通过殖民,逐渐侵吞我国领土。沙俄驻伊犁领事弗沃多罗夫就曾叫嚷:"伊犁地区是一个适合大批移民居住的农业地区,如果这里完全居住俄国移民,这对我们将是十分重要的。"[4]他就曾亲自出马强索伊犁西索伦营所辖的从霍尔果斯至阿克苏一带50里地方,给俄国殖民者放牧羊马。[5] 伊犁地区俄国殖民者日益增多,仅在边境一带我国牧场,俄人偷越放牧的就约有两三千家,牲畜达20余万头。[6] 这些殖民者"皆统辖于俄国领事馆,其下复设立村长组长,从殖民中选出,以治理内外事务"[7]。

在阿尔泰地区,沙俄驻承化寺领事库孜敏斯基,在1914年竟然派遣军队保护俄国殖民者抢种哈巴河、布尔津河冲呼尔一带土地,"强占水渠,伐树盖房,捕鱼设渡",甚至强迫当地我国居民腾房搬家。[8]

〔1〕谢彬:《新疆游记》,第233－234页。
〔2〕《西北杂志》1913年第3期附录。
〔3〕斯克莱因、奈丁格尔:《马继业在喀什噶尔》,第147页。
〔4〕大卫·丁·达林:《俄国在亚洲的兴起》,第146页。
〔5〕《伊犁将军马广泰稿》第3册,光绪二十九年六月。
〔6〕杨赞绪:《现在的新疆》,北平文化书社1933年版,第14页。
〔7〕《新疆之现状》,载《东方杂志》第7卷第3期。
〔8〕《民国政务司各国悬案选辑·俄人在哈巴河越界种地案》。

1915 年 5 月,沙俄侵略军和移民在冲呼尔地区再次强占水渠。当地群众和驻军忍无可忍,"成群持械"与侵略者说理。沙俄侵略军首先开枪打死我国人民 3 人,重伤 5 人。愤怒已极的群众被迫还击,打伤俄军 6 人。这时,沙俄领事反电告中国政府,说什么阿尔泰办事长官刘长炳纵兵行凶,攻击俄人等,提出惩办凶手、赔偿等无理要求。中国政府虽然拒绝了处分刘长炳和赔偿等要求,但是解除了在事官兵的职务,向侵略者作了妥协。[1]

在沙俄领事馆的庇护、支持下,中国西部部分俄国商民,恃强逞凶,肆意侵占我国牧场耕地。如于阗县(今于田)努勒村,俄民侵占当地人民牧场草湖一带。俄国德盛洋行等 10 余家强占奇台县属白杨河以东南山一带耕地,牧放牲畜达 40 余万头,不仅不纳税,而且"故意纵放牲畜,伤害禾苗"。当地居民如加以劝阻,他们便逞凶打人,甚至"割民之耳,殴人致毙"。[2]

至于各地沙俄领事馆官员及卫兵平时飞扬跋扈,欺压我国人民的罪行,更是层出不穷。总之,在沙俄领事馆控制下的一些地区,我国主权丧失,人民饱受沙俄侵略者的压迫和剥削。

14.3.5 非法发展俄侨,进行颠覆分裂活动

沙俄驻中国西部的领事馆还大肆非法发展俄侨,妄图用改变国籍的手段,分裂侵占我国领土。

1911 年 6 月,沙皇政府为了加强对我国西部的侵略,特意任命曾在上海、沈阳等地担任过总领事的爱德华·贝伦斯为俄国驻喀什副领事。野心勃勃的贝伦斯到任后,更加积极地推行分裂和颠覆我国西部南疆的罪恶活动。他公开叫嚷:"应该使新疆成为一个伊斯兰教的国家。"[3]他采取的主要手段就是大量非法发展俄侨,挑起事端,然后使新疆从中国分裂出去,成为沙俄卵翼下的殖民地保护国。这年年底,贝伦斯从喀什窜到于阗、莎车、叶城等地,非法地、无限制地诱迫我国人民

〔1〕《民国政务司各国悬案选辑·冲呼尔中俄兵民冲突案》。
〔2〕杨增新:《补过斋文牍》庚集,第 1 页。
〔3〕斯克莱因、奈丁格尔:《马继业在喀什噶尔》,第 169、203 页。

加入俄籍。他强迫那些父母出生在巴尔提斯坦、奇特拉尔、吉尔吉特，自己出生在中国南疆，并早已取得中国国籍的人，声明自己是俄国人。这些地方是今巴基斯坦、阿富汗的辖地，当时是英国的殖民地，根本同沙俄无关，这些人更不是什么俄侨。但是，贝伦斯无视这些事实，强行把这些人登记为俄侨。在我国南疆还有一些人，他们的祖先从中亚安集延迁来，世世代代定居于我国土地上，贝伦斯也强迫他们每人以 20 两到 25 两银子的高价购买俄国国籍证明书，脱离中国国籍。[1]

除上述公开登记俄侨外，沙俄领事还以非法出售通商票的手段，发展俄侨。所谓"通商票"是沙俄领事馆发给俄商的贸易执照，根据不平等的《中俄伊犁条约》，俄商在我国天山南北的贸易免税，通商票即免税贸易的执照。后来，沙俄领事为了扩展侵略势力，纵容各地俄国乡约和俄商，非法出售通商票给我国奸商。这些奸商执沙俄通商票，冒充俄商，投机倒把，偷税漏税；若一经查获，还可得到领事馆的庇护，逃避中国法律的制裁。一些土豪劣绅、地痞流氓也仿效奸商，贿买通商票，投靠沙俄，为非作歹。这样，沙俄领事馆就将出售通商票当做一种发展俄侨的手段。据我国当时报刊揭露，沙俄通过非法出售通商票等手段，在南疆一带大肆非法发展俄侨。如拜城，以前根本没有俄侨，1913 年 3 月，乌什县的俄国乡约阿布都哈的窜到该处，诱迫当地人民用银两贿买通商票，非法发展俄侨 100 余人，而且安置了 2 名俄国乡约。[2] 焉耆、和阗等地也有这种情况。因此，当时就有人指出："更有最大之隐患足以亡南疆而有余者，则通商票是也。""若长此不止，恐人民去而土地随之，天山南路不难立沦异域。"[3]

此外，沙皇政府长期以来一直豢养着曾一度侵占我国南疆的阿古柏的儿子伯克胡里，并将阿古柏的孙子穆斯塔法罕聘为土耳其斯坦总督府的雇员，以便在时机成熟时，扶植他们统治南疆，建立在俄国卵翼下的傀儡国，达到颠覆分裂我国西部的目的。

---

〔1〕斯克莱因、奈丁格尔：《马继业在喀什噶尔》，第 218 页。
〔2〕《时报》1912 年 12 月 31 日，《俄人勾引华人入籍之骇闻》。
〔3〕《西北杂志》1913 年第 3 期附录。

但是,沙俄非法发展俄侨,妄图颠覆分裂我国西部地区的阴谋并没有得逞。1912 年 6 月 25 日,即沙俄借口保护俄国领事馆和商民,增兵喀什后第三天,为了反击贝伦斯在于阗等地非法发展俄侨,支持俄侨闹事,从而分裂我国南疆的侵略活动,于阗县策勒村各族人民掀起了反抗沙俄侵略的英勇斗争。这就是当时轰动中外的"策勒事件"。

策勒是于阗县西边一个大的村镇(后改设县)。早在 1911 年辛亥革命前,沙俄驻喀什领事就派遣间谍色依提(乌孜别克人),以俄商的名义,到于阗一带进行活动。色依提到于阗后,定居于策勒。在贝伦斯的指使之下,他非法发展了 100 多名俄侨,在这一带横行霸道,争占水利,民愤极大。1912 年 6 月,沙俄驻喀什领事蓄意挑起事端,利用色依提进行新的挑衅。色依提毒打群众多人,引起广大群众公愤。群众强烈要求当时已控制了喀什噶尔地区的哥老会审理这一案件。哥老会首领边永福等在人民的支持和推动下,派参将熊高升等到于阗查办。熊高升到达后,色依提在他岳父家里,屋顶上挂着俄国国旗,并首先开枪打死传讯他的兵士和群众。愤怒的群众进行了反击,当场打死几名凶手,并烧了色依提盘踞的房院,色依提狼狈地挖后墙逃走[1]事件发生后,尽管沙俄掀起了反华的疯狂叫嚣,强迫袁世凯政府同意了赔款、惩凶等无理要求,但是,这一事件充分显示了我国西部各族人民反抗侵略的巨大力量,显示了中国人民的觉醒。正是我国各族人民的反抗,使沙俄侵吞和分裂我国西部地区的阴谋未能得逞。《马继业在喀什噶尔》一书的作者这样写道:中国的辛亥革命,"虽然给他们(指沙俄——引者)提供了催促吞并喀什噶尔的机会,但也推翻了他们的计划"[2]

14.3.6 包庇纵容俄商,扩大经济掠夺

保护和管理俄国商人,本是沙俄驻我国西部领事的职能;但正如一个英国人所揭露的那样:沙俄在亚洲弱小国家所设的领事,上述的"这些公开的职务,只是他们任务中最不重要的部分"[3] 沙俄领事馆

---

〔1〕中华民国外交部文书科编印:《外交部交涉节要·喀什噶尔和阗州属俄人被戕案》。
〔2〕斯克莱因、奈丁格尔:《马继业在喀什噶尔》,第 207 页。
〔3〕包罗杰:《阿古柏伯克传》,伦敦 1878 年版,第 203 页。

欧·亚·历·史·文·化·文·库·

打着保护和管理俄商的幌子,实际上干着盗窃情报、侵夺别国主权、干涉别国内政、颠覆分裂别国领土等侵略勾当。在经济方面,它们直接推行沙皇政府对殖民地半殖民地弱小国家经济掠夺的政策。在我国西部,它们不仅牢牢地维护不平等条约所予以的特权,而且在许多方面,违反不平等条约的有关规定,扩大经济侵略。

首先,沙俄领事馆通过对我国西部一些地区官吏的控制,强迫他们颁布一些有利于俄商的措施。如1901年,沙俄卢布在喀什噶尔地区的官方兑换率是1卢布比10腾格(当地货币单位)。但由于卢布在当地尚未广泛使用,信用不足,市场上1卢布只能折换8.5腾格。为了维护沙俄的经济利益,沙俄驻喀什领事彼得罗夫斯基强迫喀什道台黄光达出示布告,要求各商店在售货时,必须按10腾格的官方兑换率接受卢布付款。[1]

沙俄领事还无视我国主权,在我国境内设卡抽税。1914年,沙俄驻喀什领事在当地设立的税局,增抽入俄贸易华商的货税,计毡毯、土布每块收红钱3文(相当于俄币1戈比半),每驮收税银5两。[2] 根据不平等的《中俄伊犁条约》及所附《陆路通商章程》,俄商在中国天山南北贸易免税,华俄商人在中俄边界百里之内贸易也是免税,但沙俄不仅随意抽收我国商人入俄贸易的货税,而且竟然将税局设在我国领土之内。当中国政府向沙俄提出抗议之后,沙俄领事进行狡辩,说什么在喀什设局是为了便利华商,抽收的是"验货盖戳规费",不能以税课相比,"而且已实行二十余年"等。在中国政府一再抗议和交涉下,沙俄最后才不得不撤去了在喀什所设税局,改设于中俄边境上的伊尔克斯坦,只收入俄华商报关验货税。[3]

另外,按上述不平等条约的有关规定,俄商由我国天津、通州等贩买土货(中国货物)回国,"沿途不得销售"。但是,俄商往往在我国内地购买土货(大部分是原料产品和茶),返回途中,在我国西部一带非

[1]斯克莱因、奈丁格尔:《马继业在喀什噶尔》,第126页。
[2]《新疆征收俄民牧放牲畜草场税案》(民国3年10月20日至民国5年3月12日)。
[3]《俄领在喀什设局收税案》(民国3年12月14日至民国4年8月20日)。

法销售,牟取暴利,严重损害我国商人利益。当中国政府提出按约限制这种非法贸易时,沙俄领事和驻京俄使则曲解条约,强行要求取消限制,让俄商在我国西部天山南北可以不纳税地自由贸易。

由于沙俄攫取了一系列经济特权,以及沙俄领事馆积极推行沙皇政府经济掠夺政策,给我国西部造成了极为严重的后果。沙俄在我国西部的贸易额逐年上升,俄商及俄国洋行几乎遍于我国西部新疆地区,并逐渐取得了垄断的地位。据不完全统计,从1895年至1914年,沙俄与我国西部的贸易输出额几乎增长了2倍,输入额增加了2.7倍[1]。其中,从俄国输出到我国西部的商品主要是棉织品、呢绒、绸缎,其次是铁器、白糖、火柴、玻璃器皿等工业品;而从我国西部输入到俄国的主要是农畜原料如棉花、干果、生丝、皮毛、肉、油脂、肠衣等。沙俄已把我国西部变成了它工业产品的销售市场,同时又使该地区的农牧业服从于它的需要。由于沙俄向我国西部地区大量推销商品和对该地区原料产品进行掠夺,这里的手工业、商业濒于破产,农业生产完全服从于沙俄的需要。这是我国半封建半殖民地社会的重要标志之一,是沙俄入侵所造成的恶果。

到20世纪初,已成为帝国主义国家的沙俄,在我国西部地区还进行资本输出,垄断这里的金融和财政。沙俄领事馆从政治上直接支持和维护开设于中国西部的华俄道胜银行分行(伊犁、喀什、塔城、乌鲁木齐4处)的侵略利益。该分行在我国西部非法发行纸币,垄断汇兑,并采用投资入股、办理期票贴现等手段,直接从事大宗进出口贸易,逐渐垄断了当地的财权和金融,掌握了我国西部的经济命脉。

以上所揭露的仅是沙俄驻我国西部领事馆侵略罪行的一部分。但仅从这一部分罪行中就能清楚地看到,沙俄领事馆是怎样不择手段地推行沙俄帝国主义侵略扩张政策的。

(与何玉畴合作,原载于《西北大学学报》1977年第4期)

---

〔1〕斯拉德科夫斯基:《苏中经济关系概要》,莫斯科1957年版,第164—165页。

·欧·亚·历·史·文·化·文·库·

15 塔什库尔干地区各族人民 抗击外来侵略者的英勇斗争

——兼斥所谓"继承浩罕遗产论"

　　塔什库尔干地区位于我国新疆的西南,帕米尔高原的东部,又称色勒库尔(色勒库勒)地区。主要包括今新疆塔什库尔干塔吉克自治县及阿克陶县的一部分。这里群山耸立,峰峦叠嶂,南有世界第二高峰——乔戈里峰(海拔 8611 米),北有著名的"冰山之父"——慕士塔格山(海拔 7546 米)。境内高山平均高度在 5000 公尺以上,山上终年积雪,冰川萦绕,晶莹耀目。在千山万壑之间,奔流着融化的雪水,汇成许多溪流。发源于喀喇昆仑山的叶尔羌河,流经其境。在各山谷的河溪两岸,有许多天然的牧场、草地和可耕地,是可耕可牧的好地方。

　　这里世世代代居住着我国塔吉克族和一部分柯尔克孜族人民。他们不仅用自己辛勤的双手开发和建设了祖国这一片景色壮丽、物产丰富的大好河山,而且用自己的鲜血和生命抗击外来的侵略者,捍卫了祖国神圣的边疆。中国人民,特别是当地的塔吉克、柯尔克孜族人民永远不会忘记:1892 年沙俄派遣侵略军侵入我国帕米尔地区,野蛮地强占了萨雷阔勒岭以西 2 万多平方公里的中国领土。早在 1891 年 9 月,一个曾窜入我国帕米尔地区进行间谍活动的沙俄军官格罗姆勃切夫斯基(旧译康穆才甫斯基)在向沙俄陆军参谋总部尼古拉耶夫军事学院所作的报告中就提出:"俄国占领了浩罕汗国之后,当然有充分的权利把帕米尔接管下来。"[1]同年 12 月,沙俄陆军参谋总部在向陆军大臣呈交的一份关于帕米尔问题的报告中,也说:"俄国需要帕米尔,

---

　　[1]格罗姆勃切夫斯基:《我们在帕米尔的利益》,新马尔格兰,1981 年版。

因为这是浩罕汗国的遗产。"[1]这是沙俄编造的侵略借口,是地地道道的帝国主义理论。然而,时至今日,有人重新弹起了老沙皇"继承浩罕遗产论"的老调,大肆宣扬,混淆视听。他们说什么:"浩罕汗国——沙皇政府认为自己是这一汗国的合法继承者——的边界在东干维吾尔起义(指1864年新疆各族人民反清斗争——引者)前夕,由从帕米尔东一直延伸到萨雷阔勒盆地的萨雷阔勒岭以东"[2];"萨雷阔勒领地和自古以来就是萨雷阔勒领地首府的塔什库尔干城是受浩罕政府管辖的……萨雷阔勒无论是在卡尔梅克人(指我国准噶尔部——引者)统治东突厥斯坦时期,还是在那以后一直是一个独立自主的领地。随着18世纪末和19世纪初浩罕汗国威力的增长,萨雷阔勒成了浩罕汗国的势力范围"[3];等等。他们甚至将离当时我国边界尚远的塔什库尔干地区("萨雷阔勒领地")说成原是一个"独立自主的领地",19世纪又成为"浩罕汗国的势力范围"。也就是说,包括塔什库尔干地区的我国帕米尔全都是俄国继承浩罕的遗产。

历史是伪造不了的,谎言和谬论是骗不了人的。下面让我们通过对19世纪至20世纪初我国塔什库尔干地区各族人民抗击外来侵略者英勇斗争历史的叙述,戳穿上述谎言和谬论。

15.1　19 世纪前期反对浩罕侵略的斗争

帕米尔地区从古代以来就是我国的领土。远在公元前60年,我国汉朝就在西域地区设置西域都护,代表中央行使主权。当时西域葱岭(古代我国对帕米尔地区的称呼)地区的无雷等,均属西域都护管辖。7世纪,唐朝在帕米尔地区设置鸟飞州都督府、至拔州都督府,属安西大都护府管辖。著名的唐代葱岭守捉,就设在帕米尔东部的塔什库尔干地区。到18世纪中叶,清朝政府平定了准噶尔贵族及南疆大小和卓

〔1〕捷连季耶夫:《征服中亚史》,圣彼得堡1906年版。
〔2〕别斯克罗夫内、齐赫文斯基:《论俄中边界形成史》,载前苏联《国际生活》1972年第6期。
〔3〕伊斯坎达罗夫:《帕米尔各族人民历史点滴》,载前苏联《远东问题》1973年第1期。

掀起的反乱,统一西域地区,把西域改称新疆,设置行政机构,行使有效的行政管辖。帕米尔地区属喀什噶尔参赞大臣管理。在今雅什库里(清人称伊西洱淖尔库尔或叶什勒库勒淖尔)北苏满达什地方立有1759年清朝政府平定大小和卓叛乱的记功碑。[1] 居住在这里的柯尔克孜族(清代称布鲁特)希布查克等部均由喀什噶尔参赞大臣管理。清朝政府授予该部首领官爵,有的还领取清朝的俸禄,为政府服役。[2]希布查克等部属清朝政府管辖的事实,就连苏联一些历史著作也是承认的。[3]

至于帕米尔东部的塔什库尔干地区,自18世纪中叶以来,更是在我国清朝政府的管辖之下。1759年,清朝统一西北地区后,在新疆除设有以伊犁将军为首的军政机构外,还废除了原来南疆传统的"伯克"世袭制度[4],按照内地的地方官制对"伯克"制加以改革。现存1763年(乾隆二十八年)《西疆回酋升迁调补事宜》,对南疆各地委任伯克的名额、品级和升迁调补等均有明确的规定。其中,关于叶尔羌办事大臣所属的塔什库尔干(色勒库尔)地区是这样记载的:

> 塞勒库尔(色勒库尔——引者)五品阿奇木伯克一员
>
> 六品伊什罕伯克一员
>
> 商伯克一员
>
> 七品哈子伯克一员
>
> 阿尔巴希一员。沙虎尔一员。密哩咱尔一员。塔尔哈喇木部落七品伯克一员。属塞勒库尔管辖。以上八员缺请照旧例由本处拣补。[5]

五品阿奇木伯克是统理塔什库尔干地区大小事务的官员,伊什罕

---

〔1〕1891年,以杨诺夫为首的沙俄军队窜入帕米尔地区,将此碑推倒,用马驮至塔什干,妄图毁灭这一证据。

〔2〕《清高宗实录》卷923,乾隆三十七年十二月丁亥。

〔3〕吉尔吉斯苏维埃社会主义共和国科学院历史研究所编:《吉尔吉斯史》第1卷,1963年版。

〔4〕伯克,系我国新疆及中亚一些地方封建上层及行政官员的称呼,各级伯克组成一套统治机构。清统一新疆后,保存了南疆的伯克制,但伯克世袭制取消,改由清朝任命或罢免。

〔5〕同样记载还见于《钦定西域图志》卷30等。

伯克是协助阿奇木办事的要员,商伯克管征输粮赋,哈子伯克管理刑名事务,阿尔巴希伯克主管派差催课事务,沙虎尔伯克负责驿站等杂务,密哩咱尔管理水利灌溉。[1] 按规定,上述伯克均由叶尔羌办事大臣照旧例由该处拣补,清朝政府按季发给伯克养廉费。[2] 该地每年向清朝政府缴纳贡赋黄金 27 两 7 钱,以后又增加硝石 1700 斤。[3] 1760 年起清朝政府委任该地的阿奇木伯克,是该地伊斯兰教的首领色依提沙利及其后代。[4]

到 19 世纪初,临近我国南疆的浩罕汗国(前苏联费尔干纳地区)不断支持和策动逃窜到浩罕的大小和卓的后裔,侵扰我国南疆地区。20 年代,浩罕先后策动和卓后裔张格尔、玉素甫等侵扰喀什噶尔等地。但在当地各族人民的支持下,清朝军队很快就粉碎了入侵者。就在 1830 年(道光十年)9 月浩罕伙同玉素甫入侵喀什噶尔的同时,还派遣头目素都尔率领 1000 多名匪徒,窜入塔什库尔干地区,肆行抢掠,并妄图控制这一军事要冲,打开入侵我国南疆的门户。清朝政府得到叶尔羌办事大臣壁昌的奏报后,即谕令新任参赞大臣哈郎阿于率军肃清各城贼匪后,"行抵该处,妥为筹酌办理"。[5] 同年底,哈郎阿大军解了叶尔羌城围。壁昌即派遣"色勒库勒四品顶戴花翎军功库尔察克、五品顶戴兰翎军功开连木、七品军功迈买底敏"等率领色勒库尔兵民先行前往塔什库尔干。这时,浩罕匪徒见清朝大军已到,"皆先行逃窜出境"。浩罕头目素都尔逃窜时,将该地阿奇木伯克迈买沙及其财产、家属全部掠走,并在途中杀害了迈买沙,把其家属和所掠人口、财物,"俱送往安集延(浩罕汗国主要城市——引者)地方去了"。库尔察克等收复塔什库尔干后,即将浩罕入侵者所遗粮食,按名发给被抢掠的当地人民。1831 年 3 月,哈郎阿将上述情况上报清廷,除提出因该地浩罕

〔1〕《钦定西域图志》卷 30。
〔2〕《钦定回疆则例》卷 5,养廉费是清朝发给地方官员的法定补助费。
〔3〕《钦定西域图志》卷 34。
〔4〕见新疆少数民族社会历史调查组编:《塔吉克族简史简志合编》1963 年(内部刊行)。
〔5〕中国第一历史档案馆藏清录付奏折,民族类;参见《清宣宗实录》卷 177,道光十年十月癸卯。

人已逃回,"毋庸派兵往剿"外,还请求对被杀害的阿奇木柏克迈买沙等人循例给予从优抚恤。[1]

值得注意的是,哈郎阿等的奏折中提到的"色勒库勒四品顶戴花翎军功库尔察克"其人,至今在当地塔吉克群众中还广泛流传着关于他率领人民抗击浩罕入侵者的英勇事迹。库尔察克出生在塔什库尔干城东的大同庄,幼年家中穷苦。他父亲曾因生活困难无法养活家里的人,而将他卖给财主做奴隶。所以,人们称他为库尔察克(奴隶或农奴的意思)。他为人正直,热爱自己的祖国。当浩罕侵扰南疆时,他曾配合清军抗击来犯的侵略强盗,立了军功。1830年,他奉命入剿色勒库尔地区浩罕人。以后,清朝政府即委任他为色勒库尔地区阿奇木伯克,负责保卫地方。

到1833年(道光十三年),浩罕头目诺尔巴依又率500多名匪徒窜入塔什库尔干地区,进行掳掠,"扬言收税"。叶尔羌参赞大臣长清[2]遣人"诘责而退"。[3] 接着,在1834年9月,浩罕汗迈买底里又令勒什噶尔胡什伯克[4],派迈买西里普侵占了塔什库尔干地区北部的塔尔满,并逼令阿奇木伯克库尔察克投归浩罕,但是遭到库尔察克的严词拒绝。叶尔羌参赞大臣兴德、帮办大臣关福得到库尔察克的报告后,即"传谕该阿奇木库尔察克等加意防守,不可稍有疏失"。同时,还直接给浩罕勒什噶尔胡什伯克谕帖。在谕帖中,兴德等严正指出:"查色勒库勒地方原系叶尔羌所属,自乾隆二十五年(1760年)大兵平定叶尔羌以来,该处设立五品阿奇木伯克一员,颁赐印信一颗,管理色勒库勒地方事务。又设六品伊什罕伯克一员,六品商伯克一员,七品伯克五员。共大小伯克八员。每年在叶尔羌支给块茶(砖茶)钱四十千文。该处回子每年交金子二十七两七钱,交硝石一千七百斤,折赏布一百五十三匹。至今七十余年,系天朝的地方,如何就是尔等浩罕地方。""倘若

〔1〕中国第一历史档案馆藏清录付奏折,民族类;参见《清宣宗实录》卷185,道光十一年三月丙辰。
〔2〕道光十一年清朝将驻喀什噶尔参赞大臣移住叶尔羌,喀什噶尔改驻领队大臣。
〔3〕《清续文献通考》卷321《舆地十七》。
〔4〕勒什噶尔,系浩罕官职名,相当于陆军大臣。

不遵晓谕,贪心不足,仍欲占色勒库勒地方,本参赞、本帮办大臣定当奏明大皇上,于尔等地方有大不好处。尔当谆遵毋违,特谕。"[1]这一谕帖,再一次有力地证明:塔什库尔干地区是我国的领土,18世纪中叶清朝统一西北地区后,一直在当地行使有效的行政管辖。

但是,浩罕仍然没有放弃侵占色勒库尔地区的野心。1836年,浩罕汗又派遣头目布古奇率数百名匪徒侵入该地,抢掠牛羊。库尔察克带领当地人民英勇反击,打得布古奇等狼狈逃窜而去。[2] 同年11月,浩罕勒什噶尔胡什伯克亲自领2000多名匪徒侵占塔尔满,强索该地人民租税,并南下围攻色勒库尔城。库尔察克领导塔吉克族人民与围城的浩罕匪徒进行浴血奋战,他们奋不顾身,多次打退了攻城的匪徒。后终因寡不敌众,城被匪徒们用炮火轰开,库尔察克英勇不屈,受伤牺牲。[3] 塔什库尔干城失守。英雄的塔吉克族人民在伊什罕伯克迈热木的率领下,退守在东部的通庄一带坚持战斗。勒什噶尔胡什伯克侵占了塔什库尔干城后,即撤回,留其头目阿达那等盘踞该地。清朝政府得到浩罕入侵塔什库尔干地区的报告后,立即命令伊犁参赞大臣奕山火速前往,"妥为办理"。奕山到达叶尔羌后,色勒库尔城附近的塔吉克族人民在平民吐尔阿沙的领导下,已经自动组织起来。他们乘匪徒们四处掳掠,城内仅余阿达那等8名匪徒的时机,潜入城内,将阿达那等全部擒获,陆续解往叶尔羌。奕山即将阿达那等8名匪徒"讯明正法"。[4] 至此,浩罕军队在当地各族人民英勇机智的反击下,纷纷逃窜,塔什库尔干地区(包括塔尔满等地)再没有浩罕军队的踪迹。

事后,奕山给浩罕汗迈买底里谕帖,再次指出:"色勒库勒乃天朝地方","倘尔属下人等再赴色勒库勒、塔哈尔玛庄(塔尔满——引者)等处任意滋扰者,不但将你们贸易人等逐出卡外,大兵出卡之后,众小

---

[1] 中国第一历史档案馆藏清录付奏折,民族类。
[2] 《清宣宗实录》卷283,道光十六年五月癸未。
[3] 据调查资料,库尔察克在保卫色勒库尔城时英勇牺牲。当时,浩罕派军队来报复,库尔察克率领人民坚决抵抗。一天夜里,他所在的帐篷为浩罕军所围,有人劝他突围出走,他不肯,于是,冲出帐篷与浩罕军展开肉搏,不幸被乱箭射死。浩罕人将他首级割下,呈送浩罕汗。
[4] 《清宣宗实录》卷283,道光十六年五月乙未。

207

·欧·亚·历·史·文·化·文·库·

回子等俱致受苦,与尔实属无益。为此特谕"。同时,还认真办理善后事宜,将浩罕入侵时避居内地的塔吉克族人民 2000 余人"召回故土",补放伯克,奖励有功人员,并免去该地 3 年黄金、1 年硝石的贡赋。

1842 年,浩罕国内发生内乱,浩罕汗迈买底里被布哈拉汗所杀。迈买底里的亲属希尔阿里联合柯尔克孜人赶走了布哈拉人,自立为汗。1844 年,希尔阿里被杀,其次子胡达雅尔继为浩罕汗。在这段时间里,浩罕暂时停止了对我国塔什库尔干等地的侵扰。到 1845 年(道光二十五年)冬,浩罕汗又遣头目卡杂克领数百名匪徒,窜入色勒库尔北我国柯尔克孜族游牧地区,强行勒取租税,旋即退回。次年初,浩罕汗遣人呈递禀帖,无理要求抽收在叶尔羌等地贸易的克什米尔、巴达克山商人的货税,中国希布察克柯尔克孜族牧民的租税,以及免去在南疆各城种地的浩罕人的租赋等。叶尔羌参赞大臣赛什雅勒泰严厉驳斥了这些无理要求,并给浩罕汗谕帖"逐层据理驳斥"。[1] 6 月,浩罕汗国复派人送禀帖,捏称上述无理要求是"从前大皇上有谕旨都赏了"他们的;同时还说,在色勒库尔西南色列克雅尔地方安设税卡,委任迈买底敏伯克抽收推依博特(属后藏拉达克地区)商人的货税等。赛什雅勒泰再次批驳了浩罕的无理要求,指出:所谓"大皇帝赏了你们的话。实属妄行讹赖"。[2] 在清朝政府的严正交涉下,浩罕汗不得不召回迈买底敏,拆毁了在色列克雅尔的税卡。

以后,浩罕虽然在 1847 年和 1858 年两次策动和卓后裔入侵南疆,但很快就被清朝政府所驱逐。1847 年,叶尔羌参赞大臣吉明还谕令色勒库尔阿奇木伯克卜包什,严防浩罕匪徒的窜扰。同年,色勒库尔北部的我国柯尔克孜族人民,杀死了去冬浩罕派来滋扰的头目呢雅斯,驱逐了来犯的浩罕匪徒。1857 年(咸丰七年)因色勒库尔阿奇木伯克热佳普病故,清朝政府任命多列克沙为该地阿奇木伯克。

总之,19 世纪浩罕汗国封建主虽然多次入侵我国塔什库尔干地

〔1〕《清宣宗实录》卷 428,道光二十六年四月戊戌。
〔2〕中国第一历史档案馆藏清录付奏折,民族类;参见《清宣宗实录》卷 432,道光二十六年七月甲午。

208

区,妄图侵占该地,但是,我国塔什库尔干地区各族人民配合清朝军队给来犯的浩罕匪徒以沉重的打击,保卫了祖国神圣的领土。塔什库尔干地区始终在清朝政府的有效管辖之下。因此,所谓塔什库尔干地区"是受浩罕政府管辖"的谬论,不攻自破。实际上,所谓"属浩罕管辖"论,只不过是浩罕封建主侵占我国塔什库尔干地区的妄想而已。

15.2 反对阿古柏和沙俄帝国主义侵略的斗争

1864年,在内地太平天国革命运动的影响下,新疆各族人民掀起了反对清朝统治阶级的武装斗争,取得了很大的胜利。但是,反清斗争的胜利果实却逐渐被地方封建主和宗教上层分子所篡夺,致使新疆地区形成了封建割据的局面。1865年,喀什封建主与浩罕汗国相勾结,引浩罕军官阿古柏入侵南疆。阿古柏侵占了南疆等地,建立起反动的"哲德沙尔"(意为"七城")政权,对南疆等地各族人民进行惨无人道的压迫和剥削。

阿古柏派遣其部下阿山夏侵据塔什库尔干地区。该地塔吉克、柯尔克孜族人民受尽了阿古柏的压迫、掠夺和侮辱,具有反侵略传统的塔什库尔干地区的各族人民不断起来反抗。阿古柏为了扑灭该地人民的反抗斗争,妄图笼络和收买该地原阿奇木伯克卜包什的两个儿子阿不都勒艾山和哎里布。《民国十五年(1926年)塔什库尔干地区塔吉克族十四庄、柯尔克孜族九庄百姓恩准保留阿奇木伯克致喀什道台禀呈》中说:阿古柏侵占了喀什后,"即招该兄弟二人前去投效,遂辞不往,并称我塔民已归服中国,业经七代,断不能任意从匪,致干咎戾。该老帕夏(阿古柏——引者)闻知前语,开来军队三营,遂将该阿奇目哎里布兄弟所住之大同庄房屋烧毁,杀其曾祖母暨祖母家人等三名,劫去骆驼百余头,牦牛二百余条,羊三千只有奇,银钱财产,概行搜去充公。该兄弟二人带同庄民时亦分途逃走"[1]。

---

〔1〕原件藏新疆档案馆。

·欧·亚·历·史·文·化·文·库·

1877 年(光绪三年),刘锦棠率领的清朝大军,在不堪阿古柏压迫和剥削的新疆各族人民的积极支援下,势如破竹地攻入南疆。阿古柏在库尔勒兵败自杀。同年冬,南疆各地相继收复。当刘锦棠所率的清朝大军抵达叶尔羌一带时,塔什库尔干地区各族人民在哎里布的领导下,袭杀了阿古柏头目阿山夏,收复了色勒库尔。1878 年(光绪四年)初,刘锦棠遂谕令哎里布为总管色勒库尔地区回目(五品阿奇木伯克),管辖的范围除原色勒库尔等 19 处塔吉克族聚居的城镇乡村外,还包括色勒库尔北部柯尔克孜族奈曼等部游牧的布伦库尔、黑孜塔克等 9 处地方。在谕令中,还要求哎里布"严守各卡,不准来往匪人。遇有地方要紧事务,即来喀什大营汇报"[1]。

哎里布任职一年,病死。刘锦棠又于 1879 年(光绪五年)委任其兄阿不都勒艾山为该地阿奇木伯克。[2] 这时,在南疆的阿古柏的残余匪帮虽已肃清,但仍有一部分逃窜到沙俄境内的残匪,在沙俄的支持下,不时窜扰我国边疆。1879 年 8 月,阿古柏残匪阿布都勒哈玛、爱克木汗条勒等窜到塔什库尔干北苏巴什一带,进窥色勒库尔城,妄图侵据这一重要的交通要冲。驻喀什的清军得悉后,一面严饬该地阿奇木伯克阿不都勒艾山阻击来犯残匪,一面由刘锦棠亲率步骑 2000 多人,星夜赶往救援。阿不都勒艾山为了阻击来犯匪徒,率领 200 多兵民驰往苏巴什一带,留素唐夏伯克等守卫色勒库尔城。匪徒得知情况后,绕过苏巴什,从间道逾山岭直扑色勒库尔城,众约 3000 余人。塔吉克族人民同心坚守,打退了匪徒的多次围攻。匪首阿布都勒哈玛派人到城下劝降。守城的素唐夏伯克将计就计,把匪徒们诱至城下,发动攻击,当场将匪首阿布都勒哈玛击毙。匪徒们恼羞成怒,攻城愈急。正在危急之际,刘锦棠所率清军火急赶到,匪徒们狼狈北窜。清军追击到木吉一带,几乎将匪徒全部歼灭。[3]

1884 年(光绪十年),清朝政府为了巩固西北边防,根据形势需要,

---

〔1〕《光绪三年十二月二十三日刘锦棠委任哎里布为色勒库尔回目谕》(原件)。

〔2〕《民国十五年色勒库尔百姓恩准保留阿奇木伯克致喀什道台禀呈》(原件)。

〔3〕《新疆图志》卷 97《奏议七》,《漏逸逆酋窥边现筹防剿折》、《贼酋犯边进剿大胜折》。

批准将新疆改同内地一样的行省制,设巡抚管理全省,省以下设立道、府、州、县各级行政机构。原叶尔羌改为莎车直隶州,属喀什道。塔什库尔干地区属边防要塞,设立抚辑粮运局(后改名转运抚辑局),负责地方治安和转运军粮等工作,由喀什提督委派旗官一名管理局务,为当地军政首长。同时,保留了该地正副阿奇木伯克。[1] 1892 年,该地阿奇木伯克阿不都勒艾山因病辞职,清朝政府又委任其子买买克里木接任。[2] 阿奇木伯克受莎车直隶州和色勒库尔抚辑粮运局的双重领导。在新疆设行省前后,清朝政府为加强帕米尔地区的边防,先后在帕米尔地区设了 8 个卡伦。其中塔墩巴什卡,就设在色勒库尔南的丕依克,其余 7 卡均在色勒库尔以西。最西的苏满卡,就设在今雅什库里湖北的苏满达什。

这时,俄、英两国加紧了对我国帕米尔地区的侵略,以"考察"、"游猎"为名的间谍不断出现在帕米尔地区。特别是沙俄,它于 1876 年吞并了浩罕汗国后,更是积极准备侵占我国的帕米尔地区。1891 年和 1892 年沙俄违反 1884 年《中俄续勘喀什噶尔界约》有关帕米尔地区中俄边界划分的规定,派遣军队窜入帕米尔地区,毁掉我国卡伦,驱赶当地我国驻军,进一步强占了萨雷阔勒岭以西 2 万多平方公里的中国领土。而且,还企图越过萨雷阔勒岭,侵略我国塔什库尔干地区。当地塔吉克、柯尔克孜族人民奋起保卫祖国,积极配合清军加强防守,随时准备迎击继续来犯的沙俄侵略军。色勒库尔阿奇木伯克买买克里木为此还得到清朝政府的奖励。

清朝政府针对沙俄侵占我国帕米尔地区,多次向沙皇政府提出抗议,并派代表与之交涉。在中俄交涉中,沙俄制造了种种谬论,为其侵占我国帕米尔地区领土作辩护,其中之一就是所谓"继承浩罕遗产论"。1893 年 4 月 16、17 日(光绪十九年三月初一、初二日),当中国驻法参赞庆常在奥地利会晤沙俄外交大臣格尔斯,要求俄军撤出中国帕

---

〔1〕《光绪二十二年十一月十二日喀什提督和喀什道台谕文》,转见上引《塔吉克族简史简志合编》。

〔2〕《光绪十八年八月二十一日莎车直隶州正堂潘谕文》(原件)。

·欧·亚·历·史·文·化·文·库·

米尔地区时,格尔斯即抛出"继承浩罕遗产论",说什么"帕米尔向归浩罕,(浩罕)既已归俄,帕地自应与之俱归"。庆常当场驳斥说:"帕米尔归浩罕管属说,未之前闻。而其属华则确有证据:一则从前官兵迭入帕境,平定巨寇,勒石纪功,至今犹存。一则帕地向有中国卡,见于贵国公牍。一则帕地之民向受华官约束,应中国差徭。一则贵国游历将弁皆谓帕之东境归华管辖,未有定界。此皆中国实在证据,况有成约(指1884年《中俄续勘喀什噶尔界约》),尤为坚固。"格尔斯又诡称:"……至帕米尔属浩罕一节,俄国亦有证据,从前浩罕亦常派兵入帕,但未有界址。"庆常严正指出:1878年,中国派崇厚至俄交涉收回伊犁划定中俄西部边界时,俄国当时割占不少中国领土,"然亦未提帕米尔一字,假如帕地果属浩罕,当时岂有不知之理"。格尔斯理屈词穷,只好解嘲说:"可惜当时分界大臣未将乌孜别里以南之界划分清楚。"[1]以后,在谈判中,清朝政府坚持以1884年《中俄续勘喀什噶尔界约》中关于自乌孜别里山口起,"俄国界线转向西南,中国界线一直往南"的规定,要求撤出侵占中国帕米尔地区的俄军,但遭沙俄蛮横拒绝。直到1894年,中俄双方换文,清朝政府被迫同意沙皇政府的建议:暂时保持双方位置,"各不进兵",直到帕米尔问题最终解决为止。但是,清朝政府当时就作了明确的保留,声明:"在采取上述措施时,并不意味着放弃中国对于目前由中国军队所占领以外的帕米尔领土的权利。它认为应保持此项以1884年界约为根据的权利,直到达成一个满意的谅解为止。"[2]

可是,沙俄没有放弃进一步侵占我国塔什库尔干地区的野心。1900年,沙俄借口在帕米尔的通信兵被打和驻色勒库尔驿卒被逐,通过驻乌鲁木齐领事,强迫新疆当局调换驻色勒库乐的旗官戴富臣。接着在1901年,沙俄驻喀什领事彼得罗夫斯基又以"办理邮政"事务为名,强迫新疆当局准允沙俄在色勒库尔设立邮站。[3] 2月,沙俄1名军

〔1〕《许文肃公遗稿》卷8。

〔2〕见《中俄边界条约集》(俄文汉译本),商务印书馆1974年版,第116－117页。

〔3〕斯克莱因、奈丁格尔:《马继业在喀什噶尔》,伦敦1973年版,第124－125页。

官和 4 名哥萨克兵到达色勒库尔城,后来俄军又增加到 20 名,并且擅自修建营房。[1] 沙俄这一侵略活动,严重损害了我国主权。而且这些侵略军肆无忌惮地欺压当地人民,猖狂地进行各种侵略活动。他们向当地人民勒索"柴草、马料而外,索宰鸡羊供应。不给价值。稍不遂意,即行鞭责"。沙俄所谓"邮站",不但非法收寄国内外民间邮件,转运盗窃我国文物,而且还大量走私军火,盗窃情报。他们还收买当地封建上层分子,非法发展俄侨,大搞颠覆分裂活动。

英雄的塔什库尔干地区各族人民与沙俄侵略军展开了不屈不挠的斗争。他们拒绝供应侵略军粮草,使沙俄侵略军陷入困境。1911 年 6 月,沙皇政府为此曾通过驻华参赞世清向清朝政府无理要求将买买克里木"革退"。沙俄威胁、利诱人民加入俄籍,也遭到当地人民的严词拒绝。清朝政府鉴于沙俄贪得无厌的侵略野心,在全国人民的压力之下,于 1902 年(光绪二十八年)将莎车直隶州升为府,在其所属的塔什库尔干地区设立"蒲犁分防通判厅",设通判一名,加强对该地区的管辖和防御。同时,仍保留了正副阿奇木伯克。1911 年辛亥革命后,中国政府改蒲犁分防厅为县,正副阿奇木伯克仍一直保留到 1926 年才撤销。[2] 就在 1917 年年初,中国政府还不断与沙俄交涉,要求撤出在塔什库尔干地区的俄国"邮站",但没有得到答复。[3]

1917 年 11 月,俄国十月社会主义革命爆发,不可一世的老沙皇最终被革命人民送进了坟墓。

19 世纪至 20 世纪初我国塔什库尔干地区各族人民英勇抗击外来侵略者的斗争历史,是中华民族反对外来民族压迫历史的一个组成部分。这段历史,有力地证明:帕米尔地区,特别是塔什库尔干地区,从古以来就是我国的领土。在 19 世纪浩罕汗国侵入该地前,这里一直在清朝政府的管辖之下,清朝政府在该地区任免官吏(伯克)、征收赋税,行使有效的行政管辖。19 世纪初,浩罕汗国虽然多次入侵该地,但是当

---

〔1〕斯克莱因、奈丁格尔:《马继业在喀什噶尔》,伦敦 1973 年版,第 133 - 134 页。
〔2〕该地区最后一任阿奇木伯克是买买克里木之子阿不都而恳,任职约 3 年。
〔3〕《民国政务司各国悬案选辑·蒲犁县俄兵案》。

·欧·亚·历·史·文·化·文·库·

地塔吉克和柯尔克孜族人民配合清朝军队,给来犯的浩罕匪徒以沉重的打击,捍卫了祖国的边疆。特别是在 1872 年,清朝政府消灭了侵据南疆的阿古柏后,加强了中国帕米尔地区的边防,根除了浩罕的入侵活动,直至浩罕汗国灭亡,塔什库尔干等地始终在清朝政府的有效管辖之下。所谓塔什库尔干地区是一个"独立自主的领地","是受浩罕政府管辖"的谬论,纯粹是对历史的无耻歪曲和伪造。因此,沙俄制造的所谓"继承浩罕遗产论",是为其侵略扩张服务的帝国主义强盗理论。事实上,沙俄继承的只是浩罕封建主妄图侵占我国帕米尔的野心。

(原载于《西北大学学报》1978 年第 1 期)

16 试论清前期回疆的经济开发
（1759—1851）

16.1 清朝统一新疆及其建制

　　清朝建立后,经过康熙、雍正两朝数十年与西北准噶尔汗国的较量,将势力推进到科布多、哈密、吐鲁番一线。哈密、吐鲁番维吾尔族首领相继归降清朝。清雍正十年至十一年(1732 年至 1733 年),清廷迁吐鲁番维吾尔族 9000 余户于瓜(治今甘肃安西)、肃(治今甘肃酒泉)二州之地安置,以避准噶尔人威逼。[1] 到乾隆二十年(1755 年),因准噶尔汗国发生内乱,乾隆帝遂遣军两路直捣准噶尔汗国中心伊犁,汗国达瓦齐汗兵败,逃向南疆阿克苏一带,为乌什阿奇木伯克霍集斯所擒,献于清廷。至此,天山北路统一于清朝,而准噶尔在天山以南回疆(也称"南疆")的统治也宣告结束。

　　此时,为准噶尔汗国囚禁在伊犁的南疆和卓家族白山派阿哈玛特(已病死)的两个儿子波罗尼都(又作布拉尼敦)及霍集占(所谓的"大小和卓")投归于清朝。乾隆帝原谕令大和卓波罗尼都进京觐见,小和卓霍集占留伊犁管理回众(维吾尔族,时称塔兰奇等),后因黑山派在南疆自立反清,故同意波罗尼都返南疆招抚回众,霍集占仍留伊犁。[2]波罗尼都进入南疆后,很快就从黑山派和卓玉素甫(和卓达尔子)手中夺取了喀什噶尔、叶尔羌等地。然而就在波罗尼都被派往南疆不久,原降于清的准噶尔汗国贵族阿睦尔撒纳于此年九月公开叛清,而在伊犁的小和卓霍集占与之勾结。次年初,清朝大军击败阿睦尔撒纳,收复伊

---

〔1〕见《清世宗实录》卷 126、卷 134,雍正十年十二月庚午、十一年八月戊辰。
〔2〕《钦定平定准噶尔方略》正编卷 14,乾隆二十年六月戊辰。

·欧·亚·历·史·文·化·文·库·

犁,阿睦尔撒纳逃至俄国,不久患天花死去。而小和卓霍集占则乘机裹胁伊犁回众逃向天山以南,与叶尔羌的大和卓波罗尼都会合,阴谋抗清。至乾隆二十一年初,大小和卓公开打起了反清的旗号,杀害清朝官兵和降清的维吾尔族官民。次年春,清廷遣军平定大小和卓之乱,战争持续了一年多,终于在乾隆二十四年秋,平定叛变,大小和卓逃至巴达克山,后被擒杀。从此,清朝才最终统一新疆天山南北广大地区。这在中国历史上是一件十分重大,且意义深远的大事。

清朝统一新疆后,在政治上因地制宜,建立和健全了新疆的军政制度。乾隆二十七年(1762 年),清廷以明瑞为"总管(统)伊犁等处将军"(后简称"伊犁将军"),[1]节制天山南北两路,统辖外夷部落,操阅营伍,广辟屯田。[2] 后又于伊犁、塔尔巴哈台、喀什噶尔、乌鲁木齐(后改为"都统")设置参赞大臣,下领各地办事大臣或领队大臣等。这就是所谓的"军府制"。[3] 其中"总理回疆(南疆)事务"的仅设有喀什噶尔参赞大臣 1 员,统南疆 8 城(英吉沙尔、叶尔羌、和阗、乌什、阿克苏、库车、喀喇沙尔及喀什噶尔),而除喀什噶尔外,7 城各置办事大臣 1 员(英吉沙尔设领队大臣)。哈密所设办事大臣、吐鲁番所置领队大臣,则归北路乌鲁木齐都统管辖。

在军府,清朝还因地制宜设立了 3 种不同形式的地方行政制度:一是在北疆和南疆东部,沿内地州县制,于乌鲁木齐设镇迪道(1773 年设,治乌鲁木齐巩宁城),下辖镇西厅(改巴里坤置)和迪化直隶州(改乌鲁木齐同知置),下辖若干县;二是沿统一新疆前在哈密、吐鲁番及后由俄国伏尔加河一带迁回之西蒙古土尔扈特部中实行的蒙古札萨克制;三是在天山以南维吾尔族聚居地区,仍沿其旧制,实行伯克制。"伯克"一词,最早见于 9 世纪漠北突厥鲁尼文碑,意为首领。以后中亚及南疆各地多以各种名目的伯克,分掌管理各种事宜,成为一种地方行政制度。清朝沿其旧例,设管理城市的最高一级伯克(名"阿奇木

---

〔1〕《钦定平定准噶尔方略》续编卷 19,乾隆二十七年十月乙巳。

〔2〕伊犁将军掌职,见松筠:《新疆识略》卷 5,"官制兵额"条。

〔3〕参见管守新:《清代新疆军府制度研究》,新疆大学出版社 2002 年版。

伯克"），以下则有管理租赋、刑名、水利、馆驿等各种事务的伯克，达 35 种之多。[1] 但是，清朝对原有的伯克制也进行了一些改革，即废除伯克世袭制，实行回避制，并将其纳入清朝官制系统，制定品级，颁发印记，自三品（如阿奇木伯克为三品）至七品不等。[2]

与中国历代于新疆设置的军府制相比，清朝在新疆所施行的军府制更加完善和有效，保证了清朝中央政令在新疆的通达和施行，大大有利于边疆的治理和新疆经济的进一步开发。

在清朝前期（1759—1851 年，即乾隆二十四年至咸丰元年），新疆维吾尔族地区经济发展与开发，大致可分为前后两个阶段：前一阶段从乾隆二十四年至道光八年（1759 年至 1828 年），后一阶段则从道光八年至咸丰元年（1828 年至 1851 年）。下面按这两个阶段分述维吾尔族聚居的回疆经济的进一步开发。

16.2　清朝前期回疆第一阶段的经济开发
（1759—1828）

清朝在统一新疆、建立军府制的同时，也采取一系列措施以恢复和发展新疆地区的经济。由于清朝的军政重心和驻兵重点在北疆，加之北疆的农业经济远远落后于南疆，为了供给庞大的驻军粮食和给养，故采取了"屯垦养边"的方针，对北疆进行大规模的开发，实行传统的"兵屯"之外的各种形式的屯田（如民屯、旗屯、回屯、犯屯等），并移民出关从事屯垦，收到了良好的效果，使北疆得到了历史上最大规模的开发。

值得提出的是，北疆的进一步开发，也有维吾尔族人民的辛勤劳动和贡献，那就是伊犁的"回屯"。准噶尔汗国时，曾迁南疆维吾尔族数千户至伊犁屯垦，但在清朝平定阿睦尔撒纳叛乱时，伊犁的维吾尔

---

〔1〕关于伯克制可参阅苗普生：《伯克制研究》，新疆人民出版社 1995 年版；林恩显：《清朝在新疆的汉回隔离政策》，台湾商务印书馆 1988 年版，第 71－102 页。
〔2〕参见林恩显：《清朝在新疆的汉回隔离政策》。

·欧·亚·历·史·文·化·文·库·

族屯户(塔兰奇)多随小和卓霍集占返南疆。当清朝统一新疆之后,沿过去准噶尔汗国旧例,首于乾隆二十五年迁南疆阿克苏、乌什、赛里木等城 500 名维吾尔族农民至伊犁屯垦;以后又陆续迁徙,截至乾隆三十年(1765 年)冬,见于记载的共迁徙 11 批,计约 6383 户。[1] 到乾隆末年,据《钦定西域图志》卷 33《屯政二附户口》载,伊犁的回户达 6406户,20356 口。到伊犁屯垦的南疆维吾尔族,又称为"塔兰奇",分屯于伊犁海努克等 9 处,分为 9 屯;[2] 屯田面积,据学者统计,约有 18 万亩。[3] 清朝按南疆惯例,设各级伯克进行管理;屯户最初的耕畜、籽种、农具由南疆各地官府筹办配置;实行定额租,大约"回户每年每户交纳二麦(大、小麦)、糜、米各四石,统计六千户,岁纳四仓粮九万六千石"[4]。屯户不能擅自离开屯区,但屯民生活较为安定和有保障,因此,南疆维吾尔族农民多愿迁徙到富庶的北疆伊犁屯垦。[5]

在这一阶段,维吾尔族聚居的天山以南广大地区,在清朝平定大小和卓之乱后,其经济经过一段时间的恢复和发展,也得到了进一步的开发。南疆的开发虽然不及北疆规模大,成效显著,但仍然超过了历史上该地区经济开发所取得的成绩,有其区别于北疆开发的自身特色。

首先是清朝对南疆的进一步开发,不同于北疆那种大规模的移民屯垦和多种形式的屯田。早在平定大小和卓叛乱前夕,乾隆帝就谕示臣下:"西陲勘定,回部悉平,朕之初念岂务为好大喜功,今亦不过辑其旧部,复其本业而已……而驻防大臣等循行劝垦,亦惟用其人以垦其地。"[6]这是清廷在军政、经济等方面"重北轻南"政策的体现,此与南疆农业经济较当时北疆基础好、南疆维吾尔族聚居等条件有关。特别是到乾隆三十年,南疆乌什爆发了当地维吾尔族反抗清朝官吏及阿奇

〔1〕参见王希隆:《清代西北屯田研究》,兰州大学出版社 1990 年版,第 209 – 210 页。
〔2〕松筠:《新疆识略》卷 6《屯务》。
〔3〕王希隆:《清代西北屯田研究》,第 215 页。
〔4〕格琫额:《伊江汇览》"赋税"条,此书撰于乾隆四十年。
〔5〕如《清高宗实录》卷 634,乾隆二十六年(1761 年)四月戊寅记:"阿桂奏称叶尔羌、喀什噶尔、阿克苏、乌什等城有旧在伊犁耕种回人二三千名,今闻开设屯田,愿来效力者甚多……"
〔6〕《清高宗实录》卷 621,乾隆二十五年四月壬子。

木伯克的事件,清朝在镇压了这次起义之后,在采取整顿吏治、消除积弊等一系列措施的同时,又进一步明确和强化了在南疆实行的民族隔离政策。清廷颁布的《乌什善后章程》中,明确规定:"民(主要指汉族)、回之居处宜别";"若听其(民人)随意栖止,与回人相杂,不免易滋事端,请交该大臣等彻底清查,俱令赴兵处所贸易,若仍与回人相处,即行治罪"。在南疆的内地汉民"如无原籍、年貌、执业之印票,及人票不符,即行递解回籍"[1] 同时,仍施行只许内地民人单身前往南疆各地,"不准商民携眷安家"(包括在南疆任职之官吏)等规定。这种民族隔离政策,基本上禁绝了内地民人到南疆屯垦,与北疆移民屯垦迥然不同。

其次,北疆实行多种形式的屯垦,在南疆基本上仅有为数不多的兵屯,且主要是为了解决驻兵的粮食问题。上引《钦定西域图志》卷33"屯政"二条记载了乾隆末年南疆兵屯情况,主要分布在哈密、辟展、哈喇和卓、托克三(逊)、喀喇沙尔、乌什、阿克苏等地,且主要集中在东疆哈密、吐鲁番(托克三、哈喇和卓)一带。据魏源撰《圣武记》卷4记:乾隆时,"屯田二十八万余亩,而南路(南疆)不及五分之一"。

尽管如此,清朝在南疆地区仍采取了一系列恢复和发展经济(主要是农业)的措施,见于清代档案、文献资料记载者颇多,前人也有研究论著出版[2],故略述之。

(1)安辑流亡,劝民垦殖。南疆维吾尔族地区经过准噶尔汗国的统治和大小和卓之叛乱,经济遭到严重破坏,人烟稀少,田园荒芜。如库车,原有"回人三五万户,经霍吉占之乱,城中几无孑遗,所余仅千户耳"[3]。喀什噶尔"地土尚广,而居民寥落"[4]。吐鲁番更是早在准噶尔汗国时,人民即避迁于瓜、肃等州;平定大小和卓之乱后,迁于瓜州的维吾尔族先行迁回故土;到乾隆二十六年,肃州原吐鲁番维吾尔族

---

〔1〕见《回疆则例》卷3。
〔2〕如华立:《清代新疆农业开发史》,黑龙江教育出版社1995年版;马汝珩、成崇德主编:《清代边疆开发》,山西人民出版社1998年版;等等。
〔3〕《西域闻见录》卷2,"库车"条。
〔4〕录副奏折民族类,乾隆二十四年十二月三十日杨应琚奏。

1050 余口也迁返,乾隆帝谕令陕甘总督杨应琚等:"酌量附近辟展之吐鲁番可以耕牧之地,于今年秋收后迁往……将来赋税由辟展大臣征收。至沿途照料,交该督妥办。"[1]又在阿克苏召集贫乏不能自立之回户,官给口粮、籽种、开垦荒地。[2] 清陕甘总督杨应琚还前往英吉沙尔,"劝导回人等耕种谋生"等。[3]

（2）制定税则,减免赋税。清朝在平定大小和卓叛乱前后,一再谕令回疆官员查准噶尔汗国时的税额,要适当减轻,并着手制定回疆之赋税制度。据乾隆二十四年参赞大臣舒赫德等奏酌定和阗 6 城赋税:"一、收获谷石应照各城十分取一,因甫经平定,酌量减收,俟来年另行定数。其嗒哩雅沁地亩(耕种官地农民私有地)所出与佃人分半收取,即照旧例办理……"[4]即是说,凡耕种私有土地的维吾尔族农民额征交纳收获量的 1/10；耕种官地农民实行分益佃租,五五分成。这一赋税制大致是沿过去南疆之旧制,并载入乾隆颁布的《户部则例》之中。然而事实上,在平定大小和卓叛乱后的两年(1759—1760 年)中,南疆各城均未按原额(收获量的 1/10)征收,有的地方交纳的赋税还不足原额的 1/2、1/3；只是到乾隆二十六年后,才达到或约超过原额。[5]

与此同时,清朝还将过去准噶尔汗国对南疆维吾尔族的苛索和杂赋尽行蠲免,"赋十存其四"[6]。如遇灾荒,清朝也下令减免赋税。例如乾隆二十七年,因库尔勒遇蝗螟灾,乾隆皇帝谕令:"……虽不必尽照内地蠲赈之例办理,而视其被灾分数酌量减免,伊等自感出望外,且实与生计有裨……将来各城回人所种地亩有成灾者,著各该驻扎大臣详悉查勘收成分数,定议办理。"[7]

（3）倡导水利,改良农业。自古以来,水利是南疆绿洲农业经济的

〔1〕《清高宗实录》卷 631,乾隆二十六年二月甲午。

〔2〕《清高宗实录》卷 610,乾隆二十五年四月己丑。

〔3〕《清高宗实录》卷 609,乾隆二十五年三月壬申。

〔4〕《清高宗实录》卷 602,乾隆二十四年十二月辛巳。

〔5〕参见华立:《清代新疆农业开发史》,第 140 - 141 页。

〔6〕和宁:《回疆通志》卷 1,乾隆《御制回疆三千韵诗》。

〔7〕《清高宗实录》卷 670,乾隆二十七年九月辛酉。

命脉。清朝统一新疆后,为恢复和发展南疆的经济,各级官吏在南疆多重视水利的修建和管理。关于此,在清朝边疆各级官吏的奏报中多有反映。如早在乾隆二十三年,屯田侍郎永贵就修筑喀喇沙尔海都河(今名开都河)灌溉工程事,请示清廷。[1] 乾隆二十六年,叶尔羌办事都统新柱奏请给丁役 50 人,按旧例查勘叶尔羌河水利灌溉管理等事。[2] 二十七年,喀什噶尔办事尚书永贵等奏称:"查回人地亩俱藉山水灌溉,凡沟渠深浅、圩堤厚薄旧有定式。因回人不知守护修葺,以致淤陷……现派伯克等率所属遍阅详勘。其应浚渠、筑堤及路径、桥梁务期坚固,仍行文各驻扎大臣一体酌办。"[3]

在倡导水利的同时,清朝官吏还引进内地农作物及技术于南疆,以改进农业。如乾隆二十七年(1762 年),陕甘总督杨应琚在辟展兵屯中推广种植内地的菜籽、胡麻时,也推广于维吾尔族农民之中,但采取其自愿的方针。[4] 又如玉米的种植,在 18 世纪末期也开始在南疆出现。成书于乾隆三十七年(1772 年)的《新疆回部志》(永贵、苏尔德撰)及成书于乾隆四十年(1775 年)的《伊江汇览》中均有记述。[5]

清朝在南疆采取上述种种措施,经过 20 多年的时间(1759—1782年),南疆维吾尔族地区的经济(主要是农业)很快得到了恢复和发展,基本上恢复到了叶尔羌汗国极盛时的发展水平,还略有超过。大约自乾隆四十七年(1782 年)经过嘉庆至道光八年(1828 年),共计约 40 多年时间,南疆维吾尔族地区经济开始迈入一个进一步开发的时期。其重要标志就是南疆维吾尔族人口和新开辟之农田面积的成倍增长,以及城镇、回庄之间网络格局的形成,从而带来的工商业的发展。

据《钦定西域图志》所载,乾隆四十七年以前,南疆维吾尔族人口

〔1〕《钦定平定准噶尔方略》正编卷 55。

〔2〕《清高宗实录》卷 632,乾隆二十六年三月丁未。

〔3〕《清高宗实录》卷 656,乾隆二十七年三月甲午。

〔4〕《清高宗实录》卷 658,乾隆二十七年四月乙丑。

〔5〕参见齐清顺:《玉米在新疆的种植和推广》,载《新疆社会科学》1988 年第 1 期;齐清顺:《玉米在新疆种植时间的新发现》,载《西域研究》1994 年第 4 期;〔日〕堀直:《回疆玉米考》,中译文载《西域研究》1994 年第 4 期。关于玉米何时由何地传入南疆,目前学界仍有不同意见,待考。

总数约有 60465 户,241722 口(未记伊犁回屯人户)。经过约 40 多年的和平环境和清朝休养生息、发展生产的一系列措施,南疆维吾尔族人口增长速度很快。道光八年(1828 年),清朝在平定南疆张格尔叛乱后,对南疆作了一些户口清查,情况如表 16-1:[1]

表 16-1 南疆地区维吾尔族人口增长情况

地区	乾隆四十七年人口数	道光八年人口数	备注(资料出处)
叶尔羌	15574 户,65495 口	116800 口(户缺)	《钦定西域图志》卷33;《平定回疆剿擒逆裔方略》卷58、卷74;《那文毅公奏议》卷76;朱批奏折民族类,道光十一年正月三、十、二十七日哈郎阿等奏。
喀喇沙尔	1130 户,5390 口	2470 户(口缺)	
乌什	822 户,3158 口(乌什事件后,为 810 户)	人户"加增倍蓰"	
喀什噶尔	14056 户,66413 口	23413 户,139928 口	

从表 2 看,南疆各地人口普遍增长了约 1 倍左右。据有的学者研究,清代南疆"从乾隆二十六年(1761 年)至四十一年(1776 年)的十五年间,维吾尔族人口增长率为 1.16%","从乾隆四十一年或四十七年至道光初年的 50 余年间,维吾尔族人口一直以 1.35%~1.36% 的速度增长"。[2] 按此计算,到道光八年左右,南疆维吾尔族人口大致翻了一番,总数达 60 余万口。[3]

在当时南疆自给自足的封建农奴制及农业技术落后的情况下,欲养活成倍增长的人口,只有大量开垦荒田,扩大耕地面积。因此,自乾隆末年以来,一方面是南疆的清朝官吏清查各地闲田、荒地,交由维吾尔族农民耕种,数年后升科缴纳赋税,以此来缓和人多地少的矛盾,解决因人口增长带来的维吾尔族农民日益贫苦的问题。如嘉庆年间,伊犁将军松筠等曾奏行《回疆事宜规条》10 则,内有"各城查有闲田余

〔1〕此表制作参考苗普生《清代维吾尔族人口考述》(载《新疆历史研究》1988 年第 1 期)及华立《清代新疆农业开发史》,第 147-148 页。
〔2〕苗普生:《清代维吾尔族人口考述》。
〔3〕苗普生:《清代维吾尔族人口考述》推测道光初维吾尔族人口约 65 万,内包括伊犁维吾尔族人口。

水,分给穷小回子垦种糊口,以免流亡也",其原因是"各城回子生齿日繁,原种田亩收获交差之外,其孳生人口难以养赡"。[1] 又嘉庆九年(1804年),清廷应办事大臣富色锒额之请,"赏阿克苏、赛里木贫回地五千三百亩,以资养赡";同年,"赏喀喇沙尔贫回地千顷,以资垦种";又"赏叶尔羌、巴勒楚克等庄回民原垦耕地,免其升科"等。[2] 另一方面,则是南疆维吾尔族农民自发地开垦隙地和官荒地。仅据道光八年(1828年)那彦成奉命清查地粮的记述,维吾尔族私垦隙地,"不止喀(喀什噶尔)、叶(叶尔羌)二城";仅喀喇沙尔所属布古尔、库尔勒两城私垦土地计达53400亩。[3] 有的学者将道光八年南疆8城私垦新增粮额与乾隆时原额作了对比,时新增私垦粮赋竟高达54000余石,几乎与原定1/10额粮数相等,有的甚至高于原额。[4] 这仅是已查出升科的私垦地亩所纳粮额,未查出升科之私垦地亩数还未计算在内。因此,正如有学者指出的:"在农业技术和单位产量没有重大变化,税制亦无变化的情况下,税粮总额的增长意味着耕地面积的扩展,由此看来,这一时期南疆的耕地面积较之乾隆中期,也应有成倍的增长。"[5]

由于清朝在新疆的军府制和一系列政治建制的确立,以及南疆经济的恢复和发展,在南疆维吾尔族地区形成了以"回疆八城"(喀什噶尔、叶尔羌、阿克苏、和阗、乌什、英吉沙尔、库车、喀喇沙尔)为中心,统御各城镇、回庄的网络格局。清朝不仅对一些城镇加以修筑或改建,且在各城镇之间设立军事台站,以利于交通,因此各城人口聚集、繁华富庶的局面开始形成,工商业获得了发展。

在道光八年以前,虽然清朝在南疆实行民族隔离政策,采取商民路票制度,使内地商民赴南疆者为数不多,但为利所趋,内地商民也多有到南疆各地贸易者。而传统的喀什噶尔、叶尔羌等地与西藏及中亚

〔1〕松筠:《新疆识略》卷3,"喀什噶尔"条。
〔2〕均见《清仁宗实录》卷127,嘉庆九年三月戊申;卷129,嘉庆九年五月辛丑;卷133,嘉庆九年八月甲申。
〔3〕《那文毅公奏议》卷76。
〔4〕华立:《清代新疆农业开发史》,第149－150页;苗普生:《清代维吾尔人口考述》。
〔5〕马汝珩、成崇德主编:《清代边疆开发》,第104－105页。

浩罕、安集延、南亚克什米尔等的贸易,更为活跃。早在乾隆末期,叶尔羌中外商人"皆来贸易,八栅儿(巴扎)街长十里,每当会期,货如云屯,人如蜂聚,奇珍异宝,往往有之,牲畜、果品尤不可枚举";阿克苏也是"内地商民、外藩贸易,鳞集星萃,街市纷纭。每逢八栅尔会期,摩肩雨汗,货如雾拥"。[1] 嘉庆初,当地商民铺面有 120 余间,住房 760 余间。[2]

当时从中亚、印度输入南疆的货物主要有香料、药材及各种手工业品,甚至鸦片;而输出的则是丝绸、茶、大黄、棉线及禁运的玉石等。清朝还一再降低外来商人的商税,税率一般仅在 2.5% ～5% 左右,货物则全部免税。[3] 特别值得一提的是,清朝在平定大小和卓之乱后,收回原准噶尔汗国时所铸通行于南疆的普尔钱(红铜制),在叶尔羌改铸为全国统一的外圆内方孔的"乾隆通宝"钱(又称为红钱或新普尔),主要流通于南疆各城。此后又专门在阿克苏、乌什等设铸钱局。嘉庆年间,还铸"嘉庆通宝"钱。[4] 货币的统一,也促进了南疆商业的发展。

至于南疆维吾尔族传统的手工业,如纺织业(丝织、棉织)、采矿冶炼业(铁、铜、铅、金等)、木器制造业、皮革制造业、酿酒业、玉石开采与加工业等,也因农业的发展和城镇的繁荣而得以发展。《新疆识略》卷9"财赋"条记新疆饷银来源时,说"棉布则调之和阗、叶尔羌,硝磺则调之库车、阿克苏,铜觔则调之乌什、喀什噶尔、喀喇沙尔",说明棉布、硝磺、铜觔等手工业在南疆以上地区的生产已有相当规模。如嘉庆初,仅喀什噶尔交布就达 11110 疋,和阗交布 47664 疋。[5] 当时,清朝还在新疆各地兴办官营之采矿业,设立专门矿厂,虽然主要分布在北疆伊犁等地,但南疆也有少量矿厂。[6] 如自阿克苏设铸钱局后,除阿克苏、赛

〔1〕《西域闻见录》卷 2,"叶尔羌"、"阿克苏"条。

〔2〕和宁:《回疆通志》卷 9,"阿克苏"条。

〔3〕关于南疆当时的贸易情况,参见潘志平、王熹:《清前期喀什噶尔、叶尔羌对外交通与通商贸易》,载殷晴主编《新疆经济开发史研究》,新疆人民出版社 1992 年版,第 244－269 页。

〔4〕松筠:《新疆识略》卷 3,"阿克苏钱法"条注。

〔5〕见永保:《总统伊犁事宜·南疆总论》,全国图书馆文献缩微复制中心,1990 年版。

〔6〕和宁:《回疆通志》卷 9,"阿克苏钱法"条。

里木等 6 城维吾尔族"每年额交铜七千二百余斤"外,还专门设"温巴什铜厂","每年采炼铜一万六千二百斤"。[1] 喀喇沙尔也曾于乾隆四十九年设立铅厂。

综上所述,从乾隆末年至道光八年,随着南疆经济的恢复和发展,其经济开发也取得了巨大的成绩,甚至超过了历史上任何时期的开发。因此,那种以为道光八年前南疆的经济仅处于恢复和发展阶段的看法是欠妥的。只不过这一时期南疆开发的特点不同于北疆,主要是因清朝统一后的和平环境及采取休养生息、发展生产等一系列措施,由当地维吾尔族经过辛勤劳动而取得的。

16.3　清朝前期回疆第二阶段的经济开发
(1828—1851)

道光八年以后,南疆维吾尔族地区的经济开发进入到后一阶段,一直到咸丰初年。这一阶段由于清朝"重北轻南"的政策有所改变,因而天山南北均进入了一个新的开发高潮。而清朝政策转变的契机,则是道光初年南疆和卓后裔张格尔等的叛乱。嘉庆二十年(1820年),在英国、中亚浩罕等的策动和支持下,原流亡于浩罕的白山派和卓波罗尼都之孙张格尔先后 3 次率军进犯南疆,攻陷喀什噶尔、英吉沙尔、叶尔羌、和阗 4 城,并进一步向阿克苏、乌什等地进犯,一时南疆处处告急。清朝调集各路军队,终于在道光八年平息了叛变。接着,在次年,张格尔兄玉素甫又在浩罕唆使下,攻围喀什噶尔、叶尔羌等,旋被平定。然而,这场延续十余年的叛乱事件,使清朝有识之士和边疆官吏认识到原"重北轻南"政策的失误,于是纷纷上书清廷,强调南疆对于新疆全局安危的重要性,要求改变原有政策,在南疆兴屯,放宽内地商民进入南疆的限制等。[2] 其中最具有代表性的是魏源,在其所撰的《圣武记》卷 4 中提出:"乾隆二十三年勘定新疆,经画善后之计,北路详于南

---

〔1〕《清高宗实录》卷 1210,乾隆四十九年七月丙辰。
〔2〕参见华立:《清代新疆农业开发史》所引清朝官吏奏折。

路,故屯田二十八万余亩,而南路不及五分之一。其官兵则北路驻防,而南路换防;商民则北路挈眷,而南路不得挈眷",故南路回疆不得"晏然";"诚使仿伊犁、乌鲁木齐移眷驻防之例,从回疆戍兵,改为额兵,屯田裕饷,并许内地商民挈家垦种,以渐升科";"不数年兵民愈衍愈炽,外足以控制回户,内足以分中国生齿之蕃,利可殚述哉"。由此可知,当时有识之士及官吏主要是从稳定南疆政治局势,控御维吾尔族人民,以及疏解内地人口着眼,要求清廷改变对南疆的政策。

在这种形势下,清朝自道光八年后,除在北疆伊犁等地继续进行深入的屯垦外,对南疆的屯垦及隔离政策也有所改变。据华立撰《清代新疆农业开发史》一书的研究,这一时期南疆的屯垦开发大致经历了 3 个阶段,即"道光八年(1828 年)至道光十四年(1834 年)喀什噶尔、叶尔羌的局部开垦;道光十九年(1839 年)至道光二十二年(1842 年)吐鲁番、喀喇沙尔的裁屯改户;道光二十四年(1844 年)至咸丰初南疆各城的全面开垦"。对每个阶段的屯垦开发,作者均作了很好的论述,不赘。[1]

值得注意的是,这一阶段南疆屯垦开发的特点和意义,可归纳为以下几点:

(1)如上引华立书所一再强调的:在这一阶段,清朝最高统治者对于南疆兴屯政策一直摇摆不定,既想在南疆发展屯垦,巩固边防,安置内地成倍增长的人口,又时时不忘防范内地商民与南疆维吾尔族人民杂处,危及自己的统治。因而,南疆的屯垦开发时兴时阻,特别是在道光八年至二十四年(前两个阶段)时期,屯垦收效不大。

(2)南疆屯垦的全面展开,主要是在道光二十四年之后,特别是谪戍新疆的林则徐受命赴南疆实地勘察屯垦事宜之时(1844—1858 年)。林则徐认真勘察南疆屯垦田亩,注重水利设施的建设,从南疆具体情况和屯垦实际出发,制定屯垦田亩分配给回(指维吾尔族)或民(指移民)的合理方案等,使南疆的屯垦开发得到全面的展开,其功不可没。

---

[1]见该书第 162 – 189 页。

关于此,前人论述颇多,不赘。[1]

（3）道光八年后南疆的屯垦开发与道光八年前开发的不同之处,在于清朝基本上放弃了原任维吾尔族人民私垦,然后收取赋税的政策,而是主动地在南疆兴屯、治屯,且逐渐准允内地商民携眷招屯,裁兵屯为民屯,其结果是使南疆开发的面积几乎扩展到各地。据华立的估计:"道光、咸丰年间南疆农田面积至少扩展了将近100万亩,这个开垦成绩,不仅为南疆入清以来所未有,与同时期北疆各地开垦总和相比,也堪居榜首。"[2]

（4）这一时期南疆的屯垦开发,仍然以当地维吾尔族的回屯为主,内地迁入的"民屯"为辅;而内地的民屯多集中在裁屯改户的哈密、吐鲁番、喀喇沙尔等东疆地区。尽管如此,内地商民仍有大批人口进入南疆,改变了南疆原有的民族成分和格局,有利于经济、文化的交流和边防的巩固。

（5）道光年间南疆的全面兴垦,对南疆的经济发展和开发具有重要意义:一是南疆粮食生产总额有大幅度的增长。上引华立书对库车、阿克苏、乌什、和阗、叶尔羌、喀什噶尔等6城分别在1777年、1828年、1833年、1850年的纳粮数(十分之一税)作了统计,得出:"自乾隆四十二年(1777年)至道光八年(1828年)的50余年间,各城农业产量提高约近一倍",1844年至1850年短短的6年间,上述6城粮赋增加数相当于过去50余年中增长数字的1/2还多。[3] 二是农业中的经济作物种植面积扩大,产量增加。最突出的是棉花的生产,在吐鲁番、喀喇沙尔等地获得了较大的发展,且日益成为贸易的主要商品之一。[4] 而玉米的种植,在哈密等地也开始普及。成书于道光二十六年(1846年)的

〔1〕除见华立:《清代新疆农业开发史》外,又可参见殷晴:《19世纪中叶新疆农垦事业的发展——兼论林则徐等人在新疆开发建设史上的地位和贡献》,载《新疆经济开发史研究》,新疆人民出版社1992年版,第124－146页;陈胜粦等:《论林则徐在新疆开发史上的贡献》,载《林则徐在新疆》,新疆人民出版社1989年版,第15－56页;等等。

〔2〕见华立:《清代新疆农业开发史》,第179－180页。

〔3〕见华立:《清代新疆农业开发史》,第183－184页。

〔4〕关于棉花生产,华立:《清代新疆农业开发史》有详细的论述,不赘。

《哈密志》卷 23《食货志》记,哈密物产谷类中就有"苞谷"(玉米)。三是由于南疆官吏的提倡和内地商民的屯垦,南疆的水利事业发展,农业技术水平大为提高。如林则徐在南疆注重兴修水利,并在吐鲁番推广坎儿井(卡井)技术等。而内地商民在南疆屯垦,也必然引进了内地较为先进的农业技术,从而促进了各族人民之间经济和文化的交流。

综观上述清朝前期南疆维吾尔族地区前后两个阶段的开发历史,其特点虽然与北疆有异,但取得的成绩和效果同样是巨大的。它不仅是历史上南疆经济开发的继续,也可以说是新疆(包括南疆)历史上经济开发的第二个高潮,且是中国封建时代南疆经济开发的最高峰。

(原载于周伟洲主编《西北民族论丛》第 8 辑,中国社会科学出版社 2012 年版)

17　哈萨克族与新疆的经济开发

　　哈萨克族历史悠久,是由古代西北许多部落或民族逐渐融合形成的,如历史上的塞种、月氏、乌孙、柔然、阿兰、突厥咄陆、突骑施、葛逻禄、钦察、乃蛮、克烈、阿尔根、弘吉剌、阿里钦等。"哈萨克"这一名称,虽然早在 10 世纪以前便出现在各种文字的史籍中,但是近代哈萨克族的得名及正式形成,则是以 15 世纪哈萨克汗国建立为其标志的。此后,哈萨克族又不断融合中亚草原上的乌兹别克人的一些蒙古部落,将牧地扩展到巴尔喀什湖西北,直到中亚塔什干等地。到 17 世纪,哈萨克族按部落系谱划分为大、中、小 3 个玉兹(中国史籍称大帐、中帐、小帐)。大玉兹各部落的驻牧地在巴尔喀什湖南部及从伊犁河到锡尔河之间;中玉兹的驻牧地在锡尔河北部;小玉兹驻牧地则在今哈萨克斯坦的西部。[1] 18 世纪前半叶,哈萨克族不断遭到东边准噶尔汗国的侵扰,有的被迫西迁,有的则臣属于准噶尔。

　　18 世纪中叶,清朝击灭准噶尔汗国,统一新疆地区,哈萨克中玉兹阿布赉汗及大玉兹等部投归清朝。清朝以"藩属国"对待,"并非欲郡县其地,张官置吏"[2],定期接受其朝贡而已。但由于清灭准噶尔后,新疆北部地旷人稀以及沙俄向哈萨克草原扩张等原因,境外哈萨克部落仍不断越界内迁,清廷不得不改变原拒绝收纳、驱出境外的政策,准允哈萨克于界内卡外,纳租游牧,"每牲百只抽一"[3]。甚至对迁至塔尔巴哈台的部分哈萨克部编设佐领,收取赋税[4]。因而,事实上,在今

〔1〕《哈萨克简史》编写组:《哈萨克简史》,新疆人民出版社 1987 年版,第 162 页。
〔2〕《清高宗实录》卷 543,乾隆二十二年七月丁未。
〔3〕《清高宗实录》卷 777,乾隆三十二年正月癸末;卷 780,乾隆三十二年三月己卯。
〔4〕见《塔尔巴哈台事宜》卷 1,"叙官"、"户口"条。

巴尔喀什湖东南一带游牧的哈萨克部落(主要是中、大玉兹)成了清朝的藩属。

哈萨克族自古以来系从事游牧的民族,其畜牧经济以马匹、羊、牛为主,逐水草而居,每年夏、冬两季轮牧在夏、冬牧场上。在清朝统一北疆的过程中,哈萨克中玉兹首领阿布赉于乾隆二十二年(1757 年)即向清廷提出"将马匹易换货物"的请求[1],得到清廷的重视和响应。二十三年,清廷即积极准备与哈萨克贸易事宜,乾隆帝亲自过问和处理,选派得力官吏,准备丝织品等交易货物,拟定官方贸易的原则等,并选定乌鲁木齐作为交易的主要场所。同年九月即有哈萨克哈巴木拜部"带马三百余匹……到乌鲁木齐贸易"[2]。由此揭开了清朝中期哈萨克族与清朝绢马贸易的序幕。关于这方面的研究,前人多有丰硕成果[3],下面仅从经济开发的角度作一简述。

17.1 贸易的地点及管理制度

从乾隆二十三年起,清朝官方与哈萨克之贸易始,贸易地点清廷规定在乌鲁木齐,此地离哈萨克牧地较远,其原因正如有学者所分析,主要是由当时新疆错综复杂的政治、军事形势所决定的:贸易需要一个较为稳定的环境,当时乌鲁木齐距内地较近,各种条件均适宜作交易地点;其次,时南疆大小和卓反清,为重新统一南疆回部,需要畜养马匹及牲畜,特别急需从较近之哈萨克获得大量的军用马匹;第三,清廷从其开发和经营新疆的战略意图出发,从军事、经济、政治各方面加强乌鲁木齐的大后方和根据地的作用。[4] 因此,在乾隆二十三年至二十六年,即清廷与哈萨克贸易初期,乌鲁木齐是双方贸易的主要地点和中心。双方在此地的贸易持继到乾隆三十年(1765 年)。

---

〔1〕《钦定平定准噶尔方略》正编卷 44。
〔2〕见《清高宗实录》卷 555,乾隆二十三年一月癸丑;《钦定平定准噶尔方略》正编卷 62 等。
〔3〕如林永匡、王熹:《清代西北贸易史》,中央民族学院出版社 1991 年版;厉声:《哈萨克斯坦及其与中国新疆的关系》,黑龙江教育出版社,2004 年版。
〔4〕见林永匡等:《清代西北贸易史》,第 132 – 134 页。

到乾隆二十五年(1760年),清朝统一南疆后,逐渐在新疆建立政治、军事制度,并采取一系列恢复和发展经济的措施,其中最重要的即是在北疆开展大规模的屯田和屯牧。于是清廷于此年将重点建设的伊犁作为与哈萨克贸易的场所,以获得大批的马、牛、羊等牲畜。二十七年,清廷设置总统伊犁等处将军(简称"伊犁将军")和衙门,以统全疆。此后,伊犁取代了乌鲁木齐作为与哈萨克贸易的中心的地位,且从贸易的规模、作用、性质,到贸易制度的完善、规范,均有所发展和进步,并延续至嘉庆、道光约90余年。其间,在乾隆二十八年(1763年),又于伊犁北边更邻近哈萨克牧区的塔尔巴哈台(治今新疆塔城)开辟与哈萨克贸易的新市场。但是,清廷为确保伊犁贸易中心的地位,对塔尔巴哈台市场以比价等形式作了一定的控制。

上述清朝与哈萨克贸易地点(市场)由初期的乌鲁木齐,扩大和迁移到伊犁、塔尔巴哈台,这与新疆的政治、经济、军事及清廷的新疆战略是密切相关的,同时也反映了清朝中期内地与哈萨克贸易的日益扩大和兴盛。

在清朝与哈萨克贸易的特点和管理制度方面,各个时期虽有所发展和变化,但其总的特征是:

(1)清朝始终垄断和控制着双方的贸易,即是说,清朝对哈萨克始终是官方贸易。最初,乾隆帝在决策与哈萨克贸易时,同意"商民人等愿随前往,购买零星物件,各听其便"[1];但以后,此条并未执行,相反,却禁止内地商民及南疆回众(维吾尔等族)私与哈萨克贸易。特别是对南疆回众,乾隆帝一再谕令:"惟晓谕喀什噶尔回众,嗣后毋许容留哈萨克等贸易,伊等亦不得阑入哈萨克界内……除禁止回众往哈萨克地方贸易外,其在霍罕(浩罕)、安集延等处交易者,仍遵前旨。"[2]到后期,内地商民前来与哈萨克贸易,均由官方代为交易。然而,事实上,哈萨克赴内地或蒙古等地及与新疆各族的民间贸易仍然是禁而不止,

---

〔1〕《清高宗实录》卷550,乾隆二十二年十一月癸巳。
〔2〕《清高宗实录》卷779,乾隆三十二年二月壬戌;卷780,乾隆三十二年三月戊辰。

且规模也越来越大。

（2）清朝官方与哈萨克贸易，主要是以物易物的交易，银钱货币只是在后期交易中才偶尔使用。清朝主要以内地所采办之绸缎、布、茶为交易商品，其中尤以哈萨克喜用之绸缎为主，产自内地之陕西、江宁、杭州、苏州、山西、山东等地。为了投合哈萨克人的喜好，乾隆帝及清廷官吏想方设法在绸缎的花色、品种、质量上下工夫，以扩大与哈萨克的贸易。如乾隆二十九年杭州织造官员赫色解到贸易绸缎中200余匹有霉点，乾隆帝严令"著落经手承办人员赔补，并将公同点验之员交部议处"[1] 在乾隆二十五年清统一南疆后，南疆维吾尔等族生产之"回布"，也成为清朝与哈萨克贸易的物品之一。而哈萨克用以交易的物品是马、羊、牛等牲畜。特别是前期，马匹更是清朝所需之物品，正如乾隆帝在谕令中所说："伊犁驻防大兵，一切需用牲畜，全赖哈萨克贸易。"[2]

（3）清廷上下在与哈萨克贸易的过程中，逐渐改进、完善贸易的管理制度。咸丰三十年（1850年）伊犁将军萨迎阿等奏折中，提到旧有"哈萨克贸易章程"，可惜奏折并未详列此章程[3] 不过，通过乾隆四十年格琫额所撰之《伊江汇览》"贸易"条记伊犁贸易情况，可见此章程的大概：

> 哈萨克之贸易也，每于夏秋之交，或自沁达兰，或自匡俄尔鸾卡伦。抵境之时，卡伦侍卫查其人众、牲畜之数，先行具报，沿卡送至伊犁，满营预派官兵接至芦草沟，带至西门外之贸易亭。营务处禀，将军派委侍卫、协领暨驼马处等官监视贸易，由绿营官员或废员内派出，扮作贸易之人，以厄鲁特通事为之相交易，计值平论……其绸缎系调于内地，贮之官库，临换之际，绿营兵计数领用，其所换获之牛、马、驼、羊，概交驼马处入官。其间或有携来伊倭登

---

〔1〕乾隆四十一年五月十六日杭州织造福海奏折，转见上引林永匡等：《清代西北民族贸易史》，第439页。

〔2〕《清高宗实录》卷779，乾隆三十二年二月壬戌。

〔3〕见《筹办夷务始末·咸丰朝》咸丰三年三月二十一日。

绸、香、牛皮、哈拉明净等物,亦酌量易换之。每年贸易之后,各哈萨克内有欲见将军者,先行禀明,官为排班,传其进见,给以茶食糖饼,是为筵宴。其有以马匹送献者,将军视其所值赏给缎疋,仍派官兵送至芦草沟,按卡递送出境。当其贸易之日,昼夜巡查,禁止兵民不得私换,犯者重惩之。历年以来,岁以为常,曾无所扰,岩春冬雪路阻,则来者稍迟矣。

以上所记,将哈萨克入卡至伊犁贸易的程序、过程及管理制度记述颇详:从卡伦入伊犁,各级相关官员的职责,贸易亭的设置,贸易时的管理,厄鲁特通事作中介翻译,与之交换物品(绸缎)的存放及换回牲畜的处理,禁止兵民私与交易,最后按卡递送出境等,可谓形成了一整套严密的管理制度。

17.2　贸易的规模及具体情况

据清朝汉、满文档案的记载:在乾隆二十三年,哈萨克赴乌鲁木齐贸易者仅 2 批,携马约 512 匹,成交(易换)321 匹。但从二十四年始,由于清廷采取一些得力措施,改进管理,双方贸易额有大幅度上升,此年,共有 5 批哈萨克至乌鲁木齐贸易,成交马达 2296 匹。二十五年,共有 8 批哈萨克来贸易,成交马增至 4341 匹。二十六年,有 3 批哈萨克至,成交马 1072 匹。二十七年,先后约有 20 多批哈萨克至,成交马6553 匹,牛 33 头,羊 1294 只。二十八年,有 5 批以上哈萨克至,共成交马 5123 匹,牛 80 头,羊 2179 只。二十九年,有 3 批哈萨克至,成交马1215 匹。[1]

至乾隆三十年,清廷宣布废止在乌鲁木齐与哈萨克的贸易,而伊犁和塔尔巴哈台又先后成为交易之中心。其中,伊犁的贸易规模之大,持续时间之长,为当时清朝西北民族贸易之最。试见表 17-1:

---

〔1〕以上数字,据林永匡等《清代西北民族贸易史》所引档案资料统计,见该书第 140-160 页。

表 17-1 乾隆年间清朝在伊犁与哈萨克贸易情况[1]

年代	商队(支)	清廷换获牲畜			清廷输出商品			备注
		马(匹)	牛(头)	羊(只)	绸缎(匹)	回布或内地布(匹)	银两(两)	
乾隆二十五年(1760)	2	124		100	68.5	79(内地布)		
乾隆二十六年(1761)	4	194	20	8000	175.5	22(内地布)		羊价未计入
乾隆二十七年(1762)	11	1193	7	200	280	239.5(内地布)	200	银为羊价
乾隆二十八年(1763)	20	3569	41	7922		1512(回布)		清廷输出商品记载不全,故不统计
乾隆二十九年(1764)	27	3528	205	10944			以银钱和布购羊	同上
乾隆三十年(1765)	33	4898	441	11208			以银钱和布购羊	同上

─────────────

[1]据《清代西北民族贸易史》所引档案资料制成,见该书第 207-277、359-376 页。

234

年代	商队（支）	清廷换获牲畜			清廷输出商品			备注
		马（匹）	牛（头）	羊（只）	绸缎（匹）	回布或内地布（匹）	银两（两）	
乾隆三十一年（1766）	19	1574	45	5090			以银钱和布购羊	同上
乾隆三十二年（1767）	44	10071	2199	1850			以银钱和布购羊	同上
乾隆三十三年（1768）	22	3118	1157					同上
乾隆三十四年（1769）	19	2386	317	1200			以银钱和布购羊	同上
乾隆三十五年（1770）	18	3016	1314	4050			以银钱和布购羊	同上
乾隆三十六年（1771）	4	355	44	600				同上
乾隆三十七年（1772）	42	12484	4692	134801	12265	77880	114.99	
乾隆三十八年（1773）	16	2786	529	24832				
乾隆三十九年（1774）	23	4441	954	52673				

·欧·亚·历·史·文·化·文·库·

续表 17 - 1

年代	商队（支）	清廷换获牲畜			清廷输出商品			
		马（匹）	牛（头）	羊（只）	绸缎（匹）	回布或内地布（匹）	银两（两）	备注
乾隆四十年（1775）	24	1531	147	29952				
乾隆四十一年（1776）		3634	662	47554				
乾隆四十二年（1777）	32	2186	649	45712				
乾隆四十三年（1778）	27	3581	1307	64570				
乾隆四十四年（1779）	28	3552	1759	84623				
乾隆四十五年（1780）	20	1782	1716	49895				
乾隆四十六年（1781）	30	4022	2260	94525				
乾隆四十七年（1782）	20	2713	3007	84076				
乾隆四十八年（1783）	11	835	690	32988				双方贸易额达银13277两

年代	商队（支）	清廷换获牲畜			清廷输出商品			备注
		马（匹）	牛（头）	羊（只）	绸缎（匹）	回布或内地布（匹）	银两（两）	
乾隆四十九年（1784）	不详	1047	752	52576				
乾隆五十年（1785）	17	2014	1023	104568				

乾隆五十年后，清朝在伊犁与哈萨克的贸易仍未停止，历经嘉庆，直到道光末年，才逐渐衰弱。而在此期间，从乾隆二十八年起，清廷又开辟塔尔巴哈台为与哈萨克贸易场所，此处双方的贸易大致与伊犁相同，只是因清廷采取种种措施控制该地贸易规模，以确保伊犁贸易，故每年的贸易额较之伊犁为少，但其持续时间亦较长，影响和作用仍然很大，不赘述。

从上述及表 17－1 看，前期（乾隆二十三年至二十七年）以乌鲁木齐的贸易为主，清廷主要购进的是马匹，此与之为进行统一南疆的战争和加强经营新疆有关。至中期（乾隆二十七年至五十年），伊犁及稍后开辟的塔尔巴哈台成为贸易的中心，此时是双方贸易的兴盛时期，从双方成交的数额到制度的建全，都达到成熟的阶段。清廷除继续购进马匹之外，牛、羊也大量增加。

这是因为清廷在新疆正式设置伊犁将军及衙门，以及各级机构后，采用各种性质的屯田及设锡伯、察哈尔、索伦、厄鲁特"四牧营"等措施，加强对新疆的经营，需用大量的牲畜。其中，乾隆三十七年是双方贸易规模最大的一年，清廷从哈萨克处购进马匹达 12484 匹，牛 4692 头，羊 134801 只。据学者分析，此乃清廷为安置前一年由俄国迁回之数万土尔扈特部而采取的措施。[1]

后期(乾隆五十年至道光末年),贸易在伊犁、塔尔巴哈台两地仍在继续,其规模虽然不如中期,但依旧发挥着其应有的作用。

17.3 清中期与哈萨克的贸易在经营、开发新疆过程中的巨大作用

清朝中期,清廷与其藩属的哈萨克各部的贸易,可以说基本上是互惠互利的,双方在交易的比率和比价上,制定得较为公平合理,基本能体现各自的经济利益;对新疆的开发具有重大意义。

作为清朝"藩属"的哈萨克中帐和大帐,其游牧之地有一部分后来成为新疆的领地之一。它们与清朝进行较为持久的大规模贸易,用自己的马匹、牛、羊去交换绸缎、布匹、银两,必将大大刺激其游牧生产的积极性;而其通过交换得来的绸缎等,除一部分自己消费外,还与中亚其他民族进行贸易。因而,与清朝的贸易促进其游牧经济及商品交换的发展,这是毫无疑问的。但是,也应看到,哈萨克诸部游牧经济受自然条件的制约,很不稳定,这从与清朝贸易额时高时低可反映出来。贸易虽然刺激其生产积极性,但其游牧经济仍处于较为落后的状态。

而作为新疆统治者的清朝,在与哈萨克的贸易中获得了巨大的利益。这种利益主观上使统治者加强和巩固了对新疆的统治,客观上却促进了新疆的进一步开发,其意义也十分重大。主要表现在:

(1)前期与哈萨克的贸易,使清朝从哈萨克处获得了大批马匹,加强了清军的军事力量和后备物资,为统一南疆提供了物质基础。

(2)伊犁、塔尔巴哈台的贸易,为清朝经营新疆提供了物质基础。如乾隆时期在新疆北部大兴屯田(军屯、民屯、回屯、犯屯等)、设"四牧营"及土尔扈特诸部的归来等,均需要大量的牲畜,以安置和发展生产。如从内地调运,路程太远,牲畜死亡率高;而从哈萨克各部贸易获

---

[1]见林永匡等:《清代西北民族贸易史》,第 377 页;厉声:《哈萨克斯坦及其与中国新疆的关系》,第 173 页。

得,则事半功倍。事实证明,正是贸易获得之各种牲畜,安置了北疆移入的各种类型的人口,使之能尽快地发展农业和畜牧业,为北疆的进一步开发奠定基础。如乾隆二十九年,清廷于伊犁设立牧厂,孳生牲畜,发展牧业,"至每岁换获哈萨克牛、羊、马、驼交与各部归于另厂牧放"[1],促进了北疆畜牧业的发展。

（3）清朝官方与哈萨克的贸易,主要以内地生产的绸缎、布匹以及南疆维吾尔族生产的"回布"作为交易的物品,每年需求量大。这无疑刺激和推动了该地区手工业的发展。特别是南疆的"回布",是哈萨克人喜爱的物品。自乾隆二十七年后,南疆叶尔羌、和阗、喀什噶尔等地维吾尔族传统的手工业产品"回布",开始大批投放在伊犁、塔尔巴哈台市场上,并逐渐取代了内地的各种布匹。据成书于咸丰年间的《伊江集载》（著者佚名）"回布"条记:"每年由叶尔羌、和阗、喀什噶尔等处征运回布九万九千余疋。内应转运塔尔巴哈台三四千疋,其余备赏犒外夷并易牲畜。"有学者据清满文档案资料,得出"乾隆至嘉庆、道光时期,每年由南疆采办并运往北疆伊犁等地的回布,除供各族驻防携眷屯田绿营官兵的各项需用外,约占总数的百分之七十至八十的回布,是用于哈萨克贸易的"[2]。这样,原南疆维吾尔族回布生产萎缩和市场销售困难的问题,不但得以顺利解决,而且大大促进了其生产发展。

（4）清朝与哈萨克的贸易本身,也是这一时期新疆民族贸易发展的标志之一。

如前所述,清前期（乾隆至道光时）是新疆历史上经济开发的第二个高潮,而这一时期清朝与哈萨克的贸易,可以说是推动和实现这一开发高潮的因素之一。

然而,自19世纪以后,沙皇俄国却向哈萨克诸部步步进逼,最终吞并了哈萨克草原,并逐渐侵入中国西北边疆。清朝与哈萨克的贸易开

---

〔1〕格琫额:《伊江汇览》,"牧畜"条。
〔2〕林永匡等:《清代西北民族贸易史》,第389-400页。

·欧·亚·历·史·文·化·文·库·

始逐渐萎缩,到咸丰元年(1851 年),中俄签订《伊犁塔尔巴哈台通商章程》后,与哈萨克的贸易逐渐纳入中俄贸易之中。

17.4　近代哈萨克与新疆的经济开发

咸丰十年(1860 年)和同治三年(1864 年),沙皇俄国强迫清朝政府签订了不平等的《北京条约》和《中俄勘分西北界约记》,后者规定,划界以后,哈萨克族"向在何处住牧者,仍应留于何处住牧……所以地面分布在何国,其人丁即随为何国管辖"[1],即所谓"人随地归"的原则。划界后,原属清朝后归俄国境内之哈萨克人纷纷迁入划界后的中国境内,成为近现代中国的哈萨克族。

在以后一个很长的历史时期内,作为跨国民族的哈萨克族时有迁徙。而在中国新疆境内的哈萨克族则因清朝乃至民国政府对其没有制定一套有效的管理办法和制度,大批哈萨克部落并无建制(只有清初少量部落编有佐领),只是封授其首领名义上的爵位、官职,任其自由迁徙游牧而已。又因沙皇俄国的侵逼、清朝及民国新疆当局的苛政等原因,新疆伊犁、塔城的哈萨克先后迁徙到阿尔泰、巴里坤等地。在1933 年后,还有一批居阿尔泰等地的哈萨克在盛世才的暴政和自然灾害的侵袭下,陆续迁至甘肃和青海。据有的学者统计,1944 年哈萨克在新疆的人口约 438576 人,至 1949 年仅增至 443655 人。[2]

从清同治三年《中俄勘分西北界约记》签订后,划归中国清朝所属哈萨克族,历经沙俄侵占伊犁及清收回伊犁(1870—1881 年)、新疆建省(1884 年)、晚清"新政"、辛亥革命及民国军阀主政新疆,这一系列的新疆重大历史事件,对哈萨克族的社会各方面都产生了重大的影响。然而,在这一漫长的历史时期,哈萨克族仍然是传统的游牧经济,只是从清乾隆时以来,伊犁、塔尔巴哈台有少部分哈萨克牧民受邻近从事农业民族的影响及因天灾人祸和其他社会原因,放弃游牧而从事

---

〔1〕王铁崖:《中外旧约章汇编》第 1 册,三联书店 1982 年版,第 217 页。
〔2〕见纪大椿:《新疆近世论稿》,黑龙江教育出版社 2002 年版,第 287 页。

农业,或半农半牧。这一时期的哈萨克游牧经济发展迟缓,没有发生根本的变化。

据1920年在新疆考察财政之谢彬的记述,时哈萨克在伊犁者,"有众八万八千四百三十九。其住牧地方,即在四爱曼营地之中,别无专管牧地"。而新疆整个哈萨克族则"散处阿尔泰山、塔城、伊犁诸地,无城郭,鲜庐室,逐水草游牧,四时结穹庐",书中并对其风俗记述甚详。[1]又20世纪30年代,曾考察新疆哈萨克人的袁复礼记:"彼族虽专事放牧,于骆驼牛马之大量孳生,并不多加注意。除头目人外,每家此类牲畜之数目,甚为有限。除自有羊群之外,并兼代回、汉、缠、俄各族牲畜,也有为他族雇佣牧羊者,其雇佣则以一家为单位。"[2]袁复礼所记,反映了哈萨克族牲畜占有的差别,突出反映了其社会内部的贫富分化,以及贫苦牧民为头人和他族雇佣的情况。又据调查,1949年前,伊犁新源县两区一乡,共有462户,其中占有牲畜1500头以上的仅18户,为总户数的3.9%,却占有牲畜总头数的72.39%;而占总户数62.79%的290户贫苦牧民,只占有11.68%的牲畜。[3]正是上述种种原因,使哈萨克族的游牧经济得不到发展,向近现代牧业的转化,更是谈不上了。

这一时期,哈萨克族的手工业也停滞不前,仍没有从游牧业中分离出来,还处于家庭手工业的性质。主要有制酥油、乳食品、擀毡和熟皮、缝皮衣等家庭妇女从事的手工。其牲畜及羊毛、牛毛、皮张,虽然也与邻近各族进行以物易物的贸易,但其规模和影响远不如清代中期与清廷官方的贸易。商品经济发展迟缓,且受到头人、牧主及奸商、高利贷者的中间剥削,不等价的交换使哈萨克牧民经济受到极大的损失。

〔1〕谢彬:《新疆游记》五月十二日、五月二十五日。
〔2〕见《禹贡》,1937年第7卷(1、2、3期)。
〔3〕国家民委民族问题五种丛书编辑委员会《中国少数民族》编写组:《中国少数民族》,人民出版社1981年版,第202页。

·欧·亚·历·史·文·化·文·库·

18 柯尔克孜族、乌孜别克族、塔吉克族与新疆的经济开发

18.1 柯尔克孜族与新疆的经济开发

柯尔克孜族是操突厥语的一个历史悠久的民族,早在 2000 多年前中国史籍就记载了其先民的分布和活动,即两汉时居于匈奴西北的"鬲昆"、"坚昆",魏晋南北朝时高车中的"纥骨"、"契骨",唐代称为"黠戛斯",13 世纪蒙古兴起后,汉文史籍又称之为"乞儿吉思"、"吉利吉斯"等。其原游牧之地在今叶尼塞河中上游一带,到明代,吉利吉斯与兴起于漠西的瓦剌(卫拉特蒙古)有过长期的斗争,曾一度服属于瓦剌。15 世纪中叶,随着瓦剌为东蒙古诸部击败而部众西迁,一部分吉利吉斯部落也逐渐向西南迁徙,进入到今新疆阿克苏以西一带游牧。15 世纪末至 16 世纪初,吉利吉斯人基本上由原居地逐渐南迁至天山地区,成为在天山一带活动的众多操突厥语的族体之一。[1] 由于历史上长期与邻近的契丹、钦察、蒙古等族相互影响和相互融合,吉利吉斯各部逐渐成为一个新的族的共同体,也即是说,大约在 16 世纪,吉利吉斯各部形成了近代的柯尔克孜族。

清朝初年,中国史籍称其为"布鲁特"(准噶尔语,"高山居民"意),以天山为界,以北称为"东布鲁特",以南为"西布鲁特"。当时,布鲁特诸部也为准噶尔汗国所侵扰。18 世纪中叶,清朝灭准噶尔汗国,

---

〔1〕参见国家民委民族问题五种丛书编辑委员会《中国少数民族》编写组:《中国少数民族》,人民出版社 1981 年版,第 210 – 211 页。

统一新疆,布鲁特诸部(柯尔克孜族)归属清朝。19 世纪中叶,沙皇俄国通过与清朝签订一系列不平等边界条约,划定西北疆界,布鲁特人也分属俄国和中国清朝。[1] 属清朝的布鲁特诸部主要驻牧于今新疆南部克孜勒苏柯尔克孜自治州。1934 年盛世才主政新疆时,在民众大会上,正式确定改清代"布鲁特"名为"柯尔克孜族",沿用至今。在国外,则今译作"吉尔吉斯族"。

在清乾隆二十二年(1757 年)和二十四年(1759 年),清朝平定准噶尔和南疆大小和卓后,东、西布鲁特先后归附清朝,分属伊犁将军属下领队大臣和喀什噶尔参赞大臣管理;其大小首领被清朝分封为二品至七品顶戴;在卡伦外者为藩属,卡伦内者则为内属。这种情况大致沿续至 19 世纪中叶。在这大约百年的期间,布鲁特诸部仍然在天山和帕米尔高原的恶劣自然条件下,主要从事畜牧业;以牧村(阿寅勒)为单位,进行游牧,牲畜以羊、马匹为多,其次有牛、骆驼等。只有少部分因丧失牲畜或受邻近各族影响,而兼事农业者。这种经济形态就决定了它们与周围的各族有着较为密切的商业交往,以满足自身生活的需要。如它们与西邻的浩罕的乌兹别克族,东邻的南疆的维尔吾族等,就一直存在着频繁的商业贸易,有定期定点的集市贸易。

在清朝平定南疆大小和卓之乱后归附于清朝的布鲁特各部,与哈萨克诸部一样,与清朝的贸易成为其主要的贸易。乾隆二十四年,清廷制定对外藩布鲁特、安集延等"回子"的优惠政策,对其贩来牲畜皮张等物按 1/30 抽税,每马 1 匹抽取 50 文,每牛 1 头抽取 15 文,羊 1 只抽收 12 文。[2] 道光十二年(1832 年),清廷因乌什卡外所属布鲁特"均极恭顺",对其进卡贸易之人"著加恩一体,免其纳税"。[3] 而这一时期,在清朝统一和经营新疆的过程中,驻防清军需要的大量马匹、牛、羊等牲畜,除了从与哈萨克贸易中获取之外,布鲁特诸部也成为贸易的对象之一。清朝则以绸缎、回布,其次是茶,与布鲁特人交易。乾隆二

---

〔1〕在俄国统治下的中亚天山布鲁特人,后被译称为"吉尔吉斯族"。

〔2〕傅恒等撰:《钦定平定准噶尔方略》正编卷 75,乾隆二十四年。

〔3〕《清宣宗实录》卷 220,道光十二年九月癸亥。

十九年,因驻牧厄鲁特、锡伯兵丁需用羊只,乾隆帝在谕令中说:"伊犁驻扎官兵,虽需羊颇多,而哈萨克、布鲁特等,不时前来贸易,所市羊只,尚可敷用。"[1]在南疆,清军对牲畜的需求量也很大,与布鲁特及浩罕、维吾尔族的贸易,特别是在乾隆五十七年以后呈上升趋势。这从清廷每年运至南、北疆用以作为交换物品(商品)的绸缎销量的增减可看出[2]。嘉庆年间,遣戍新疆的洪亮吉有诗云:"谁跨明驼半天回,传呼布鲁特人来。牛羊十万鞭驱至,三日城西路不开。"[3]可见布鲁特人与清朝贸易之盛。这一贸易虽然规模次于哈萨克与清朝的贸易,但其对新疆经济开发的影响和作用是相同的。

不仅如此,布鲁特人还与浩罕、安集延等地的乌兹别克人,东边的维吾尔等族有长期的贸易关系。他们通过定期的市场,如喀什噶尔、乌什、阿克苏、和阗等,以自己的牲畜及畜产品,毡、纱、服装等传统手工业制品,从上述各族换回所需的棉花、棉布、印花布、茶叶等。正是上述各族的贸易和较为安定的环境,促进了新疆,特别是南疆的商业经济的发展,各城市出现繁荣的景象,成为清前期新疆开发高潮的动因之一。

到19世纪中叶后,随着沙皇俄国兼并中亚,入侵新疆,并于同治三年签订《中俄勘分西北界约记》后,布鲁特族也按条约所定"人随归地"的原则,大部分划入俄境。光绪七年至十年(1881—1884年)俄国又先后签订了《中俄伊犁条约》及其所附的5个边界子约,又侵占了原属清朝的布鲁特诸部及其牧地,余下的部分布鲁特各部,则集中在乌什、喀什噶尔及以南的天山中。这就是现在新疆克孜勒苏柯尔克孜自治州地区的柯尔克孜族。

清末至民国时期,新疆的柯尔克孜族逐渐被纳入了新疆地方行政建置之中。但其以游牧为主的经济发展迟缓,原因主要是自然环境恶劣,国内历届统治者的歧视和压迫政策以及本民族封建制的束缚等。其手工业也仍以家庭副业手工业为主,20世纪后有极少的传统手工业

---

〔1〕《清高宗实录》卷717,乾隆二十九年八月丁未。

〔2〕参见林永匡等:《清代西北民族贸易史》,第451–452页。

〔3〕洪亮吉:《万里荷戈集》伊犁记事诗。

作坊,生产铁器、木器、毛皮等,近代化工业根本没有。从事农业的柯尔克孜族,生产水平不高,基本与南疆维吾尔族农民同。在民国盛世才主政新疆时,柯尔克孜族的近代教育才有所起步,创办了文化促进会,开办了一些近代学堂。据学者统计,1944 年新疆柯尔克孜人口有 65923人,1949 年仅达 66145 人。[1]

18.2　乌孜别克族与新疆的经济开发

　　乌孜别克族的主体部分在中亚今乌兹别克斯坦。其族名源于 14世纪蒙古贵族所建金帐汗国(钦察汗国)的乌兹别克汗,中国史籍又称其国为"月即别"、"月祖别"。15 世纪金帐汗国瓦解后,留在中亚地区各种不同来源的游牧民均被泛称为乌兹别克人。16 世纪初,乌兹别克游牧部落进入中亚农业区,与当地操突厥语、从事农业的居民相互融合,逐渐成为近代的乌兹别克族。明清时,中国史籍按地名称乌兹别克族为撒马尔罕人、浩罕人、布哈拉人、安集延人。近代乌兹别克族主要因经商等原因,从 16 世纪以来有的陆续迁入中国新疆地区。

　　18 世纪中叶清朝统一新疆之后,与中亚各族的关系日益紧密。时在中亚地区先后建有浩罕、布哈拉和希瓦 3 汗国,其中邻近新疆由乌兹别克族在费尔干纳盆地建立的浩罕汗国,与清朝关系最为密切。由于当时清朝的强盛,浩罕汗国成为清朝的"藩属"。清朝对浩罕等中亚各族采取和平睦邻和经济优惠政策,乾隆二十四年规定:"边界贸易回人征税十分之一,外来贸易(指中亚各族)之人征税二十分之一"[2];次年,浩罕归附,又减其税按三十分之一抽收,后遂成为定制。[3] 于是,有大批浩罕等地乌兹别克商人进入南疆,进行贸易,促使南疆各城商业发展。阿克苏、叶尔羌等城出现"内地商民及外藩人等,鳞集星萃,

---

〔1〕见纪大椿:《新疆近世史论稿》,第 289 页。
〔2〕《清高宗实录》卷 593,乾隆二十四年七月庚午。
〔3〕《清高宗实录》卷 605,乾隆二十五年正月辛未;《理藩院则例》卷 143。

欧·亚·历·史·文·化·文·库·

街市交错,茶房、酒肆、旅店莫不整齐"[1]的盛况。日本学者佐口透据清朝道光八年(1828年)十一月的调查资料统计,浩罕商人入卡留居10年以上,并被编为"回籍"者:库车25户,阿克苏473户,乌什68户(另有布哈拉人14户),叶尔羌754户(包括巴达克山人),和阗229户,喀什噶尔607户,英吉沙77户,共约2233户。[2] 清廷通过此次调查和善后处置,已将长期居留的浩罕乌兹别克人划入清朝的国籍(回籍);且商人中已有部分弃商务农。

到道光八年至十年(1828—1830年),因浩罕助张格尔扰乱南疆,清廷一度中止了与浩罕的贸易关系,但不久即恢复。中亚浩罕等地乌兹别克商人入居新疆人数也大为增多。至19世纪60年代,浩罕阿古柏入侵新疆后,又有一批乌兹别克人留居新疆。经过上述动乱,到光绪三年(1877年),留居南疆的乌兹别克人仍有2000户以上。[3] 此时,沙俄已逐渐吞并中亚3汗国,长期留居于新疆的乌兹别克商人等,早已娶妻生子,成为中国清朝的臣民。如上述,这些乌兹别克人主要分布在南疆的喀什、叶尔羌、阿克苏、和阗、英吉沙等地,北疆的乌鲁木齐等地也是其族分布较多之地。直到20世纪初,仍有一些安集延人定居新疆,有商人,也有农民、手工业者和知识分子。其中主要从事商业者,多居于伊宁、塔城一带,从事农业的乌兹别克人大多居于南疆的喀什、莎车、巴楚、阿克苏、和阗,手工业者主要集中在莎车,少数从事畜牧的则分散在北疆各地。到1934年盛世才主政新疆时,在民众大会上正式确定"乌孜别克族"的族名。

从清代至民国时期,陆续迁入并留居于新疆的中亚浩罕等地乌兹别克族,其经济类型几经变化。中亚乌兹别克族自古即是一个善于经商的民族,清道光以前,有部分乌兹别克人基本上是因经商而移居新疆,从事商业贸易,十分活跃,对南疆和中亚商业的发展起了重要的作

---

[1]《回疆通志》卷9。

[2]佐口透著,凌颂纯译:《18—19世纪新疆社会史研究》下册,新疆人民出版社1983年版,第445-446页。

[3]见罗建生:《乌孜别克族》,民族出版社1990年版,第8页。

用。商业的因素以后始终影响着新疆的乌孜别克人的经济。

19 世纪中叶后,由于外国等大商业资本(洋行)的排挤和政治形势的变化,一些在新疆的乌孜别克中小商人相继破产,或沦为洋行的附属或职工,或破产后从事农业或牧业。而另一些从事商业的乌孜别克商人,则随着新疆商业的发展,进一步分化为坐商、行商和小商贩。特别是一些资本较为雄厚、主要经营出口贸易的商人,多依附于外国洋行,在近代新疆商业中,起了不可低估的作用。如清咸丰二年(1852年)塔什干乌兹别克商人鄂思满在塔城创设的"仁忠信洋行",后来资金达 50 万卢布,但于光绪六年倒闭。[1] 又如,在近代乌鲁木齐较大的7 家洋行中,乌兹别克商人开办的即有 4 家:

德盛洋行　由塔什干乌兹别克人吐尔逊巴巴及其亲戚创办,货源来自莫斯科,洋行先在塔城,后在乌鲁木齐开设。洋行建有洗毛场,并购置田产,经营畜牧业,资金达 150 万卢布。1917 年俄国十月革命后,其子女加入中国国籍。

茂盛洋行　由塔什干乌兹别克人沙木克江于乌鲁木齐创办。其原为德盛洋行吐尔逊巴巴亲戚,后由德盛洋行分出,单独成立茂盛洋行,出售俄货,并收购南疆焉耆的畜产品获利,资本达 30 万卢布,后又经营农牧业。其子女在 1917 年后,入中国国籍。

吉利洋行　中亚玛尔户郎城乌兹别克人苏尔江巴依于光绪六年(1880 年)发来大批俄货,开办吉利洋行,收购棉花、皮毛等,贩运俄国,资本达 70 万卢布。1917 年后,其子女加入中国国籍。

德和洋行　由塔什干乌兹别克人热衣木巴依、木尔沙里巴依合伙,于光绪七年(1881 年)在塔城创办,后发展到乌鲁木齐,并于乌鲁木齐南山购置草场,经营畜牧业,资金达 100 万卢布。洋行在乌鲁木齐、塔城、伊犁购置田产,有分行。1917 年后,经营者入中国国籍。[2]

---

〔1〕见《新疆通志·商业志》编纂委员会等:《新疆商业外贸史料辑要》第 2 辑,1990 年内部发行本,第 22 - 23 页。

〔2〕以上均见《新疆商业外贸史料辑要》第 2 辑,第 25 - 27 页;赵小刚:《乌孜别克族社会经济文化研究》,民族出版社 2004 年版,第 89 - 91 页。

·欧·亚·历·史·文·化·文·库·

上述洋行虽然是伴随着外国列强的殖民掠夺而兴起的民族商业资本,但毕竟已具有近代商业资本的特征,对近代新疆商业的发展起过一些作用。时民间有俗语说:"十个俄罗斯人不如一个犹太人;十个犹太人还不如一个乌孜别克人。"[1]这些洋行在兼并中小商人,使之破产或为其附属的同时,也遭到强大的外国资本的冲击,因而也日益萎缩。

与商业有关的是手工业,清代以来定居于新疆的乌孜别克商人,往往有自己的手工业作坊,生产或加工手工业产品,便于销售。20世纪后,乌孜别克族在南疆的手工业作坊得到了一定的发展。如莎车,从事纺织业的乌孜别克人就达200户,并形成了一些具有较大规模的作坊,拥有手工纺织机十余架,雇工20~40名不等。其余则多为中小型的手工作坊,仍主要从事纺织业。[2] 其主要产品有棉布、丝绸及衣服、花帽、床单、枕头等,其中具有乌孜别克族特点的纺织手工制品,一直传袭下来。

在南疆,近代以来,还有一批从事农业的乌孜别克人,他们因袭其传统,在南疆开垦荒地,兴修水利,主要从事与城市相关的蔬菜、园艺、棉花、植桑等农业类别。如19世纪下半叶南疆出产的浩罕樱桃、安集延水果品种等,即其园艺师们辛勤劳动的结果。[3]

18.3 塔吉克族与新疆的经济开发

塔吉克族是操印欧语系东伊朗语的一个古老民族,早自公元前若干世纪以来即居于今帕米尔高原。汉唐时,中国史籍称之为"西夜"、"子合"、"羯盘陀"等,为西域城郭国之一。11世纪,中亚操突厥语诸部将中亚地区操伊朗语、信仰伊斯兰教的人民统称为"塔吉克"。近代

〔1〕见《新疆商业外贸史料辑要》第2辑,第26-27页。

〔2〕参见罗建生:《乌孜别克族》,第14页;赵小刚:《乌孜别克族社会经济文化研究》,第88页。

〔3〕见赵小刚:《乌孜别克族社会经济文化研究》,第84-85页。

塔吉克族的形成大致在 15—16 世纪。清朝统一新疆后,称塔吉克人居地为"色勒库尔",于此地设伯克加以管理。据现存乾隆二十八年(1763 年)《西疆回酋升迁调补事宜》的记载:"塞勒库尔(色勒库尔)五品阿奇木伯克一员。六品伊什罕伯克一员、商伯克一员。七品哈子伯克一员、阿尔巴希一员、沙虎尔一员、密哩咱尔一员。塔尔哈喇木部落七品伯克一员。属塞勒库尔管辖。以上八员缺请照旧例由本处拣补。"[1]

在 19 世纪末前,清朝管辖下的帕米尔地区塔吉克族社会经济仍以传统的畜牧业为主,有小部分兼营农业,其生产方式和发展水平,大致与北边的柯尔克孜相同。自古代以来,这里就是联结中亚、南亚,甚至欧洲的通道和桥梁,即丝绸之路的要冲。在这一时期,中亚浩罕、安集延和克什米尔、巴达克山等地商人,通过帕米尔地区的塔吉克人,进入南疆贸易。因而,对于新疆这一时期经济的发展和开发,以及南疆商业的繁荣,塔吉克族也作出了贡献。尤其是塔吉克地处清朝边疆,他们先后为抗击浩罕、沙皇俄国的入侵,作出了重要的贡献,[2]为新疆的开发和经济的发展创造了较好的政治环境。

光绪二十一年(1895 年),英、俄两国背着中国私自分占帕米尔,原属中国的帕米尔地区只有塔克敦巴什帕米尔全部(属今新疆塔什库尔干)和郎库里帕米尔部分地区在中国清朝管辖下,其余帕米尔地区全部被非法侵占,帕米尔地区的塔吉克族也成了跨国民族。在新疆的塔吉克族主要聚居在今新疆塔什库尔干一带,莎车、叶城等地亦有部分塔吉克族居住其间,成为近现代新疆民族的组成部分。

20 世纪后的新疆塔吉克族畜牧业经济发展迟缓,除满足自身生活所需外,只能提供少量的牲口和畜产品,与邻近各族交换粮食、布匹、茶等生活必需品。其族内的封建生产关系也同样束缚了其经济的发展。在莎车、泽普、叶城等地从事农业的塔吉克族,情况大抵与该地区维吾

---

[1]此件现藏新疆档案馆。同样记载还见《钦定西域图志》卷 30,《钦定新疆识略》卷 3。

[2]参见周伟洲:《塔什库尔干地区各族人民抗击外来侵略者的英勇斗争——兼斥所谓"继承浩罕遗产论"》,载《西北大学学报》1978 年第 1 期。

·欧·亚·历·史·文·化·文·库·

尔族相同。据学者统计,1944 年新疆塔吉克族人口约 9210 人,1949 年增至 13486 人。[1]

18.4   小结

综上所述,在近代成为跨国民族的柯尔克孜族、乌孜别克族和塔吉克族,在 18 世纪中叶清朝统一新疆时,大部分成为清廷之外藩,或部分成为清之属民。在清朝道光以前,在较为宽松的政治环境和清廷积极经营新疆的大形势下,它们与清朝和新疆其他民族展开了对双方有利的贸易,其中尤以与柯尔克孜族的贸易规模较大,持续时间较长。这一贸易活动不仅促进了本民族畜牧经济的发展,更重要的是为当时整个新疆地区经济的恢复和发展,为清朝经营、开发新疆作出了大的贡献。清朝前期经济开发高潮的形成,也与此有关。

然而,到 19 世纪中叶后,沙皇俄国逐渐吞并中亚,并向中国新疆地区入侵,通过一系列不平等条约,使上述 3 族分属俄国和中国清朝,成为跨国民族。清朝新疆所属的柯尔克孜族、乌孜别克族和塔吉克族,因受自然环境、清朝的日益腐朽、本民族内封建制度和当时复杂的政治形势等因素的影响,其经济发展迟缓,近代化经济因素甚微。

---

〔1〕纪大椿:《新疆近世史论稿》,第 290 页。

19 锡伯、察哈尔、索伦、厄鲁特之 "四牧营"及土尔扈特部与 新疆的经济开发

清乾隆二十七年(1762年),清朝在新疆正式设置伊犁将军及衙门并建全全疆行政体制之后,为继续经营新疆和巩固边防,在伊犁地区分别设置察哈尔、厄鲁特(卫拉特之异译)、索伦、锡伯"四牧营"以成边,各有领队大臣一员。"其锡伯、索伦之总管各二员,厄鲁特之总管二、副总管三,一体俱戴花翎。"[1]四牧营"除支给饷银外,所有口粮俱系自耕自食"。"伊犁境内,东北则有察哈尔,西北则有索伦,西南则有锡伯,自西南至东南,则有厄鲁特,四营环处,各有分地。"[2]

19.1 锡伯营与锡伯族

调至新疆伊犁的锡伯营,是由锡伯族组成的。锡伯族最早的族源可追溯到古代中国东北的东胡鲜卑族,世代居于东北地区。16世纪后期,满族(女真)兴起后,征服了锡伯各部,并编入蒙古和满洲八旗,调成各地。其语言属阿尔泰语系满—通古斯语族,锡伯系其自称。18世纪中叶,清朝统一新疆后,为巩固、加强西北边防,调遣锡伯官兵从东北远徙于今新疆伊犁,约1000户,"编为一个昂吉,设为六个佐领。三十二年(1767年)七月内,将军阿(桂)具奏,均为八旗,每旗额设佐领、骁骑校各一员……兵一百二十一名,仍设总管、副总管各一员,佐领、骁骑校各八员……兵九百六十八名……均于伊犁河南和济格尔、巴克绰和

---

〔1〕见格琫额:《伊江汇览》"营伍"条。
〔2〕永保:《总统伊犁事宜》(成书在嘉庆初)《北路总说》"伊犁"条。

·欧·亚·历·史·文·化·文·库·

罗等处驻屯"[1]。时"锡伯营官兵凡一千零一十八户,计大小四千四百三十九名口"[2]。锡伯营的主要任务是戍边,"所辖卡伦十一处";其次,也开办屯田自给。每岁由清廷发给俸饷银,有钱无粮,乾隆五十三年(1788 年)后,其部分俸饷银交抚民同知以"每两九厘生息,以修该营倒毙马匹帮贴使用";五十七年(1792 年),其营官兵家口增至"七千三百九十二名口"。[3] 锡伯营八旗还引邻近河水灌溉农田,分为八屯。[4]

至清嘉庆七年(1802 年),锡伯营在察布查尔山口引水凿渠,长约200 里,取名为"察布查尔"("粮仓"之意),遂居于大渠两岸。由于锡伯族辛勤劳动,发展农业,其人口增长很快。到 1944 年,锡伯族人口已有 10624 人;1949 年增至 11669 人;[5]内仅察布查尔三、四两区即有2273 户,土地 135200 余亩。[6]

19.2 索伦营与达斡尔族

索伦营系由达斡尔族组成,该族可能为辽代契丹族的后裔,语言系属阿尔泰语系蒙古语族。17 世纪中叶前,达斡尔族先民居黑龙江中、上游北岸,清朝初年称这里为"索伦部",并将达斡尔青年编入"八旗"之中。清朝统一新疆后,于乾隆二十九年(1764 年)抽调以达斡尔族为主的"索伦部"1000 户,远戍新疆伊犁地区,"索伦营"就成为新疆"四牧营"之一,主要驻守在塔城地区。此营原编为 1 个昂吉,设 6 个佐领,乾隆三十二年"均为八旗,每旗额设佐领一员,骁骑校一员……兵一百二十一名……(共)兵九百六十八名,仍设总管一员管辖"。其余情况多同锡伯营,唯其管辖卡伦共 10 处,除防戍外,还游牧种地以自

〔1〕格琫额:《伊江汇览》"兵额"条。
〔2〕格琫额:《伊江汇览》"户籍"条。
〔3〕永保:《总统伊犁事宜》"锡伯营应办事宜"条。
〔4〕松筠:《钦定新疆识略》卷6"旗屯附锡伯等营水利"条。
〔5〕纪大椿:《新疆近世史论稿》,第289 页。
〔6〕见《中国少数民族》,第224 - 227 页。

给。伊犁所购得之哈萨克马匹，也多交与其牧放、孳生。其营八旗 8 佐领左、右翼屯田，"左翼屯田引西阿里玛图河水灌溉；右翼屯田引图尔根河水灌溉"[1]。到乾隆五十七年，其营"官兵家口共四千零五十七名口"[2]。

19.3 厄鲁特营、察哈尔营、土尔扈特部与蒙古族

厄鲁特营、察哈尔营及土尔扈特部均由蒙古族所组成，系近代以来新疆蒙古族的主要来源。

厄鲁特营，原为西蒙古，其来源是：13 世纪初，蒙古族兴起于漠北后，其中有一支游牧于今蒙古色楞格河北一带的"林木中百姓"，内有名"斡亦剌惕部"，此即后西蒙古卫拉特（也译作"厄鲁特"）诸部的前身。由于斡亦剌惕部与蒙古其他部激烈斗争，故而向西北迁徙，游牧于今叶尼塞河上源的锡什锡得河一带[3]。1368 年元朝灭亡，蒙古族大部退回漠北后，卫拉特诸部开始勃兴，并与东蒙古诸部分庭抗礼。明代文献称卫拉特诸部为"瓦剌"[4]，而称东蒙古诸部为"鞑靼"。15 世纪 20 至 40 年代，瓦剌托欢、也先父子相继在位时，势力强大，曾统一漠北，威服东蒙古诸部，击败明朝；在西北，瓦剌也先一度控制了明所设的哈密卫（今新疆哈密），并多次进攻东察合台汗国（明代文献又称为别失八里、亦力把里，中亚文献称为蒙兀儿斯坦），取得胜利。

1454 年也先死后，瓦剌势力渐衰，多次为复兴之东蒙古及漠南诸部所攻掠。到 15 世纪 70 年代，卫拉特（瓦剌）诸部被迫再次向西迁徙，至今额尔齐斯河和鄂毕河中上游、叶尼塞河上游一带游牧，其南边已

---

〔1〕见松筠：《钦定新疆识略》卷 6 "旗屯附锡伯等营水利"条。

〔2〕永保：《总统伊犁事宜》"索伦营应办事宜"条。

〔3〕《卫拉特蒙古简史》编写组：《卫拉特蒙古简史》上册，新疆人民出版社 1992 年版，第 8 页。

〔4〕斡亦剌惕、瓦剌、卫拉特及清代所记之厄鲁特，均是不同历史时期对"Oyirad"一词的音译和异译。

达今新疆天山以北地区。此时,卫拉特蒙古主要分为4个大部落,即准噶尔、土尔扈特、和硕特和杜尔伯特。

　　西迁后,由于人口和牲畜增加,牧场紧张,以及沙皇俄国势力南下等原因,卫拉特中的土尔扈特部和鄂尔勒克率本部及和硕特、杜尔伯特部一部分,于1628—1630年向西越过哈萨克草原,迁徙到额济勒河(今伏尔加河)下游一带驻牧,俄国文献称之为"卡尔梅克"人(Калмыки)。1636年,和硕特部固始汗又率部迁徙到青海一带驻牧。这样,卫拉特原居地仅余下准噶尔部及附于它的杜尔伯特部和辉特部。而准噶尔部开始日益强盛,其政治中心已移到伊犁地区。到噶尔丹在位时,准噶尔于清康熙十八年(1679年)迫使吐鲁番、哈密臣服;康熙十九年(1680年),噶尔丹率军南下,灭叶尔羌汗国。从此,今新疆天山南北均为准噶尔部所统治。

　　清乾隆二十年至二十一年(1755—1756年),清朝出兵新疆,灭亡了准噶尔汗国,统一了新疆地区。原聚居于新疆天山以北的卫拉特准噶尔及其他部落因灾荒、疾病和战乱,以及被调入蒙古地区等因,人口锐减。从乾隆二十五年起,原厄鲁特在哈萨克、布鲁特投来的厄鲁特人,编"右翼厄鲁特昂吉,设总管一员,副总管一员……兵三百九十六名"。乾隆二十七年(1762年),清朝在新疆正式设置军府之后,于三十年调热河达什瓦厄鲁特兵500名,编为"左翼厄鲁特昂吉,设总管一员,副总管一员……兵四百六十七名"。至乾隆三十二年,经伊犁将军阿桂奏准,将原左翼1昂吉,分为"上三旗",仍设正、副总管各1员,每旗佐领2员,兵共416名;原右翼1昂吉,分为"下五旗",仍设总管、副总管各1员,共设佐领8员,兵共528名。此后,厄鲁特营的"上三旗"、"下五旗"的人数又有所增加。至三十七年(1772年),厄鲁特营8个旗"官兵家口,共二万二千七百二十九名口。此项官兵,上三旗在特克斯一带地方游牧,下五旗在诺海空吉斯(霍诺海、崆吉斯河)一带游牧";"所辖卡伦十三处"。[1]

―――――――――――

〔1〕以上均见永保:《总统伊犁事宜》"厄鲁特营应办事宜"条。

厄鲁特营平时驻守卡伦,并"各于屯所游牧,随时操练枪骑射"[1]。而自乾隆二十五年至二十七年,清廷于伊犁设立马、驼、牛、羊厂畜牧,内有孳生之厂和备差之厂两种,目的是恢复、发展经济及解决驻军军需和食用。最初,四牧营均经管马、牛畜牧,乾隆"三十年停锡伯孳生马厂,三十八年停索伦孳生马厂,五十四年停索伦孳生牛厂,嘉庆三年(1798年)停锡伯孳生牛厂,十三年停回子(塔兰奇)孳生牛厂"。此后,马、牛唯察哈尔、厄鲁特营牧放,驼唯厄鲁特营牧放,羊唯察哈尔、厄鲁特、回子牧放。[2]可见厄鲁特营在发展伊犁地区畜牧业,以及保障新疆军需和民用牛、马、羊的供给等方面的重要作用。

此外,不善于耕作的厄鲁特营官兵,还屯田自给。其上三旗6佐领屯田4处,下五旗8佐领屯田16处,"各引用其地之水灌溉"[3]。到乾隆三十二年后,其营生产之粮食,除自足外,还有盈余。

察哈尔营,也是由蒙古族组成的。察哈尔部原为明代蒙古部落之一,清初被编为"察哈尔八旗",居今内蒙古乌兰察布盟及锡林郭勒盟。乾隆二十八年(1763年),清朝为加强新疆边防,抽调北口外察哈尔蒙古官兵1800户到伊犁地区驻防,初编为1个昂吉,分左、右翼,各领6佐领,共有"兵八百七十六名"。乾隆三十二年,也分为8旗,每旗设佐领2员、骁骑校2员,"共佐领十六员……兵一千七百三十六名"。左、右两翼仍设总管2员、副总管2员管辖。到嘉庆初,其营"官兵现在共家口一万零五十九名口。现在博罗塔拉、哈布塔海、赛里木诺尔地方游牧"。"所辖卡伦二十一处",数量最多。[4]如前所述,伊犁地区孳生马、牛厂及羊厂的牧放,也有察哈尔营经营,其主要从事畜牧;也屯田自给,8旗分左、右翼屯田,"皆依博罗塔拉河岸,河北多引山泉,河南之田引用河水灌溉"[5]。

土尔扈特部,原为新疆北部四卫拉特部之一,乾隆三十六年(1771

---

〔1〕松筠:《西陲总统事略》卷6"训练"条,清道光十九年重刻本。
〔2〕松筠:《钦定新疆识略》卷10"厂务"条。
〔3〕松筠:《钦定新疆识略》卷6"旗屯附锡伯等营水利"条。
〔4〕永保:《总统伊犁事宜》"察哈尔营应办事宜"、"伊犁"条。
〔5〕松筠:《钦定新疆识略》卷6"旗屯附锡伯等营水利"条。

·欧·亚·历·史·文·化·文·库·

年)迁至伏尔加河下游一带游牧,因不堪沙皇俄国之统治,在其首领渥巴锡率领下,历经千难万险,东归故土,抵达新疆时仅余 15793 户,66073 人。[1] 三十八年(1773 年),清廷在东归的土尔扈特等部实行札萨克制,并主要安置于今新疆地区:渥巴锡所领部分(称"旧土尔扈特部")分为 4 盟,各驻牧于喀喇沙尔(今焉耆)、布克赛里、精河县、喀喇乌苏(今乌苏县)等地;舍楞所领部分(称"新土尔扈特部"),则驻牧于科布多、阿勒泰(今阿尔泰)地区,置 2 旗;和硕特恭格部,置 4 旗,驻牧于博斯腾湖畔(今和硕县)。[2]

土尔扈特部归来之初,牲畜几乎丧失殆尽,生计艰难。清廷从哈萨克等处购买马、牛、羊等,加以救济。厄鲁特营、察哈尔营也捐助牲畜。[3] 乾隆三十七年(1772 年),土尔扈特汗渥巴锡正式向清廷提出与哈萨克贸易,以解困乏之难;遭清廷拒绝。经土尔扈特部再三要求,清廷始准其到伊犁与清官方贸易,清廷以伊犁官牧厂孳生或购得的哈萨克牲畜,易其驼只或银两,解其"燃眉之急"。据清档案载,乾隆三十七年至三十八年,土尔扈特各部与清廷贸易额巨大,仅三十七年七月下旬双方交易中,"官项牲畜内:渥巴锡属下换过骟马七匹、牛六十六头、羊三千七百八十六只;巴木巴尔属下换过牛十一头;公坦属下换过骟马六匹、羊四百九十六只……满洲官兵骟马、口食内:……共换给骟马一百一十九匹、口食羊一万六千二百零三只……额鲁特贸易牲畜内:渥巴锡属下买过羊一百二十六只……"[4] 三十八年后期,由于土尔扈特各部游牧地的划定及畜牧屯垦的发展,与清廷官方的贸易才停止。此后,土尔扈特各部畜牧业得以迅速发展。

与此同时,为了解决部民的粮食问题,在清廷一再督促和开导下,土尔扈特各部也开始了农耕。到乾隆四十二年(1777 年),乾隆帝在一

---

〔1〕见马大正:《土尔扈特蒙古东返人、户数考析》,载《历史档案》1983 年第 1 期。

〔2〕参见《卫拉特蒙古简史》上册,第 53 页。

〔3〕参见马大正、成崇德主编:《卫拉特蒙古史纲》,新疆人民出版社 2006 年版,第 307 - 308 页。

〔4〕见林永匡等:《清代西北民族贸易史》,第 489 页。

份上谕中说:"土尔扈特自归附以来,各授地方安插,耕作均已得所"[1];四十三年八月,又"据和硕特德勒克乌巴什称:伊等屯田数年,业经谙习,请照别处游牧例,自行耕种"[2]。但是,其农业仍然是游牧之附属,为解决口粮的辅助生产而已。

上述的锡伯、索伦、察哈尔、厄鲁特之"四牧营",及由俄国归来之西蒙古土尔扈特部,在为清代保卫、防戍边疆的同时,还发展自己的农牧业,兴修水利,为开发新疆作出了贡献。

---

[1]《清高宗实录》卷 1026,乾隆四十二年二月己亥。
[2]《清高宗实录》卷 1064,乾隆四十三年八月戊辰。

·欧·亚·历·史·文·化·文·库·

20 一幅珍贵的清代新疆军事舆图

20.1 舆图的来源

1972 年,陕西省博物馆入藏一幅清代新疆舆图,图绘于一帧白布上,全长 2.45 米,宽 1.9 米(图幅长 2.17 米,宽 1.86 米,见图 20 - 1)。此图原为半坡博物馆方鄂秦先生家收藏,是方先生岳祖父桂锡祯的遗物。据方先生讲,他的岳祖父桂锡祯去世以后,留下很多遗物,有清朝官服、顶戴、佩刀等,此图为其中之一。由于家里人对此图价值不甚了解,故放置于堆旧物的房中。每到冬季于户外储存大白菜时,家里人即用此图盖在白菜堆上,故图上污渍甚多,已变为暗黑色。所幸图上字迹及山川、城镇、卡伦等基本清楚。当时,我正在陕西省博物馆保管部工作,对此图的价值自然明了,对方先生的捐赠,表示十分感谢。

到 1974 年,我调回西北大学历史系,参加编写《沙俄侵略中国西北边疆史》一书的工作。因工作需要,我从陕西省博物馆将此图借出,并与李之勤先生一道用硫酸纸拓在原图上,描摹了一个副本。此后,据闻馆藏原图在装裱过程中,图上墨迹、色彩晕染,殊为可惜。由于当时形势所限制,这幅珍贵的新疆地图还不能公开撰文发表,就这样一直拖了近 20 年。如今,描摹本纸质发黄、碎裂,再不加以整理、研究,公之于世,此图将毁于一旦。正是基于这个原因,我先将描摹本复印 2 份以存,并对此图作了一些初步研究,撰此文以求教于方家。

图20-1 清末挂锡颁随左宗棠平定新疆时所使用的新疆舆图

20.2　舆图原持有者桂锡祯生平

关于此图绘制的年代和性质,图上并没有明确的文字记载,我们只能以最初持有此图的桂锡祯生平入手,加以探讨。

桂锡祯,一作桂锡珍,又名桂三,《清史稿》卷455有传。又清末史念祖《俞俞斋文稿初集》卷4有《书桂三》一篇,亦涉及桂锡祯事迹。据本传记,锡祯"山东曲阜人。从军讨捻,数迁至游击。咸丰十一年(1861年),张总愚(张宗禹,捻军首领)领余众与陈大喜合,势张甚。锡祯追至河间,裹创力战,寇大败,锡祯名始著"。史念祖《书桂三》文云:"桂三者,山东人,名锡珍",其原为"捻匪"(捻军),"穷蹙降僧王(僧格林沁)。王遇之特厚,保游击,令统前敌马队。乙丑(同治四年,1865年)四月廿三日,曹州亡败,桂率其众复叛,嗾任住等并力攻王。明晨,王阵段"。即是说,同治四年,僧格林沁在曹州(今山东菏泽)为捻军击败,桂锡祯复叛清,与捻军攻杀僧格林沁,为僧部恨之入骨。此后,"捻势衰,任住死,又以重赂投左(左宗棠)营"。左宗棠力排众议,"违诏收录"锡祯。

同治七年(1868年),锡祯随左宗棠入陕西,镇压势如燎原的陕西回族起义,驻守同官(今陕西铜川)。翌年二月,宜君的清提督高连升为"反叛"亲兵丁玉龙等所杀,锡祯从同官出军,与周绍濂军合,"追击杀数百人"。为此,左宗棠于同年三月上奏清廷,为桂、周二人请求"酌择保奖","迁参将"。同年,左宗棠平定了陕西的回族起义,回军向甘肃、宁夏一带转移。桂锡祯则从陕西转至宁夏固原、中卫等地,与回军作战。

同治十年至十一年(1871—1872年),在清军围剿肃州(今甘肃酒泉)一带回军时,锡祯在徐占彪的指挥下,率马队攻肃州城西南30里之塔尔湾回营阵地,夺塔儿湾、朱家堡、黄草坝、文殊山等回军墩堡。随后,清军攻城,锡祯率马队入回军阵内,大队清军继之,遂下城池。

关于此次战役及锡祯情况,在左宗棠《逼剿肃州攻拔坚巢擒斩逆首折》(同治十一年七月十四日)中有详细记述。《清史稿》本传记,此役后锡祯"赠号巴图鲁"[1]。而在上引左宗棠奏折中则云:"题补总兵康得胜、李世勤,留甘补用副将桂锡祯请加总兵衔,并赏给勇号。"同年七月二十四日内阁奉上谕中,虽然仅提到"题补总兵康得胜等均著赏加总兵衔。康得胜并赏给克勇巴图鲁名号……桂锡祯并赏给精勇巴图鲁名号"(《清史稿》本传似据此),然而"康得胜等均著赏加总兵衔",也包括桂锡祯在内。本传撰者不查,竟将锡祯擢总兵事系于光绪二年(1876年),误。

同治十二年(1873年),左宗棠基本上平定了陕甘回族起义,回军首领白彦虎等西撤至新疆地区。当时的新疆形势十分危急:伊犁地区已为沙俄所侵占;从中亚浩罕侵入的阿古柏势力已从天山以南地区扩张到了天山北路,占据了乌鲁木齐、玛纳斯等地,并与白彦虎等回军联合。此年底,左宗棠坐镇肃州,上书清廷,提出"欲杜俄人狡谋,必先定回部;欲收伊犁,必先克乌鲁木齐"[2]的方略。随后,左宗棠即遣张曜、金顺、额尔庆额3路清兵先行出关;考虑到凉州副都统额尔庆额兵力单薄,故"饬总兵桂锡祯所部马队一营一起约四百余骑,归其统带"[3]。这就是本传所说:"十二年,从出关,锡祯率领四百骑归额尔庆额节度,进古城(今新疆奇台)。"

到光绪二年五月,清军攻阜康,左宗棠"檄乌鲁木齐领队大臣锡纶并将桂锡祯各营驻沙山、马桥"[4],以防敌北走。接着,清军在古牧地大败回军,取乌鲁木齐等城;左宗棠令刘锦棠等率军攻天山北路回军最后一个据点玛纳斯南城,并檄"总兵桂锡祯马队一营,均归刘锦棠节制调遣"[5]。九月,清军攻下玛纳斯城,本传记锡祯"斩其酋韩金农,更

---

〔1〕"巴图鲁"为清代赐给作战人员的名号,原为蒙语,勇士之意,后转为满语。清廷赐"巴图鲁"号分为两种:一是汉字巴图鲁号,如"克勇巴图鲁"、"精勇巴图鲁";一为清字巴图鲁号,如"业普肯巴图鲁"、"铿僧额巴图鲁"等。

〔2〕《左文襄公年谱》卷6"同治十二年十二月"。

〔3〕《左文襄公年谱》卷6"同治十二年十二月"。

〔4〕《左文襄公年谱》卷6"光绪二年五月"。

〔5〕《光绪朝东华录》,光绪二年九月。

·欧·亚·历·史·文·化·文·库·

勇号业普肯,擢总兵"。关于此役详情,可参见左宗棠等《会师攻克玛纳斯南城详细情形请奖恤出力阵亡各员弁折》(光绪二年十一月十一日),内未述及桂锡祯事迹,只是在"恳恩奖恤"名单中有"总兵精勇巴图鲁桂锡祯请换清字勇号(本传所记之'业普肯'巴图鲁)"。十一月二十五日上谕中,也有此记载。本传所记此时锡祯"擢总兵"误。

光绪三年初,在左宗棠的规划下,刘锦棠率领各路清军乘胜攻克南路门户达坂城、托克逊和吐鲁番等地。桂锡祯时为锦棠节制,参加了以上各次战役。本传说他"从锦棠攻克达坂,乘胜复吐鲁番,晋提督"。查左宗棠等光绪三年四月二十五日《攻克达坂城及托克逊坚巢会克吐鲁番番汉两城详细情形请奖恤出力阵亡各员弁折》中,无桂锡祯事迹,而奖赏的众多将士中亦无其名。又从以后左宗棠奏折中仍称锡祯为"总兵"来看,本传记锡祯"晋提督"不确。

同年十月,刘锦棠所率领各路清军又先后攻克南疆重镇阿克苏、乌什,阿古柏在库尔勒自杀,在请奖名单中,仍无桂锡祯名。十一月,刘锦棠在阿克苏策划,分 3 路攻喀什噶尔。其中正面一路,由提督余虎恩率领,并以"总兵桂锡祯率马队一营,一起由阿克苏取道巴尔楚克(今新疆巴楚东南)、玛纳巴什(今新疆巴楚)为正兵","总以十一月十四日同抵喀什噶尔为准"。[1] 十一月十三日,由黄万鹏所率另一路军已抵喀什噶尔城北麻古木,余虎恩所部(包括桂锡祯部)抵城东之牌素特,两路军相距 60 里。两路军相商,决定先攻援喀什噶尔汉城反正的原清守备何步云;遂分兵 4 路,以"总兵桂锡祯、副将夏辛酉率马队出左路之左",击败敌军,入汉城固守。

此时,余虎恩得反正之何步云禀报:伯克胡里和陕西回军首领白彦虎等已向正西和西北方逃走。于是,虎恩令"桂锡祯、夏辛酉……各率马队由捷径疾驰,截贼去路"。最后,清军擒白小虎等,伯克胡里、白彦虎逃入俄境。[2] 天山南路西 4 城随即全部为清军收复。在左宗棠

---

〔1〕《剿除沙雅尔逆回分道进规喀什噶尔各城折》。

〔2〕《克服南路西四城新疆肃清恳奖恤出力阵亡各员弁折》。

等请奖恤名单中有"记名简放提督桂锡祯请赏穿黄马褂,并赏给三代正一品封典,尽先题奏"[1]。而在四年二月十二日上谕中,则记为:"桂锡祯著穿黄马褂,并赏给三代正一品封典。"又《清德宗实录》卷67引上述谕旨时,此句为:"提督张俊、汤彦和、桂锡祯……著赏穿黄马褂。"从上述所引文献看,至少在清军收复吐鲁番或阿克苏后,桂锡祯因功即升为"记名简放提督",实为总兵衔;在复西4城后,才正式擢为提督。

《清史稿》本传最后记:"回疆告宁,晋头品秩,加赐呢铿额勇号。五年(1879年),乞归葬亲,道陕,创发,踰岁卒。宣统改元(1909年),巡抚恩寿状其绩以上,予优恤。"史念祖《书桂三》一文亦说:"讵料左(宗棠)复携之入陇,挈之出关,保提督,任统领,赫赫奕奕十余载。癸未(光绪九年,1883年),始卒于西安,以功名终。"此记锡祯卒年与本传异。然而其于光绪五年乞请回乡葬亲,离开新疆,路过陕西西安,伤创迸发,于光绪六年(或九年)卒于西安,是可信的。此后,桂锡祯家遂定居西安。

20.3 舆图绘制时间、性质、底本及其价值

从上述桂锡祯的一生经历,可以推断:其家所存之新疆舆图,原系桂锡祯随刘锦棠等在收复新疆战争中使用的,其性质应为军事舆图,绘制年代约在光绪初年(1875—1876年),绘图者不明。

此图不仅是清代平定阿古柏、收复新疆战争的珍贵遗物,而且对研究中国地图史有一定参考价值。图呈长方形,按中国传统的定位方法绘制,即上南下北,左东右西,与现今地图定位方法相反。图内山川、草地、道路多用山水画形式表现,且用彩色加以区别,如山用蓝色,草地绿色,道路则以红色点连线表示等。所绘图东起嘉峪关,西抵浩罕,北到斋桑湖、科布多,南至昆仑山。

---

[1]《克服南路西四城新疆肃清恩奖恤出力阵亡各员弁折》。

按,清代地图的绘制,在康熙、乾隆时曾有过较辉煌的成绩。康熙皇帝对测绘地图较为重视,且起用西方传教士,如雷孝恩(Jean Baptiste Regis)、白晋(Joach Bouvet)、杜德美(Petrus Jeartoux)等人,在全国进行实地测绘,采用先进的天文测量和三角测量的方法,以定图之经纬度,于康熙五十六至五十七年(1717—1718年)制成《皇舆全览图》。这是我国第一次采取地图投影方法,在实测基础上绘制而成的大型地图。当时因哈密以西尚为准噶尔部所统治,故全图中无哈密以西部分。

到乾隆年间,在平定准噶尔部与大小和卓,统一新疆前后,乾隆皇帝先后两次派人到新疆测绘:第一次是在乾隆二十一年(1756年),命都御史何国宗率西洋人分南北两道测绘,但仅测量了天山北路及南路的一小部分;第二次在乾隆二十四年至二十五年(1759—1760年),由明安图负责,主要测量天山以南叶尔羌、和田、喀什噶尔等地。这两次实测结果,在乾隆二十六年(1761年),由明安图、傅作霖等绘成《西域图志》;四十七年(1782年),在《西域图志》的基础上,又绘制成《钦定皇舆西域图志》。此图号称“传三十六国之规模,宏二千余年之声教”,成为以后一切西域(新疆)地图的蓝本。

其间,在乾隆二十五年至二十七年(1760—1762年),清廷还采用经纬线直线斜交的梯形投影法绘制了《乾隆内府舆图》(又称《乾隆十三排图》)。图内吸取了《西域图志》的成果,在原康熙时《皇舆全览图》的基础上,新增加了哈密以西部分。此图成为后世编绘我国地图的重要依据。康、乾两朝所绘制的两幅《皇舆图》,内容较为翔实准确,且用近代科学方法完成,是当时世界上所有地图中规模最大、最为先进的地图之一。

然而,康、乾时我国制图学所取得的成就,却没有得到推广和宣传,反而束之高阁,藏于密府,让官方与民间的绘制人员的传统势力占据了主导地位。就是早在乾隆时,那种忽视科学地图测绘,注重文字考证的传统方法,仍然具有很大势力,如上述的《西域图志》、《钦定皇舆西域图志》也不绘经纬线,甚至连传统的“计里开方”的绘图方法也抛弃不用,而以山水画的形式,不按比例绘制。这种偏向一直流传下来。清中叶后,不仅官方再没有组织较大规模的实地测绘,新图制作多以上述康、乾两图为蓝本,坊间地图也或以"计里开方",或以山水形式绘制,地图测绘水平几乎没有起色。

　　了解清代新疆地图绘制简况后,再来分析桂锡祯的新疆地图(下简称"桂图")就有了依据。显然,桂图最早的蓝本,还是《钦定皇舆西域图志》。然两图方位及图中要素有很大的差别,可见桂图不是直接源于《钦定皇舆西域图志》。我们遍检清代有关新疆舆图,终于发现桂图是直接源于清代道光元年(1821 年),时任伊犁将军的松筠奉旨所撰《新疆识略》中的舆图,似将新疆各地分图总拼绘制而成,而略有省益。道光元年距光绪初年不过 50 余年,《新疆识略》图较《钦定皇舆西域图志》详细,特别是城镇、台站和卡伦标注较多,主要卡伦基本均标示在图上,更适宜于军事作战时使用。此可能即是光绪初年桂锡祯采用此图为底图的原因之一。

　　然而,如果将两图仔细对照,也会发现有一些相异之处。如喀什噶尔部分,桂图回城位置在西,而《新疆识略》喀什噶尔舆图则置于东;个别卡伦也有异同,卡伦、台站、庄(村镇)的位置也有所不同。桂图对新疆以外地区多有标示,如喀什噶尔西的各布鲁特(今柯尔克孜族)分布、拔达克山、东边的青海鄂陵和扎陵两湖等。然而,此亦仍然基本采自《新疆识略》中的《新疆总舆图》,连青海星宿海一带注记"罗卜淖尔伏流千五百里出为黄河"一句,也完全相同。

　　下面我们以前述余虎恩、桂锡祯从阿克苏出发,从正面向喀什噶尔进攻的路线为线索,探讨一下桂图与《新疆识略》阿克苏、叶尔羌、喀什噶尔舆图中台站、庄的异同。余、桂军从阿克苏出发,经巴尔楚克、玛纳巴什,到喀什噶尔东之牌素特。据《新疆识略》,以上 3 图(阿克苏、叶尔羌、喀什噶尔舆图)的路线,当是从阿克苏往东经一"回庄",然后西南至浑巴什台、爱柯尔庄、洋阿里克台、都齐特台,转入叶尔羌境的伊勒都台、乌图斯克满台、察特西林庄、衡阿喇克台、库库车尔台,至巴尔楚克台,西北至玛拉尔巴什庄(玛纳巴什),再沿喀什噶尔河正西至牌素巴特(牌素特,见图 20 - 2、图 20 - 3)。

·欧·亚·历·史·文·化·文·库·

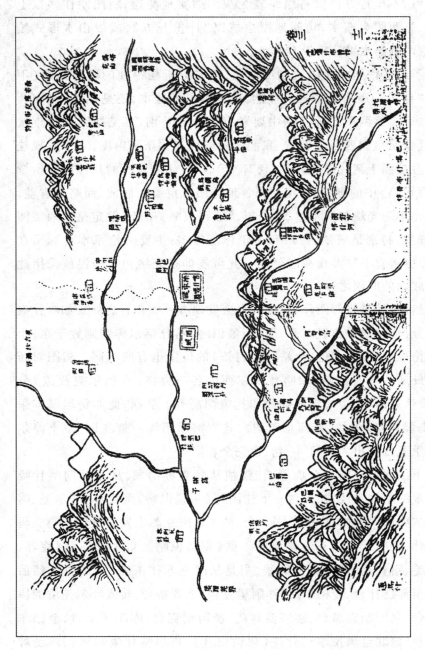

图20-2 《新疆识略》中的喀什噶尔舆图

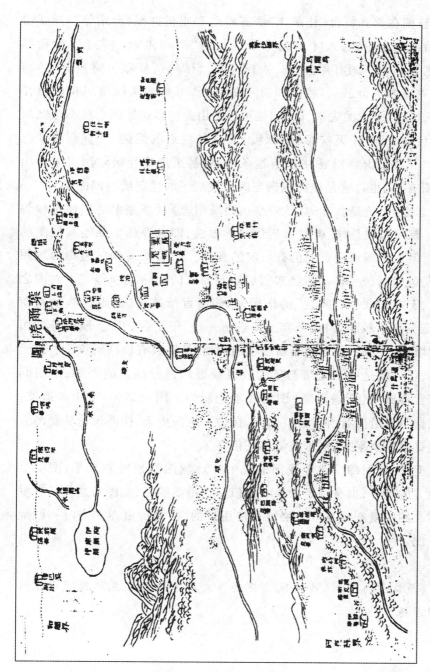

图20-3 《新疆识略》中的叶尔羌舆图

·欧·亚·历·史·文·化·文·库·

　　桂图在都齐特台(桂图作"鄂齐特台")前的路线、台站等,与《新疆识略》图完全一致;入叶尔羌界第一台为"那勒尔台"(与前"伊勒都台"名异),再下画有 4 台、庄,未标汉字,想即上《新疆识略》图中的乌图斯克满等 4 台、庄。然后即巴尔楚克台,可是却未标出玛拉尔巴什庄。这是一个大的失误,因余、桂军正是由此向西进军的。桂图从巴尔楚克台起,沿喀什噶尔河(未标明)北有红色点的道路,一直到牌素巴特庄。《新疆识略》3 图中没有这条道路,甚至连喀什噶尔河也未画出(总图有)。也许这是桂图根据当时已发展了的情况所绘制的吧。

　　总之,无论是官方的《钦定皇舆西域图志》、《新疆识略》,还是桂锡祯图,都可以说是康、乾时以近代科学方法,即以经纬实测绘制地图的倒退,但在中国地图史上仍有一定的意义。如果说,《钦定皇舆西域图志》是乾隆时统一新疆后经实测后绘制而成的,起到了"传三十六国之规模,宏二千余年之声教"的作用,松筠奉旨所撰之《新疆识略》,则在《钦定皇舆西域图志》的基础上前进了一步,于站台、卡伦、城镇等方面有所增补,反映了道光初年新疆境内的情况,亦具有较高的价值。至于桂图,很可能是出于光绪初年为收复新疆而进行战争的需要,由坊间或清营幕僚以《新疆识略》图为底本绘制的。图内站台、卡伦和道路,也根据当时情况有所省益。因此,在中国地图史上,桂图无论从制图方法还是制作水平来讲,价值都不是很高。

　　但是,桂图却反映了我国清代中叶后制图的情况和水平;图中个别地方的增补,也有一定的参考价值。更重要的是,此图乃是在具有重大意义的收复新疆战争中绘制和使用过的,故其价值亦非当时一般地图可比。

　　(原载于周伟洲《边疆民族历史与文物考论》,黑龙江教育出版社2000 年版)

21 略论清代承德普陀宗乘之庙的《土尔扈特全部归顺记》碑

承德,是清朝康熙(1654—1722 年)、乾隆(1736—1799 年)时期在长城以北的全国第二个政治中心。普陀宗乘之庙在承德避暑山庄以北,建于乾隆三十二年(1767 年)至三十六年(1771 年),是仿当时藏传佛教中心——西藏拉萨布达拉宫而建,故又俗称小布达拉宫。乾隆帝(弘历)所撰《土尔扈特全部归顺记》及相关的《优恤土尔扈特众记》两通巨型石碑,立于该庙之内。碑系 4 面,每面分刻满、汉、蒙、藏 4 体文字。两碑均镌刻于乾隆三十六年九月中旬。《归顺记》碑汉文部分,碑首为"土尔扈特全部归顺记",全文共 9000 余字。在清代一些重要文献,如《清高宗实录》、《新疆识略》、《皇朝藩部要略》等中,均有著录。

21.1 碑文所记土尔扈特部西迁原因辨析

《土尔扈特全部归顺记》碑系乾隆帝对我国西北土尔扈特部冲破沙皇俄国的重重阻挠,历经千辛万苦,重返祖国的史实的记述。碑文说:"土尔扈特者,准噶尔四卫拉特之一,其详已见准噶尔全部记略之文。溯厥始牵,亦荒略弗不考。后因其汗阿玉奇与策旺(准噶尔部首领策妄阿喇布坦)不睦,窜归俄罗斯居之额济勒之地。"这段碑文首先说明了土尔扈特是我国西蒙古卫拉特 4 部之一。卫拉特,是居住和游牧于我国西北部巴尔喀什湖以南、天山以北的游牧民族。在明代称"瓦剌",清代称"厄鲁特"或"卫拉特"。[1] 15 世纪初,中国明朝曾封

---

〔1〕碑文说是"准噶尔四卫拉特之一",系因 18 世纪 40 年代卫拉特四部中的准噶尔部统一了四卫拉特,故清代有时将卫拉特也称为准噶尔。

·欧·亚·历·史·文·化·文·库·

敕瓦剌几个首领为顺宁王、贤义王和安乐王[1]，任命首领属下为明朝都指挥使、都指挥佥事、指挥、千户等官职。瓦剌各部与内地政治、经济联系十分紧密，朝贡交换，岁岁不绝。到 16 世纪，瓦剌开始分裂为 4 部，即和硕特、杜尔伯特、土尔扈特和准噶尔 4 部，土尔扈特为其一，主要游牧在今新疆塔城以西雅尔一带。

由于此碑是在土尔扈特返回中国时撰写的，当时因囿于闻见，对土尔扈特部首领世系仅能了解到阿玉奇（1639—1644 年），再往前溯，则如碑文所记，"亦荒略弗不考"。也因为如此，碑文对该部迁徙时间和原因的记述，便产生了错误[2]。稍后，乾隆帝发现了这一错误，重新撰写了《土尔扈特部记略》一文，"以其（指土尔扈特部首领渥巴锡等）麇至，乃得一一详征其实，为之重记"[3]，纠正了上述错误。

关于土尔扈特部迁徙到今伏尔加河中下游的时间和原因，在乾隆帝撰写的《土尔扈特部记略》一文中，是这样改正的："其入俄罗斯也，则自阿玉奇之曾祖和鄂尔勒克，于策妄之祖巴图鲁浑台吉（又译作'巴图尔浑台吉'）时，其时四卫拉特各自为汗，无所统率，又不相和睦，和鄂尔勒克因率其子书库尔岱青等至俄罗斯之额济勒地。"阿玉奇的曾祖和鄂尔勒克在时相当于明崇祯年间。据中外各种文献的记述，土尔扈特部迁徙时间，大约在明崇祯三年（1630 年）前后，与上述记述基本相符。"额济勒"即当时土尔扈特部人对伏尔加河的称呼[4]。

至于迁徙的原因，在国外出版的一些历史著作中有种种说法。有的认为这是"一次侵略俄国的事件"[5]；有的认为是卫拉特蒙古力图重建"成吉思汗帝国"，而对邻国大肆扩张的反映等[6]。这些说法可以说

---

〔1〕《明实录》卷 64。

〔2〕祁韵士撰《皇朝藩部要略》卷 13 记，乾隆二十三年（1758 年）土尔扈特部遣使吹札布至西藏礼佛返回，乾隆帝曾询问该使土尔扈特部迁徙原因，吹札布答称："旧皆借卫拉特綦伊犁，迄策妄阿喇布坦时，阿玉奇与交恶，挈族由哈萨克取明噶特众，屯牧额济勒河。"碑文错误即由此来。

〔3〕文见《清高宗实录》卷 892。

〔4〕图丽琛《异域记》云："此河俄罗斯国人名曰佛尔格河（伏尔加河之异译），土尔扈特国之人名曰厄济儿河（额济勒河）。"

〔5〕如罗斯托夫斯基：《俄国与亚洲》，麦克米伦公司 1933 年版。

〔6〕这种观点在沙俄及前苏联一些蒙古史学者中很流行。

是无根据的臆测。

中国历史文献关于这一问题的记述,大多以上述乾隆帝撰《土尔扈特部记略》中的说法为准,即由于当时"四卫拉特各自为汗,无所统率,又不相和睦",故土尔扈特部等向西迁徙。按,乾隆三十六年土尔扈特部返回后,乾隆帝曾派人就上述问题专门询问了渥巴锡等人。现遗存下来的清档案里有关于此事的原始文献。渥巴锡等人的回答为乾隆帝所采用,写入《土尔扈特部记略》之中,故而有一定的可靠性。但这种说法也是表面和不全面的。

大量的文献证明,在17世纪初游牧于天山以北的卫拉特4部已建立了封建的生产关系。各部首领虽然有定期的联盟会议,即所谓"丘比干",然而实际上是处于各自为政,"无所统率"的割据局面。各部的封建领主为了扩大自己的牧场、牲畜规模,彼此间存在着矛盾和斗争。这种斗争又因游牧经济发展,封地日渐分割,牧场日益狭小而更加尖锐。这就是导致卫拉特各部首领"不相和睦"的根本原因。4部中以准噶尔部最为强大,其首领哈喇忽喇及其子巴图尔浑台吉逐渐排挤各部,企图控制整个卫拉特。由于土尔扈特部首领和鄂尔勒克与哈喇忽喇等的矛盾,早在16世纪末,土尔扈特部就逐渐向西迁徙到额尔齐斯河中上游一带游牧。在那里,和鄂尔勒克与杜尔伯特部首领达赖结成了联盟,共同对抗日益强大的准噶尔部。但到1625年左右,达赖又反过来联合准部的哈喇忽喇,与和鄂尔勒克等决裂。在土尔扈特部迁徙前夕,达赖曾与和鄂尔勒克等发生过武装冲突。[1] 由于有关这方面的史料缺乏,对卫拉特4部之间的内争详情,不能尽知。但可以肯定:卫拉特4部封建领主之间的斗争,是土尔扈特部西迁的重要原因。

从当时外部情况看,在土尔扈特部游牧地区北面,是自16世纪越过乌拉尔山,扩张到西伯利亚的沙皇俄国。野心勃勃的沙俄早从1607年起,就一面多次派遣间谍到杜尔伯特、土尔扈特2部封建领主处,用

---

〔1〕见《俄蒙关系史资料(1607—1636)》,莫斯科1956年版。

武力胁迫和利诱等手段,企图兼并卫拉特4部[1];另一面又以塔拉(建于1594年)为据点,向南逐渐蚕食卫拉特人的牧地。

在当时土尔扈特部游牧地区的东面,是较为强大的蒙古喀尔喀札萨克图汗所属和托辉特部的割据势力。[2] 从16世纪起,卫拉特与和托辉特部的封建领主为了争夺牧场、牧奴和牲畜,不断发生战争。由于卫拉特4部的分裂和内争,和托辉特部经常取得胜利。在土尔扈特部的南面,是准噶尔部的牧地;在西南和西面,是游牧于巴尔喀什湖一带的哈萨克人,这也是卫拉特4部封建领主的劲敌。因而,土尔扈特部要向上述几个方面迁徙并居住,是十分困难的,只有向西北方向,向人口稀少、力量较弱的诺盖人的游牧地区,向当时还是广阔无人烟的乌拉尔河至伏尔加河一带迁徙。

当时,乌拉尔河至伏尔加河一带还没有完全被沙俄兼并,那里"几乎是荒无人烟的"[3]。土尔扈特部迁徙到这里后,很长一段时间也并没有臣属于沙皇俄国。只是以后"土尔扈特寝弱,俄罗斯遂指土尔扈特为己属国"[4]。所以正确地说,不是土尔扈特"侵略了俄罗斯","对邻国大肆扩张",相反,是沙俄兼并了土尔扈特迁徙后所游牧的广大地区。

21.2 碑文所记土尔扈特部东归原因探析

为什么土尔扈特部在外生活了约140年之久,最后又返回祖国呢?《土尔扈特全部归顺记》碑说:"康熙年间,我皇祖圣祖仁皇帝尝欲悉其领要,令侍读图丽琛等假道俄罗斯以往。而俄罗斯故为纡绕其程。凡行三年又数月,始反命。今之汗渥巴锡者,即阿玉奇之曾孙也。以俄罗斯征调师旅不息,近且征其子入质;而俄罗斯又属别教,非黄教,故与合

---

[1] 见《俄蒙关系史资料(1607—1636)》,莫斯科1956年版。
[2] 欧洲人当时称之为"阿勒坦汗国"("黄金汗国"之意),又称为喀尔喀汗国。
[3] 见兹拉特金:《准噶尔汗国史》,莫斯科1964年版。
[4] 何秋涛:《朔方备乘》卷38《土尔扈特归附始末》。

族台吉密谋,挈全部投中国兴黄教之地,以息肩焉。"这段碑文基本上回答了上述的问题,说明土尔扈特部重返祖国绝不是偶然的。

首先,土尔扈特部本是中国的少数民族之一,很早就劳动、生息和繁殖在中国西北地区,它同祖国内地各族早已建立了牢不可破的政治、经济和文化等方面的联系。在它迁徙后,这种联系仍然十分紧密。早在 17 世纪中叶,土尔扈特部首领书库尔岱青(和鄂尔勒克子)就不远万里,于顺治十二年(1655 年)遣使"奉表入贡"。以后,土尔扈特部的贡使更是来往不绝。他们除向清朝进贡马驼外,还携带大批牲畜在归化城(今内蒙古呼和浩特)与内地人民贸易。[1] 同时,由于土尔扈特人信奉藏传佛教格鲁派,其部首领和牧民经常到西藏拉萨"熬茶供佛",在宗教上与祖国也保持着更为密切的关系。书库尔岱青本人就曾到过拉萨,返回时路过准噶尔部时,才将养育于准部首领巴图尔浑台吉处的孙子阿玉奇接回到土尔扈特部。

到康熙年间,土尔扈特部对清朝仍然是"表贡不绝"。碑文所记康熙五十一年(1712 年)图丽琛假道俄国出使土尔扈特一事,可作为这种关系进一步加强的重要标志。图丽琛出使后,撰有《异域记》一书,详细记录了他出使的目的和经过。碑文中说,图丽琛的出使是为了"悉其领要",即了解土尔扈特部在新地区的生活情况。这种说法基本上反映了清朝与土尔扈特部在政治、经济和文化上的联系日益加强的事实。它与以后土尔扈特部重返祖国有一定的关系。

到 19 世纪中叶,清朝最终平定准噶尔,统一西部地区,这就更加激起了土尔扈特部人返回祖国的强烈愿望。

同时,沙俄对土尔扈特部人民政治上的歧视压迫和经济上的掠夺,是促使其返回祖国的另一个重要原因。碑文所说"以俄罗斯征调师旅不息,近且征其子入质",反映了一些事实。沙俄在强迫土尔扈特部臣属自己后,不断在该部周围建筑堡垒,加派军队,对之进行监视和镇压。在沙皇政府看来,土尔扈特部不过是"野蛮"的游牧民族,十分

---

[1]祁韵士:《皇朝藩部要略》卷 9 等。

·欧·亚·历·史·文·化·文·库·

歧视,"时加欺凌"。[1] 1673 年至 1710 年,沙俄还强迫阿玉奇签订了不下 6 个"条约",取得了优惠的商业特权,从经济上对该部进行掠夺。

最使土尔扈特部人不能容忍的是,沙俄抽调大批土尔扈特青壮年作为它向外扩张的炮灰,"征调苛烦,不堪其苦"[2]。图丽琛在《异域记》中记:沙皇彼得一世与瑞典战争时,曾征调土尔扈特兵约 1 万人。以后,更是"征调师旅不息"。到 1768 年,沙俄为了向黑海一带扩张,与土耳其发生战争。"俄罗斯察罕汗(沙皇)屡征土尔扈特兵与邻国(土耳其)战,败绩。土尔扈特众死者七八万人。察罕汗思雪其耻,复征兵于土尔扈特,土尔扈特诸部人人忧惧。"[3]这一事件就直接导致了土尔扈特部的重返祖国。

碑文说:"自去岁十一月启行,由额济勒历哈萨克,绕巴勒喀什诺尔(今巴尔喀什湖)戈壁,于今岁六月杪,始至伊犁之沙拉伯勒界,凡八阅月,历万有余里。"土尔扈特部离开伏尔加河是在乾隆三十五年十一月,人数约 3.3 万户,16.9 万人。[4] 他们向东经过哈萨克草原,一路之上"攻破俄罗斯城四处",击退了数万沙俄军队的追击,"绕巴勒喀什诺尔戈壁"前进。其间在戈壁凡 5 日,虽有水泉,但寸草不生,牲畜大量死亡。乾隆三十六年三月,他们为避开其他部落的袭击,而进入沙拉伯勒以北的大戈壁,那里"无滴水寸草","人皆取马牛之血而饮,瘟疫大作",人、牲死亡过半。[5] 六月,他们才最终到达沙拉伯勒,派人至伊犁将军伊索图处,说明返回祖国之意。伊犁将军会见渥巴锡时,渥巴锡献上其祖先所受明代永乐八年汉篆封爵玉印一枚,表明回归祖国的诚意。

---

〔1〕昭梿:《啸亭杂录》卷 1。
〔2〕《清高宗实录》卷 914。
〔3〕何秋涛:《朔方备乘》卷 38《土尔扈特归附始末》。
〔4〕据何秋涛《朔方备乘》的记载,土尔扈特部离开伏尔加河时有 40 余万口,到伊犁时仅余 27 至 28 万口。此数可能出自《清高宗实录》卷 887 所记"渥巴锡等率领八九万户投诚"之数。按,此数当时传闻的奏报,不足为据。本文系依乾隆帝撰《优恤土尔扈特部众记》碑所记之数,因这是最后落实的数字。
〔5〕何秋涛:《朔方备乘》卷 38《土尔扈特归附始末》。

21.3 乾隆帝对东归土尔扈特部的赞赏和安置

乾隆帝在得到伊犁将军关于土尔扈特部返回的奏报后,曾咏诗以志其事,对该部"终焉怀故土,遂尔弃殊纶"的壮举予以赞赏。[1] 以后,又撰写了《土尔扈特全部归顺记》和《优恤土尔扈特众记》两碑碑文,两碑立于刚落成的承德普陀宗乘之庙里。当时,在清朝统治阶层内部对土尔扈特部返回祖国有不同的看法。正如碑文所记:一种是"畏事者",他们"乃以新来中有舍楞其人,曾以计诱害我副都统唐喀禄。因以窜投俄罗斯者,恐其有诡计,议论沸起"。舍楞原是未西迁的土尔扈特台吉,乾隆二十一年(1756年)曾随准部阿睦尔撒纳叛清。二十三年,清平定准噶尔后,舍楞逃到斋桑湖西的布古什河(今布卡兹河)一带,清军在追击中,舍楞伪降,杀死清副都统唐喀禄,叛逃俄境。[2] 沙俄将他安置于伏尔加河的土尔扈特部。这次舍楞随渥巴锡重返,自然引起部分人的疑惧。但是,乾隆帝力排众议,对此作了分析:"然执计舍楞一人,岂能耸动渥巴锡全部?且俄罗斯大国也,彼既背弃而来,又扰我大国边界,进退无据,彼将焉往?是则归顺之事十之九,诡计之伏十之一耳。"以后的事实证明乾隆帝的看法是正确的。

另一些人"或又以为不宜受俄罗斯叛臣,虞启边衅",他们害怕沙俄以收留土尔扈特及舍楞为借口,发动战争。乾隆帝批驳这种错误论调,指出舍楞本为中国叛臣,逃入俄国,当时清朝曾一再行文索取,"而俄罗斯绝未与我也","今既归来,即以此语析俄罗斯,彼亦将无辞以对"。

在土尔扈特部返归后,沙皇政府曾于1772年行文清政府索取,并以"不守和好,恐兵戈不息,人无宁居"相威胁。乾隆帝在回文中驳斥沙俄来文"实属非理"后,说"或以兵戈,或守和好,我天朝惟视尔之自

---

[1] 诗全文载《新疆识略》卷首。
[2] 《清高宗实录》卷563。

取而已",理直气壮地回答了沙俄的战争挑衅。[1]

渥巴锡、舍楞等到达承德避暑山庄后,乾隆帝数次接见和宴请他们,并叫他们随同前往新落成的普陀宗乘之庙瞻礼。此后,乾隆帝又封敕渥巴锡、舍楞等土尔扈特大小首领官职,令其各管理属下游牧。同时,还大量抽调新疆、甘肃、陕西、蒙古等地茶、衣物、粮食、布匹等物资和牲畜,赈济土尔扈特部。这一切都详细记载在普陀宗乘之庙所立另一石碑《优恤土尔扈特部众记》里。然而,作为封建统治者的乾隆帝撰写此两碑文的主要目的,是为其歌功颂德,树碑立传。因而,在碑文中大讲"归顺"与"归降"的区别,把土尔扈特部的重返祖国,说成是对清朝的"归顺"。尽管如此,此事也反映了乾隆帝在发展和巩固多民族统一的中国方面,还是有积极贡献的;而土尔扈特部重返祖国的功绩更是名垂青史的。

（原载于《西北大学学报》1976 年第 1 期）

---

[1]《清高宗实录》卷 914。

22 新疆建省前后南疆地区经济的凋蔽与复苏

22.1 新疆建省前的内忧外患及阿古柏侵占南疆

道光二十年(1840年),早已进入近代工业化的西方资本主义列强终于用武力打开了清朝封建帝国闭关自守的大门。英国通过鸦片战争首先将侵略势力伸入到中国沿海一带,从此中国逐渐沦为半封建半殖民地的社会。然而,在偏远的中国西北边疆维吾尔族聚居的南疆地区,虽然也面临着俄、英及中亚浩罕的入侵威胁,但自乾嘉以来南疆经济仍然呈发展的趋势。直到咸丰五年(1855年)后,南疆经济才从顶点逐渐跌落下来;在内忧外患的交逼之下,南疆的经济遭到严重破坏。

早在19世纪初,沙皇俄国的侵略势力即已伸入中国新疆北部;英国和俄国为了争夺中亚及中国新疆而展开了角逐。道光二十年后,俄、英侵略新疆的活动更为猖狂,中国西北边疆危机四伏。咸丰元年(1851年),俄国强迫清朝签订了不平等的《伊塔通商章程》,攫取了在伊犁、塔城贸易及进行领事裁判等特权。咸丰八年(1858年)和咸丰十年(1860年),俄国借英国发动第二次鸦片战争之机,强迫清朝签订《中俄天津条约》和《中俄北京条约》;同治三年(1864年),又签订《中俄勘分西北界约记》,割占了中国新疆约44万平方公里的土地。

与此同时,中亚浩罕国也不时向南疆侵扰。浩罕是18世纪左右由乌兹别克族所建的国家,地在今中亚费尔干纳盆地一带。在乾隆二十四至嘉庆四年(1759—1799年),浩罕对清朝表示"臣服",为藩属之国,听命于清驻喀什噶尔、叶尔羌大臣;嘉庆四年后,浩罕势力增长,公然收留和卓后裔,要挟清廷。到嘉庆二十五年(1820年),浩罕开始支持和卓后裔张格尔侵入南疆,为害约8年之久。道光十年(1830年),浩罕又挟和卓后裔玉素甫入侵喀什噶尔,旋为清军击走。此后,浩罕又多次侵扰南疆色勒库尔(今塔什库尔干)等地。[1] 道光二十二年(1842年)浩罕发生内乱,暂时停止了对南疆的侵扰。到道光二十五年(1845年)后,浩罕又相继多次入侵南疆,其中最大的两次是:道光二十七年(1847年)浩罕挟张格尔之侄迈买底敏、倭里罕等所谓"七和卓"入侵喀什噶尔;咸丰七年(1857年)倭里罕再次入寇,攻陷喀什、英吉沙尔、巴楚等城。两次入侵虽最终为清军及南疆各族人民所击走,但却使南疆的经济遭到了一定的破坏。浩罕统治者不断侵扰南疆是得到英国殖民者暗中支持的,为了争夺中亚的霸权,英国和俄国在新疆的角逐日益激烈。

然而,对清朝来讲,"内忧"的局势比上述"外患"更为严重。道光末咸丰初,清朝在新疆的吏治开始日益腐败。由于承平日久,纲纪弛废,任职新疆的各级官吏素质低下,只知敛聚财物,鱼肉百姓。早在道光时,魏源就提出:回疆边臣"保举渐弛,多用侍卫,及口外驻防,视换防为利薮,以瓜期为传舍。所属司员、章京服食日用,无一不取于阿奇木伯克。伯克藉供官为名,敛派回户日增月甚……赋外之赋,需索称是,皆章京、伯克分肥,而以十之二奉办事大臣。各城大臣不相统属……威福自出,而口外驻防笔帖式更习情形,工搜括。甚至广渔回女,更番入直,奴使兽畜,而回民始怨矣"。[2] 咸丰年间,出任甘肃布政使的张集馨对回疆各级官吏的腐败情况也有如实的叙述:"各城大臣,半系不学无术,而东三省人尤为贪悍。或奸淫回妇,竟不放归;或遇事科求,肆行洒派。伯克本由纳贿而得,回性贪黩,将亏取赢,是以大臣要米一石,伯克则科派数百石;要物一件,伯克则科派数百件。各庄小回,积

---

〔1〕参见周伟洲:《塔什库尔干地区各族人民抗击外来侵略者的英勇斗争》,载《西北大学学报》1978年第1期。

〔2〕魏源:《圣武记》卷4《道光重定回疆记》。

怨入骨。"[1]有关这方面的文献记载颇多,不再列举。

在清朝回疆吏治腐败的同时,由于道光二十年后列强入侵,割地赔款,国家的财政日益窘迫。咸丰元年(1851年)太平天国起义后,清朝军费支出浩大,更是入不敷出。这就严重影响了清廷每年拨付给新疆的"边饷"(又称"协饷")。咸丰三年(1853年)十二月十一日,曾任叶尔羌大臣的布彦泰奏称:"查新疆各城经费岁需二百余万两(银),例由各省协解甘肃藩库,分春秋二拨解运。本年秋拨,接甘省来咨,以各省协饷未到,而新疆经费紧要……再新疆百万军民皆仰赖国家豢养之恩,恃此兵饷以为生计,设拨解愆期,则军民有枵腹之虞,于新疆重地关系非浅鲜。"因此,他向清廷建议试行商税以裕经费。[2] 到咸丰四年,新疆伊犁将军也上奏说:"现在内地军务未竣,度支告匮,所有新疆各城经费及协甘兵饷,几至无从筹拨,若非设法变通,断难经久。"因此,清廷谕令伊犁将军奕山等:"悉心筹画,将各城兵制应如何变通,所需经费如何设法核减……迅速详细驰奏。"[3]翌年二月,叶尔羌参赞大臣常清奏:"筹画新疆南路八城全局,酌裁防兵,以减经费,并折征加铸,以济兵饷。"[4]但是,这一切措施如杯水车薪,无济于事,因此,清朝在新疆的各级官吏挖空心思搜括百姓,横征滥派,从各种商税(棉花税、茶税、布税、盐税等)到巨额粮税外之耗羡、人口摊派税等,又恣意加派差役,收取羊只、草料,民不堪命矣。

事实上,早自嘉庆末以来,清朝统治者与新疆各族人民的矛盾已逐渐有所激化,零星的人民反抗斗争就未曾间断,且规模越来越大。到同治三年(1864年)终于酿成新疆各族人民大规模的反抗斗争。最早起事的是此年五月库车的维吾尔族人民,他们掀起了反抗库车办事大臣乌尔清纵容伯克霸占土地、滥派差徭的斗争。起义者攻入城内,杀死了乌尔清及8名伯克。接着,邻近的布尔古(今轮台)、拜城、库尔勒、

〔1〕张集馨:《道咸宦海见闻录》,中华书局1981年版,第228—229页。
〔2〕中央民族学院图书馆编:《布彦泰叶尔羌奏稿》(吴丰培辑),油印本,第17页。
〔3〕《清实录·咸丰朝》卷131,咸丰四年五月甲子。
〔4〕《清实录·咸丰朝》卷158,咸丰五年二月乙亥。

喀喇沙尔等地维吾尔族人民纷纷响应。从七月至十一月,乌鲁木齐、和阗、伊犁等地各族人民也相继起义,与内地的太平天国、陕甘回民起义遥相呼应,清朝在新疆的统治基本瓦解。但是,各族人民的起义在当时的历史条件下,很快就为各族的封建上层和宗教头目所利用和控制,使起义的性质和目的发生了改变。不久,在新疆出现了 5 个大的封建割据势力。其中在南疆有:以库车为中心的热西丁和卓(黄和卓)的宗教割据势力,以和阗为中心的哈比布拉汗割据势力,以喀什为中心的布鲁特(柯尔克孜族)上层的割据势力。各个割据的封建势力相互仇杀,拥众自立,这就为早已觊觎南疆的外国侵略者提供了可乘之机。

同治三年底,浩罕国军官阿古柏挟和卓张格尔之子布素鲁克侵入南疆,以宗教欺骗和屠杀的手段,相继攻占了喀什噶尔、英吉沙尔、叶尔羌、和阗等地。同治六年(1867 年)阿古柏攻占阿克苏、库车等地,正式建立了所谓的"哲德沙尔"(意为"七城")国。不久,又侵占吐鲁番、乌鲁木齐等地,将势力扩张到玛纳斯一带。同治十年(1871 年),俄国也乘机悍然派兵侵占了伊犁地区,并派遣使臣与阿古柏相勾结。英国也不甘落后,于同治十二年(1873 年)底派遣以弗赛斯(I. D. Forsyth)为首的使团到达喀什噶尔,与阿古柏相勾结,以获取在南疆的利益。

在新疆领土几乎全部沦丧的形势下,清朝统治阶层内部虽有关于是否收复新疆的所谓"海防"和"塞防"派之争,但迫于全国各族人民的压力,清廷最终于光绪元年(1875 年)六月,以左宗棠为钦差大臣、督办新疆军务,率兵收复新疆。收复新疆的战争,从光绪二年至三年,历时约一年多,终于摧毁了阿古柏政权,收复了新疆大部分地区。到光绪七年(1881 年),清廷通过外交谈判,才使俄国退还伊犁大部分地区。从此,新疆全境复归于统一。

22.2　阿古柏统治下南疆经济的凋蔽

从清咸丰五年至光绪七年(1855—1881 年)大约 26 年间,清朝在内忧外患的交逼之下,使新疆各族人民几经战乱和外国侵略者的蹂躏、掠夺,社会经济遭到严重的摧残和破坏。在阿古柏统治南疆约 10 年间,尤为如此。中外历史文献对此有大量的记载。

如 1873 年出使阿古柏政权的英国弗赛斯使团的报告中说:"此城(和阗)主要产品为丝织物、地毯和一种被称为'卡姆'(Khám)的粗棉布。其他产品有金、玉石、麝香、生丝、棉花等,构成了贸易的主要商品和最具价值的出口。中国人(指清朝)统治时,所有的这些产业都生机勃勃,吸引了大批的商人前来。但是现在,除棉花贸易外,全处于一种非常萎靡不振的状态。据说是因为相当数量的工人在不久前的屠杀和战争中丧生而致。"[1]报告中还说:"自从中国人的统治瓦解后,喀什噶尔的制造业已经衰落,至于某些获利丰厚的技艺也一同消失了。几乎所有的金属矿业,如煤和玉石采掘业也随着他们的统治的瓦解而终止。"[2]

又如 1876 年奉俄国之命窜到南疆与阿古柏勾结的俄国军官库罗帕特金回国后撰写的《喀什噶尔》一书中,也写道:阿古柏的"各级官员们既然以租赁的方式获得了对各个地方的管理权,他们便认为自己有权尽可能从这些地方多榨些油水";于是"赋税的全部重担都落在没有支付能力的百姓身上……加在人民头上的临时税和附加税有时并不比直接税轻"。[3]为了征服南疆,"他(阿古柏)攻打英吉沙尔、叶尔羌、和田。他在和田屠杀了大量的百姓;背信弃义地杀死了和田和库车的阿奇木——哈比布拉和热西丁;对于反叛的乞卜察克人(柯尔克孜人)斩草除根……"[4]当库罗巴特金路过焉耆开都河谷地时,也不由得发出如下的感叹:"曾几何时,谷地里田连阡陌,无数的水渠纵横交错,如今谷地完全荒芜了,遍地长满芨芨草和其他杂草。"[5]

1878 年出版的英国人包罗杰(D. C. Boulger)写的《阿古柏伯克

〔1〕弗赛斯:《1873 年出使叶尔羌使团报告》,加尔各答 1875 年版,第 33 页。

〔2〕弗赛斯:《1873 年出使叶尔羌使团报告》,第 79 页。

〔3〕库罗帕特金著,中国社会科学院近代史翻译室译:《喀什噶尔》,商务印书馆 1982 年版,第 43－44 页。

〔4〕库罗帕特金:《喀什噶尔》,第 46－47 页。

〔5〕库罗帕特金:《喀什噶尔》,第 299 页。

传》一书中,也不得不承认:阿古柏统治南疆时,英吉沙尔这座"在军事上和在贸易上过去一向都占重要地位的城市。它已大为衰落……"阿克苏"比任何其他城市更为衰败……这个城的附近有许多富矿:铅、铜和硫。实际说来,这些矿藏近年来已无人过问"[1]库车"在中国人财富被损毁,以及后来东干(回族)战争的纷扰之后,至今没有得到恢复……但现在它几乎是一个荒城"[2]。吐鲁番"现在它的街道都荒凉了,它周围整个地区成为荒漠,它以往的活跃和繁荣都已全部消失"[3]。就是曾在阿古柏政权内任职的维吾尔人毛拉木萨撰写的《伊米德史》中,也证实了阿古柏在和阗的大屠杀,说"阿古柏的军队几乎将这里的人,以至驴、猫都杀光了"[4]。书中还详细叙述了阿古柏及其爪牙如何统治和阗、阿克苏、拜城等地,他们肆意掠夺百姓,迫使人民流离失所,自己却过着骄奢淫逸的生活。

最清楚和了解南疆当时经济被破坏情况的,还是收复新疆时亲临其境的清朝官员们。如光绪三年(1877年)六月十六日左宗棠的一份奏折中说:"北路除伊犁外,奇台、古城、济木萨至乌鲁木齐、昌吉、绥来等处,回乱以来,汉回死丧流亡,地皆荒芜。"[5]同年八月,刘锦棠率军向焉耆开都河进军,阿古柏余党竟然"即壅开都河水以阻官军,漫流汜滥,阔可百余里",致使喀喇沙尔"大城水深数尺,官署民舍荡然无存。所有缠回(维吾尔族)均被白逆(指原陕甘回民起义首领白彦虎)迫胁随行";库尔勒"则空城一座,阒无人烟"[6]。

从上述中外史籍记载来看,自阿古柏侵占新疆以来,新疆(主要是南疆)的经济遭到更为严重的破坏。其主要表现为:在阿古柏侵占南疆时大肆屠杀当地的汉、维吾尔等族人民,同时大量的各族百姓因不堪阿古柏政权的压榨而相继逃亡;农田荒芜,水利失修,农业一蹶不振;

---

〔1〕包罗杰著,商务印书馆翻译组译:《阿古柏伯克传》,商务印书馆1976年版,第6、8页。

〔2〕见包罗杰:《阿古柏伯克传》,第9-10页。

〔3〕见包罗杰:《阿古柏伯克传》,第10页。

〔4〕毛拉木萨·萨依拉木:《伊米德史》下册,1960年汉译油印本,第25页。

〔5〕《左文襄公奏稿》卷50,第77页上。

〔6〕《左文襄公奏稿》卷51,第28页上、下。

由于城镇、农村手工业者大量逃亡,南疆传统的手工业遭严重破坏;城镇被毁,道路失修,民不聊生。

22.3　新疆建省准备阶段南疆经济的恢复
(1876—1884 年)

清军收复南疆后,面临南疆社会经济被严重破坏的局面。如何恢复和发展南疆经济? 如何统一和安定南疆乃至整个新疆的社会? 这是摆在清朝统治者面前急需解决的重大问题。当时,清廷朝野上下于新疆改置行省的呼声很高。关于新疆改置行省之议,早在嘉庆、道光之际,龚自珍所撰之《西域置行省议》中就首次提出这一建议。此后,魏源等也发表了相同的意见。到光绪三年(1877 年),在清军收复北疆及吐鲁番等地,南疆门户洞开的形势下,左宗棠正式向清廷提出:"为新疆画久安长治之策,纾朝廷西顾之忧,则设行省改郡县事有不容已者。"[1]次年,南疆收复后,左宗棠再次上奏清廷,力陈新疆建省理由,敦请"敕下总理衙门军机处、六部九卿及各省督抚会议"[2]。同年十月,左宗棠在上奏的《覆陈新疆情形折》中,又提出新疆置省建议,着重奏明置省的两个重要理由:其一是"南北开设行省天时人事均有可乘之机,失今不图,未免可惜";其二是从新疆原有的军府制、伯克制及赋税制之弊端,而论改置行省之必要性[3]　清廷当时原则上同意置行省,但因"刻下伊犁未经收还,一切建置事宜尚难遽定……总期先实后名,俟诸事办有眉目,然后设官分职,改设郡县,自可收一劳永逸之效"[4]。

到光绪七年(1881 年)收复伊犁后,陕甘总督谭钟麟提出新疆建省事宜,命总理新疆军务的刘锦棠相机于新疆设置地方官吏。不久,刘锦棠正式提出建省方案,即在新疆设巡抚 1 员,仍归陕甘总督节制,布政

---

〔1〕《左文襄公奏稿》卷 50,第 77 页下。
〔2〕《左文襄公奏稿》卷 52,第 3 页上。
〔3〕《左文襄公奏稿》卷 53,第 33 页下 –35 页上。
〔4〕《左文襄公奏稿》卷 53,第 39 页下。

·欧·亚·历·史·文·化·文·库·

使 1 员;下分镇迪、阿克苏(辖东 4 城)、喀什噶尔(辖西 4 城)3 道;道以下统府、厅、州、县等。[1] 次年底,清廷批准执行。光绪九年,各道、府、厅、州、县官吏相继任命。十年秋,清廷正式批准新疆建立行省,任命刘锦棠为新疆巡抚,魏光焘为布政使。此后,新疆行省体制不断有所增减,一直到光绪二十八年(1902 年)全省共置 4 道(镇迪、伊塔、阿克苏、喀什噶尔)、6 府、10 厅、3 州(内有 2 个直隶州)、23 县(内有 2 个分县)。[2] 而原所置新疆伊犁将军一职仍保留,仅掌伊塔边防,不再总辖全疆。

新疆建省意义重大,是历史发展的趋势,对于加强内地与新疆的统一,保障新疆社会的安定和进步,促进新疆经济的复苏和发展等,均有积极的作用。有关这方面的论著很多,不赘述。下面仅就新疆建省的准备阶段和建省后新疆(主要是南疆维吾尔族地区)经济的恢复和复苏作重点的论述。

在新疆建省的准备阶段(1876—1884 年),清军在逐渐收复南疆的过程中,左宗棠在首次提出设置行省的建议的同时,每收复一地之后,即着手安辑流亡,恢复生产,并为建省创造条件,从而使南疆的经济较快地得到了恢复。主要表现在以下几个方面:

在清军收复南疆的过程中,即开始着手安辑流亡,复归本业。如清军收复吐鲁番时,即"张贴告示,令其安业","本地缠回万余",得以"各安生业"。[3] 至光绪三年(1877 年),清军收复库车、喀喇沙尔后,左宗棠命张曜等为安抚维吾尔等族人民,创设"抚辑善后局"(简称"善后局"),目的是"筹给赈种,待其来归,课以耕牧;一面平治道路,修造渡船,安设驿站,以通商旅";同时,还规定:"将来大军前进,局势日宽,克一城即须设一局,委员尚宜预为遴派,庶资差遣也。"[4] 到光绪九年新疆建省前,南疆共设有 2 个善后总局(分设于阿克苏和喀什噶尔)及 10

---

〔1〕《光绪朝东华录》光绪八年七月丁未刘锦棠奏,中华书局 1958 年版,第 2 册,总第 1377 – 1378 页。

〔2〕详见王树枏:《新疆图志》卷 1《建置志》。

〔3〕《左文襄公奏稿》卷 50,第 57 页下、58 页上。

〔4〕《左文襄公奏稿》卷 51,第 31 页上。

个分局。善后局事实上成为清朝在新疆各地的临时行政机构,对于新疆(包括南疆)安辑流亡、恢复生产、统一币制、兴办文教等方面,均发挥了较大的作用;同时,也在各方面为新疆建省准备了条件。

在设置善后局、安辑流亡的基础上,清朝还采取各种措施,使南疆的农业有所恢复和发展。农业是南疆维吾尔族地区经济的主体,有90%以上的人口从事农业。因此,清廷为了西征粮饷的筹集和南疆社会的安定,把恢复农业生产放在首要地位,先后采取了一系列措施:

首先是改革赋税制度。清朝统一新疆以来,新疆的赋税主要分田赋和丁赋两大项,而内地则早在雍正年间已采取"摊丁入亩"的赋税制,即"地丁合而为一,按亩出赋"。当时"新疆则按丁索赋,富户丁少,赋役或轻,贫户丁多,则赋役反重,事理失平莫甚于此"。[1] 因此,在光绪四年(1878年)左宗棠与刘锦棠、张曜等函商,改革新疆赋税征收办法:"按民间收粮实数十一分而取其一",在清丈地亩的基础上,分地为上中下三等,按亩征收。[2] 到光绪六年,"综计南北两路征收粮数折合京斗已二十六万一千九百余石。专就南路(南疆)收数计算,较户部钞案从前额征十三万余石已增十万六千五百石有奇"[3]。这一成绩的取得是改革赋税制的结果,也与清廷其他恢复、发展农业的各项措施有关。

其次,由于战乱,新疆农业人口大量流亡,劳动力严重缺乏。在清军进军新疆前后,为解决军队粮饷问题,在安西、哈密等地大兴军屯;以后,每收复一城即安辑流亡,恢复农业生产。然而,随着战争的进展,军屯中兵士是从事屯垦还是战争的矛盾日渐突出,往往造成"且战之兵不能战,且耕之兵不能耕"的后果。因此,从光绪元年(1875年)始,清廷采取改造军屯、裁勇归农的政策,使一部分士兵成为农户,以增加农业劳动力。这一措施主要施行于北疆。到新疆建省后,始有大规模移民屯垦之举。

---

〔1〕《左文襄公奏稿》卷53,第34页上、下。
〔2〕《左文襄公奏稿》卷56,第21页上、下。
〔3〕《左文襄公奏稿》卷56,第22页上。

第三,修浚河渠,筑修城堡、道路。水利对于南疆的绿洲农业经济来讲,更是命脉。左宗棠在光绪六年四月十七日的上奏中称:"至新疆南北各城,自光绪二年大兵出关一举荡平后,臣檄饬各该防营会同各善后局,修浚河渠,以兴水利;筑缮城堡,以严捍卫;平治道路,以利转运;修造官店,以便行旅。"[1]内记维吾尔族聚居之南疆"吐鲁番所属渠工之外,更开凿坎井一百八十五处;库尔勒修复旧渠四十里;库车浚筑阿柯寺两大渠"[2]。这些水利工程或督兵勇轮替工作,或用钱雇民,或地方官募民兴修。到光绪五年(1879年)收复南疆后,兴修水利的工程更为扩大。仅据《新疆图志·沟渠志》记载,光绪四年至九年(1878—1883年)拜城修复河渠达7处,巴楚达5处。至于这一阶段修筑的城堡、道路,几乎各地均有,且由各地善后局主持,收效颇大。其中如喀喇沙尔"旧城卑薄,复为贼毁,庐舍荡然","开拓修筑,城周三里,雉堞改观"。"库车旧有汉城甚小,年久倾圮",改筑后"周千三百二十四弓,墙高一丈八尺,宽一丈五尺……雄阔伟壮,足称南疆重镇"。又修筑哈密至吐鲁番驿站、道路等。[3]

在农业恢复的同时,南疆的商业和手工业也有所恢复。关于商业,清廷改造新疆银钱,货币流通,有助于商业的恢复。清统一新疆后,南疆通行制钱(红钱),但自动乱以来,回民"渐专用银,而程色(成色)高低、分量轻重骤难明晰,奸伪日滋。阿古柏窃据南八城,创铸银钱,名天罡,式圆如饼,中无方孔,不类钱形。其程色分量任意低减,图售其奸,故市价相权不能允协,民以为苦"。光绪六年(1880年),左宗棠令张曜改造银钱,"先制模式,较准一律,交官设局经理……期为新疆创此永利,以救圜法之穷……渐著成效"[4] 事实上,早在此之前,即光绪四年冬至五年夏不足一年,南疆商业大有起色,仅收取的厘金(商税)就达"十八万有奇"[5] 新铸银钱通行后,新疆商业更是发展迅速。可

---

〔1〕《左文襄公奏稿》卷56,第28页下。
〔2〕《左文襄公奏稿》卷56,第20页上、下。
〔3〕《左文襄公奏稿》卷56,第29页下、30页上。
〔4〕《左文襄公奏稿》卷56,第23页上、下。
〔5〕《左文襄公奏稿》卷56,第22页下。

见,当时伊犁还未收复,南疆的商业已开始复苏。

蚕桑及丝织业是南疆传统的手工业之一,在南疆收复后,左宗棠引进西法,聘请江南湖州熟悉蚕务者60多名,带桑秧、蚕种、蚕具到南疆各城,教民种桑、丝织等法;并于各城设蚕桑局,使南疆丝织业有所恢复。[1] 其余如矿业,在南疆也逐渐恢复。如拜城之铜矿,"光绪初年规复南疆,办理善后,仍照承平时旧章,每岁征铜二万六千余斤"[2]。

22.4 新疆建省后,南疆经济的复苏和发展(1884—1901年)

第二阶段起于光绪十年(1884年)新疆正式建省,止于光绪二十六年十二月(1901年1月)"新政"之前。由于前一阶段的恢复,建省后南疆的经济更得以全面的复苏和发展。其主要的标志是:

(1)农业人口的增长、田赋额征的增加和耕地面积的扩大。新疆建省后,清廷首先加大了移民屯垦的力度,南疆人口迅速增长。首先是清廷鼓励内地民户出关至新疆屯垦。光绪十三年(1887年),巡抚刘锦棠在内地移民大量进入新疆的情况下,重新制定了正式的屯垦章程,规定:以2人为1户,给地60亩;[3] 官借籽种3石,制办农具银6两,修缮房屋银8两,耕牛2头合银24两,每户月给盐菜银1两8钱,口粮面90斤,自春耕至秋收,按8个月计算。以上总计合成本银73两1钱;成本银当年还一半,次年全缴,遇歉酌缓;缴本后,按亩升科征额粮(自第三年始,初年征半,次年全征)。[4] 这一章程在拨给地亩数(过去给地每户约30亩)及安置待遇上比乾隆至道光时优厚得多,因而内地移民屯垦人数逐渐增多。章程颁布不久,即有土、客民1090户报垦。[5] 移

---

〔1〕《左文襄公奏稿》卷56,第24页上、下。

〔2〕见《新疆图志》卷29《实业二》,第8页下注记。

〔3〕按,《新疆图志》卷28《实业一》第3页上记:"当开省之初,招徕羖遗,计户授田,大抵上地六十亩为一户,中地九十亩,下地一百二十亩,然亦有多寡不一致者。"

〔4〕《刘襄勤公奏稿》卷12,第16-17页。

〔5〕《刘襄勤公奏稿》卷12,第17页。

民主要分布于北疆及南疆东部一带。到光绪二十五年（1899 年），据巡抚饶应祺奏称：因关内近年粮贵，经哈密营卡查报，从甘肃领票入新的回民，每月或 300 至 400 人，或 100 至 200 人不等，络绎不绝。[1] 其次，还有从光绪十年（1884 年）起发遣到新疆的人犯携眷的屯垦。巡抚刘锦棠提出，对助垦人犯概照新疆现办民屯章程办理；[2] 到光绪十五年，经魏光焘奏准，助垦遣犯无论是否已满升科年限，钱粮全征与否，一律免罪入籍为民，遇事照平民办理。[3] 第三，在建省后移民屯垦中，准允当地人口在本省内迁移认垦。乾嘉以来，新疆的屯垦以内地移民为主，只有一小部分南疆维吾尔族人移屯于伊犁。光绪十八年（1892 年）陶模任甘肃新疆巡抚后，正式提出"就地另行召垦"的政策，特别是召垦南疆地少、贫苦的维吾尔族农民到北疆或其他人口稀少、荒地多的地区落户。这样，"逃亡亏本各弊不禁自绝，富庶亦可渐臻"。[4] 事实上，早在此之前，南疆维吾尔族人口就陆续向北疆流动，此后这种人口流动更为频繁，除北疆各地外，南疆东部塔里木河下游一带也有移民。这一举措的意义不仅在于改变了新疆农业发展的布局，而且改变了新疆民族的构成，奠定了今日新疆民族分布的格局。

在光绪十三年（1887 年），刘锦棠曾饬造新疆全省户口清册，各类人口分项数字载入光绪《大清会典》卷 17《户部》之中。其中，仅镇迪、阿克苏、喀什噶尔 3 道的"缠回"（维吾尔族）人口就达 240618 户，1132251 口，人口数约为道光年间全疆维吾尔族人口的 2 倍，是当时新疆汉、回、蒙等民族中人口增长最为迅速的民族。其中还不包括伊塔道的维吾尔族人口在内。此 3 道的维吾尔族 90% 以上从事农业，则从事农业的维吾尔族人口至少在 90 万以上。此后，南疆的维吾尔族人口继续有所增长，它标志着新疆建省后南疆农业经济全面复苏，并有所发展。

---

〔1〕《新疆图志》卷 104《奏议十四》，第 12 页上。

〔2〕《刘襄勤公奏稿》卷 9，第 13 页等。

〔3〕《宫中档·光绪朝奏折》，光绪十五年十二月九日魏光焘奏。转见上引华立书，第 215 页。

〔4〕《陶勤肃公奏议》卷 3，第 10 - 11 页。

随着人口的增长,新疆田赋额征增加,耕地面积日益扩大。至于田赋额征的增多,其中一个重要因素是新疆建省后,废除了伯克制,原南疆各级伯克之"养廉地"一律收归官有,"招佃承种,额粮照则收纳"[1],原在王公、伯克下的燕齐(农奴),以佃户的身份承租官府土地。这一改革大大提高了广大维吾尔族农民生产的积极性,因而田赋额日益增加。同时,上述左宗棠在光绪四年改革赋税征收办法,使田赋税额逐年增加。新疆建省后,巡抚刘锦棠于光绪十三年(1887年)在镇迪、阿克苏、喀什噶尔3道的土地清丈基本完成后,制定了全疆新的赋税制,规定:北疆大部分州县及吐鲁番等地,上地每亩科粮7升,中地4升,下地3升,照章不征草,不征耗;南疆上地每亩征粮4升至5升不等,征草5斤,中地每亩征粮3升,征草3斤,下地每亩征粮1升5合或1升不等,征草2斤,亦概不征耗。原系额征铜、金之地,一律酌征粮石。[2] 时综计3道共有荒熟地11480190余亩,已垦熟地额征本色粮203029石,本色草13958216斤,粮草折色及地课银57952两。[3] 这一垦数大致与清末相当,而远远超过嘉庆、道光时新疆的田亩数;额征粮数也有较大的增长。这一切均说明,在新疆建省后,农业已全面复苏,南疆的情况又好于北疆。

(2)水利工程的完善及农作物商品化因素的增长。新疆建省后,全疆大规模的水利建设逐渐兴起。光绪十二年(1886年)布政使魏光焘下令各道修复渠道。[4] 据《新疆图志·沟渠志》所记南疆在这一阶段的水利建设情况,列表如下(表22-1):

表中仅为《新疆图志》所记南疆这一时期水利建筑情况,自然是不完整的。到光绪二十年(1894年)前后,新疆的水利灌溉系统已初步形成,全疆以2级或3级水渠灌溉网络,保证了农业生产的顺利进行,是南疆农业复苏和发展的重要条件之一。

---

[1]《新疆图志》卷30《赋税一》,第4页上。

[2]《刘襄勤公奏稿》卷12,第36页;《新疆图志》卷30《赋税一》,第3-4页。

[3]《新疆图志》卷30《赋税一》,第4页下。

[4]《新疆图志》卷74《沟渠二》,第23页上。

·欧·亚·历·史·文·化·文·库·

表 22－1 南疆水利建设情况 (1884—1901)

地区	渠名	方位	修治时间	概要	备注
拜城县	闹湖特渠	在城西100里	光绪十年 (1884年)	修复渠道，溉闹湖特庄所领4村之田	《新疆图志》卷76，第7页上
	温巴什渠	在城南30里	同上	修复渠道，溉温巴什庄所领4村之田	同上，第7页下
	鹅斯塘渠	在城西200里	同上	修复渠道，溉鹅斯塘庄所领3村之田	同上，第7页下
	黑米孜渠	在城西60里	同上	修复渠道，溉黑米孜庄所领3村之田	同上
	呀色里敏渠	在城北20里	光绪十二年 (1886年)	创修此渠，以溉呀色里敏庄所领6村之田	同上，第7页下，8页上
新平县（治今尉犁）	阿哈要鲁渠	在城西740里，导源渭干河	自置县以来（光绪二十五年置）开渠	自开渠徙民垦田	同上，第26页上

地区	渠名	方位	修治时间	概要	备注
莎车府	英额瓦提渠	在城西南100里	光绪十三年（1887年）	知州刘嘉德穿渠引水、筑堤，以溉英额瓦提庄；作物岁再熟，庄民物丰盛	同上，卷78，第6页下、7页上
巴楚州	大连渠、小连渠、尊拉合齐渠、老南渠	在城四周，导古海以溉田	光绪十六年（1890年）	通判谭传科筑长堤一道于古海，开渠引入洪海，蓄水甚多	同上，第16页下
	七台庄渠	在七台庄一带	光绪十二年（1886年）	通判杨溢中导玉河汇七台庄渠，又凿支渠，自是民不忧旱	同上，第16页下、17页上
	玉河下游陈定桥等七渠	在城西南	光绪十一年（1885年）	刘锦棠等疏浚河道、筑堤导水，诸庄田亩复获阴（地下渗水灌溉）	同上，第20页至21页

·欧·亚·历·史·文·化·文·库·

在农作物的种植方面,建省后,除南疆传统种植的麦、稻、小米等粮食作物及棉花、胡麻、芝麻、水果等经济作物外,高产的玉米的种植得到广泛的推广。玉米在新疆的种植大致始于乾隆时,道光时已有所发展,建省后则更为普遍。据有的学者统计,光绪末年天山南路的26个府州厅县中,明确记载种植玉米的有21个,占80%以上。玉米种植推广的原因主要是:南疆人口迅速增长,玉米高产,适应人们对粮食的需求,而南疆土地适应玉米生长,产量颇高;邻近南疆内地各省普遍大量种植的影响等。[1] 建省后,南疆经济作物的种植也有大幅度的增长。其中棉花种植增长更为迅速,尤以吐鲁番、伽师、巴楚、叶城、和阗等地棉花产量最高,主要销往俄国和内地甘、陕等地。清末南疆各府州厅县乡土志的商业部分,大多记载当地棉花销量。如和阗州每岁销棉花13万斤,叶城2000余秤(每秤约合9.5公斤),伽师25万斤至26万斤,巴楚5万斤等。其余如葡萄、胡麻、芝麻(榨油用)、高粱(造酒用)等经济作物的种植和产量也有大幅度的增长。这一切说明这一阶段新疆农作物产品大多进入了商业流通领域,农产品商业化程度提高,农业的商品经济因素增长。

(3)商业的恢复和发展。早在清军收复南疆时,左宗棠等就改铸银币,收取厘金,渐著成效。收复伊犁,特别是新疆建省后,新疆的商业开始复苏。首先是建省前后,清廷先后于阿克苏(光绪四年始)、迪化(光绪十二年始)、喀什噶尔(光绪十四年始)重新开铸铜钱;又设官钱局,于迪化(光绪十五年始)、伊犁(光绪十五年始)、阿克苏(光绪二十八年始)、喀什噶尔(光绪十四年始)发行纸币;在迪化(光绪十五年始)、阿克苏(光绪十九年重铸)、喀什噶尔(光绪十八年始)铸银币等。[2] 货币种类及发行量的增加,也是商业流通和发展的重要标志。[3]

---

〔1〕见华立:《清代新疆农业开发史》,第240-242页。
〔2〕见《新疆图志》卷34《食货志三》、卷35《食货志四》"钱法"。
〔3〕关于货币的改革等,应属金融财政的范畴,但与商业流通有重要关系,故置于商业之下论述。

至于建省后新疆商业发展情况,《新疆图志》卷 29《实业二》中有概括的叙述:自同治以来,因新疆动乱,"旧时都会之地夷为灰烬,商旅裹足,百年来民间元气雕丧尽矣"。建省后,"巡抚刘锦棠首治邮驿亭鄣以通商路,于是废著鬻财之客连袂接轸,四方之物并至而会"。内地与新疆通商之道,分为两路:"自嘉峪关趋哈密为一路,秦、陇、湘、鄂、豫、蜀商人多出焉;其东北自归化趋蒙古为一路,燕晋商人多出焉。"两路多汇于古城,然后分道南北疆贸易。"岁运腹地诸省工产及东西洋之商品,其值逾二三百万。大率自秦陇输入者居什之三四,自归绥输入者居什之六七,而私运漏货不在此数。"[1]

新疆与境外俄国(包括其兼并的原中亚 3 汗国)、英属印度等的对外贸易,在建省后有较大的发展。光绪七年(1881 年)俄国交还伊犁,与清朝签订不平等的《中俄伊犁条约》,取得了在新疆天山南北贸易暂不纳税等特权,俄中贸易更为发展。据国内学者对光绪十八年(1892 年)俄国与中国新疆贸易的统计,新疆输出总值为 548226 两白银,俄国输入新疆商品总值为 1336857 两白银。以双方贸易商品而言,新疆输入俄国商品主要为畜产品(包括牲畜)、农产品(棉花、生丝、干鲜果品为主)和手工业产品(丝、棉、毛织品为主)。俄国输入新疆的商品是纺织品(价格、质量占优,故销量仍然很大)、日用产品(金属制品、火柴、玻璃等)等,俄国商品几乎充斥新疆各个角落。然而,新疆自给自足的封建经济与俄国商品的输入存在着相互排斥的关系,这正是中国半封建半殖民地社会经济的特征之一[2]。关于南疆与英商的贸易,据《新疆图志》卷 29《实业二》记载:"英商自北印度逾因都库什山,历塔什库尔干而入蒲犁,皆汇集于喀城(今喀什);而南疆缠民越境商于安集延、浩罕者亦十余万人,以故交通繁盛,商廛栉比。"而于阗丝织品、玉石、沙金等特产,"其大宗远市于英、俄,值亦数十万"。

(4)手工业的复兴。新疆传统的手工业主要是纺织业、矿业、皮革

〔1〕见《新疆图志》卷 29《实业二》,第 14 页下、15 页上。
〔2〕均见厉声:《新疆对苏(俄)贸易史》,新疆人民出版社 1993 年版,第 147-152 页。

·欧·亚·历·史·文·化·文·库·

业及玉石采掘、加工业等。建省以来,新疆各种手工业均逐渐恢复和发展。

纺织业 新疆纺织业以丝织、毛织和棉织业为主。丝织业与蚕桑种植有密切关系,主要产地在南疆。如上所述,光绪五年南疆收复后,左宗棠于南疆设蚕桑局,引进内地蚕工、织工等,所费虽巨,然收效不大。但在新疆建省后,"蚕事渐兴,缠民习其业者日众,而英、俄商人颇有运我茧丝出口者,则成效亦稍稍著矣"。[1] 据统计,仅光绪十八年(1892 年)新疆出口俄国的生丝就达 23000 斤,价 23000 两白银;绸缎517 疋,价 2088 两白银。[2] 建省后,新疆毛纺织业也逐渐复兴,所谓"氍毹、毾㲪之属(毛织物、地毯等),镂文错采,灿然夺目,岁输英、俄属地四五千张"。[3] 由于新疆为产棉之区,棉花质量好,产量高,故其棉织业也较为发达。正如《新疆图志》卷 29 所记:"南疆产棉之区,民以织布为业。自焉耆以西其棉纱薄疏,布粗劣不耐久,独和阗、洛甫、于阗所制洁白绵密,宽广合度,运输关陇外及俄属安集延,岁额钜万。"[4]

矿业 新疆矿藏极为丰富,自古以来铜、铁、金、煤等各种矿石的开采、冶炼和铸造手工业也较为发达。然而自同治动乱以来,矿业几乎停顿。新疆建省后,巡抚刘锦棠首于于阗设金课局,"择富缠民立为厂头,各派金夫隶之",然因管理不善,头人苛敛倍征,而难以继续下去。到光绪十三年(1887 年),清廷裁金课局,由民自采,经县官发价收买,"于阗每年采获之金砂不下五六千两,其报解公家者至多一千二三百两"。[5] 至于铜矿之开采,主要集中在南疆拜城上下铜矿。光绪十二年(1886 年),清廷于省会迪化设宝新局,铸造铜钱,其用铜即为南山铜和库车、阿克苏等地之铜。此后,迪化宝新局所需之铜大部分来自拜城,每年调拨约 5.6 万斤。[6] 铁之开采,主要集中在北疆迪化和伊犁,

---

〔1〕《新疆图志》卷 28《实业一》,第 5 页下、6 页上。

〔2〕厉声:《新疆对苏(俄)贸易史》,第 147 页。

〔3〕《新疆图志》卷 29《实业二》,第 11 页下。

〔4〕《新疆图志》卷 29《实业二》,第 12 页上。

〔5〕《新疆图志》卷 29《实业二》,第 7 页上、下。

〔6〕《新疆图志》卷 34《食货三》,第 2 页下、第 5 页上。

南疆铁矿开采历史虽久,但规模产量较低,主要产地在拜城。至于各种矿石的冶炼及铸造,大多与采矿地相联系。建省后,民间金属制造手工业也有很大发展,如各种生活用铜制品,"若铛镀盘匜之属,镌刻完美;其铸刀之法锻炼精纯,晶光荧荧"[1]。采玉及加工手工业也是南疆著名传统手工业,在乾嘉时,因宫廷官府采办,故颇为兴盛。建省后,民间也多有采玉及加工者,主要销往内地。

制革业　主要集中在牲畜业发达的北疆各地,但"缠俗欲皮弁革履,男女同制,故制革之业都聚而州处,号为钜宗。巴里坤、库车均善为革工"。"俄商岁运羊皮出口,皆购自库车为多。"[2]据统计,光绪十八年(1892 年)新疆输出俄国的各种皮张,共约 136539 张,价值 53202 两白银。[3]

其余诸如造纸、酿酒等手工业,建省后均有所发展。

以上从农业、商业和手工业 3 个方面,对新疆建省前后两个阶段南疆经济的复苏和发展作了概括的论述。从总的方面来看,南疆的经济由同治以来动乱而凋蔽的状态,逐渐复苏,已达到了道光年间经济发展的水平,在某些方面略有发展。即是说,原来中断了的南疆维吾尔族地区的经济开发,在清朝收复新疆,特别是在新疆建省以后,又得以持续发展。但是,新疆建省及清廷在新疆所实行的赋税制改革和废除伯克制,并未改变新疆落后的封建土地所有制,且这一点改革也不彻底;加之英、俄等列强对新疆侵略的加深,其半殖民地半封建的经济特点日益显露出来。这一切仍然束缚着新疆的经济发展。因此,大约到光绪二十年(1894 年)后,随着清廷的腐朽和中日甲午战争后列强瓜分中国狂潮之兴起,新疆(包括南疆)的经济已基本处于停滞不前的境地。

(原载于周伟洲主编《西北民族论丛》第 4 辑,中国社会科学出版社 2006 年版)

---

〔1〕《新疆图志》卷 29《实业二》,第 12 页下。
〔2〕《新疆图志》卷 29《实业二》,第 12 页下。
〔3〕见厉声:《新疆对苏(俄)贸易史》,第 147 – 148 页。

23 晚清"新政"与新疆
近代经济的萌芽

23.1 晚清"新政"的由来及内容

19 世纪末至 20 世纪初,中国社会发生了剧烈的震荡。随着外国资本主义列强侵略的深入和国内半殖民地化的加深,清朝统治阶层内部及新兴的民族资产阶级改良派掀起了旨在学习西方、自强求富的洋务运动。光绪二十年(1894 年)中日甲午战争中清朝的惨败,推动了中国的改革变法运动。光绪二十四年(1898 年)的"戊戌变法"运动,虽然因遭到以慈禧太后为首的顽固派的扼杀而失败,但变法维新的思潮仍在海内外激荡。光绪二十六年(1900 年)义和团运动和"八国联军"攻入北京,使中国清朝统治处于濒灭的边缘;血的教训使更多的中国人认识到,接受西方的先进技术,富国强兵,走近代化的道路,才是中国唯一的出路。在这种形势下,迫于国内各阶层人民的压力,为挽救其摇摇欲坠的统治,在光绪二十六年十二月(1901 年 1 月),以慈禧太后为首的当权派终于不得不放弃其顽固的立场,以挽回危局,在西安颁布诏令,变法革新,内云:"……朕尤痛自刻责,深念近数十年积弊相仍,因循粉饰,以致酿成大衅。现正议和,一切政事尤须切实整顿,以期渐致富强。懿训以为取外国之长,乃可去中国之短,惩前事之失,乃可作后事之师";要求"军机大臣、大学士、六部九卿、出使各国大臣、各省督抚各就现在情弊,参酌中西政治,举凡朝章、国政、吏治、民生、学校、科举、军制、财政,当因当革,当省当并……各举所知,各抒所见。通限两个月内悉条议以闻"。[1] 二十七年三月,清廷设立督办政务处以专办"新政"事宜。[2]

八月,刘坤一、张之洞等大臣连上三疏,较为具体地提出了变法的内容和新政的要点。第一疏以学习西方教育,兴学、育才为主旨(共 4 条);第二疏则整顿中法,采取西法(包括政治、法律、军事诸方面,共 12 条);第三疏涉及经济(农、工、商)、军事,以自强为宗旨(共 11 条)。[3] 清廷基本采纳,谕令:"其中可行者,即著按照所陈,随时设法,择要举办。各省疆吏亦应一律通筹,切实举行。"[4]以上三疏的核心是以西法改革旧制,涉及政治、军事、法律、教育、文化等各个方面;力图用改革旧的封建体制的办法,走西方的近代化道路。因此,三疏成为清末新政的纲领,后人称之为"变法三疏"。

此后,变法的"新政"逐渐在全国各地推广,进入实施阶段。然而,因各地所处的地理位置和经济基础不同,各地方大员对新政推行力度也不相同,故各地推行新政的时间、方针和效果也不尽相同。远在西北边疆的新疆是一个多民族聚居的边地,与内地各省相较,推行新政的时间较晚。光绪二十八年(1902 年)四月,陕甘总督崧蕃(一作嵩蕃)上奏称:"新疆军政请展缓举办",得到清廷允许;[5]但是,也有一些变革,如兵制、教育、实业等稍有起步。

23.2 新疆"新政"
——军事与教育的改革

新疆新政的全面推行,大约是在光绪三十二年(1906 年)之后。此年八月,时任伊犁将军的长庚奏称:"豫筹新疆应办事宜:一练兵,二蕃

---

〔1〕《光绪朝东华录》,光绪二十六年十二月丁未,中华书局 1958 年版,总第 4601 – 4602 页。

〔2〕《光绪朝东华录》,光绪二十七年三月己巳,中华书局 1958 年版,总第 4655 页。

〔3〕《光绪朝东华录》,光绪二十七年八月癸丑,中华书局 1958 年版,总 4727 – 4771 页,收录"三疏"全文及上谕,此不赘引。

〔4〕《光绪朝东华录》,光绪二十七年八月癸丑,中华书局 1958 年版,总 4771 页。

〔5〕《清德宗实录》卷 498,光绪二十八年四月戊戌。

牧，三商务，四工艺，五兴学；亟应次第举行。"朝廷谕旨："著即认真筹办，务收实效。"[1]接着，长庚又上奏："新疆改练新军，举行新政，请准提用封存，免认赔款。"[2]长庚其人，思想较为开放，颇有远略，系新疆推行新政的代表人物之一。从他所拟新疆新政主要内容看，当是新疆官员依据当地具体情况而制定的，总的精神及主要内容与全国大体一致；但是，在新政施行的深度和广度上，则远逊于内地诸省。下面从经济开发的角度，对新疆（主要是维吾尔族地区）新政的实施及其近代经济因素的萌芽作一论述。

新疆的新政，在政治、军事方面主要是"练兵"一项，即按西方的军制改革旧的军队，建立新军。新疆的驻军原为八旗和绿营，到清末已腐朽，战斗力弱，而军队又是关系到西北边疆的稳定和清朝统治地位的大事，因此，"练兵"作为新疆推行新政的首要任务，早在光绪三十二年（1906年）全面推行新政之前即已进行：光绪二十八年（1902年）四月，新疆遵设武备学堂[3]；同年八月，新赴任的伊犁将军马亮即与新疆各级官吏会商"练兵节饷事宜"[4]；次年五月，甘肃新疆巡抚潘效苏奏请"遣散客勇，改练土著世袭兵，以固边防"[5]，但因练兵饷项奇缺，苦累民生，故又"停止改练新军"[6]。三十二年新疆新政全面推行后，伊犁将军长庚先后从内地南北洋军中调军官、士兵数百名至新疆，编练陆军模范营[7]。同时，新疆新军经过整顿、改编，正式成立"新疆陆军"。据光绪三十二年十月乙丑甘肃新疆巡抚联魁奏称："新省原有续备步队五营及左右翼马队六旗，挑选裁并，改练新军。步队三营为一标，马队两营、炮队一营为一标，共为混成协，暂名新疆陆军。"[8]然而，清廷以不符章程，但为变通办理，准其试办，"惟马队则于编制时，即添设三

〔1〕《清德宗实录》卷563，光绪三十二年八月乙酉。
〔2〕《清德宗实录》卷564，光绪三十二年九月壬子。
〔3〕《清德宗实录》卷498，光绪二十八年四月戊午。
〔4〕《清德宗实录》卷504，光绪二十八年八月丁酉。
〔5〕《清德宗实录》卷515，光绪二十九年五月庚申。
〔6〕《新疆图志》卷51《军制三》，第12页下。
〔7〕邹鲁：《新疆伊犁举义》，载《辛亥革命》7，上海人民出版社1957年版，第428页。
〔8〕《清德宗实录》卷565，光绪三十二年十月乙丑。

营,成足一标,又设工程队一队",即为清末之新军编制。[1] 此外,新疆还于光绪二十九年首先在省会迪化将原保甲改编为巡警,后逐渐推广至各地。光绪三十二年(1906年),又整顿新疆巡警,酌拟章程30条。[2] 宣统元年(1909年)设高等巡警学堂,次年又在省城设巡警教练所等。[3]

在政治方面,新疆的新政涉及不多。光绪三十二年八月,清廷正式颁布《预备立宪诏旨》,宣布在全国推行"宪政",于是各省先后设立谘议局,选举议员,预备立宪。然而,地处西北边疆的新疆却迟迟未动。到光绪三十四年(1908年),甘肃新疆巡抚联魁奏称:"至设谘议局一节,新省汉民无多,土著诸多扞格,惟有整顿学堂,使稍具普通知识,以为谘议局收效张本。"[4] 直到宣统元年八月,在全国大兴"宪政"的影响下,新疆省才在省会迪化设谘议局,在伊犁挂出了"宪政筹备处"的牌子。不久,辛亥革命爆发,清朝统治结束。至于各种法制的改革,在光绪三十三年甘肃新疆巡抚联魁的一份奏折中说:"遵议民刑诉讼各法,体察新省情形,暂难试行。"[5] 即是说,根本没有触动。

新疆新政较有成绩的是"兴学",即文化教育,这是上述"变法三疏"中首先提出,且一再强调的新法之一。新疆自古是一个多民族聚居的边疆地区,文化教育较为落后,旧的封建教育制和科举制早已成为阻碍社会进步的桎梏。早在光绪初,左宗棠、刘锦棠收复新疆、议设行省前后,即感新疆教育落后,各民族因语言、文化差异而相互扞格,于是奏请大兴义塾,为后来新政的"兴学"打下了基础。新政推行后,清廷于光绪二十九年(1903年)颁布了《奏定学堂章程》;三十一年(1905年)废止科举制,设立学部;三十二年后,全国兴学之风大开。而兴学的主要任务,即是创办近代西式学堂和派遣留学生。

新疆在兴学方面,则紧跟各省之后,于光绪三十二年设立专门兴

〔1〕《新疆图志》卷51《军制三》,第13页下、14页上。
〔2〕《清德宗实录》卷559,光绪三十二年闰四月甲戌。
〔3〕《新疆图志》卷40《民政一》,第4页上。
〔4〕《清德宗实录》卷591,光绪三十四年五月乙丑。
〔5〕《清德宗实录》卷576,光绪三十三年七月庚子。

学的机构"提学使"及其下属的"劝学所"。次年,各地劝学所达 33 处;巡抚联魁遂创设学务公所,"以为阖省学务总汇之区"[1]。在各地兴学机构的推动下,新疆省会及各府州县所办之学堂如雨后春笋蓬勃发展,遍于各地。据清末任新疆布政使的王树枏编纂的《新疆图志》卷38、39"学校"条记载,新疆全省所办新式学堂共 606 所,教习 764 员,学生达 16063 名。[2] 其中,南疆维吾尔族地区所办学堂的情况:鄯善县,学堂 9 所,教习 9 员,学生 222 名;温宿府,学堂 20 所,教习 37 员,学生740 名;温宿县,学堂 19 所,教习 20 员,学生 575 名;柯坪县,学堂 5 所,教习 5 员,学生 104 名;拜城县,学堂 16 所,教习 23 员,学生 620 名;乌什直隶厅,学堂 17 所,教习 18 员,学生 542 名;焉耆府,学堂 16 所,教习 21 员,学生 377 名;轮台县,学堂 13 所,教习 13 员,学生 238 名;新平县,学堂 11 所,教习 11 员,学生 126 名;若羌县,学堂 4 所,教习 3 员,学生 58 名;库车直隶州,学堂 24 所,教习 20 员,学生 774 名;沙雅县,学堂 12 所,教习 12 员,学生 245 名;疏勒府,学堂 18 所,教习 18 员,学生 592 名;疏附县,学堂 23 所,教习 24 员,学生 568 名;伽师县,学堂 18所,教习 24 员,学生 452 名;英吉沙尔直隶厅,学堂 13 所,教习 17 员,学生 394 名;莎车府,学堂 49 所,教习 56 员,学生 1878 名;巴楚州,学堂 19 所,教习 24 员,学生 542 名;叶城县,学堂 34 所,教习 34 员,学生971 名;皮山县,学堂 16 所,教习 23 员,学生 330 名;和阗直隶州,学堂34 所,教习 40 员,学生 935 名;于阗县,学堂 17 所,教习 26 员,学生 510名;哈密回部学堂 4 所,教习 4 员,学生 104 名;吐鲁番回部学堂 3 所,教习 2 员,学生 72 名;库车回部学堂 6 所,教习 3 员,学生 45 名。[3] 从上述情况来看,晚清新政期间,新疆维吾尔族地区创办学堂的成绩显著,共办学堂 420 所,教习 487 员,学生达 12014 人。这些学堂的性质,以官办(官立)的普通初级小学为主。类别则以汉语学堂为主,兼有官话讲习所,以普及识字等初级教育为宗旨;其次有学习有关实业、技艺

〔1〕《清德宗实录》卷 588,光绪三十四年三月壬辰。

〔2〕参见赵云田:《清末新政期间新疆文化教育的发展》,载《西域研究》2002 年第 2 期。

〔3〕《新疆图志》卷 39《学校二》。

的各种学堂,以及培养教师的师范和法政、巡警、中俄、将弁、陆军等不同类别的学堂。其中,值得注意的是,在省会迪化开设的初级师范学堂,为全省培养师资;中俄学堂则是在光绪十三年(1887年)刘锦棠奏设俄文馆的基础上,于三十四年创设的,以专门培养对俄之交涉人才。[1]

新政中"兴学"一项,派遣留学生为重要内容之一。新疆派遣留学生无论从数量还是留学国家范围来讲,均与内地省份有较大的差距。光绪二十九年伊犁将军马亮奏设养正学堂,并选派留学生出洋肄业[2],留学生主要是到俄国阿拉木图学习。到三十四年,新疆又有"加派伊犁游学俄国学生"之举。[3]

从上述新疆兴学的情况看,新疆所设各类学堂,特别是省会迪化的学堂,均以新式教育为主,开设数、理、化及外语新课程,也有聘任外国(主要是俄国)教师的情况。但是,由于经费支绌及民族之间的隔阂、教学人才的缺乏等原因,兴学的效果和成绩远逊于内地诸省。就是新疆省内各地情况也不相同,大致言之,北疆省城迪化、伊犁及吐鲁番等地较好,而南疆维吾尔族地区较差。1907年宁夏副都统志锐曾奏称,新疆新政"致成敷衍","学生多倩人雇充"。[4] 这主要是对南疆维吾尔族地区而言。尽管如此,新疆在兴学方面的成绩仍然是主要的,在开发民智、传播资产阶级民主思想和自然科学知识、培养人才等方面,为新疆的近代化开了一个好头。

〔1〕《新疆图志》卷39《学校二》,第1页下。
〔2〕《清德宗实录》卷518,光绪二十九年六月乙卯。
〔3〕《清德宗实录》卷587,光绪三十四年二月丙寅。
〔4〕《清德宗实录》卷573,光绪三十三年五月甲辰。

23.3　新疆"新政"

——经济改革与近代经济的萌芽

新疆新政的另一个主要方面是"商务"、"工艺",即"变法三疏"中所谓的"修农政"、"劝工艺"、"推行邮政"等经济方面的改革。

新疆维吾尔族地区自建立行省,到晚清新政推行,直至清朝灭亡,总的经济发展水平没有发生大的变化。这从当地维吾尔族经济的主体——农业发展情况即可看出:光绪十三年(1887年)镇迪、阿克苏、喀什噶尔3道计有荒熟地11480190亩,维吾尔族人口约1132251口;到宣统三年(1911年)新疆总的熟地为10554705亩[1],维吾尔族人口约1575095口[2]。关于耕地面积,虽然光绪十三年仅包括3道的面积数,比宣统三年整个新疆耕地面积还多,然而,其中包括"荒地"在内。又宣统三年维吾尔族人口比光绪十三年多出40余万口,而实际上光绪十三年统计仅是上述3道的维吾尔族人口,实际人口的增长仅有一二十万之数。因此,无论从耕地面积还是人口数看,从光绪十三年至宣统三年20余年都增长无几,说明处于封建自给自足的农业技术条件下,经济发展迟缓。尽管如此,在新政的推动下,新疆维吾尔族地区近代化经济已有所萌芽。

首先,从近代经济开发的角度看,交通(特别是铁路)和邮电是中外边疆落后地区经济开发的先声和基础。因此,早在清末新政之前,洋务派及许多有识之士就提出修筑铁路(包括新疆筑路)的议论。如同治十一年(1872年),李鸿章在一封信函中说:"……俄人坚拒伊犁,我军万难远役,非开铁路则新疆、甘陇无转运之法,即无战守之方。"[3]此外,钟天纬撰《中国创造铁路利弊论》、王梦松著《防俄论》等,也提出在

---

〔1〕《新疆图志》卷30《赋税一》,第5页上。
〔2〕见苗普生:《清代维吾尔族人口考述》。
〔3〕《李文忠公全集》卷12《朋僚函稿》,第26页下。

新疆修筑铁路的必要性。[1] 新政推行后,内地各地纷纷拟修铁路,而在新疆筑铁路之呼声也日益高涨。光绪三十二年曾流放新疆的裴景福撰《河海昆仑录》,内从当时世界大势出发,呼吁:"……急成伊犁、迪化、喀什噶尔、吐鲁番南北两路,以与俄安集延路接,而以哈密为之总汇,即英之苏彝斯河也!"[2] 同年,御史赵炳麟上奏:"陕甘新疆伊犁亟宜修筑铁路";[3] 次年,两广总督岑春煊也奏请:"铁路宜统筹全面,豫画轨线",其中西干线,即从京师北京,经正定、太原到伊犁。[4] 同年七月,清邮传部奏定全国铁路总规划,其中西干线即上述岑春煊所拟。[5]

到光绪三十四年(1908年)春,陕甘总督允升代宁夏知府赵惟熙上奏一折,建议修筑西北铁路,即以张家口为起点,东线经武威至伊犁;又筑5条铁路,其中一条即从迪化到疏勒(今喀什)。[6] 宣统二年冬,时任陕西总督的长庚奏请借款修筑归新铁路(自内蒙归化至新疆古城);同年底,清朝资政院奏请修筑蒙古铁路,内一线自库伦经乌里雅苏台(今蒙古扎布哈朗特),或经宁夏至伊犁。[7] 次年夏,新疆巡抚袁大化上奏呼吁:"时局阽危,急宜筹款,修通东西铁路,以固全局。"[8] 然而,数月后辛亥革命爆发,新疆修筑铁路之议遂搁置起来。尽管如此,新疆修筑铁路之议所反映出的思想,正如有的学者所说,"具有鲜明的爱国性和进步意义,在近代开发建设新疆思想史上留下了宝贵的一页"[9]。

与交通有关的是近代的邮电事业。清末新疆新政全面推行之前,新疆电报事业已基本完成,这是新疆新政近代化经济开发中最为成功的一项。有清一代新疆邮传之制,"由军塘而驿站,由驿站而邮政,至

---

〔1〕转见李寰:《新疆研究》,中国边政学会1944年发行,第81页。

〔2〕裴景福:《河海昆仑录》卷4。

〔3〕《清德宗实录》卷564,光绪三十二年九月丁未。

〔4〕《清德宗实录》卷572,光绪三十三年四月庚寅。

〔5〕《光绪朝东华录》,光绪三十三年七月壬寅,总第5717-5719页。

〔6〕《宣统政纪》卷7,第20-22页。

〔7〕《宣统政纪》卷45,第5-10页;卷46,第5-10页。

〔8〕《宣统政纪》卷56,第22页。

〔9〕吴福环:《清末新疆筑铁路议》,载其主编《新疆近现代经济研究文集》,新疆大学出版社2002年版,第15-22页;又可参见纪大椿:《清末修建新疆铁路之议》,载《新疆社科论坛》1989年第2期,后收入作者论文集《新疆近世史论稿》,黑龙江教育出版社2002年版,第335-342页。

·欧·亚·历·史·文·化·文·库·

是凡三变矣"。[1] 中国内地电报始设置于 19 世纪 70 年代,至 80 年代内地各省已普遍设置。而新疆也始有设电报之议,其推动者为李鸿章、杨昌濬(时任陕甘总督)和陶模(新任新疆巡抚)。[2] 光绪十七年至十八年(1891—1892 年),时因英、俄侵占及争夺中国帕米尔地区,新疆边防吃紧,再次促进了新疆电报的安设。光绪十八年陕甘总督杨昌濬、新疆巡抚陶模会奏,请筹款安设关外电线,自肃州(治今甘肃酒泉)至迪化,分拨银两,购办机器。清廷总理各国事务衙门与户部议准后,即筹拨银 10 万两,先资开创。[3] 次年(1893 年,光绪十九年)初,由总办电报、津海关道盛宣怀派员采运机料,赴西北动工,经时 300 余日,至冬季,嘉峪关到迪化电报线路竣工。接着,在李鸿章、杨昌濬、陶模等人推动下,同年底,清廷议准续拨款 14 万两银,安设由迪化至伊犁、迪化至喀什噶尔两条支线电报,光绪二十年(1894 年)初也告完成。"综计线路延袤八千余里,凡设总局一、子局十六。自创议以迄告成,为时仅历两载,而全省贯通。"[4] 此后,中俄两国几经交涉,到清末塔城、喀什噶尔两处又相继与俄国电报相接。

新疆电报的安设,系由官费支付,主要应用于军政方面,商业用途不多。尽管新疆电报因气候、地势、管理不善等原因,长期处于亏损,通报时限性差;但不仅对于国防及加强新疆地方与内地的联系等诸多方面具有深远意义,而且也是新疆经济开发史上近代化因素萌芽的标志之一。[5]

第二,是新疆近代化经济人才的培养。如前所述,在新疆新政全面推行前后,南疆兴学所建立的各种类型的新式学堂中,有专门培养实业的学堂及在省会、南疆等地设立的农务研究所,农林试验场、讲习所,蚕桑局等。其中,南疆维吾尔族地区设置情况,如表 23－1:

---

〔1〕《新疆图志》卷 79《道路一》,第 3 页上、下。

〔2〕《李文忠公全集》卷 14《电稿》,第 1 页。

〔3〕均见《新疆图志》卷 86《道路八》,第 9 页下。

〔4〕《新疆图志》卷 86《道路八》,第 9 页下、10 页上。

〔5〕关于清末新疆电报的论述,可参见吴福环:《清末新疆电报的创设》,载上引其主编《新疆近现代经济研究文集》,第 1－14 页。

地区	名称	设置时间	地点	备注
温宿府	艺徒学堂	宣统元年（1909年）	府城武庙右侧	《新疆图志》卷39《学校二》
	初等工业学堂	宣统二年（1910年）	借设第二初等小学堂内	
	农林讲习所	宣统二年		《清朝续文献通考》卷382《实业五》
拜城县	实业学堂	宣统元年	县署西街	《新疆图志》卷39《学校二》
	艺徒学堂	宣统元年	同上	
焉耆府	艺徒学堂	宣统元年	南乡库尔勒回城东街	
	农林试验场、农林讲习所	宣统二年		《清朝续文献通考》卷382《实业五》
和阗直隶州	初等农业学堂	光绪三十四年（1908年）	州城北门外	《新疆图志》卷39《学校二》
	第二初等农业学堂	宣统元年	西北乡哈拉哈什城	
	艺徒学堂	宣统元年	州城西门外	
	农林试验场、蚕桑局、蚕桑实业学堂	宣统二年		《清朝续文献通考》卷382《实业五》
	劝工所			《和阗乡土志·工艺》
于阗县	初等农业学堂	宣统二年	县署东后街	《新疆图志》卷39《学校二》
	艺徒学堂	宣统元年	县城东大街	
洛甫县	农业学堂	宣统二年	县治西街	
	艺徒学堂	宣统元年	同上	

续 23 - 1

地区	名称	设置时间	地点	备注
库车直隶州	艺徒学堂	宣统元年	城西南隅	
疏勒府（今喀什）	艺徒学堂	宣统元年	府城西北隅	
	初等农业学堂	宣统元年	同上	
疏府县	初等农业学堂	宣统元年	城西门新城内	
伽师县	初等实业学堂	宣统二年	县署右侧	
英吉沙尔直隶厅	艺徒学堂	宣统二年	城南街	
莎车府	艺徒学堂	宣统元年	汉城武庙前	《新疆图志》卷 39《学校二》
	初等农业小学堂	宣统二年	汉城西门内	
巴楚州	初等农业学堂	宣统二年	城东关正街	
	艺徒学堂	宣统元年	同上	
叶城县	初等农业学堂	宣统二年	城北门外文庙左侧	
皮山县	艺徒学堂	光绪三十四年(1908年)	城西南隅	
	农林试验场、农林讲习所、蚕桑局、初等实业小学堂	宣统二年		《清朝续文献通考》卷 382《实业五》

从表 23－1 看,南疆各类实业学堂、农林试验场等分布于 15 个府、州、县内,种类主要是农业,其次是工业技艺等。学堂力图用近代自然科学知识和实践来培养经济人才。尽管这些学堂经费困难,设备简陋,教习(教员)缺乏,教学内容今天看来十分浅显,有的学堂仅存空名而已;但是,它毕竟开启了南疆近代教育的先河,培养了一批人才,对南疆经济开发有重要意义。

第三,晚清新疆新政推行的过程中,维吾尔族地区传统的以农业为本的封建经营思想和方式受到一定的冲击,在农业、手工业和商业等部门中近代化的因素有所萌芽。在农业方面,首先是经营思想的变化。由于西方先进科学技术的传入,在新疆地方官吏和有识之士当中,受到近代农学观念的影响,其传统的以农为本的思想有所改变,主张因地制宜地发展大农业,即农、蚕、林、牧、渔各业并举。如宣统二年新疆巡抚联魁在一份奏折中,将新政中"农林工艺"列为要政,于省城(迪化)北门外开办农林试验场,并拟添及实业讲习所。[1] 最能体现这一近代农业经营思想的,是清末任新疆布政使的王树枬,在其编纂的《新疆图志》卷28《实业一》中,将传统的农业分为农、蚕、林、牧、渔5部分,并详论之,主张充分利用新疆的资源,因地制宜,五业并举。[2] 其次,在上述"五业"中,近代农业经营因素增长最为明显的是蚕桑业、果木业以及商品化的经济作物棉花种植业。

蚕桑业,早在左宗棠平定南疆阿古柏后,即引进内地近代植桑养蚕之法,后因种种原因而效果不佳。到光绪三十三年(1907年),新疆布政使王树枬遣成员浙江绍兴人赵贵华到南疆考察蚕桑业。赵贵华到南疆后,大力宣传浙江一带先进蚕桑技术,教民试种,改革蚕具,推行于民间;他又条陈振兴新疆蚕桑业八事:度地、设局、考工、栽桑、择种、制器、选丝、程功。宣统元年,新疆当局将赵贵华蚕桑养植之法推行于南疆,"自是蚕业,日有进益"。据清末调查册报,"和阗境内植桑近二百万株,岁销英、俄两国茧二十七万斤,丝八万斤";"莎车岁产茧丝三万斤;叶城产茧十万余斤,丝一万三千七百余斤"。总计"南疆茧丝旧额三十余万斤,近今乃增为七十万斤云"。[3] 果木本是南疆农村普遍种植的林木之一,在传统的自给自足小农经济的基础上,果木所产之果品仅是自给或邻近销售而已。新疆推行新政后,将果木归入林业大加扶持。如在吐鲁番城西建农林试验场,植杂桃、杏、榆、柳,成活4000

〔1〕《宣统政纪》卷33,第39页。
〔2〕以上观点,见华立:《清代新疆农业开发史》,第253－254页。
〔3〕以上均见《新疆图志》卷28《实业一》,第6页下至第7页下。关于清末南疆蚕桑业详细论述,可参见纪大椿:《清末南疆的蚕桑业》,载《新疆大学学报》1980年第3期,后收入作者《新疆近世史论稿》一书,第326－334页。

株,村户杂植 15 万株;"库车杂植沙枣、香梨、桃、杏,岁结实,获利与田禾相埒"。南疆各地所产之葡萄干、杏干等干果,成为输入英、俄等国的商品之一。新疆当局还欲"以人力修植,或法西人酿酒、熬糖之法"振兴果木业。[1] 以上事实说明,清末南疆果木业已进入国际市场,果品成为重要商品及人民收入的来源之一。

农业经济作物的商品化,是自新疆建省以来,农业发展的趋向之一。清末新政以来,这一发展趋势更为显著。以棉花生产为例,光绪三十二年十二月伊犁将军长庚曾奏称:"吐鲁番每年产棉数百万斤,俄人购运织布,仍售中国,获利无算。现拟购办机器,设局自制,以挽利权。"[2] 而南疆各地所产棉花也多外销至英、俄。

在手工业方面,由于新政的推动,千百年来新疆传统的手工业也发生了某些变化,即近代化工业已有所萌芽。早在光绪二十三年(1897 年),新疆巡抚饶应祺即从上海购置机器于迪化,建新疆机器局,修理和制造子弹、枪械等;[3] 同年,又与俄国商人合办塔城喀图山金矿,议定"各输资本之半,购置机碾,咸用西法",后因经营不善,于光绪二十八年停工拆伙。[4] 至次年,新疆巡抚潘效苏复建立"宝新公司"开采此矿,3 年后因资本耗丧而停办。[5] 又新疆石油藏量丰富,故新政期间,新疆当局欲全力专办一二矿,改用机器新法,以带动矿业的发展,于是选中了石油蕴藏量丰富的库尔喀喇乌苏独山子,全力专办。宣统元年,新疆商务总局从俄国购买钻机 1 台,开采石油。[6] 尽管收效不大,但却是新疆第一次采用机器开采石油的近代矿业。此外,在北疆还有由维吾尔族商人玉山巴依集资创办之伊犁机器制革厂。宣统元年(1909 年),该厂由德国进口机器,聘用德、俄技术人员,有工人约 100

---

〔1〕《新疆图志》卷 28《实业一》,第 10 页上、下。

〔2〕《清德宗实录》卷 568,光绪三十二年十二月辛巳。

〔3〕魏永理主编:《中国西北近代开发史》,甘肃人民出版社 1993 年版,第 184 页。

〔4〕《新疆图志》卷 29《实业二》,第 8 页上;《清德宗实录》卷 438,光绪二十五年正月戊寅;卷 490,光绪二十七年十一月丁亥。

〔5〕《新疆图志》卷 29《实业二》,第 8 页上;《清德宗实录》卷 438,光绪二十五年正月戊寅;卷 490,光绪二十七年十一月丁亥。

〔6〕《新疆图志》卷 29《实业二》,第 11 页上。

余人,年产量约 1 万余张。[1] 此乃新疆近代民族工业之代表,也是新疆商业资本转化为工业资本的少数例证之一。[2] 以上 3 个新疆典型的近代工业企业在北疆,南疆维吾尔族地区则没有这样的近代化的大型企业,但也有官商合办的近代企业的形式。如光绪二十八年喀什道台袁鸿佑曾仿漠河金矿章程,以官商合资形式,在喀什办金矿,设立保利、保大、保源、保兴 4 厂,初获赢羡,但成效不显,次年冬即停办。与此相似的是,南疆拜城之铜矿,在光绪三十二年也曾招商采办,后改为官督商办,设立股份有限公司,不久也停办。[3]

在商业方面,清末新政期间,新疆当局为了抵制俄、英等国对新疆地方的经济侵略,提出"振兴商业,挽回利权"的方针,积极扶持和发展商贸。光绪三十三年(1907 年),新疆创设商务总局于省城迪化;次年又设钱局于各道府州县,以期"整齐利导,与商民更始"。[4] 同时,又于各地设立工艺局、织造局及兴办近代工业,提高商品的竞争能力。上述伊犁将军欲购办机器,设纺织局自制棉布,以挽利权,即是一例。三十四年三月,甘肃新疆巡抚联魁奏称,在"新省创办工艺局厂",在温宿另设习艺所一区,"以冀挽回利权,开通民智"。[5] 此外,新疆当局还在北疆商业中心之地,设置近代商务公司,扩大贸易。如光绪三十一年至三十二年(1905—1906 年),伊犁将军马亮奏请在伊犁成立皮毛公司,外销皮毛,收回利权;[6] 宣统二年塔城也仿照伊犁招商集股办法,成立皮毛公司。[7] 为了抵制俄茶走私与倒灌,光绪三十四年伊犁曾设"茶务公司"等。[8]

〔1〕魏长洪:《近代新疆民族工业的代表——伊犁玉山巴依制革厂》,载上引吴福环等编:《新疆近现代经济研究文集》,第 43－45 页。

〔2〕魏长洪:《近代新疆民族工业的代表——伊犁玉山巴依制革厂》,载上引吴福环等编:《新疆近现代经济研究文集》,第 43－45 页。

〔3〕《新疆图志》卷 29《实业二》,第 7 页下、第 10 页上。

〔4〕《新疆图志》卷 29《实业二》,第 18 页上。

〔5〕《清德宗实录》卷 588,光绪三十四年三月丁未。

〔6〕《清德宗实录》卷 545,光绪三十一年五月甲戌。

〔7〕《宣统政纪》卷 31,第 3 页。

〔8〕《清德宗实录》卷 587,光绪三十四年二月壬戌。

总之,晚清的新政,给新疆地区吹进了一股近代资产阶级民主和自然科学的新风,使新疆的政治军事、文化教育及经济不同程度地发生了一些变革,近代化经济有所萌芽。尽管这些变革和萌芽并未改变其原有的根深蒂固的封建经济制度和政治体制,但是它却代表了中外社会发展的趋势,是冲破固有的新疆经济开发桎梏的有力武器,必然会由萌芽而成长、壮大,从而翻开新疆经济开发新的一页。任何社会力量或个人妄图扭转这一社会发展的潮流,返回到老路上去,都是不可能的。

（原载于《陕西师范大学学报》2005 年第 1 期）

24 试论杨增新、金树仁主政时期新疆社会经济

24.1 新疆的辛亥革命与杨增新主政新疆

1911 年 10 月 10 日爆发了武昌起义,即辛亥革命,全国各省纷纷响应,清朝统治被推翻。1912 年 1 月 1 日,民国临时政府建立,孙中山当选为临时大总统,从此正式宣告了 2000 多年以来封建帝制的覆灭。

辛亥革命的浪潮也冲击到了西北边疆的新疆地区。1911 年 12 月,迪化革命党人刘先俊率百余人起义,遭清新疆巡抚袁大化的残酷镇压而失败。接着,在次年 1 月,以新军和会党为主的革命党人再次在伊犁起义,旋即占领伊犁,成立了伊犁临时政府。这样,当时新疆就形成了伊犁临时政府与迪化清朝巡抚袁大化两大势力,双方不时争战。直到 1912 年 2 月 12 日,清帝正式宣布逊位,南北议和,孙中山辞去临时大总统职务,袁世凯就任中华民国大总统。时民国政府鉴于新疆的形势,电令改新疆巡抚为都督,并令伊犁、迪化停战议和。其间,袁大化推荐原喀什道台袁鸿祐为新疆都督,然而袁鸿祐上任前被喀什哥老会处死。于是,袁世凯即任命原镇迪道尹兼提法使杨增新为新疆都督,继续与伊犁临时政府和谈。同年 7 月 8 日,在伊犁革命党人的妥协、退让之下,双方达成和议条件 11 条。[1] 据此约,杨增新正式主政全疆,从而新疆进入了杨增新主政时期,一直到 1928 年(民国 17 年)杨增新被刺杀为止,前后共 17 年。

杨增新,字鼎臣,云南蒙自人,清进士出身。先后任清朝甘肃河州

---

〔1〕和议全文见杨增新:《电呈新伊和议条件文》,《补过斋文牍》丙集上,第 2 - 4 页,新疆驻京公寓 1921 年初版。

·欧·亚·历·史·文·化·文·库·

（治今甘肃临夏）知州、甘肃高等学堂监督等。清光绪三十三年（1907年）入新疆,任新疆陆军学堂督办,后晋京。返回新疆后,先后任阿克苏道尹、镇迪道尹兼提法使。1912 年杨增新被国民政府任命为新疆都督后,主政新疆 17 年,基本上维系了新疆的暂时统一和稳定。从其经历、出身看,他应是一个清朝帝制时代的能吏干员;然而,他本人又处于帝制灭亡、共和初期的时代,历史前进的车轮又将他抛入了一个新的历史时代,使他不得不顺应历史潮流而动。因此,可以说他是一个新旧时代过渡的人物,是新旧矛盾相结合、具有多面性的人物。关于杨增新主政新疆 17 年总的评价,本书不作全面的讨论。下面仅从新疆经济开发的角度,对其主政 17 年的经济状况作一论述和评价。

24.2 杨增新整顿财政、金融稳定新疆局势

1912 年杨增新主政新疆后,当时新疆内部分裂,外有沙俄、英国等的环伺,形势险恶;南疆各地哥老会戕官不断发生;哈密、吐鲁番等地农民起义;在沙俄支持下"独立"的外蒙古进犯科布多,威胁到新疆阿尔泰地区。当时的形势不亚于清朝同治年间新疆的局势。然而,同治年间清朝虽然已腐朽,但仍然可倾全国之人力、财力维持新疆统一的局面;而民国初年,内地军阀混战,民国政府根本无力支援新疆。因此,民国初年新疆的统一和稳定,就成为当时的头等大事,否则新疆的局势将不堪设想。在当时的历史条件下,新疆境内的其他各种势力又不可能解决上述问题。

杨增新主政后,首先与伊犁临时政府和谈,将伊犁地区重新统一;又利用新组建的回军,镇压了南疆哥老会,稳定了南疆的局势;镇压和招抚了哈密、吐鲁番等地起义的农民;再次击退了外蒙古对阿尔泰地区的进犯,1915 年正式将阿尔泰地区并入新疆。[1] 其间,杨增新有对革命势力的血腥镇压,也有排斥异己、争权夺利的斗争;然而,经过他的

---

〔1〕参见曾问吾:《中国经营西域史》,商务印书馆 1936 年版,第 497－526 页。

努力,基本上统一和稳定了新疆的局势。这应是 1916 年以前新疆最主要的问题和矛盾,杨增新抓住了这一主要矛盾,使之得到解决,尽管是很不彻底的。在当时的形势和条件下,统一和稳定新疆的局势,最起码的条件是需要有一定的经济支撑,即财政上要维持整个行政机构的运作和庞大的军费开支等。然而,民国初年新疆的财政和金融状况几乎处于崩溃的边缘。

自清朝统一新疆以来,新疆财政一直主要依靠清朝中央政府的"协饷"来维持。仅以新疆建省后为例,每年各省的协饷大约在 200 万~300 万两银左右。到宣统年间,除协饷解运不足外,新疆还负担庚子赔款每年 40 万两。据统计,截至 1911 年年底,各省欠新疆协饷银达 655.8 万两,到 1913 年欠饷共达 1141.8 万两左右。[1] 也就是说,民国建立后,不仅前清欠新疆协饷已成泡影,而且新的协饷可以说基本断绝,因而造成新疆岁总收支差额巨大。据统计,1913 年至 1914 年,每岁收支差额(亏空)达 500 万~600 万元之间。[2] 为了解决财政上入不敷出的问题,使军政各项事业得以运作,杨增新采取整顿财政、开源节流、增加赋税以及发行纸币等措施,力图解决财政危机。

在整顿财政方面,杨增新首先于 1912 年 8 月设立临时清理财政所,下分总务、调查、审核、编制 4 科,以迪化知府黄宗海任提调;又通令省属各地清理财政,并派主计员分赴各地,扫除过去苛派、浮收、营私舞弊等弊端,厘定公费。[3] 此举目的是在统一清查全省财政收支的基础上,厘定公费,开源节流,藉资挹注,清除陋规,剔除中饱,涓滴归公,以增加全省财政收入。由于贯彻较为严格,收到了一定效果。

与此同时,杨增新于 1912 年 10 月颁布了"征收粮草规则",共 14 条,[4] 其宗旨是以立法形式,划一全省征收田赋规定,废除前清时征收

---

〔1〕张大军:《新疆风暴七十年》,台北蓝溪出版社 1980 年版,第 1862 – 1863 页。

〔2〕张大军:《新疆风暴七十年》,第 1863 页。

〔3〕杨增新:《令设临时清理财政所文》、《通令各属清理财政并厘定公费文》,《补过斋文牍》壬集上,第 1 – 3 页。

〔4〕杨增新:《通令各属暨各主计员遵照拟定征收粮草规则办理文》,《补过斋文牍》壬集上,第 6 – 11 页。

·欧·亚·历·史·文·化·文·库·

粮草的一些陈规陋习,杜绝地方官吏从中舞弊、中饱私囊的弊病。这一章程的规定,事实上不是减轻了广大农民的负担,而是大大增加了农民的负担。这一点杨增新自己也是十分清楚的,他在 1915 年 6 月《电呈新疆赋税已重请从缓议加文》中说:"民国成立,增新适承其乏,深知岁协为难,不能不就地筹画,于赋税之可加者,无不百计搜罗,兼之剔除中饱,涓滴归公,两三年来,岁有增加……开省之初,收入所加,将及四倍,较诸宣统三年收入所加,亦及一倍。虽无加赋之名,隐有加赋之实。"[1]

除上述粮草等正赋外,杨增新还千方百计征收各种"苛捐杂税",以增加财政收入。据 1916 年—1917 年到新疆考察印花税的谢彬记:"新省杂税杂捐,名目不下数十种,除契税、牙税、当税、斗秤税外,尚有牲税、牧税、年租金、皮毛税、孳生税、过境税、洗羊毛捐、皮张变价、水磨课、水碓课、旱磨课、油磨课、葡萄秤税、蚕茧税、蚕茧行用、油税、油籽税、门市捐、山价捐、地价捐、肉价捐,及其他种种名目。"[2]

经过杨增新对财政的整顿及弱兵政策(裁军),新疆财政收入有大的增加。试见表 24-1:

表 24-1　民国初年新疆财政总收入

时间	新疆总收入	增加收入数	资料出处
1911 年(清宣统三年)	110 万两(银)(或云 116 万两)		《补过斋文牍》壬集下,第 32 页
1912 年(民国元年)	158.3 万元,折银约 114 万两(7.2 折)	增 4 万两	张大军《新疆风暴七十年》,第 1863 页
1913 年(民国 2 年)	164.6 万元,折银约 118.4 万两	增 8.4 万两	同上
1914 年(民国 3 年)	157.3 万元,折银约 113 万两	增 3 万两	同上

---

〔1〕杨增新:《电呈新疆赋税已重请从缓议加文》,《补过斋文牍》壬集下,第 10-11 页。
〔2〕谢彬:《新疆游记》,中华书局 1936 年版,第 329 页。

时间	新疆总收入	增加收入数	资料出处
1915 年（民国 4 年）	210 万两	增 100 万两	《补过斋文牍》壬集下，第 32 页
1916 年（民国 5 年）	337 万元，折银约 253 万两	增 143 万两	曾问吾《中国经营西域史》，第 627 页

据表 24 - 1 可知，整顿财政的措施从 1915 年始才有明显之效果，已较清末财政总收入有成倍的增长。

尽管因整顿财政，收入有大幅度的增长，但是庞大的军政开支仍然远远超过收入的增加，缺额甚巨。仅 1913—1914 年每年财政亏欠就在 500 万～600 余万元（折银 300 万～400 万两）左右[1] 杨增新没有像内地军阀那样，以举外债的办法来填补这巨大亏空，而是采取明知是"饮鸩止渴"的大量发行纸币的办法来解决。新疆发行纸币，始于建省之后，后又陆续印制，到民国初年，杨增新迫不得已，"以石印机用俄国普通纸料，印制新式纸币……至三年（1914 年）秋，共印行六百二十三万余两"，人称之为"新票"，亦曰"省票"。晚清新疆藩司王树枬发行之纸币，流通于南疆喀什、和田一带，人称为"老票"或"喀票"，信用甚好。民国初期，"新票四百余两，始可换纹银一百两，新票三百余两，始可汇国币百圆；而旧票（喀票）百零五两或十两，即可换纹银百两，汇国币百圆，仅需八十余两"[2] 据统计，新疆从 1912 年至 1914 年，共发行纸币约 950 余万两[3] 其结果正如杨增新所说，新疆变成了"纸币世界"；[4] 甚至所印纸币墨汁未干，即流通市面，造成纸币贬值、物价飞涨、百物昂贵的局面。1915 年杨增新在电呈民国政府的《请筹款收回纸币文》中说："新疆孤悬万里，欲维持新疆，必先维持纸币；若纸币全失信用，其中即含有异常之危险。"[5] 到 1915—1918 年，由于杨增新采

〔1〕见张大军：《新疆风暴七十年》，第 1863 页。
〔2〕均见曾问吾《中国经营西域史》，第 632 - 633 页。
〔3〕张大军：《新疆风暴七十年》，第 1983 页。
〔4〕杨增新：《电呈请筹款收回纸币文》，《补过斋文牍》壬集上，第 55 页。
〔5〕杨增新：《电呈请筹款收回纸币文》，《补过斋文牍》壬集上，第 55 页。。

取了上述整顿财政的措施,新疆总收入增加,新票价值渐有回升。至1917—1918 年,又因第一次世界大战及俄国十月革命,俄国商品不能进入新疆,而新疆商品甚至远销到俄国,新票价值大增,省库陆续收回部分喀票,"此为新票信用昭著时期"。[1]

然而,好景不长,从 1918 年起至 1928 年杨增新被刺杀前夕,由于俄国十月革命,被苏联红军击溃之白俄军队窜入新疆,加之外蒙古科布多叛乱,致使新疆军费大增,每岁入不敷出之数也逐年增加。据统计,"由民元(1912 年)至十六年(1927 年)度止,(共积欠)六千余万元,合四千余万两"。于是,只好以发行各种纸币来填补亏空,纸币种类更加复杂,"此时省票价值,每三百余两换纹银一百两,汇国币百元,合省票二百六十余两,是省票每两仅抵现银百分之三十强"。[2]

总观杨增新主政时期新疆的财政、金融,在当时协饷断绝的情况下,以整顿财政和发行纸币等措施,勉强维持军政等事业的开支和运作,奠定了新疆暂时统一和稳定的基础。在当时的历史条件下,是应该肯定的。但是,这些措施是建立在加大对新疆各族人民压榨的基础上的,且没有从根本上解决新疆的财政危机。正因为如此,到金树仁主政新疆后不久,即爆发了哈密等地的农民起义,其根源应该说早在杨增新主政时已经孕育着了。

24.3 杨增新振兴农业的措施和成绩

1915 年前后,新疆暂时统一和稳定的局面形成,财政危机也得到暂时缓和,于是杨增新将其注意力转向了"振兴实业"方面。而新疆特别是南疆维吾尔族聚居之地的经济以农业为主体,因此,杨增新"振兴实业"的各项措施中,即以振兴农业为主。这正如其所说:"……拟以振兴实业为前提,而实业之振兴,尤以注重农桑为根本"[3];而振兴农

---

〔1〕曾问吾:《中国经营西域史》,第 633 - 634 页。

〔2〕曾问吾:《中国经营西域史》,第 633 - 635 页。

〔3〕杨增新:《训令各属振兴农业文》,《补过斋文牍》丁集上,第 55 页。

业,则"非从垦荒殖民入手,别无良策"[1];"新疆荒地甚多,不能大加垦辟者,实原水源之不畅旺,水道之不流通,弃利于地,良可惜也"[2]。因此,他大力推行兴修水利、开垦荒地(简称为"开渠垦荒")的措施:

(1)1915年3月底,组建全省水利委员会,以刘文龙为主任,"首从北路入手,而北路又先以迪化、昌吉、绥来、阜康、孚远、奇台等县就近施工"[3];然后,再推行于南疆各地。

(2)总结清代兴修水利办法,采取多种方式筹款,兴办水利。杨增新认为:"前清历任疆吏提倡水利者屡矣,其办理之方针曰官办,曰民办,曰官民合办;而官办之中又分为拨队兼办、委员专办,民办之中又可分为独力承办、合工夥办。成效可睹固属不乏,而劳工糜费、于事无济者,亦所在多有。"[4]因此,他吸取过去修水利的经验教训,因地制宜,采取多种方式,筹集水利经费。如官府垫款,由地价中还偿;由租粮变价,或收缴水费还渠款;按户摊缴,就地筹款;鼓励捐款,修渠筑堤;贷款开渠,或从浮收叛产、罚款中提出水利款等。

(3)将开渠垦荒与安置流民结合起来,即寓开渠垦荒、安置流民于增加财源及稳定社会之中。

(4)将开渠垦荒、安置流民作为考核地方官的标准之一。杨增新规定:自1916年始,各县知事每年至少须招垦60户,作为其是否留任的标准。[5] 同时,对招垦有成绩的地方官吏则加以奖励。[6]

经过杨增新及各地方官吏、人民的努力,从1915年到1921年,新疆开渠垦荒取得了显著的成绩。北疆迪化、昌吉、呼图壁、伊犁、绥来、沙湾、乌苏、阜康、孚远、镇西、塔城等地渠水、坎井、河道得以通达,堤坝修筑,荒地多被开垦,安置了众多的游民(流民)。[7] 南疆维吾尔族聚

〔1〕杨增新:《呈报修复孚远县属四厂湖渠道情形文》,《补过斋文牍》丁集上,第58页。
〔2〕杨增新:《训令会勘呼图壁芳草湖地方开渠垦荒文》,《补过斋文牍》丁集下,第16页。
〔3〕杨增新:《呈沙湾县属小拐移民渠工程告竣情形文》,《补过斋文牍》丁集上,第15页。
〔4〕杨增新:《呈报组设水利委员会及办理大概情形文》,《补过斋文牍》丁集上,第1-3页。
〔5〕见曾问吾:《中国经营西域史》,第648页。
〔6〕杨增新:《呈请将县知事刘人佽等六员名分别存记勋章文》《呈请将广兴地利之卢殿魁等六员名分别奖给勋章文》,《补过斋文牍》丁集下,第62-67页。
〔7〕见曾问吾:《中国经营西域史》,第648-649页。

·欧·亚·历·史·文·化·文·库·

居地区在这一时期开渠垦荒、安置流民的情况,如表 24－2 所列:

表 24－2　南疆地区开渠垦荒、安置流民情况

县 名	知事名	水 利	垦荒数	安置游民数	奖励情况	资料出处
莎车县	刘人俅	新修大渠 1 道、支渠 19 道、浅水渠 2 道、退潮咸水渠 4 道,渠边植杨柳 5 万多株	106100 亩(放荒地)	4220 余户	以简任职交国务院存记	《补过斋文牍》丁集下,第 63－64 页
阿克苏县	金树仁	开阿瓦提新渠 1 道	101000 亩(放荒地)	1275 户	奖勋章	《补过斋文牍》丁集下,第 64 页
洛甫县	桂芬	加宽塔瓦克明庄旧渠,开新渠 3 道	垦荒地 6838 亩		奖勋章	《补过斋文牍》丁集下,第 64－65 页
鄯善县	张衔耀	开七角井官坎井 1 道、连木沁官坎井 2 道、开二井民坎井 2 道	垦荒地 6421 亩	68 户	奖勋章	《补过斋文牍》丁集下,第 65 页
巴楚县	卢殿魁	于胡热木筑堤 1 道、开玉河干渠 1 道、拨水坝 1 道、卫堤 1 道,夏和尔地方开渠 2 道	放中、下荒地 13084 亩	215 户	奖勋章	《补过斋文牍》丁集下,第 65－66 页

县名	知事名	水利	垦荒数	安置游民数	奖励情况	资料出处
沙雅县	鲁效祖	开渭干河渠 1 道、支渠 4 道,于衣里克庄开干渠 1 道	共垦地 12394 亩		奖励章	《补过斋文牍》丁集下,第 66 页
轮台县	郑潢	开新干大渠 1 道、支渠 8 道	垦荒地 7285 亩	294 户	奖励章	《补过斋文牍》丁集下,第 66 - 67 页
且末县	龙协麟	开英尔斯塘干渠 1 道,又开新渠 2 道	25000 余亩(放荒地)	400 余户	奖励章	《补过斋文牍》丁集下,第 67 页
吐鲁番县	陈继善	规复坎井 2 道,又对各地坎井修复、疏浚	200 余亩			《中国经营西域史》,第 650 页
焉耆县	刘希曾	于北大渠北开新渠 1 道	得官荒地 20000 余亩			《中国经营西域史》,第 650 页
尉犁县	张锡寿	疏通由库尔勒来尉犁之大渠,又另修新渠				《中国经营西域史》,第 650 页
若羌县	廖振鸿	于凹石峡开渠引水,垦荒				《中国经营西域史》,第 651 页
库车县		托克苏庄民自行由渭干开渠垦荒	垦地 20000 余亩			《中国经营西域史》,第 651 页
乌什县		回族乌勺自筹经营开渠,招户承垦	可溉田 14000 亩			《中国经营西域史》,第 651 页

·欧·亚·历·史·文·化·文·库·

续表 24 - 2

县 名	知事名	水 利	垦荒数	安置游民数	奖励情况	资料出处
英吉沙尔县	李义	由莎车克立品庄开新渠引水	可溉田 150000 亩			《中国经营西域史》，第 651 页；《补过斋文牍》丁集上，第 7 页

表 24 - 2 仅是南疆各县开渠垦荒情况，如果加上北疆开渠垦荒数，全疆因兴修水利，新垦荒地约达 100 万亩左右。[1]

随着水利的兴修和垦田面积的扩大，农作物的产量有所提高，人口也有所增加。下面先以几种主要农作物产量作一对比，试见表 24 - 3：[2]

表 24 - 3　主要农作物产量对比

时间	农作物	种植亩数	总产量	亩产量
1914 年（民国 3 年）	米（包括粳、糯米）	536744 亩	505318 石	粳米 0.925 石糯米 1.167 石
	小麦	5932251 亩	5866043 石	0.988 石
	棉花	420603 亩	6930400 斤	
1915 年（民国 4 年）	米	498644 亩	510798 石	粳米 1.013 石糯米 1.062 石
	小麦	5942251 亩	5874943 石	0.988 石
	棉花	444000 亩	471450 斤	
1918 年（民国 7 年）	米	547804 亩	554297 石	粳米 1.019 石糯米 1.438 石
	小麦	4807824 亩	6913389 石	1.438 石
	棉花	400252 亩	20930787 斤	

从表 24 - 3 看，1914 年和 1915 年全疆米、小麦、棉花 3 种主要农作

[1] 曾问吾：《中国经营西域史》，第 653 页。
[2] 表内数字引自张大军：《新疆风暴七十年》，第 2047 - 2055 页。

物种植面积、产量、亩产量相差不多,1915 年甚至略低;但是到 1918 年大兴水利后,除米的种植面积略有增加外,小麦、棉花还略低,而 3 种作物的总产、亩产却有较大的增长,特别是棉花总产量,竟增加了约 2 倍以上。这主要应是全疆兴修水利,使农田有充足水源的结果。

至于新疆人口数,当时没有确切的统计。据杨增新说,1911 年(清宣统三年)新疆全省人口约 2162300 人,[1]1919 年达 2519579 人,到 1928 年增至 2551741 人。[2] 即是说,在杨增新主政时全疆人口增加了约 40 万人。如按当时维吾尔族人口占全疆人口的 70% 计算,17 年期间新疆维吾尔族人口已达 170 万人左右,比清末 150 万人,增加了约 20 万人。

从经济开发角度看,杨增新主政时期仍然是沿着清代以来封建的以农业开发为主的轨道前进,新的近代化的经济开发因素很微弱。尽管如此,在这短短的 17 年间,取得这样的成绩也是难得的。

24.4　杨增新兴办近代实业的努力

在杨增新主政的时期,新疆其他经济门类,如林业、牧业、手工业、商业[3]等,均无多大的起色,只是沿清末以来传统的轨迹缓慢地发展。但是,自清末新政以来,近代化的经济潮流已成不可阻挡之势,就是在"封建军阀"杨增新主政新疆的 17 年里,新疆近代化进程也并没有中断。1915 年,杨增新在统一和稳定新疆局势后,开始注意"振兴实业";而"振兴实业"的重要内容之一,即是发展近代工业。正如杨增新所说:"开拓利源,首在振兴实业,而工艺一端尤为实业要图。"[4]自清代以来,新疆传统手工业,如纺织(丝、棉、毛织)业、冶铸业、采矿业、制玉

〔1〕杨增新:《电呈新疆赋税已重请从缓议加文》,《补过斋文牍》壬集下,第 11 页。

〔2〕见曾问吾:《中国经营西域史》,第 571 页。

〔3〕关于商业,只是在 1917 年俄国十月革命后,新苏贸易有所增长。总的说来,商业起色不大。可参见陈慧生:《杨增新督新时期的新疆商业》,载《新疆经济开发史研究》,新疆人民出版社 1992 年版,第 300 - 325 页。

〔4〕杨增新:《呈报吐鲁番开办模范纺织工厂文》,《补过斋文牍》甲集下,第 36 - 38 页。

欧·亚·历·史·文·化·文·库·

业、皮革业、造纸业等较为发达;然自民国以来,协饷断绝,新疆财政入不敷出,故资金、人才、技术缺乏,加之杨增新本人有闭关自守思想并采取愚民政策,故新疆手工业仍然保持落后的状态,近代工业起步也十分艰难。其中只有棉纺织业,稍有成效。因为新疆拥有产量高、质量好的纺织原料——棉花,早在前清时代,已有关于建立近代棉纺厂之议。

1916 年,杨增新即委任王炳堃等办纺织工厂;1918 年又着手在产棉区吐鲁番建模范纺织工厂。他指令该县知事李溶派人到内地各省购置纺织机器,并训令李溶以个人名义承办,以防止官办之弊,又详拟工厂条例。[1] 但是,因资金缺乏和管理不善,吐鲁番模范纺织工厂不久倒闭。到 1924 年,杨增新又努力筹建阜民纺织公司于迪化,以实业厅厅长阎毓善总其成,由官商集股经营(官股 50 万两、民股约 933 万两)。[2] 公司从上海购买美国维丁厂出产小型纺织机 5 台(共 1200锭),织布机 30 台,纱机 5 台,梳棉机 5 台,清花机、头道棉条机、二道粗纱机、筒子机、浆纱机、紧纱机各 1 台,50 匹马力式与 25 匹马力立式锅炉各 1 台,分 3 路运回迪化。技术人员全从内地聘请,有艺徒(工人)约 200 人。到 1929 年 5 月 1 日正式开工,产品销路尚畅,多有盈利。到 1933 年,因马仲英部马世明等围攻迪化,公司厂房被毁,基本破产。阜民纺织公司虽仅存在 4 年多,但在新疆近代历史上仍有重要意义。正如有的学者所说:"如果说清季推行'新政'时期,新疆近代新式企业的代表为伊犁制革公司,那么,阜民纺织公司可谓是民国前期新疆近代新式企业的硕果。"[3]

杨增新在兴办近代化实业方面,还作了一系列的努力:1917 年杨增新呈请民国政府设置新疆实业厅,委阎毓善为厅长;1917—1920 年,

---

〔1〕杨增新:《呈报吐鲁番开办模范纺织工厂文》,《补过斋文牍》甲集下,第 36-38 页。
〔2〕魏长洪、伏阳:《新疆兴办近代纺织企业的一次有意义尝试——新疆阜民纺织公司始末》,载《新疆近现代经济研究文集》,新疆大学出版社 2002 年版,第 56-75 页。
〔3〕以上均见魏长洪、伏阳:《新疆兴办近代纺织企业的一次有意义尝试——新疆阜民纺织公司始末》。

试办孚远县水西沟铁矿,聘白俄瓦西列夫为工程师;[1]1916年派人到陕西延长油矿学习炼油技术,1918年于独山子设煤油公司,提炼石油,但产量低,仅能供燃灯之用;[2]还极力整顿和筹建广济铜矿公司,开采阿尔泰铜矿;1918—1920年,在迪化招募金夫开采阿尔泰、于阗金矿,及开采库车的煤矿等。此外,杨增新在轻工业和加工业方面,曾与白俄商人在迪化合办奶油加工厂、面粉加工厂;支持维吾尔族商人在莎车开办火柴厂;支持改进于阗造纸厂,改造南疆丝织业;还派人到内地学习制糖、制革技术,筹建制糖厂,建迪化皮革厂等。[3] 特别值得一提的是,1920年杨增新还支持在迪化建立一座发电厂,但因马力不足,仅能供专署及附近机关照明之用。[4]

交通与邮电,是新疆近代经济开发的重要前提之一。清末新政前后,已有在新疆修筑铁路之议;到民国建立,孙中山于建国方略中也有议筑新疆铁路计划。但是,在杨增新主政新疆时,根本谈不上铁路的修筑,新疆的交通仍然十分落后,主要依靠驼运和大车运输。在1917—1918年前,杨增新曾以省财政困难为由,先后拒绝了借外债修筑新绥(绥远)公路和集资修筑张家口至迪化公路客运等建议。[5] 但是,他对近代公路的建设也较为关注,先后购买汽车,成立迪化汽车运输总局、迪化汽车训练班等。当时全疆公路线有5条,即迪化至伊犁、塔城、奇台、喀什、哈密。[6] 尽管这些公路十分简陋,客运车次少、不定期等,但在新疆近代交通史上仍有一定的意义。至于邮电,在杨增新主政初,基本上沿清末以来新疆之电报、邮政,总局在迪化,另有15个分局;管理混乱,异常腐败。[7] 1913年,线路仅增古城至元湖一线。1920—1923

〔1〕杨增新:《指令实业厅长阎毓善呈请开办孚远水西沟铁矿文》,《补过斋文牍》辛集3,第39－42页。

〔2〕包尔汉:《新疆五十年》,文史资料出版社1983年版,第97页。

〔3〕参见陈慧生:《杨增新主新时的工业交通》,载《新疆经济开发史研究》,新疆人民出版社1992年版,第324－345页;上引包尔汉:《新疆五十年》,第97页。

〔4〕李寰:《新疆研究》,中国边政学会1944年发行,第132页。

〔5〕杨增新:《咨覆交通部归古汽车应从缓办文》,《补过斋文牍续编》卷1,第30－31页等。

〔6〕参见陈慧生:《杨增新主新时的工业交通》;包尔汉:《新疆五十年》,第97页。

〔7〕见谢彬:《新疆游记》,第134－135页。

年,新疆开始建设无线电台,安装 25 瓦特弧光无线电收发报机 3 座(分别安装于兰州、迪化、喀什 3 地),效果不佳。后又多有改革,增置设备,到 1927 年,正式设立迪化电报局,装置有 500 瓦特长波电机 1 部。[1]

总之,在 1915 年后,杨增新开始重视"振兴实业",对于兴办近代工业也作了一系列的努力,说明他并非完全是一个不接受新事物、不重视经济发展的封建保守派人物。民国时有人对他振兴实业的评价是:"杨氏晚年,虽渐趋维新,如创设工厂,修造汽车道,改编军队名称等事,然不揣其本而齐其末,致所耗多而收效少焉。"[2]事实上,上述杨增新振兴实业(近代化工业)的努力,"所耗多而收效少"的主要原因,在于当时新疆所处的环境及经济发展的水平,欲以封建落后的小农经济为基础,又无中央政府的经济支撑,外有帝国主义的入侵,新疆近代化经济的萌生、发展自然受到极大的限制。由此产生一系列问题,诸如资金、技术、人才的缺乏,其"所耗多而收效少"也就是必然的事了。当然,杨增新本人的闭关自守、愚民政策等,也是造成上述结果的原因之一。

24.5　金树仁主政时期新疆的社会经济

1928 年,即民国 17 年的 7 月 7 日,正当杨增新参加自己创办的新疆最高学府新疆省立俄文法政专门学校举行第一届毕业生典礼的日子,为外交署署长樊耀南所枪杀,史称新疆的"七七政变"。政变后 4 小时,时任民政厅厅长的金树仁即平定政变,捕杀樊耀南等,然后,以"平乱有功"而接任新疆省主席之职,开始了他主政新疆的时期。也就在此年,国内形势发生了变化,蒋介石夺取"北伐"战争的胜利果实,在南京成立国民政府。新疆"七七政变"后,国民政府只是命金树仁暂行代理新疆省主席,4 个多月后,方正式任命。

金树仁,字德庵,甘肃河州永靖人,清末考取拔贡。1914 年由甘肃

〔1〕参见李寰:《新疆研究》,第 100－102 页;陈慧生:《杨增新主新时的工业交通》。
〔2〕吴绍:《新疆概观》,南京仁声印书局 1935 年版,第 102－103 页。

到新疆，历任阿克苏、疏附、迪化、库车县知事，1921年升任省政务厅（后改民政厅）厅长。其人才智、人品、学识均远逊于杨增新；主政后，基本上沿袭了杨增新时的政策，实际上是沿袭和发展了杨增新主政时各项政策的弊端。他主政期间，任人唯亲，吏治腐败，贪污盛行，倒行逆施，激化了原已尖锐的阶级矛盾和民族矛盾。因此，在其主政两年多后，即在1931年首先爆发了哈密农民起义，不久又演变为哈密"恢复王制"与甘肃军阀马仲英联合的动乱，波及南疆，围攻迪化，新疆统一和稳定的局面被破坏。终于在1933年金树仁被迫下台，结束了他主政新疆5年的历史。

在金树仁主政新疆5年的时期内，新疆的经济不仅没有发展，而且因动乱等原因而不断恶化，陷于凋敝的境地。下面试作简略的分析：

财政金融濒于崩溃边缘。杨增新主政末期，新疆财政入不敷出已日益严重。金树仁主政后，一方面继续采取危害日深的"包税制"（各种赋税只要包税人缴足预定税额，余下部分即为包税人所得）及增加各种苛捐杂税，以增加财政收入，加大对各族人民的盘剥；另一方面又大肆扩军，军费连年增加，以至于财政支出大幅度增加。据统计，金树仁主政后，军费支出占全年支出的92%以上，1932年军费支出比1927年增长了3.27倍。[1] 这样，新疆财政入不敷出的现象更为严重。据统计，1927年新疆总支出是总收入的2.71倍，到1929年增至6.13倍，到1931年更增至8.75倍。[2] 为填补收支的巨大差额，金树仁只有照杨增新的故伎，以发行纸币来挽救。于是纸币的泛滥远过于杨增新主政时期，1933年全疆发行纸币达2亿两。其时省票1200两至3000两兑国币百元，不久又猛跌至1350两省票仅兑国币1元。[3] 纸币大幅度贬值，引起物价飞腾，新疆财政金融陷入了崩溃的边缘。

农业、手工业、商业等经济遭到破坏，全面倒退。新疆经济的主体是农业，在1931年动乱前，农业仍基本上沿袭杨增新主政时的政策，但

---

〔1〕何荣：《金树仁时期新疆经济研究》，载《新疆近现代经济研究文集》，第572页。
〔2〕见何荣：《金树仁时期新疆经济研究》；李寰：《新疆研究》，第27页。
〔3〕见李寰：《新疆研究》，第39页。

由于赋税的增加和官吏的贪暴,已出现下滑的趋势。到 1931 年的动乱波及南疆维吾尔族农业区,造成水利失修,农民大量流离失所,农业遭到破坏。据统计,1933 年全疆耕地面积由 1928 年的 1143 余万亩,减少到 460 余万田,抛荒地达 680 万亩。[1] 农作物种植面积、产量和亩产量也大幅度下降。畜牧业稍有增长。林业遭到极大的破坏,1932 年战乱后,全疆森林损失达 1/3。[2] 手工业也因战乱而日益萎缩,金树仁虽然对原有的工矿业加以整顿,但收效甚微。至于商业,由于苏联加强倾销过剩商品和大量收购新疆原料(如棉花、毛皮等),垄断了新疆市场,华商势力急剧衰落,中、小商号纷纷倒闭破产。[3]

然而,也应指出,新疆近代化经济发展的历史潮流仍然是阻挡不了的。金树仁主政时期,近代化的因素也有所萌生。如 1931 年,新疆先后派遣 24 名留学生到德国、日本留学,并派遣约 40 名学生到内地大学学习;[4]1930 年设立新疆省银行,资本 500 万两,由官民集股,但不久因战乱而业务大受影响;[5]同年,在迪化设电话局 1 所,有话机 12 部,此为新疆有民用电话之开端;同年,在迪化添设 1 座 250 瓦特短波电台,与太原通话,并办无线电学校 1 所(在迪化),购电台 12 座,分设于奇台、哈密、塔城、伊犁、阿尔泰、库车、和田等地。[6] 在公路交通方面,由朱炳创办的新绥公司用汽车运输,加强了内地与新疆的贸易和联系;[7]并新开通了迪化到塔城和奇台 2 条公路。1931 年,南京国民政府开辟了北平、上海的空中航线,次年中德合办的欧亚航空公司沪

---

〔1〕张大军:《新疆风暴七十年》,第 3517 页。

〔2〕新疆社会科学院历史研究所:《新疆简史》第 3 册,新疆人民出版社 1997 年第 3 版,第 101 页。

〔3〕关于金树仁时期的商业和对外贸易,参见上引何荣文。

〔4〕陈慧生、陈超:《民国新疆史》,第 232 – 233、229 – 230 页;柴恒森:《金树仁向德国送留学生的情况》。

〔5〕季鲁:《殖边银行新疆分行成立前后新疆金融概况》,载《新疆文史资料选辑》第 3 辑,新疆人民出版社 1979 年版,第 164 页。

〔6〕陈慧生、陈超:《民国新疆史》,第 232 – 233、229 – 230 页;柴恒森:《金树仁向德国送留学生的情况》。

〔7〕均见陈慧生、陈超:《民国新疆史》,第 228 – 229 页;宫碧澄:《回忆新绥公司》,载《新疆文史资料选辑》第 4 辑,新疆人民出版社 1979 年版,第 142 – 152 页。

新线开始运行,迪化也成立了分公司等。

（原载于周伟洲主编《西北民族论丛》第 6 辑,中国社会科学出版社
2008 年版）

25 盛世才主政时期新疆经济的发展及近代化的发端

　　1933 年,即民国 22 年的 4 月 12 日,金树仁在四面楚歌声中,为其下属陈中、李笑天、陶明樾、张馨等人借用归化军(加入中国籍之白俄军名)发动政变而赶下台,后逃至天津,被控关押。史称此为新疆"四一二政变"。时拥兵在外的"东路剿匪总指挥"盛世才随即率军回迪化,窃据了握有军权的省督办一职,省政府主席由刘文龙担任。

　　盛世才,字晋庸,辽宁开源盛家屯人,1897 年生。1919 年,他弃文从军,1922—1927 年曾留学于日本陆军大学。1930 年到新疆迪化,金树仁对之备加防范,不得志。1931 年哈密事变及马仲英率军入新疆后,他率军抵御,所战多有功,遂升任"东路剿匪总指挥"。"四一二政变"后,他实际上掌握了新疆的大权,先后挫败了国民政府派遣的特使黄慕松、罗文干直接控制新疆的企图,迫使国民政府正式任命其为"督办"、省府委员。不久,他又采取各种手段,清除异己,赶走了省政府主席刘文龙,取而代之,又瓦解了东北军。当时新疆主要存在 3 大势力:一是国民政府正式任命的新疆督办盛世才,据有首府迪化及东至奇台、西至塔城地区;二是国民政府委任的伊犁屯垦使张培元,据有伊犁地区;三是马仲英及其所部,据有镇西(巴里坤)、哈密、吐鲁番、鄯善、焉耆及阿尔泰一带。此外,在南疆焉耆以南,则是各个派系的军阀和维吾尔族上层的割据势力。1933 年年底,张培元与马仲英联合向盛世才进攻,曾包围迪化。盛世才只有请求苏联出兵,方使战事逆转,张培元兵败自杀,马仲英也于 1934 年年初战败后,退入南疆。其间,马仲英所属马世明部曾于 2 月消灭了由英国支持的分裂分子在喀什建立的"东突厥斯坦伊斯兰共和国";4 月,马虎山部进驻和田,扫除了由分裂分子所建的"伊斯兰共和国"。[1] 而马仲英本人兵败后,退到苏联境内,结束了他在新疆活动的历史。

　　到 1935 年 7 月,盛世才击败了竞争对手,控制了除和田(时为马虎山部所控制)以外的全疆地区。在权衡当时新疆内外形势的情况下,盛世才为了抵制南京国民政府直接控制新疆的企图,恢复新疆残破不堪的经济,巩固自己在新疆的地位和权力,只有选择依靠苏联和进步力量的政策。因此,早在 1934 年,他就提出了施政的"八大宣言",即:(1)实行民族平等;(2)保障信教自由;(3)实施农村救济;(4)整理财政;(5)澄清吏治;(6)扩充教育;(7)推行自治;(8)改良司法。1935 年 4 月,盛世才又提出新的"九项任务":(1)彻底厉行清廉;(2)发展经济和提高文化;(3)避免战争,维护和平;(4)全省动员,努力春耕;(5)便利交通;(6)保持新疆永久为中国领土;(7)反帝反法西斯和永久维持中苏亲善政策;(8)建设新新疆;(9)绝对保护各族王公、阿訇、喇嘛等的地位和权利。到 1935—1936 年,上述施政纲领最终被归纳为"六大政策",即反帝、亲苏、民平(民族平等)、清廉、和平、建设。"六大政策",在当时无疑具有重要的进步意义。在苏联及中国共产党人、进步人士的支持、帮助下,"六大政策"不同程度地得到贯彻和施行。如在反帝的旗帜下,1934 年 8 月 1 日,在迪化成立了"新疆民众反帝联合会";1934 年 4 月和 1935 年先后召开了两次全省民众大会。在第二届民众大会上,以民族平等的精神,正式确定新疆各民族的名称。如正式确定维吾尔族的族名,废除清代"缠回"、"缠头"的旧名;改清代"布鲁特"为"柯尔克孜族"等。[2] 下面从经济开发的角度,对盛世才主政时新疆经济的恢复和发展,分两个时期加以论述。

25.1　经济恢复时期(1934—1937 年)

　　自 1931 年哈密农民起义之后,新疆战乱不断,经济遭到严重破坏。

---

〔1〕关于这段历史,请参见《新疆简史》第 3 册,第 195－205 页。

〔2〕见包尔汉:《新疆五十年》,第 244 页。在第二届全省民众大会上,还确定了"塔兰其"族,此应是维吾尔族迁入北疆的一部分,当时被错误地当成了一个民族,到 1949 年后才取消,归入维吾尔族中。

· 欧 · 亚 · 历 · 史 · 文 · 化 · 文 · 库 ·

1934 年末,盛世才稳定新疆局势后,即着手恢复经济,成立了"新疆省设计委员会",下设军政、财政、教育、交通、实业、司法 7 个组。在苏联专家的参与下,新疆还制定了第一期"三年计划"(1936—1938 年)。而事实上,新疆经济的全面恢复始于 1934 年,到 1937 年即取得了成效。

整顿财政金融和吏治。1933 年新疆财政仍然处于入不敷出的境地。据统计,1933 年全省总收入为 43614 万元(新币),总支出为 74228 万元;[1]新疆省政府仍以发行纸币(面额有 10 两、50 两、3000 两、4000 两等)来维持,于是引起货币贬值,千两之票不能购一斗之粮。市面上流通的货币仍然是五花八门,有省票、油布贴、铜元、红钱、黄铜钱、伊票、喀票、元宝、天罡、锞子,以及散碎银等十余种之多。[2]为了整顿财政金融,1933 年 8 月省政府出台了一个《整顿财政计划意见书》,不外以开源和节流两方面入手,整顿财政。为此,新疆省政府采取了一系列措施:取消包税制,税款涓滴归公,改革税局及征税办法,按税章、税则执行;改革关税,废除各地关税专员,改由当地税局办理,以维系与外国之贸易,增加财政收入;整顿田赋、牧税,废除各种浮收和苛捐杂税,并于 1935 年改由税局征收田赋,开始征收牧税;整顿吏治,严惩贪官污吏,1934 年成立省监察委员会,次年颁布《惩治贪污条例》12 条,先后惩办了一批贪官污吏,增加了财政收入;加强财政管理,确定预算,统一收支等。[3]此外,盛世才还大量聘用苏联顾问和专家以协助整顿财政。如曾任过外蒙古财政顾问的苏联人米哈尔曼被聘为新疆省政府财政顾问,当时省库支出均要经过他的签字,方能生效。1935 年,新疆省政府还派遣新疆裕新土产公司总经理包尔汉为代表,向苏联贷款 500 万卢布,1937 年,又借款 250 万卢布,主要用于经济建设和军火购置。[4]在整顿金融方面,主要是改组 1930 年所建之新疆省银行,逐渐

〔1〕周东郊遗稿:《盛世才在新疆的统治》,载《新疆文史资料选辑》第 6 辑,新疆人民出版社 1980 年版,第 68 页。
〔2〕许崇灏:《新疆志略》,正中书局 1944 年版,第 275 页。
〔3〕详细情况参见许崇灏:《新疆志略》,第 275 – 283 页;《新疆简史》第 3 册,第 216 – 220 页。
〔4〕包尔汉:《新疆五十年》,第 255 – 260 页。

扩充;吸取资金,提供各种贷款,以恢复农牧业、交通和工商业。如1934年新疆省银行共贷出款320万两,1935年增至6890万两,到1937年达38960万两。[1]

经过几年的财政金融整顿,新疆财政总收入有大幅度的增长,但因各项经济建设和军费开支,总支出仍然超过总收入,试见表25-1:[2]

表25-1 1933—1937年新疆省收支表

年度	总收入(新币元)	总支出(新币元)
1933年	436140000	742280000
1934年	672280000	1098420000
1935年	790350000	1224750000
1936年	1032800000	1452200000
1937年	1240258800	1732000000

从表25-1看,1937年新疆财政总收入比1933年增加了约2倍,比1934年增加约1倍,整顿财政金融已有了明显的效果。

恢复农业生产,开始使用农业机械。如前所述,自1931年全疆动乱以来,农业遭到破坏,抛荒地达680余万亩。1933年,北疆农村90%已成一片焦土,南疆农村也有50%耕地抛荒;农民流离失所,饥寒交迫;水利也遭破坏。[3] 1934年后,新疆省政府实施农村救济,安置流亡;动员全省人民投入春耕;发放贷款,投资于农业建设。比如,每年春耕,动员全省机关、学校人员深入农村宣传和协助春耕生产,发放春耕贷款,贷马、牛、籽种等。试见表25-2:[4]

〔1〕许崇灏:《新疆志略》,第281-282页。
〔2〕据周东郊遗稿:《盛世才在新疆的统治》中表制。
〔3〕许崇灏:《新疆志略》,第285页。
〔4〕据许崇灏:《新疆志略》第285页表制。

表 25 - 2　1934—1937 年新疆省银行农业贷款表

年　度	贷款数(元)	贷籽种数(石)	贷耕牛数(头)	贷马匹数(匹)
1934 年	480000	40000	1400	2000
1935 年	780000	42000	600	900
1936 年	800000	40000	200	100
1937 年	320000	30000	200	100

由于采取上述各项措施,全疆的农业逐渐恢复,总耕地面积增加,大约到 1936 年,全疆耕地面积已恢复到战乱前的数量。

不仅如此,这一时期农业恢复过程中,由于苏联的大力支援,开始出现和使用了近代农业机械。1936 年秋,全疆已有 2500 余台农业机械,如选种机、播种机、拖拉机、收割机等;主要在北疆塔城、伊犁一带使用较多。其次,近代农业技术和耕种方法也开始出现。当时全疆建立了一些近代化的农场、农业试验场、棉花试验场、农业所、测候所、模范养蚕室,并开始用科学方法处理籽种和进行品种改良。省政府还利用农暇之时举办农牧讲习所,将近代农业技术传授给农民。因此,农作物产量逐年增加,水利也有所修复。这是新疆传统农业向近代农业转变的开端。[1]

畜牧业到 1936 年也恢复到战前水平。从此年开始,各县陆续建立兽医院、所,防止牲畜传染病,改革牲畜品种,提高繁殖率。[2] 从 1936 年起,次第设立林业局,并大兴植树造林之风。据统计,1936 年造林植树成活为 1506156 株,1937 年为 1392130 株。[3]

改善交通与邮电。杨增新、金树仁主政时,新疆虽然已有了近代化的公路和汽车运输,然而真正近代化的公路的修筑,始于 1935 年。此年,新疆公路局动工修筑迪(化)伊(犁)、迪哈(密)两条近代化的公路,全长 1859 公里,1937 年 7 月 1 日完工。这两条公路成为北疆的交通干线,在抗日战争时期发挥了巨大作用。至于航空事业,因盛世才抵

〔1〕许崇灏:《新疆志略》,第 285－287 页。
〔2〕许崇灏:《新疆志略》,第 287－291 页。
〔3〕许崇灏:《新疆志略》,第 293－295 页。

制南京国民政府的渗透而停滞不前。1933 年盛世才下令关闭了欧亚航空公司,当时只有由兰州至迪化的航空线。[1] 邮电方面,1933 年迪化仅有 20 号交换机 1 部,装设话机 20 部,且多不能通话。到 1936 年,迪化已可与 28 处通长途电话。原有的有线电报也得到恢复和发展。无线电话原有的 1 台短波电台也恢复使用。[2]

此外,在文化教育方面,因苏联和中国共产党人的积极努力,也有较快的发展,特别是开始重视各民族的文化教育;派遣留学生(主要是到苏联)也有所增加。[3]

25.2 经济发展及近代化因素
增长时期(1938—1942 年)

1937 年 7 月 7 日,日本侵略军制造了卢沟桥事变,中国全面抗战爆发。在这中华民族生死存亡的紧急关头,国际、国内形势发生了重大的变化,国共抗日统一战线形成。地处西北边疆的新疆就成为抗日战争的大后方。当时,苏联积极支援中国的抗日战争,1937 年 8 月 21 日《中苏互不侵犯条约》签订,于是苏联大批军火、物资、药品及军事顾问等源源不断地经过新疆,进入内地。盛世才为稳定新疆局势和保证这条国际交通运输线,再次请求苏联派军,驻守于哈密。此举的目的之一,是防止国民政府抗战时借口“开发西北”,建设大后方,而将势力伸入新疆;也是为了防御甘肃马家军阀进入新疆。

1937 年年底,中国共产党与盛世才控制的新疆当局建立了抗日民族统一战线,原红军长征时的西路军部分进入新疆,称为“新兵营”;在迪化正式设立“八路军办事处”,由滕代远(化名李广)任代表。盛世才还要求中国共产党派干部到新疆协助工作。这也是他于 1937 年 8 月进行“大清洗”,屠杀大批进步人士之后,因干部缺乏而采取的行动。

---

〔1〕见《新疆简史》第 3 册,第 222 – 223 页。
〔2〕见《新疆简史》第 3 册,第 222 – 223 页。
〔3〕参见许崇灏:《新疆志略》,第 303 – 304 页等。

于是,一批优秀的中国共产党干部,如陈潭秋、毛泽民、邓发、林基路等先后到达新疆,担任了财政、民政、教育、新闻、文化等部门和民众团体的领导工作,为新疆的社会发展及抗日战争作出了巨大的贡献。

以上盛世才所采取的政策和措施,是建立在他提出的"六大政策"基础上的,在抗日民族统一战线形成的情况下,得以实现。正因为有苏联的支援和中国共产党人的支持、帮助和实践,这一时期新疆社会呈现出生气勃勃的景象,经济和文化得到迅速的发展。下面仅从经济开发的角度,作一论述。

财政金融的进一步好转。1937年是新疆第一个三年计划实施的第二年,虽然经过对财政和金融的整顿,收入有大幅度的增长,但是由于庞大的军费和行政、建设的支出,新疆仍然处于入不敷出的境地。加之滥发之纸币充斥全疆,致使货币贬值,物价飞涨。到1938年,中国共产党人毛泽民担任省财政厅副厅长、代理厅长后,提出"发展经济,培养税源,增加收入,保障支出,量入为出,争取收支平衡"的方针,并采取了一系列措施,如进一步改革赋税中的各种弊端,统一全疆粮率、征粮品种和量器,减免或增加一些税收等。从1938年起,在共产党人主持的各区县内,各种弊端得到了遏止,全疆收入也有大幅度的增长。试见表25-3:[1]

表25-3 1938—1942年新疆省收支表

年 度	总收入(新币元)	总支出(新币元)	各项支出所占百分比
1938年	1347387800	1945000000	军政费约占39%,农牧费约占20%,教育费约占13%,保健费约占13%,省营事业投资约占8%,交通费约占7%。
1939年	1755893500	2840800000	
1940年	1935932980	2464573680	
1941年	4289230980	6680065680	
1942年	7828320482	9999885880	

在毛泽民主持财政期间,金融业的改革力度较大。首先是改革官办的新疆省银行为商业银行,由官商合办,大量吸收商人及民众股份,

〔1〕据周东郊遗稿:《盛世才在新疆的统治》中表制。

资本总额 500 万元,官股占 60%,民股占 40%,每股 50 元。到 1942 年,商业银行由原 4 个分行扩充到 1 个总行、17 个分行、1 个储蓄处、13 个办事处、3 个副业行;还创立财商学院 1 所、商业学校 1 所及举办了 3 期银行训练班等。[1] 银行营业状况良好,为新疆的经济发展作出了贡献。如 1939 年商业银行总存款数为 5360 万元(新币),贷款 1638 万元;到 1942 年存款增至 49710 万元,贷款 10256 万元。[2]

其次,在 1939 年 2 月,改革币制,将以"两"为单位的货币改为以"元"为单位;先后发行面额 10 元、5 元、3 元、1 元、5 角、2 角、1 角、5 分、3 分、1 分的新币 30 余种。又收回旧喀票、省票,使新疆币制渐趋统一和稳定,有利于经济的发展。[3]

农业的持续发展和近代农业因素的增长。由于这一时期财政金融的好转,作为主体经济的农业也有了进一步的发展。比如新疆商业银行加大了对农业的贷款,1938 年农业贷款总数为 40 万元,籽种贷款为 30 万元,到 1942 年农业贷款总数达 100 万元,籽种贷款达 70 万元。[4] 到 1942 年,全省耕地面积增加约 494.6 万亩,总计全省耕地面积达 1638 万亩。[5] 农业的发展及耕地面积的扩大,主要离不开水利的建设。这一时期水利建设也取得了较大的成绩,如博格达山泄水工程、迪化红盐地水库、麦盖提新修的大渠、伊犁裕农渠等大型水利工程的兴建和完成,使新疆水渠总长度达 359635 公里,渠道数达 1578 道。[6] 此时,新疆人口也日益增长。据统计,1942 年新疆总人口已达 3730051 人,[7] 其中维吾尔族人口已突破 200 万人。

不仅如此,近代化农业机械的使用,在 1938 年前的基础上又有了进一步的发展。据统计,到 1942 年全省农业机械达 10.5 万台左右;各

〔1〕许崇灏:《新疆志略》,第 281－282 页。
〔2〕许崇灏:《新疆志略》,第 281－282 页。
〔3〕许崇灏:《新疆志略》,第 281－282、283－284 页;上引《新疆简史》第 3 册,第 264－265 页。
〔4〕许崇灏:《新疆志略》,第 285－286 页。
〔5〕许崇灏:《新疆志略》,第 285－286 页。
〔6〕许崇灏:《新疆志略》,第 291－293 页。
〔7〕周东郊遗稿:《盛世才在新疆的统治》。

种近代化农场、试验场、农民的模范农场及农业训练班纷纷开办;近代化的耕种技术大为推广;为农业服务的近代测候站全省已建 9 处(迪化、伊犁、阿尔泰、哈密、吐鲁番、焉耆、喀什、和田等)。正因为如此,农作物产量也有较大的增长。如以前 1 公顷棉田可收 500 ~ 600 斤劣质棉花,此时 1 公顷棉田可收获 1200 ~ 1400 斤优质棉花,1940 年棉花总产量达 2800 万斤,创新疆历史上最高纪录;小麦亩产量也比过去翻了一番;1942 年谷物的总产量约达 11365645 石。[1]

此外,畜牧业也有了较大的发展。1942 年全省牲畜总数达 150 万头,比 10 年前增加了 4 倍。在牧畜的保健及品种的改良等方面也有长足的进步。[2] 林业也相应有所发展。1940 年植树造林成活达 1256 万株,比 1938 年增加了约 5 倍。省政府加强林业管理,到 1942 年设立林业局 5 所、苗圃 6 处、林业卡房 36 处,使森林得到保护,改善了生态环境。[3]

近代工业因素的增长。从新疆第一个三年计划开始实施起,新疆近代工业也有了较快的发展。如电力工业:1937 年建成投产的塔城电厂,系官商合办,装机容量为 150 千瓦;迪化电厂原容量为 250 千瓦,后增至 500 千瓦;其余伊犁、绥来、乌什、阿尔泰、喀什、吐鲁番等地也陆续建立电站。上述电站主要供电灯照明之用,共约用电 1525 千瓦,工业用电为 1218 千瓦。[4] 机械工业:到 1942 年全省已有镟床、刨床、钻床等机器 119 台,总马力为 2257 匹,主要分布于喀什、乌苏、塔城、伊犁、迪化等地。矿业:采煤工业,1936 年全省仅有迪化、伊犁、孚远 3 处煤矿,年产煤仅 71600 吨,到 1941 年达 182600 吨,[5]增加了约 1.5 倍。石油工业,由苏联方面主管开采,独山子炼油厂日产量为 110 吨。[6]其余还有如铁矿及有色金属、金矿等的开采,规模及产量均有所提高,

〔1〕均见许崇灏:《新疆志略》,第 286 - 287 页。
〔2〕许崇灏:《新疆志略》,第 287 - 291 页。
〔3〕许崇灏:《新疆志略》,第 293 - 295 页。
〔4〕《新疆简史》第 3 册,第 271 页;许崇灏:《新疆志略》,第 296 页。
〔5〕汪元智、薛晖:《民国新疆煤业研究》,载《新疆近现代经济研究文集》,第 542 页。
〔6〕许崇灏:《新疆志略》,第 295 - 297 页。

但仍然以手工开采为主。

轻工业则较以上重工业发展迅速。如印刷业,到1942年全省已有各种型号印刷机30台,加上各种配套的机械,总马力达100匹,印刷工人约600余名,能印刷彩版及各种民族文字的报刊、书籍等。[1] 其余如锯木业(3处)、清花(棉花)工业(1处)、榨油工业(4处)、肥皂制造厂(7处)、酒精制造厂(3处)、针织厂(4处)、火柴制造厂(1处)、瓷器厂(1处)等。[2]

交通、邮电事业的发展。抗日战争爆发后,新疆成为苏联与内地国际交通的中转站,因而公路交通建设得到进一步的发展和改善。自1938年新疆完成迪伊、迪哈两条公路后,由当地人民出人力、马车,政府补助粮食、器材并提供技术指导,大兴公路建设。到1942年先后完成由额敏至塔城、迪化至焉耆、焉耆至阿克苏、阿克苏至喀什、喀什至和田的公路,全长共1564公里。到1942年,全省公路总长3423公里,有2439座大小桥梁,全省交通已大为改观。汽车(国有、私有)总数达1100余辆。[3] 自1939年起,又先后开辟了哈密——阿拉木图、重庆——哈密的空中航线。邮电事业,到1942年,有线电报以迪化为中心,分西路、东路和南路,遍布于全疆及联结苏联境内;总计3路电报干线及支线长约3896公里,电报局31处。无线电报,全省已有电台23处。电话安置也大为增加,凡是有线电报通达的地方均可通长途电话。[4]

在这一时期,文化教育事业也随之得到蓬勃的发展。在中国共产党人的参与和领导下,全省逐渐健全了教育行政管理制度,大幅度增加教育经费,建立各民族学校,提高教师待遇,社会教育也逐渐兴起。因而,全省各种类型的学校及在校学生人数逐年增加。试见表25-4。[5]

---

〔1〕许崇灏:《新疆志略》,第295－297页。
〔2〕许崇灏:《新疆志略》,第295－297页。
〔3〕许崇灏:《新疆志略》,第298－300页。
〔4〕许崇灏:《新疆志略》,第298－300页。
〔5〕据许崇灏《新疆志略》第303页表制。

·欧·亚·历·史·文·化·文·库·

表 25 – 4　1938—1942 年新疆省学校学生总数表

年　度	学校总数(所)	在校学生总数(人)
1938 年	1757	136490
1939 年	2193	169715
1940 年	2253	198872
1941 年	2375	242670
1942 年	2463	271100

　　从表 25 – 4 看,在 1938—1942 年 4 年间,新疆全省所建学校增加了近一半,在校学生人数增长了将近 1 倍。随着教育事业的发展,文学艺术等文化事业也得到了发展。

　　总之,从 1937 年抗日战争全面爆发,直到 1942 年,是新疆(包括维吾尔族聚居的南疆)在民国时期经济发展最为迅速的时期,特别是在金融、农业、工业、交通、邮电及教育等方面近代化因素的增长,开启了新疆近代化的先河。如果从经济开发的角度看,这一时期新疆的经济开发,从资金、技术和途径来讲,与过去 2000 多年以来以农业为主的经济开发相比,在质的方面已有所变化。但是,不可否认,以上在经济开发等方面取得的成绩及近代化因素的增长,是与当时苏联在资金、技术等方面的援助分不开的。而当时苏联政府之所以积极援助新疆,也有其企图控制中国新疆的用意在内。

　　而且上述这种新的、近代化的经济开发,亦仅是初级的、局部的。这不仅仅是因为这些近代化的经济因素在新疆总的经济中所占比例较小,且杂有封建因素在内,而且北疆(除阿尔泰以外)比维吾尔族聚居的南疆近代化经济因素增长快,城镇比广大的农村、牧区近代化经济因素增长多。南疆及北疆广大的农村、牧区基本上仍然保持着封建制,它严重地束缚了生产力的发展,而这一部分应是当时新疆经济的主体和基础。因而,我们对盛世才主政时期新疆近代化经济的发展及近代工业,应有一个正确的认识和估计。它只不过具有“二元经济结构”之雏形,是新疆近代化一个发端而已。

　　然而,就是这种新的经济开发的局面并没有维持多久。1942 年后,随着盛世才不断制造所谓的"阴谋暴动案",先后大批屠杀中国共产党人和进步人士,从"亲苏"、"联共"走向"反苏"、"反共",新疆的大好局面遭到破坏。1942年4月12日,盛世才炮制了"四一二阴谋暴动案",矛头指向中国共产党,陈潭秋、毛泽民、林基路等一大批在新疆的共产党人惨遭杀害,新疆抗日民族统一战线终于破裂。盛世才之所以背叛自己提出的"六大政策",除了个人因素外,主要是南京国民政府阴谋活动的结果。而盛世才也自食其果,于1944年被国民政府免去新疆省主席职务,调至南京任农林部部长,结束了他在新疆主政的历史。

此后,国民政府先后委任吴忠信、张治中、麦斯武德、包尔汉为新疆省主席,主持新疆大政。在吴忠信上任后不久,即1944年秋,新疆即爆发了阿山(阿尔泰)、伊犁、塔城3区反抗国民政府统治的起义,史称"三区革命"。不久,即形成了以玛纳斯为界的3区革命政府与国民党新疆省政府对峙的局面,双方不时发生战争。直到1949年9月新疆省政府主席包尔汉、国民党驻新疆警备总司令陶峙岳宣布和平起义,随即中国人民解放军进驻新疆,从此,新疆的历史进入了一个崭新的时期。

26　西北少数民族多元文化的
历史与现状

26.1　古代西北少数民族多元文化的
发展与变异

26.1.1　先秦时期西北民族的区域文化

在距今约 1 万年至 6000 年前,广阔的中国西北地区分布着许多远古人类的居地。近现代考古学家将这些具有不同文化特征的远古人类居地,以"石器时代文化"来命名。其中,被在考古学称为"中国新石器时代文化"(大约从公元前 6000 年至公元前 2000 年)的遗址,在西北地区已发现和发掘了上千处。考古学家通过对这些遗址的研究,提出了各种不同时代和性质的文化类型,虽然还有一些不同的意见,但逐渐取得了大致相同的认识。

在西北地区,新石器时代文化类型主要有:

(1)黄河中游地区(以黄土高原为中心,包括今河南、陕西、甘肃、宁夏等地)的仰韶文化(前期)和龙山文化(后期)。时代约为公元前5000 年至公元前 2500 年。其文化特征:以磨制石器为主,有石斧、石锛、石锄、石铲等。经济以原始农业为主,饲养家畜,有定居的聚落。前期陶器以磨光红陶和彩陶为其特征,后期以灰陶、黑陶为主。

(2)黄河上游地区(包括今甘肃、青海和宁夏)的大地湾文化(前期)、马家窑文化(又称为"甘肃仰韶文化")、齐家文化(晚期)。时代约为公元前 5000 年至公元前 2000 年。文化特征:有磨制、打制石器,如砍砸器、刮削器、斧、铲、刀等。经济以农业为主,也有狩猎。陶器以红色、褐色为主,有黑色的纹饰。中后期出现了定居的原始聚落。齐家文化遗址中已出现了少量的铜制工具。

（3）今新疆北部的细石器文化。主要分布于新疆东部巴里坤、哈密、吐鲁番等地，分布范围较广，延续时间很长，大体属新石器时代。文化特征：细石器大致与内蒙古细石器相似，其中大量桂叶形尖状器为新疆所独有。有的遗址发现细石器与陶器（红陶）共存。经济以畜牧为主。由于新疆地区细石器时代遗址发现和研究不多，故其文化面貌还不十分清楚。[1]

中国新石器时代是原始社会产生、发展和衰亡的历史时期，是以氏族为基础的各种族的共同体（所谓"原始民族"）发展的历史阶段。由于考古资料的局限，我们只能大致了解远古时期西北主要有以上 3 种不同的考古学文化类型。而正是这 3 种不同的新石器文化类型奠定了古代西北少数民族多元文化的基础。

到公元前 2100 年至公元前 221 年，也就是中国历史上的夏、商、周（包括春秋、战国）3 代，在黄河中下游地区先后建立了夏、商、周等国家，古代民族伴随着国家的形成也就产生了。根据中国先秦文献及甲骨文、金文等考古资料，经过中外史学家长期的研究，活动于中国各地的民族及其文化特征也逐渐清晰起来。

现综合目前国内学界有关研究成果，将这一时期西北民族及其相关的区域文化分述如下：

（1）周秦文化区（今陕西、甘肃东部及宁夏南部）。这里地处黄河中游一带，在新石器时代该地区文化即与之有密切的关系，是中华民族文明的摇篮之一。先后有周人、秦人及诸羌戎、北狄诸族居此。周人曾于此建西周王朝，春秋、战国时，秦人建秦国。周人兴起于今陕西西部，灭商后，承继黄河中下游夏、商的华夏族文化，创造了华夏的礼乐文明，这一文明成为华夏文化之主体。秦国继立于陕西，最终于公元前 221 年统一六国，建立了中国历史上第一个中央集权的封建帝国。周

---

〔1〕以上所论，主要参考中国社会科学院考古研究所编：《新中国的考古发现和研究》，文物出版社 1984 年版，第 41－118 页；A. H. 丹尼等主编，芮传明译：《中亚文明史》第 1 卷，中国对外翻译出版公司 2002 年版，第 107－117 页。

· 欧 · 亚 · 历 · 史 · 文 · 化 · 文 · 库 ·

秦的文化逐渐影响和融合了周围一些民族,诸如羌戎、白狄、义渠等。秦统一六国后,华夏文化成为中国各族多元文化的主体。

（2）甘青文化区（今甘肃大部及青海东部）。这里主要居住着氐、羌、匈奴（匈奴休屠、浑邪部）诸族,它们主要以游牧经济为主,但有些地区已发展了农业。《后汉书·西羌传》记载了一则有关的传说:秦厉共公（公元前476—前443年在位）时,秦国有一个名叫无弋爰剑的奴隶,逃出秦国,历经千辛万苦,到了羌人故地（今青海河湟地区）,把从秦人那里学到的种植和饲养家畜的技术传授与羌人,使羌人的农业和畜牧业逐渐发展起来。无弋爰剑因而受到羌人的崇拜,世为酋豪。由于秦朝至西汉武帝时,内地政权未统治到甘青地区,故先秦时甘青文化的面貌还不十分清楚。

（3）新疆北部天山文化区（包括甘肃西部）。这里先后是大月氏、乌孙、匈奴等族的游牧地区。月氏、乌孙,"本居敦煌、祁连间"[1]。敦煌,指汉所设敦煌郡（治今甘肃敦煌）;祁连,应为今新疆东部天山,匈奴称"天"为祁连。只是到西汉初,在匈奴的进攻下,大月氏、乌孙才从原居地先后迁徙。其文化特征为草原游牧文化。

（4）新疆南部绿洲文化区。这里主要指在新疆南部塔克拉玛干大沙漠四周绿洲居住的古代民族的文化。从考古发掘资料及秦汉时期的历史文献记载看,在这些大大小小的绿洲上已有居民聚落,至少在公元前4世纪左右,形成了汉代称之为"西域三十六国"的城郭国家。新疆考古工作者通过对南疆青铜时代至早期铁器时代遗址的发掘和研究,总结出一些带有考古学文化的类型,如哈密地区的焉不拉克文化,东部天山南北包括吐鲁番一带的苏贝希文化,和静县天山南麓的察吾乎文化,罗布泊地区孔雀河下游的古墓沟文化,帕米尔高原的香宝宝文化等。从这些文化遗址出土文物及干尸看,这些地区是农牧兼有,人种大都为欧洲人种,仅东部蒙古人种稍占优势。[2]

---

〔1〕《汉书》卷96《西域传》。
〔2〕参见周伟洲:《新疆的史前考古与最早的开发》,载《西域研究》2003年第4期。

26.1.2 10世纪前西北少数民族多元文化的发展与变异

自公元前221年秦统一六国,到公元960年北宋建立,其间1000余年,上述西北民族区域文化,因国家的统一或分裂割据,民族的兴衰、迁徙,各民族及邻近外国文化的交流和影响,而得到进一步的发展,且发生了重大的变异。

首先,上述的周秦文化区,即华夏文化区,因统一的秦、汉(西汉)、隋、唐诸政权建都于西北关中的长安(今陕西西安),而不断发展、成熟、壮大,以汉族(先秦时华夏族)为主体的传统文化,借其政治势力向四周辐射。邻近的西北地区各族深受其影响而日益汉化,使汉族传统文化覆盖西北地区的面积日益扩大,影响及于今新疆地区。

在秦和西汉初,漠北的游牧民族匈奴强盛,匈奴冒顿单于大约在公元前177年至公元前176年进攻在敦煌、祁连间的月氏,迫其西迁至今伊犁河一带。到公元前130年左右,原降于匈奴的乌孙又击月氏,而据有伊犁河一带,月氏被迫迁于今中亚阿姆河北,征服当地(巴克特里亚)的大夏而居之[1]。匈奴遂据有今新疆地区及甘肃河西等地。到西汉武帝时,汉朝为隔绝匈奴与今青海河湟一带羌族的交往,遣张骞出使西域[2],联络大月氏以抗匈奴,从而正式开通了丝绸之路。汉武帝又多次出兵漠北及甘肃河西,击败匈奴,并于公元前121年后,先后设置酒泉、张掖、敦煌、武威4郡[3]。此后,西汉经过与匈奴长期对西域的争夺,终于在公元前60年将匈奴势力逐出西域,于该地设置西域都护,统治了今新疆广大地区。

其后,中国国内历经魏晋南北朝约300年的分裂割据时期,直到唐代,又重新统一河西及西域100余年。在这统一和分裂的时期中,汉族传统文化不断吸取北方胡族(如匈奴、鲜卑、突厥等)和西北氐、羌等族

---

〔1〕月氏迁徙年代,取余太山说,见其著《塞种史研究》,中国社会科学出版社1992年版,第56–58页。

〔2〕指广义的西域,即今新疆及其以西之地。

〔3〕西汉河西4郡设置年代,请参见周振鹤:《西汉政区地理》,人民出版社1987年版,第168页。

·欧·亚·历·史·文·化·文·库·

的文化,以及中亚、南亚外来文化的成分,而日益发展,从而对西北少数民族多元文化的影响更为巨大。特别是东汉末年以来,大量内迁至今陕西、甘肃、宁夏等地的少数民族,如南匈奴、乌丸、鲜卑、氐、羌、柔然、突厥等族的汉化,致使汉族传统文化地域扩展到今西北陕、甘、宁等地。

第二,与汉族传统文化向西北少数民族地区扩展同时,源于印度的佛教及佛教文化经过中亚和7世纪后兴起于西藏高原的吐蕃,传入整个西北地区,乃至于全国各地,给西北少数民族多元文化以巨大的影响。佛教及其文化之传入中国新疆地区,首先是与中亚的帕提亚(中国史籍称"安息")和索格底亚那(中国史籍称"粟特")的传教翻译家有关,特别是后来的贵霜王朝迦腻色伽一世的崇佛与扩张相联系[1]。而最早传入新疆的时间,据汉、藏文献记载,约在公元前1世纪,有迦湿弥罗(今克什米尔)高僧毗卢折那(Vairochana,遍照)到于阗(今新疆和田)弘法,于阗王建赞摩大寺[2]。此为佛教在新疆传播之始。接着,西域的龟兹(今新疆库车)、疏勒(今新疆喀什)、焉耆、鄯善(今新疆若羌)、高昌(今新疆吐鲁番)等地,均传入佛教,各地并建伽蓝。到2—6世纪,西域佛法(主要是大乘)已相当兴盛,崇佛更甚。史称高昌、焉耆等地皆"崇信佛法",于阗更是"俗重佛法,寺塔、僧尼甚众。王尤信尚,每设斋日,必亲洒自扫馈食焉"[3]。龟兹"有佛塔千所,僧约万人"[4]。

今甘肃河西及关中等地各族,如氐、羌及西迁的乞伏鲜卑、秃发鲜卑等,它们在十六国时期所建之前秦、后秦、西秦、南凉等政权,均崇奉佛教[5]。甚至由东北迁至今青海、甘南及四川西北一带建立吐谷浑政权的慕容鲜卑及其统治下的羌族等,也信仰佛教[6]。7世纪后,兴起于

〔1〕见 B. A. 李特文斯基主编,马小鹤译:《中亚文明史》第3卷,中国对外翻译出版公司2003年版,第251页。

〔2〕见羽溪了谛著,贺昌群译:《西域之佛教》,商务印书馆1999年版,第41-42页。

〔3〕《北史》卷97《西域传》。

〔4〕释僧祐:《出三藏记集》卷14《鸠摩罗什传》。

〔5〕参见周伟洲:《中国中世西北民族关系研究》,西北大学出版社1992年版,第209-216页;周伟洲:《南凉与西秦》,陕西人民出版社1986年版,第107-110、231-235页。

〔6〕参见周伟洲:《吐谷浑史》,宁夏人民出版社1985年版,第130-131页。

西藏高原的吐蕃从邻近的佛教国家印度、尼泊尔,甚至中国唐朝,传入佛教,并逐渐传播开来。663年,吐蕃势力北上,灭吐谷浑,并征服甘、青一带的羌族(包括党项羌)。安史之乱后,吐蕃相继占据唐朝的河陇地区和西域天山以南广大地区,统治达百年之久,致使佛教及其文化在西北广大地区进一步传播,并得到发展。[1]

总之,自公元前1世纪后,佛教通过各种渠道和方式,沿着丝绸之路,在西北各民族中广为传播,使西北少数民族原有的本土文化受到冲击和影响,即是说,佛教及佛教文化在西北开始了本土化(民族化)的过程。这一过程的结果是最终使西北少数民族多元文化发生了重大的变异[2],佛教文化逐渐渗透于西北少数民族原有的文化之中,使其内容、结构、模式、风格均发生了不同程度的变化,而逐渐形成为具有佛教文化内涵的多元文化。如在原新疆绿洲地域文化区内,出现了于阗文化、楼兰鄯善文化、龟兹文化、焉耆文化、疏勒文化、高昌文化等多元文化,它们莫不是佛教文化与本土原有文化交融后的产物。[3] 而在原甘青地域文化区内形成的西羌文化(佛教传入前)、吐谷浑文化、吐蕃文化,也皆浸润着佛教文化的色彩。这一文化变异的过程前后经历了大约数百年的时间,其影响是极其深远的。

此外,从波斯和中亚还传入了有特色的其他宗教,如祆教、摩尼教、景教(基督教的一支)等。这些宗教大都为移居于西北或内地的中亚粟特等胡人所信仰。其中摩尼教一度成为游牧于漠北的回鹘汗国的国教。但是,在当时西北的少数民族中,以上宗教文化影响较弱。

第三,是漠北游牧民族的文化,特别是后期的突厥、回鹘文化对西北少数民族多元文化的影响和交融。从秦汉至于隋唐,在漠北地区先后有强大的游牧民族建立政权,与内地政权相抗衡。自西汉武帝逐匈

---

〔1〕敦煌石室遗书中有大量用藏文书写的佛经卷子,而河西地区也同样存有大量藏文书写的经卷,均可证吐蕃统治甘青地区佛教盛行之情况。参见黄文焕:《河西吐蕃卷式写经目录并后记》,载《世界宗教》1982年第1期等。

〔2〕文化的"变异",又称为文化的"变迁",目前国内学界有人又称之为"文化转型"或"文化整合"等。

〔3〕参见余太山主编:《西域文化史》,友谊出版社1995年版。

奴势力出河西走廊、宁夏北部及新疆地区后,漠北兴起的鲜卑、柔然、突厥、回鹘等族均不同程度地统治过新疆地区各族。因此,它们带有崇拜山川、日月、河流及英雄祖先的原始萨满教之游牧文化,不仅影响了内地汉族传统文化,而且对西北少数民族多元文化的影响亦至为深远。如曾长期统治过西域的匈奴及其文化,还有受匈奴文化影响至深的新疆伊犁河流域的乌孙文化,一度统治西域东部的柔然文化、高车(或名敕勒、铁勒)文化、突厥文化、回鹘文化等。其中铁勒、突厥、回鹘各族均系操阿尔泰语系突厥语族之游牧民族,其文化有更多的一致性。840年,漠北强大的回鹘汗国灭亡后,部众分数支西迁至今河西走廊、新疆和中亚地区,以后相继与其他民族一起建立西州回鹘(又称"高昌回鹘")、甘州回鹘和喀喇汗王朝等政权,使突厥语族的回鹘诸族与新疆及河西当地民族逐渐融合,最终成为今天的维吾尔族、裕固族等。也即是说,漠北的突厥、回鹘文化与原新疆诸族、河西诸族文化,经过长期的交融而形成新的西北少数民族多元文化。

由此可见,从秦汉至隋唐1000余年,西北各民族及其分布格局发生了变化。一些民族保存下来,不断发展;一些民族衰亡后,融入了其他民族;还有的民族迁入西北地区,与当地民族融合为新的民族。在这漫长的千余年间,各民族的多元地域文化也相应发生了变异,而推动、促进这一变异的动力,除各族文化自身的发展之外,主要是来自东面的汉族传统文化,西边的印度、中亚的佛教文化,以及北边的游牧文化的影响。其中,尤以佛教文化为西北少数民族多元文化变异的主因及形成新的多元文化的主要因素。

26.1.3 西北少数民族的重新整合及其多元文化的再次变异

10世纪中叶至16世纪中,即中国五代至明朝中叶约600年间,随着国内政治局势和社会的变迁,西北少数民族分布格局又发生了重大的变化。自唐朝灭亡后,历经五代、宋、辽、西夏、金,元朝统一,直到明朝中期,西北少数民族地区大部分时间处于分裂割据之中,西北民族成分及分布格局相继又发生了较大的变化。

11世纪初,以党项族拓跋氏为首的势力统一了今宁夏、甘肃河西等地,建立了西夏政权(1038—1227 年)。西夏统治者创制文字("西夏文"),广泛吸取内地汉族传统文化和南边吐蕃的藏传佛教及其文化,形成了中国历史上具有特色的西夏文化。[1]

至 13 世纪,兴起于漠北蒙古草原的蒙古族西征和南下,对中国西北地区的政治形势和民族分布格局更是有巨大的影响。首先是蒙古成吉思汗及其子孙对中亚和欧洲的 3 次大的"西征",其结果之一就是使大批信仰伊斯兰教的波斯、中亚及阿拉伯的士兵、工匠和被俘虏妇孺迁徙到中国西北及全国各地。当时,这批人被称为"回回"。在西北的回回最后因军屯、经商等原因,定居于今陕、甘、宁、青等地,与当地的汉族或其他民族通婚,共同生产、生活,到后来成为西北的回族。

其次,蒙古于 1227 年灭西夏后,不久即统治了整个西北地区,蒙古军士及其家属遂大量迁居于此,以后大多与当地其他民族融合,形成为新的西北民族,如今日西北的土族、裕固族、东乡族、保安族等在形成过程中,皆含有蒙古族的成分在内。元朝灭亡后,至明正德年间,东蒙古亦卜剌与满都赉·阿固勒呼(《明史》作阿尔秃斯)率部 1 万余众,迁居于青海湖地区。1559 年(明嘉靖三十八年),又有东蒙古达延汗孙阿勒坦汗(《明史》作俺答汗)再次率部迁徙至青海湖一带游牧。1636 年(明崇祯九年),游牧于今新疆乌鲁木齐一带的西蒙古(卫拉特)和硕特部固始汗部也迁至青海游牧。以上这些蒙古族部落即是今日青海蒙古族之前身。

第三,13 世纪初蒙古族兴起于漠北,其中一支原居于今蒙古色楞格河北一带的"林木中百姓",内有名斡亦剌惕部,即后之西蒙古(卫拉特)之前身。后此部因蒙古各部的激烈斗争而向西北迁徙,到达今叶尼塞河上源之一的锡什锡德河一带。[2] 到明代,中国史籍称之为瓦剌,势力强大,其游牧之地已达今新疆北部;清初称之为卫拉特、厄鲁特。上述诸名,应是不同历史时期"Oyirad"一词的音译和异译。明末

---

〔1〕关于西夏文化,可参见史金波:《西夏文化》,吉林教育出版社 1986 年版。
〔2〕参见《卫拉特蒙古简史》编写组:《卫拉特蒙古简史》上册,新疆人民出版社 1992 年版,第 7 - 8 页。

清初,西蒙古卫拉特主要分为 4 部,即准噶尔、和硕特、杜尔伯特、土尔扈特。其中和硕特部,如上述,于明末已迁徙至青海游牧。而准噶尔部日益强大,建立政权,盛时曾统治今新疆及漠北喀尔喀蒙古之地,最后为清朝乾隆帝所击灭。今天居于新疆的蒙古族大部分即源于西蒙古卫拉特各部。

历史上西北民族分布格局的形成,正如笔者的导师马长寿教授多次所说,是"吐蕃的北上"和"蒙古的南下"的结果。特别是后者,如上所述,是奠定今日西北地区民族分布格局的重要因素。如果说,蒙古族的西征与南下对西北少数民族分布格局有重大影响的话,那么伊斯兰教及其文化之浸润西北各族,则是促使西北少数民族多元文化再次变异的主因。众所周知,7 世纪阿拉伯半岛伊斯兰教兴起后,迅速向四周扩展。阿拉伯人先后征服了波斯、埃及;661 年,穆阿威叶建立了阿拉伯大帝国,史称倭马亚王朝(中国史籍称"白衣大食"),不久即占据了中亚地区。851 年,唐朝高仙芝率军与阿拉伯军队激战于怛逻斯(今中亚江布尔),唐军大败,从此唐朝势力退出中亚。也就在此前一年(850年),倭马亚王朝为阿拔斯王朝(中国史籍称"黑衣大食")所替代。此后,阿拉伯帝国在阿拔斯王朝时达极盛时期,中亚各族也逐渐伊斯兰化。到 9 世纪中叶后,阿拔斯王朝逐渐衰弱,内部分裂,直到 1258 年为蒙古西征军所灭。

伊斯兰教何时传入中国西北新疆呢? 中国学界一般认为是在 10世纪下半期。如前所述,840 年漠北回鹘汗国灭亡后,一部分部众西迁至今巴尔喀什湖东南一带。9 世纪中,西迁回鹘与中亚一些突厥部落(如葛逻禄、样磨等)建立了喀喇汗王朝[1]。约 10 世纪下半叶,喀喇汗王朝的萨图克·布格拉汗皈依了伊斯兰教,并在其境内大力推行,其都城喀什噶尔(今新疆喀什)一带开始有伊斯兰教的传播。956 年左右,萨图克·布格拉汗卒于喀什噶尔,葬于阿图什(今新疆喀什北阿图什),至今其麻札(伊斯兰教圣地、圣徒墓)尚存。其长子穆萨·阿尔斯

---

〔1〕关于喀喇汗王朝,请参见魏良弢:《喀喇汗王朝史稿》,新疆人民出版社 1986 年版。

兰汗继位后,更是用武力强制推行伊斯兰教,并攻占王朝大汗所居八拉沙衮(今吉尔吉斯斯坦托克马克东)。962 年,穆萨在"圣战"的旗帜下,向南疆的佛教大国于阗发动了进攻,[1]经过大约一个世纪之久的战争,才终于完全占领了于阗地区,伊斯兰教也逐渐取代了 1000 余年来佛教的地位。从此,喀什噶尔、于阗也成为伊斯兰教继续向东扩展的基地。

此后,在以喀什噶尔为中心的南疆,伊斯兰教及其文化进一步传播,对原当地民族文化产生了广泛而深刻的影响,使其从语言文字、历史传说,到文学艺术、风俗习惯、心理特征等各方面,均受到影响而发生了变化。同时,也产生了如玉素甫·哈斯·哈吉甫撰写的哲理性长诗《福乐智慧》和马赫穆德·喀什噶尔撰写的《突厥语大辞典》等伊斯兰文化的伟大优秀著作。

13 世纪蒙古族兴起后,多次西征,中亚、波斯等地信仰伊斯兰教的军士、工匠、商人等大量迁入中国西北各地,使伊斯兰教及其文化的影响更为深远。上述在西北的回回及其活动即是最好的例证。从 14 世纪至 16 世纪中(元代至明中叶),蒙古贵族在今新疆地区建立了东察合台汗国、叶尔羌汗国,早已突厥化并信奉伊斯兰教的蒙古统治者,仍然大力推行伊斯兰教,致使新疆的库车、高昌(今吐鲁番)、哈密等地也先后伊斯兰化。[2]

总之,从 10 世纪后半期到 16 世纪中期,统治今新疆的各政权统治者,通过"圣战"和大力推行伊斯兰教,使该地区原有佛教文化特征的各族文化发生了第二次大的变异,从而奠定了近现代西北少数民族多元文化的基础。

此外,由于唐代吐蕃的北上,今甘青一带原有的民族(如吐谷浑、白兰、党项等)与入成和迁入的吐蕃军队和奴隶逐渐融合,形成了今日甘青一带的藏族。9 世纪初吐蕃王朝瓦解后,佛教再次弘传于青藏高

---

〔1〕关于喀喇汗王朝向于阗发动"圣战"的时间,见《中国新疆地区伊斯兰教史》编写组编著:《中国新疆地区伊斯兰教史》,新疆人民出版社 2000 年版,第 89 - 90 页。

〔2〕参见《中国新疆地区伊斯兰教史》,第 227 - 289 页。

原,形成了带有藏族色彩的藏传佛教。13世纪蒙古族南下,统一青藏高原,于今西藏地区设置十三万户府。元世祖忽必烈还尊藏传佛教萨迦派八思巴为帝师,统天下释教。而迁入青海一带的各蒙古部落也逐渐信仰藏传佛教。因此,在西北甘青一带的藏族、蒙古族等原有的文化,也逐渐形成以藏传佛教为特色的多元文化。

综上所述,古代西北少数民族及其多元文化,经过1000多年的发展、演变,而基本定型。其间,吐蕃的北上和蒙古的西征及南下,奠定了近现代西北少数民族的分布格局。而汉族传统文化、中亚和印度的佛教文化、伊斯兰文化、北方游牧文化均从四周不断浸润着、影响着西北少数民族多元文化,促使其发生了两次重大的变异,而最终定型。

26.2 近代西北少数民族多元文化的形成、发展和特征

26.2.1 近代西北少数民族多元文化的形成和概况

西北少数民族多元文化的载体是西北各个少数民族,因此,欲了解和研究西北少数民族多元文化,必须首先了解近现代的西北少数民族。而西北每一个少数民族都有自己独特的文化,这种文化是构成本民族的要素,也是本民族认同的标志之一。如前所述,15世纪至16世纪中叶,西北少数民族及其分布格局已基本形成,西北少数民族的多元文化也基本定型。下面先将近代西北各少数民族及其分布、文化特征作一简要概述。

26.2.1.1 维吾尔族

居于今新疆地区,主要集中在天山以南,北疆伊犁、乌鲁木齐等地均有分布;经济以农业为主。维吾尔族是一个历史悠久、有着深厚文化底蕴的民族。其族源,目前学界一般认为最早是漠北的丁零、高车、铁勒中的一部,后形成漠北的回鹘族。840年回鹘汗国灭亡后,一部分西迁至中亚和今新疆,与原西域之土著民族(包括历史上迁入西域的其

他民族)逐渐融合,后形成维吾尔族。[1] 作为一个近代民族,维吾尔族的形成时间大致在 15 世纪末至 16 世纪上半期,当时伊斯兰教已推行至天山南北,于是形成一个新的民族共同体——近代维吾尔族的条件已成熟了。[2] 至清代,史籍称维吾尔族为"回部"或"缠回"。

近代维吾尔族语言属阿尔泰语系突厥语族,历史上维吾尔族先后曾使用过古突厥如尼文、古回鹘文、摩尼字母、婆罗米文和藏文字母;在普遍信仰伊斯兰教后,改用以阿拉伯字母书写的维吾尔文。其文化特征,早期为北方游牧民族文化与绿洲佛教文化之融合;后期伊斯兰教及其文化传入,并占主导地位,于是伊斯兰文化渗透到维吾尔族的语言文字、文化教育、文学艺术和风俗习惯等各方面,麻札崇拜为其特点,形成了具有突厥—伊斯兰文化特征的维吾尔族文化。

26.2.1.2 哈萨克族

居于今新疆,主要分布于北疆伊犁、木垒、巴里坤等地;经济以畜牧业为主。哈萨克族历史悠久,是由古代许多西北的部落和部族逐渐融合形成的。如历史上的塞种、月氏、乌孙、柔然、阿兰(奄蔡)、咄陆、突骑施、葛逻禄、钦察、乃蛮、克烈、阿尔根、弘吉剌、阿里钦等。而近代哈萨克族的最终得名和形成,是以 15 世纪哈萨克汗国建立为标志的,此后又不断融合中亚草原上的乌兹别克人和一些蒙古部落,人口增加,牧地扩展到巴尔喀什湖西北,直到中亚塔什干等地。清初,哈萨克分为大、中、小 3 个玉兹。1864 年至 1883 年,沙皇俄国侵入哈萨克草原,并强迫清朝政府签订不平等的《中俄勘分西北界约记》,规定了"人随地归"的原则,从此哈萨克族便分居于中俄两国。中国哈萨克族逐渐迁居于今新疆北部地区。

哈萨克族语言属阿尔泰语系突厥语族克普恰克语支,历史上曾使用古突厥如尼文、古回鹘文、阿拉伯文、察合台文(以阿拉伯字母拼写

〔1〕参见谷苞:《新疆维吾尔族族源新探》,载《中国社会科学》1980 年第 6 期;周伟洲:《也谈新疆维吾尔族源问题》,载《突厥与回纥历史论文选集》,中华书局 1987 年版,第 818 – 837 页。

〔2〕参见耿世民:《试论塔里木盆地民族的融合和近代维吾尔族的形成》,载《新疆历史论文续集》,新疆人民出版社 1982 年版,第 259 – 273 页;张声作主编:《宗教与民族》,中国社会科学出版社 1997 年版,第 160 – 164 页。

·欧·亚·历·史·文·化·文·库·

的波斯文),至 20 世纪初,才以阿拉伯字母为基础,结合哈萨克族语言习惯改革成为哈萨克文。其文化则主要是继承了中亚草原的游牧文化,原始萨满教色彩较浓,生活习俗与游牧生活密切相关。历史上各种宗教,如佛教、景教、摩尼教都曾在哈萨克早期部落中产生过影响。直到 13—14 世纪,伊斯兰教才在哈萨克族中占主要地位。15—18 世纪哈萨克汗国时,伊斯兰教成为全民信仰的宗教,伊斯兰文化带来了阿拉伯的文明,与原有的草原游牧文化相融合,形成为具有特色的哈萨克文化。

26.2.1.3 柯尔克孜族

居于新疆西南克孜勒苏及邻近各地;经济以畜牧业为主。中国史籍早在 2000 多年前就对其先民有记载,先后称为"鬲昆"、"坚昆"、"纥骨"、"黠戛斯"等;13 世纪蒙古族兴起后,又称之为"吉利吉斯"、"乞儿吉斯"等。其原居地在今叶尼塞河中上游一带。到 15 世纪至 16 世纪初,部分吉利吉斯部落逐渐迁徙到今新疆天山一带游牧,与邻近的民族,如契丹、钦察、蒙古等,逐渐融合,形成了一个新的族的共同体。也即是说,大约在此时形成近代的柯尔克孜族。清代称其为"布鲁特"。

柯尔克孜族语言属阿尔泰语系突厥语族,在其信仰伊斯兰教后,使用以阿拉伯字母为基础的拼音文字,即今柯尔克孜文。其文化原以草原游牧文化为主,信仰原始萨满教,18 世纪前半期信奉了伊斯兰教,也有少部分信仰藏传佛教。由于其与哈萨克族经济、习俗相似,故其文化虽深受伊斯兰文化之影响,但也保存了不少萨满教之习俗。

26.2.1.4 乌孜别克族

居于新疆伊犁、塔城、乌鲁木齐及莎车、叶城等地,以伊犁为最多;经济有从事商业贸易的(主要是居住在新疆大城镇的乌孜别克族),也有从事农业和畜牧业的。乌孜别克族的主体在中亚,古代中亚各族在 14 世纪蒙古贵族所建金帐汗国(钦察汗国)的基础上,发展为以乌兹别克为名的汗国。15 世纪金帐汗国瓦解后,留在中亚地区的各种不同来源的牧民均被泛称为乌兹别克人。清代史籍按地名分别称之为撒马尔罕人、浩罕人、布哈拉人、安集延人等。大约从 14 世纪至 20 世纪初,乌兹别克族陆续迁入中国境内,形成了中国西北的乌孜别克族。

乌孜别克族语言属于阿尔泰语系突厥语族,使用以阿拉伯字母为基础的乌孜别克文。在 14 世纪时,普遍信仰伊斯兰教,与新疆维吾尔族、哈萨克族关系密切,其文化为突厥—伊斯兰文化之一种。

26.2.1.5　塔塔尔族

居于新疆伊犁、塔城和乌鲁木齐等地;主要从事商业、手工业和畜牧业。其名称源于唐代突厥统治下的"鞑靼"部落,后此名又成为西方人对蒙古族的泛称。15 世纪蒙古贵族所建金帐汗国衰落后,塔塔尔即成为在伏尔加河及卡玛河一带所建喀山汗国及邻近部落的名称。即是说,塔塔尔族是当时由该地区的保加尔人、奇卜察克人(钦察人)和蒙古人逐渐融合形成的。中国境内的塔塔尔族则是在 19 世纪至 20 世纪初因经商等原因陆续迁来的,人口较少。

塔塔尔族语言属阿尔泰语系突厥语族,有以阿拉伯字母为基础的文字。信仰伊斯兰教,与邻近的哈萨克族、维吾尔族关系密切。其文化带有突厥—伊斯兰文化的特征,但也有自己的特点。

26.2.1.6　塔吉克族

居于新疆南帕米尔高原及莎车、叶城等地;主要从事畜牧业和农业。早在公元前若干世纪,一种操东伊朗语的原始部落就分布于帕米尔高原;汉唐时,中国史籍称之为"竭盘陀";11 世纪中亚突厥部落称其为"塔吉克"。清代称其居地为"色勒库尔"。19 世纪后,帕米尔地区不断遭到中亚浩罕国的侵扰,部分塔吉克人东迁至莎车、叶城一带。1895 年,英国和俄国背着中国清朝瓜分帕米尔,原属中国的帕米尔地区只有塔克敦巴什帕米尔全部(属今塔什库尔干)和郎库里帕米尔部分地区在中国的管辖下,其余帕米尔地区全部被非法侵占。

塔吉克族语言属印欧语系伊朗语族东部语支,吸收了不少维吾尔语词汇,普遍使用维吾尔文字。11 世纪后,塔吉克族普遍信仰伊斯兰教中的伊斯玛仪派,信教活动较少,有麻札崇拜和自己独特的文学艺术传统。

26.2.1.7　锡伯族

原居于东北松花江中游、辽河流域,1764 年(清乾隆二十九年)清朝统一西域,将其部分军士及家属(约 3000 余人)调戍于今新疆伊犁、塔城一带。这就是西北有锡伯族之由来。锡伯,可能为古代东胡鲜卑的后裔,世代生息于东北。16 世纪满族兴起后,为满族所统治,文化受其影响。其语言属阿尔泰语系满—通古斯语族,清代以后通晓满、汉文字。其信仰多神,有浓厚的北方萨满教的特征,受满、汉文化影响较深,也有自己独特的文化习俗。

26.2.1.8 俄罗斯族

居于新疆伊犁、塔城、阿勒泰、乌鲁木齐等地;从事手工业兼营农业。其族是 18 世纪以后,特别是 1917 年十月革命后,从俄国(苏联)陆续迁入新疆的,人口较少。语言属印欧语系斯拉夫语族,使用俄文。信仰东正教,文化同于今俄罗斯。

26.2.1.9 回族

居地遍于全国,处于"大分散,小集中"的状态,是中国人口较多、分布最广的少数民族。西北是回族分布较多较广的地区,主要在今宁夏,甘肃临夏、张家川,青海大通、民和、化隆、门源、西宁、湟中、祁连、贵德,新疆昌吉、焉耆,陕西西安等地。如前所述,回族是在 13 世纪蒙古族西征过程中,大量信仰伊斯兰教的中亚、波斯、阿拉伯的军士、工匠、商人等迁入中国西北,与当地汉、维吾尔、蒙古等族融合而形成的。元代称为"回回"。到 15 世纪至 16 世纪,回族正式形成,人口众多,主要分布于甘、陕、青一带。在清同治年间回民起义前,有"陕则民七回三,甘则民三回七"之说[1],此说虽有些夸大,但也足以见当时陕甘回民人口之众。但是,同治年间陕甘回民起义后,遭到清朝政府的残酷镇压,陕西回民大部分向西徙至甘肃(包括今宁夏)、青海和新疆等地,甚至有一小部分迁入中亚(东干回)[2]。从此,回族在西北分布的格局才基本上稳定下来。

---

[1] 余树畴:《秦陇回务记略》,载中国文学会编:《中国近代史资料丛刊》第 4 种《回民起义》第 4 册,上海人民出版社、上海书店出版社 2000 年版,第 215 页。

[2] 有关中亚东干回族情况,可参阅王国杰:《东干族形成发展史——中亚陕甘回族移民研究》,陕西人民出版社 1997 年版。

由于回族在形成及以后的发展中,长期与汉族杂居、通婚,经济、文化联系十分紧密,故其语言文字均采用了汉语文,兼用阿拉伯文。回族信仰的伊斯兰教成为形成及影响其文化习俗的重要因素,即伊斯兰教及其文化经过回族的"本地化",从而形成了区别于新疆诸突厥系民族伊斯兰文化的回族文化。所谓的"本地化",又主要是对汉族传统儒家文化的吸收和改造[1],因此,可称回族文化为汉—伊斯兰文化的典型代表。

26.2.1.10 东乡族

居于甘肃临夏东乡地区;经济以农业为主。关于其来源,学界有多种说法。一是认为蒙古成吉思汗西征时,留驻于河州(治今甘肃临夏)一带的蒙古军队后裔改信伊斯兰教,后与邻近各族融合形成的;也有认为是以东乡地区回回民族为主,融合当地蒙古、汉、藏等族形成的;还有人认为,东乡族自称"撒尔塔",此词应指中亚河中地区的粟特人,因蒙古西征而迁至东乡一带,后融合其他民族形成的。[2] 无论何种意见,均认为东乡族的形成大约在 14 世纪后半叶(元末明初),明清时称为"东乡回"或"蒙古回回"。其宗教及文化习俗基本与回族相同,故有以上名称。其族语言属阿尔泰语系蒙古语族,汉语借词较多,通用汉文。

26.2.1.11 撒拉族

居于青海东部循化及化隆,甘肃临夏的大河家等地,以循化为最多;从事农业,兼营畜牧业、手工业。其族源系元代由中亚撒马尔罕迁入,经与邻近汉、回、藏等族融合,于 15 世纪最后形成撒拉族。语言属阿尔泰语系突厥语族,因长期与汉、回、藏等族交往,吸收了不少汉、藏语汇,通用汉文。信仰伊斯兰教,受伊斯兰教文化影响,其文化与回族文化较为相近。

---

〔1〕参见马启成、丁宏:《中国伊斯兰文化类型与民族特色》,中央民族大学出版社 1998 年版,第 65 – 72 页。

〔2〕见马自祥、马兆熙:《东乡族文化形态与古籍文存》,甘肃人民出版社 2000 年版,第 1 – 3 页。

26.2.1.12 保安族

居于青海同仁及甘肃临夏大河家一带;从事农业。其族源与明万历年间(1573—1620年)在同仁所设保安营有关,是元代一批信仰伊斯兰教的蒙古人,与邻近的汉、回、藏、土族长期交往而逐渐融合形成的。语言属阿尔泰语系蒙古语族,与土族和东乡族语言较接近,汉语借词较多,通用汉文。信仰伊斯兰教,文化深受影响,与回族文化、东乡族文化等较为相近。

26.2.1.13 蒙古族

主要居于内蒙古地区,在西北则分布于新疆、青海、甘肃等地。各地蒙古族来源及迁徙时间、部落源流均有所差别。

新疆的蒙古族分布于博尔塔拉、巴音郭楞、和布克赛尔、焉耆、精河等地;以畜牧为主,兼营农业。如前所述,13世纪蒙古族兴起后,其中西蒙古(卫拉特)已迁至新疆北部一带游牧。明代称为"瓦剌"。清初西蒙古卫拉特分为4部,其中准噶尔部曾一度建立政权,统治了新疆大部分地区,最后为清乾隆帝所灭,部众分散。其中一部分与清朝从东北调戍新疆伊犁地区的蒙古索伦营、察哈尔营一起,组成了"厄鲁特营",即今居于博尔塔拉一带的蒙古族前身。卫拉特中的土尔扈特部曾西迁至俄国伏尔加河一带游牧,1771年(清乾隆三十六年)历经千辛万苦返回中国,被安置于新疆珠勒都斯草原、布尔赛尔、精河、哈拉乌苏;另有随土尔扈特部东返的和硕特部恭格部则游牧于博斯腾湖畔(今新疆和硕县)。

青海的蒙古族,如前所述,是13世纪后蒙古族南下的产物:元初蒙古军队南下后,戍守军士及家属留居于甘青等地;明代有东蒙古一些部落(如土默特部俺答汗等)迁入青海一带游牧;明末清初,西蒙古和硕特部固始汗率部迁入青海,并一度控制了西藏地区,固始汗卒后,其子孙遂留驻青海。1723年(清雍正元年),固始汗孙罗卜藏丹津起兵反清,为清廷川陕总督年羹尧击破。清廷遂仿内蒙古盟旗制,将青海蒙古部落分编为29旗。

甘肃的蒙古族居于今肃北蒙古族自治县,是以1810年(清嘉庆十五年)由土尔扈特、青海蒙古族及邻近各族组建的色尔腾部落为中心发展起来的。

蒙古族语言属阿尔泰语系蒙古语族,分内蒙古、卫拉特和巴尔虎布利亚特3种方言,而西北蒙古族大多属卫拉特方言。历史上蒙古族先后使用以回鹘文字母为基础的古蒙文、藏族八思巴创制的"八思巴文"。14世纪后,又使用改革后的蒙文,即今蒙文。17世纪蒙古族高僧札雅·班智达在通用蒙文基础上稍加改革,使之更好地记录卫拉特方言。这种文字一般称为"托式"蒙古文。自元代后,蒙古族一般信仰藏传佛教。明末西藏兴起的格鲁派传入蒙古地区,成为蒙古族普遍信仰的藏传佛教教派。藏传佛教文化对蒙古族原有草原游牧文化有巨大影响,使之成为有特色的蒙古族文化。

26.2.1.14　裕固族

居于甘肃河西中部祁连山北麓肃南及酒泉黄泥堡等地;从事畜牧业,兼及农业。其族源于唐代漠北回鹘,840年回鹘汗国灭亡后,一部分回鹘部众迁到河西走廊,建甘州回鹘政权,11世纪为西夏所灭;后被称为"黄头回鹘"、"撒里畏兀"(元代)、"黄番"(清代)等。明初,该族融合邻近蒙古等族,形成了一个稳定的民族共同体,自称"尧呼尔"。1949年后,改称裕固。其族操3种语言,即西部使用阿尔泰语系突厥语(尧呼尔语),东部使用蒙古语(恩格尔语),酒泉黄泥堡裕固族使用汉语。明清时,裕固族已信仰藏传佛教,由于清朝的大力推行和支持,成为其普遍信仰;其文化习俗深受藏传佛教之影响,但也保存了其原始萨满教之习俗。

26.2.1.15　土族

居于青海互助、大通、民和、同仁等地,甘肃天祝、永登也有此族居住。早期主要从事畜牧业,明初后渐转以农业为主。关于其族源,学术界一般认为源于青海的吐谷浑族,此后又融合了甘青一带的藏、汉等族,13世纪蒙古族南下,又融入了蒙古族,最终于15—16世纪形成了今天的土族。其语言主要属阿尔泰语系蒙古语族,汉语借词较多,通用汉文;普遍信仰藏传佛教,其文化深受藏传佛教之影响,但也保留了本民族独特的文化习俗。

26.2.1.16 藏族

主要居于今西藏、四川西部、甘青及云南迪庆等地。西北的藏族分布于青海的玉树、果洛、海南、黄南、海北及大通、西宁、湟源,几乎遍于青海各地;其次在甘肃南部甘南、天祝等地。主要从事畜牧业,兼及农业。西北藏族是唐代吐蕃北上后,与当地吐谷浑、党项羌等族逐渐融合形成的,时间大约在明初。中国史籍先后称其为吐蕃、西番、唐古特(清代)等。

藏族语言属汉藏语系藏缅语族,有安多、康、拉萨3大方言,西北藏族多属安多方言,统一使用藏文。早在唐代吐蕃北上后,佛教即传入;9世纪中,吐蕃王朝瓦解后,佛法重新在青藏高原兴起,形成具有藏族特色的藏传佛教,亦在甘青一带藏族中广为传播,成为普遍的信仰,影响其文化各个方面,使之成为具有特色的安多藏族文化。

以上就是近现代西北16个少数民族形成、分布及文化特征的概况。

26.2.2 近代西北少数民族多元文化的特征

15—16世纪中叶,近代西北少数民族及其分布格局基本形成,而各族的文化亦基本定型。在西北少数民族多元文化形成和发展过程中,有如下几个显著特征:

第一,从时空特征方面看,近代西北少数民族及其分布格局的形成,约在15—16世纪的明代,如维吾尔族、哈萨克族、柯尔克孜族、乌孜别克族、塔吉克族、回族、东乡族、撒拉族、保安族、裕固族、土族、甘青藏族等,占了西北少数民族的绝大多数。蒙古族虽然形成在13世纪左右,然其入居西北各地主要仍在这一时期。其中大部分近代西北少数民族是历史上世代居于西北地区,或15世纪前早已迁入西北的民族,相互融合形成的;只有少数几个人口较少的民族是在16世纪以后,从中亚或中国其他地区迁入的,如锡伯族、塔塔尔族、俄罗斯族。而影响近代西北少数民族及其分布格局的主要因素,则是吐蕃的北上和蒙古的西征、南下。

近代西北少数民族分布格局的特点：一是分布地区广阔，约占西北地区总面积的 90% 以上，既有相对集中的居住地区，又有相互交错的小集中；二是分布地区地形复杂，有高原、沙漠、山脉、草原、盆地、绿洲、湖泊等，自然环境较为恶劣，但资源丰富；三是大都居于边疆地区，形成了一些跨国民族，如哈萨克、柯尔克孜、塔吉克族等。近代西北少数民族也正是在这一复杂、广阔的地理环境下，孕育出丰富多彩的西北少数民族多元文化。

第二，从文化特征看，15 世纪至 16 世纪近代西北少数民族基本形成后，各民族的文化也基本定型，即为近现代西北少数民族多元文化的雏形。由于这些民族大多是历史上许多古代民族相互融合后形成的，因此，一方面它们的文化往往是以一种民族文化为主体，融合、吸收其他民族文化而成的，故其本身即有多元文化的特点；另一方面它们的文化又必然受到邻近民族文化的影响，而发生变化。

如前所述，历史上的西北少数民族多元文化主要受由东向西的汉族传统文化，由西向东和由南向北的印度、中亚的佛教文化，由北向南的草原游牧文化，以及 10 世纪下半叶后由西向东的伊斯兰文化的影响。这些当时的强势文化向西北地区传播的形式，有贸易、传教等和平方式，也有统治者的强迫同化或武力征服（如伊斯兰教的"圣战"）的形式。上述各种强势文化中，尤以伊斯兰教及其文化、藏传佛教及其文化对西北地区少数民族多元文化的形成影响巨大。

近代西北少数民族文化是多元的，因为每个民族都有自己独特的文化。但是，如果我们仔细分析、研究，就会发现西北各个少数民族的文化有的又存在着一些共同的文化特征。这些特征有的是因其文化的基础，即经济类型相同而具有共同性；有的则是因为其文化的性质相同，而具有共同的特性。我们可以结合上述两种情况，对近代西北少数民族多元文化作一类型学的分类。

我们认为，近代西北少数民族多元文化可以划分为两大类型，即社会人类学所谓的"文化圈"（Culture Circle），那就是伊斯兰文化圈和藏传佛教文化圈。西北少数民族大都是全民分别信仰伊斯兰教和藏传佛教,这两种世界性的宗教可以说渗透在西北少数民族多元文化的各个方面,因而呈现为多元文化中的共性。

属于伊斯兰文化圈的西北少数民族及其文化有 10 个:维吾尔族文化、哈萨克族文化、柯尔克孜族文化、乌孜别克族文化、塔塔尔族文化、塔吉克族文化、回族文化、东乡族文化、撒拉族文化和保安族文化。根据上述各族历史与原有文化的特征,及在皈依伊斯兰教后本民族文化与伊斯兰文化融合的情况,又可分为突厥—伊斯兰文化亚型和汉—伊斯兰文化亚型两种。属前者的有维吾尔族文化、哈萨克族文化、柯尔克孜族文化、乌孜别克族文化、塔塔尔族文化和塔吉克族文化。因这些民族文化受中亚突厥语族的民族伊斯兰文化影响较深,故归为一个类型。属后者的有回族文化、东乡族文化、撒拉族文化、保安族文化,因这些民族长期与汉族杂居,汉族传统儒家文化对其影响较深,故与上述突厥—伊斯兰文化有所区别。[1] 而在属突厥—伊斯兰文化亚型的 6 个少数民族文化中,因其经济类型及原有文化特征的不同,又可将维吾尔族文化、塔吉克族文化、塔塔尔族文化与哈萨克族文化、柯尔克孜族文化、乌孜别克族文化划分为两个不同的次亚型。[2]

属于藏传佛教文化圈的西北少数民族及其文化有 4 个:甘青藏族文化、西北蒙古族文化、土族文化和裕固族文化。内按其文化特点,又可分为甘青藏族文化、西北蒙古族文化,土族文化,裕固族文化 3 种亚型。

此外,西北的俄罗斯族、锡伯族,从宗教文化特征来看,不属于以上两个文化圈。俄罗斯族信仰东正教,锡伯族宗教文化特征较弱,只是原始萨满教在民间较为流行。由于此两族人数较少,且均在 19 世纪以后陆续迁入新疆,故对于划分西北少数民族多元文化类型影响不大。

据以上分析,可将近代西北少数民族多元文化类型列表如下(表 26 - 1):

---

〔1〕参见杨怀中、余振贵主编:《伊斯兰与中国文化》,宁夏人民出版社 1995 年版,第 613 页。
〔2〕孙振玉:《中国伊斯兰传统文化研究》,甘肃民族出版社 1995 年版,第 41、63 页。

表 26 - 1　近代西北少数民族多元文化类型表

类 型	名 称	
伊斯兰文化圈	突厥—伊斯兰文化	维吾尔族文化、塔吉克族文化、塔塔尔族文化
		哈萨克族文化、乌孜别克族文化、柯尔克孜族文化
	汉—伊斯兰文化	回族文化
		东乡族文化
		撒拉族文化
		保安族文化
藏传佛教文化圈	甘青藏族文化、西北蒙古族文化	
	土族文化	
	裕固族文化	
其他	俄罗斯族文化	
	锡伯族文化	

第三,从社会作用看,15 世纪至 16 世纪形成的西北少数民族多元文化在发展过程中,必然对西北少数民族社会发展起了巨大的推动作用。各个民族通过自身文化的不断发展和完善,增强了本民族共同的心理素质和认同感,有利于本民族的巩固和发展,有利于反抗外来的侵略和压迫。各民族文化的形成和发展,还在提高人民文化素质、统一和完善语言文字、发展科技教育、繁荣文学艺术,以及加强各民族之间的交流、融会等方面,均起了巨大的推动作用,从而促进了社会的进步。尽管这种社会进步,在当时的历史条件下发展较为迟缓,但文化的发展毕竟是促进社会前进的动力之一。

民族文化是民族经济基础的上层建筑之一;建立于经济基础上的文化,一旦发生变革,必然反过来推动社会经济基础的发展。近代西北少数民族多元文化的形成和发展,在民族的文化素质、科技教育、文学艺术等方面就会直接或间接地转化为生产力,使西北少数民族的农业、畜牧业、商业和手工业等得到发展。如甘青一带的藏族,清代前期

·欧·亚·历·史·文·化·文·库·

由于藏传佛教文化的兴盛,加强和巩固了封建领主的经济地位,从而有利于当地畜牧业和农业、手工业的发展。新疆维吾尔等族因伊斯兰文化的深入,广泛吸收阿拉伯文化之精华,在清代,许多具有独特风格的伊斯兰建筑、手工艺品迅速发展,商业也获得了较快的发展等。

近代西北少数民族多元文化也是整个中华文化的组成部分之一。清代国内长期的统一,促进了各民族文化的进一步相互交流、相互吸收。西北少数民族多元文化的发展,无疑繁荣和丰富了多元的整体的中华文化,在推动中国社会进步方面,也起了巨大的作用。

第四,从发展趋势看,近代西北少数民族多元文化形成后,历经400余年,直到1949年中华人民共和国成立。在国内先后历经明、清两代封建王朝及民国时期;在世界上,更是历经欧洲资产阶级革命后的近代化时期,人类社会跨入了一个新的时代。地处中国西北的少数民族地区,世界及国内近代化浪潮对之也有所冲击,影响及于西北少数民族多元文化。但因种种原因,这种影响较微,且对西北各少数民族文化的影响也不尽相同,其多元文化的结构、特质并未发生本质的变化。

明朝初年,势力曾扩展到西北新疆哈密地区,但不久退回到甘肃嘉峪关一带。到清朝乾隆时,平定准噶尔及南疆大小和卓之后,统一了整个西北地区。明、清封建王朝对西北少数民族地区采取了各种不同形式的地方行政制度,如明代于甘青少数民族地区设置卫所和实行土司制,清代在新疆实行军府制,甘青地区则沿袭土司制和盟旗制等。由于明末至清中叶,基本上实行封建闭关政策,故与世界各国交往不多,仅沿海地区西方传教士进入,在内地汉族知识阶层中有一些影响,西方资产阶级思想和科学技术开始传入。

1840年鸦片战争后,西方列强打开了中国的大门,使中国逐渐沦为半封建半殖民地社会,开始了中国近代历史。同时,也就开始了艰难的近代化历程。从19世纪60年代中国的"洋务运动"、"百日维新"、清末"新政",到1911年辛亥革命推翻清朝封建帝制,进入民国时期,又有1919年"五四"新文化运动,马克思主义传播,抗日战争和解放战争,直到 1949 年中华人民共和国成立,在中国近代化历程的每一重要时期,近代先进的科学民主思想和文化均不同程度地辐射到偏远的西北少数民族地区,对西北少数民族多元文化有所冲击和影响。

早在 19 世纪 60 年代,作为洋务派的代表人物,清陕甘总督左宗棠在残酷镇压了陕甘回民起义后,采取了一系列措施,其中兴办实业和义学,给陕甘等地吹进了一丝近代化的气息,但对西北少数民族地区影响甚微。从 1875 至 1882 年前后,左宗棠、刘锦棠平定中亚浩罕入侵新疆后建立的阿古柏政权,直到新疆建省,清廷在新疆实行了一系列的改革,如:废除封建伯克制度;推广内地近代先进生产技术,改善交通,增开邮局,促进商业发展;兴办义塾和新式学堂,推行"双语"[1],设立书局,刊印书籍;等等。这一切对新疆少数民族多元文化有所影响,使之向近代化的门槛跨进了一步。到清末(1901—1911 年),清廷在全国推行"新政",对西北少数民族多元文化也有不同程度的冲击和影响。在陕、甘(包括今宁夏)、青地区,因新政的推行,在一些大的城镇建立了近代化的实业,废除科举制,举办新式学堂,派遣留学生,劝止妇女缠足等,对少数民族地区也有一定的影响。在新疆,新政则主要在少数民族中推行,其中兴办新式学堂成绩显著,全疆共设学堂 606 所,教习 764 员,学生 16063 名;[2] 又奖励实业,兴办近代工矿企业,广开财路等,使新疆开始向近代化推进。[3] 1911 年辛亥革命推翻了清朝封建统治,民国建立,国内军阀混战,西北新疆地区则先后在杨增新、金树仁、盛世才等的控制之下。其中,杨增新、盛世才主政时期,在兴办实业和学堂方面也有成绩。20 世纪 30 年代,盛世才控制新疆初期,中国共产党人进入新疆,传播了马克思列宁主义。青海省军阀马麟、马步芳主政时期,青海少数民族地区新兴经济行业产生并有初步发展。抗日战争时期,国民政府加强"开发西北",近代化工业在西北有所发展,但西

---

〔1〕参见刘平:《19 世纪清朝在新疆的语文政策及其实践》,载《西域研究》1994 年第 2 期。

〔2〕《新疆图志》卷 39《学校志二》"学堂";参见赵云田:《清末新政期间新疆文化教育的发展》,载《西域研究》2002 年第 2 期。

〔3〕参见齐清顺:《论清末新疆"新政"——新疆向近代化迈进的重要开端》,载《西域研究》2000 年第 3 期。

·欧·亚·历·史·文·化·文·库·

北少数民族地区则收效不大。

在中国国内近代化进程中,西北边疆的少数民族还受到沙皇俄国及英国入侵的影响。沙俄对新疆进行侵略扩张,视之为自己的势力范围,曾一度用武力侵占伊犁,通过与清朝签订的一系列不平等条约,割占土地,通商贸易,设立洋行,非法发展俄侨(非法将原为中国籍的新疆人发展为俄国侨民)。与此同时,也使俄罗斯文化逐渐渗入新疆各少数民族之中,如语言、服饰、日常用品、建筑风格、文学艺术等。特别是在盛世才主政初期,苏联的思想和文化一度在新疆各族中颇为流行。[1] 英国在南疆喀什设立领事馆,通商贸易,并不断派遣探险队盗窃文物,发展英侨,对新疆少数民族多元文化也有一定的影响。特别值得提出的是,20世纪20年代后,中亚泛突厥文化或泛伊斯兰文化也传入了新疆。1933年在新疆喀什出现的"东突厥斯坦伊斯兰共和国"的闹剧,就是这种文化影响的产物。这种旨在分裂中国的反动文化思潮往往被他国所利用,至今阴魂不散。[2]

此外,伴随着西方列强的文化侵略,西方的基督教、天主教传教士也进入西北少数民族地区,足迹达甘青藏区[3]、新疆少数民族地区[4]。

通过以上简略的回顾和分析,可知西北少数民族多元文化形成之后,仍然是与世界及中国内地的整个政治形势和文化发展息息相关的。随着中国内地近代化进程及西方列强侵略活动的深入,西方近代科学和民主的思想和文化开始在中国西北少数民族地区传播,使西北少数民族多元文化不同程度地受到冲击和影响。但是,从明清至民国时期,中国大部分时间仍然处于封建的封闭状态之中,西方列强的入

---

〔1〕参见仲高:《20世纪前半叶新疆民间文化与城市文化》,载《西域研究》2000年第1期;贺灵:《近代俄罗斯文化对锡伯族的影响》,载《西域研究》2002年第2期。

〔2〕参见陈延琪、潘志平主编:《泛突厥主义文化透视》,新疆人民出版社2000年版。

〔3〕参见周伟洲:《边疆民族历史与文物考论》,黑龙江教育出版社2000年版,第325－328页。

〔4〕见木拉提·黑尼亚提:《近代西方内地会传教士在新疆的活动》,载《西域研究》2001年第4期。

侵虽然打开了中国的大门,但偏远的西北少数民族地区并没有因为国内近代化的种种努力,而改变其多元文化所赖以存在的经济基础,因此近代化收效不大。其次,西北少数民族基本上是全民信仰伊斯兰教或藏传佛教,这两种宗教已深深扎根于封建的经济基础之上,对外来的文化有一种自然的抗拒力。特别是在西北少数民族下层广大群众中,新的近代文化的影响更微。第三,近代先进的思想和文化对西北少数民族多元文化的冲击和影响,对于西北各少数民族而言,因其自身文化的性质、地理环境、经济形态的不同而有所区别。这种影响主要是在这些少数民族的上层知识分子(所谓的"精英")或主要城市当中;在广大的农、牧民和农、牧区中,影响则是有限的。

总之,我们认为,在 20 世纪 50 年代以前,西北少数民族多元文化虽然不同程度地受到近代先进文化的冲击和影响,但还不足以推动文化的变异。事实上,西北少数民族多元文化仍处于长期相对稳定的状态之中。

26.3 西北少数民族多元文化的现状

26.3.1 1949—1978 年西北少数民族多元文化的变革与发展

1949 年中华人民共和国成立,中国的历史翻开了新的一页,开始了现代史的进程。我们所要论述的西北少数民族多元文化的现状,也由此开始,止于 1999 年党和国家正式提出西部大开发的伟大战略。在这半个世纪中,西北少数民族多元文化可以说发生了巨变,这种变化超过了历史上任何一次变迁。其发展又大致可划分为两个阶段,即从 1949 年中华人民共和国成立至 1978 年 12 月党的十一届三中全会召开为止,从 1979 年至 1999 年西部大开发战略正式提出为止。

中华人民共和国成立后,真正实现了各民族的一律平等,即各民族不论人口多少,经济社会发展程度高低,风俗习惯和宗教信仰异同,都是中华民族的组成部分,有同等的政治地位,在社会生活的一切方面均享有相同的权利和履行相同的义务。这早在 1949 年中国人民政治协商会议第一届全会通过的《共同纲领》中就有明确规定。此后,为了贯彻执行民族平等、民族团结的原则,国家又制定了一系列政策、法规。如1951年中央人民政府政务院颁发的《关于处理带有歧视或侮辱少数民族性质的称谓、地名、碑碣、匾联的指示》;1952年颁布的《中华人民共和国民族区域自治实施纲要》和《关于保障一切散居的少数民族成分享有民族平等权利的决定》。后来,我国宪法也都明确规定了各民族平等的权利。1953年至1979年开展的科学识别民族的工作,逐渐确定了全国55个少数民族,使一些过去不被承认的少数民族也享有了平等的权利。这一切是国家用法律形式确定,并贯彻实行的保障各民族平等的权利,其中自然也包含了保障少数民族传统文化存在和发展的权利。这与历史上历代政权对少数民族歧视、压迫的政策真有天壤之别。这一切首先为西北少数民族多元文化的存在和发展提供了法律的保证,在实践中,使少数民族多元文化获得了迅速发展的良好环境。

1949年后,我国还根据少数民族广大群众的意愿,经过多方面的协商,采取不同的步骤和方式,先后在少数民族地区进行了民主改革和社会主义改造。西北少数民族地区也不例外。历史上,西北少数民族社会大多处于封建农奴制或封建土地所有制的落后阶段,一小部分封建领主、牧主、地主、寺庙上层僧侣、头人等封建上层享有种种封建特权,残酷压迫和剥削广大的农奴、农民和牧民,严重地阻碍了西北少数民族地区经济的发展。加之近代西方列强的入侵和掠夺,西北少数民族地区的经济遭到破坏,处于十分贫困和落后的状态。20世纪50年代,我国政府先后在西北少数民族地区进行民主改革,废除了封建上层的一切特权,消灭了人剥削人、人压迫人的制度,使少数民族翻了身,获得了人身自由,成为国家和自己命运的主人。这是对西北少数民族地区生产关系的变革,也只有进行这种变革,才能解放生产力,使广大的少数民族群众迸发出建设自己国家和家园的积极性,同时,也才能真正享受民族平等的权利。

在进行旧的社会经济制度改革的同时,国家还从人力、物力、财力和技术力量等各方面大力支持和帮助西北少数民族地区发展经济。对经济落后的西北少数民族地区而言,除了靠本民族自身的力量和努力外,还需要国家的大力支持和帮助。国家在发展经济方面,首先从宏观上将少数民族地区(包括西北少数民族地区)作为一个特殊的地区来考虑,设立"支援经济不发达地区发展资金"、"少数民族地区补助费"、"财政定额补贴"等多项专项资金,帮助少数民族地区发展经济;在投资、贷款、税收及生产、供应、运输、销售等方面扶植民族自治地方开发本地资源;实行减免负担、休养生息的政策,多次减免农、牧业税和征购任务;适当安排现代化企业于少数民族地区,发展民族贸易;修建铁路、公路,改善交通,发展动力、电力、能力等现代化工业等。通过以上的政策和措施,在短短的 30 年内,西北少数民族经济发生了巨大的变化。

以新疆维吾尔自治区为例,其主要的经济部门农业,1978 年全区总产值比 1949 年增加了 4 倍;1977 年粮食总产量比历史上最高水平增加近 5 亿斤,全区口粮、饲料自给有余。在这 30 年中,新疆已结束了不能生产铁、钢的历史,逐渐建立起钢铁、煤炭、石油、电力、有色金属、汽车、农业机械、纺织、制革、制糖等现代化企业,其中克拉玛依油田成为全国第一个现代化油田。新疆的工业总产值比 1949 年增加了 36 倍。兰新铁路的建成,大大改善了内地与新疆的交通,吐鲁番至库尔勒的南疆铁路也部分通车。以乌鲁木齐为中心的公路网四通八达,全疆公路通车里程达 23000 公里。民航班机也达首都北京及全国各地。邮政机构遍于全疆,邮路比 1949 年增加 10 倍。[1]

又如宁夏回族自治区,农业自 1949 年后,在农田、水利和农业机械化建设方面取得了很大的成就。青铜峡水利枢纽工程的完工,增大了农田灌溉面积;同心、固原、海原的扬水工程(引黄河水上升入旱源)及造林治沙、推广农业机械化、改良农业技术等措施,扩大了耕地面积,增

---

[1]见国家民委民族问题五种丛书编辑委员会编写组:《中国少数民族》,人民出版社 1981 年版,第 191－192 页。

·欧·亚·历·史·文·化·文·库·

加了产量。1949 年前,宁夏的工业仅有几座小煤窑和农牧业加工小作坊,30 年来宁夏先后建立了煤炭、电力、机械、冶金、轻工、石油、电子等现代化工业。1977 年一年的工业总产值就等于 1949 年的 94 倍[1]。

总之,西北少数民族地区在这 30 年内经济发展的显著特色,是近现代工农业比重逐年增长,原有落后的封建经济逐渐消除。即是说,西北少数民族地区正向现代化的经济迈进。

上述西北少数民族地区社会制度的改革和经济的发展,也就是生产关系与生产力的变革,社会经济基础的变革。这一变革必然会引起建立在其上的上层建筑的相应变革,因为原有的上层建筑已不适应变革后的经济基础。西北少数民族多元文化作为已经发生变革的经济基础的上层建筑,势必发生重大的变革。这种变革,一方面是出于西北各少数民族的迫切要求,即内部的推动;另一方面则是国家通过一系列保护和发展少数民族多元文化的政策、法规的实施,从外部或由上而下予以推动。此外,内地的主体文化(或称之为"异质文化"或"普同文化")也因汉族入居西北少数民族地区的增多,其影响增强。这也是促使西北少数民族多元文化发生变异的原因之一。所谓的"主体文化",并不完全等同于内地汉族传统文化,因为此时汉族传统文化也发生了变化,带有了"普同"的性质。下面我们结合以上论述,将这 30 年来西北少数民族多元文化的发展和变化作一概述。

(1)西北少数民族语言文字的使用和发展。由于国家贯彻了民族平等的原则,各少数民族均有使用和发展自己语言文字的权利。西北少数民族,除回族通用汉语文外,东乡、撒拉、保安等族也通行汉文,而其余各族大多有自己的语言和文字。为了帮助发展少数民族语言文字,国家专门组织专家帮助少数民族创制或改进、改革文字。如为西北的土族创制以拉丁文为基础的文字,改革维吾尔文、哈萨克文为拉丁文字母的文字(1980 年后又恢复原文字)。国家还规定,民族自治地方机关执行公务时,使用当地通用的语言文字或同时使用几种语言文

---

〔1〕《中国少数民族》,第 135 - 137 页。

字;各少数民族有使用本民族语言文字进行诉讼的权利;在科技、教育、新闻出版、广播影视等方面,有使用本民族语言文字的权利等。语言文字是社会生活和交流的工具,西北少数民族语言文字的使用和发展,无疑对其社会和文化的发展有重要意义。

(2)民族教育事业的发展。1949 年前,西北少数民族的教育主要以伊斯兰的经堂教育和藏传佛教的寺院教育为主,只是到近代才有少量的新式学堂教育的产生。教育,是一个民族文化的主要组成部分,它在不断传递、延续、发展,甚至创造新的文化。因而,一个民族的教育水平也往往是衡量一个民族文化水平的重要尺度。

1949 年后,西北少数民族的近现代教育事业获得了迅速的发展。首先是国家针对西北少数民族地区十分落后的教育状况,先后制定了一系列旨在发展少数民族教育的方针政策。如 1952 年颁发的《政务院关于建立教育行政机构的决定》中规定,设置专门管理少数民族教育的行政机构或专职人员;关于照顾、优待少数民族学生、考生的一系列规定(如 1951 年政务院批准的《少数民族学生待遇暂行办法》,1953 年《教育部关于少数民族教育补助费使用范围的指示》,1956 年《国务院关于少数民族教育经费问题的指示》,1956 年《教育部关于高等学校优先录取少数民族学生的通知》等)。其次,国家先后在西北地区创建了一批民族学院和高等院校,如西北民族学院,青海民族学院,新疆大学,新疆师范、农、工、医、理等学院,宁夏大学,宁夏医学院、农学院,青海畜牧学院等。中、小学也逐渐遍于西北少数民族地区。

以新疆维吾尔自治区为例,1949 年前全疆只有新疆学院这唯一一所高等学校,学生才 300 人;中学 9 所,不足 3000 人,小学生不到 20 万,且多集中在城市;文盲达总人数的 90% 以上。到 1977 年,新疆已建 8 所高等院校,在校少数民族学生达 4700 人;中等专科学校 61 所;普通中学 1800 多所,学生 80 万。1978 年,新疆已有小学 9891 所,在校学生 2028000 人,适龄儿童入学率达 96.9%,比 1949 年增长了 10 倍

·欧·亚·历·史·文·化·文·库·

多。[1] 又如宁夏回族自治区,1949 年前,只有 1 所中学、2 所初级中学,没有高等学校,文盲率高达 95% 以上。1979 年宁夏已有 5 所高等学校,各地城镇基本普及了小学;中学教育在回族中也很普及,学生逐年增加。[2]

(3)少数民族宗教信仰得到尊重和保护。西北少数民族大多是全民信仰伊斯兰教或藏传佛教的民族,国家以宪法及各种政策、法规,充分保护和尊重少数民族宗教信仰的自由及保障少数民族公民一切正常的宗教活动。对西北少数民族各种带有宗教色彩的多元文化,诸如宗教节日、宗教风俗,带有宗教色彩的工艺、文学艺术作品等,则加以保护和发展。

但是,对过去宗教上层的封建特权、陈规陋习,在广大少数民族群众自愿的基础上,也加以改革。1949 年后,随着民主改革的推行,宗教封建领主、寺院上层特权被取消,政教彻底分离;受欺凌的少数民族妇女与男子有了平等的权利。利用宗教恢复封建特权和封建剥削压迫,以及利用宗教分裂国家、破坏民族团结和社会秩序,则已不属于宗教问题,而是违反宪法的政治问题,应坚决反对和制裁。

(4)少数民族的风俗习惯得到尊重。风俗习惯是一个民族文化的组成部分,渗透于该民族社会生活和意识形态的各个方面,包括服饰、饮食、居住、婚姻、礼仪、丧葬等。每一个民族都有自己独特的风俗习惯,这是历史上长期积淀而成的。由于西北少数民族往往是全民族信仰某一宗教,故其风俗习惯往往受宗教的影响较深。1949 年后,国家的《宪法》、《民族区域自治法》、《刑法》等法律,均明确规定少数民族享有保护或改革本民族风俗习惯的权利。其精神,正如中共中央统战部 1958 年 12 月给中共中央的一份请示报告中所说:"对于少数民族的风俗习惯,应当作具体的分析,按照不同的情况区别对待。凡是有利于社会主义生产建设、有利于民族发展的风俗习惯,应当继续保持,并进

---

〔1〕《中国少数民族》,第 193 页。
〔2〕《中国少数民族》,第 137 页。

一步发展,使它有利于生产力的发展;凡是不利于社会主义建设、不利于民族发展的风俗习惯,在群众要求改革时应当加以支持。至于那些对社会主义建设、对民族发展影响不大的风俗习惯,可以不加过问。有些风俗习惯,有坏的一面也有好的一面,对于这一类风俗习惯,好的一面要加以发展,坏的一面要逐步地适当地加以改革。"随着西北少数民族之间,特别是其与汉族之间经济、文化交往的加深,西北少数民族的风俗习惯也受到主体文化,即普同文化的影响。如有的西北少数民族也穿西服、夹克或汉族便装等。但是,在这30年中,上述的影响是很有限的。

(5)少数民族文化遗产、文学艺术得到保护和发展。为了保护和发展少数民族的传统文化,国家还有计划地组织专家、学者对少数民族优秀的文化遗产进行搜集、整理和出版,保护少数民族地区的名胜古迹、珍贵文物和其他重要的文化遗产。在西北地区,国家有计划地组织整理研究藏族、蒙古族、柯尔克孜族优秀文化遗产,即《格萨尔传》、《江格尔传》和《玛纳斯传》3大史诗;西北少数民族地区民族出版、新闻广播、影视等,从无到有,得到了迅速的发展。

西北少数民族大多能歌善舞,有着丰富多彩的文学艺术传统。1949年后,西北各个自治州、自治县普遍建立了文学艺术团体,各自治区也建立了民族歌舞团和艺术学校,培养艺术人才;举办全国性的少数民族文艺会演、比赛;发展影剧事业,在新疆建立天山电影制片厂,摄制多部反映少数民族生活的影片,产生了很大的影响。

此外,西北少数民族地区医疗卫生、体育运动事业,在这30年中,均获得了较快的发展。

总之,1949年至1978年在历史上不过短短的30年,然而西北少数民族多元文化却开始发生了上述巨大的变化。这种变化是建立在新的初级社会主义经济基础之上,并与之基本相适应,而又存在着许多矛盾的。因此,可以说,西北少数民族多元文化在这30年中发生了质的变化,具有十分重大的意义,为其向现代化新型文化的转型(或称之为"变异"、"整合")打下了基础。但这种变化也是十分有限的,这是

·欧·亚·历·史·文·化·文·库·

因为：

第一，这一时期西北少数民族地区所赖以依存的初级社会主义经济基础还十分薄弱，近现代化工业及其他部门发展水平很低，不用说与世界资本主义国家相比，就是与国内东部地区相比，也远远落后。在西北少数民族中，还有一部分处于落后、贫困的状态，甚至连温饱问题也未解决，文盲很多。而这一时期的初级社会主义经济基础又受到国家经济体制和分配制度的束缚，现代化经济不可能获得快速、有效的发展。由此产生的问题也必然制约着西北少数民族多元文化的发展和变异。

第二，当时世界两大阵营对立，我国对于整个世界可以说是封闭的，只是与当时以苏联为首的社会主义阵营国家有一些交往，因此，对于整个世界现代化文化的了解、交流受到了极大的限制，特别是偏远的西北少数民族地区。文化的传播是促使民族文化变异的两大动因之一。这种封闭或半封闭的状态，必然使西北少数民族多元文化向现代化的新型文化的转型受到极大的限制。

第三，这30年中，西北少数民族多元文化因各族社会性质的变革和国内主体文化（又可称为"中华民族文化"、"普同文化"）的影响，在其内容、制度、性质等方面发生了一系列变化。但是，这种变化主要还是在少数民族知识阶层和较大的城镇之中，农村、牧区的广大群众则变化较少。其次，这种变化主要还是由上而下的政府行为居多，制度层面的改变较多，自下而上的变化不大，真正深层次的文化内涵，如文化结构、风格和价值取向等方面的变化相对也不大。

第四，自1957年开始，"左"倾的指导思想抬头，给国家经济和文化的发展带来了很大的损失。其中，也包括对西北少数民族多元文化发展所带来的阻碍和损失。如20世纪50年代末，在批判地方民族主义及平息一些少数民族叛乱的过程中，犯了扩大化的错误，伤害和打击了少数民族干部和知识分子的积极性。1958年全国刮"共产风"的同时，又刮起了一股"民族融合"风，忽视少数民族的特点和多元文化，强迫少数民族改变风俗习惯和宗教信仰，取消民族中小学等。1961—

1962 年上述错误虽然得到部分纠正,但 1966—1976 年 10 年"文化大革命"动乱,"左"倾的理论和政策又被推行到极端。同全国各地一样,西北少数民族地区也深受其害,许多民族部门被取消,民族学校、民族歌舞团、民族高校被砍掉,民族区域自治名存实亡,少数民族生活水平下降。在"破四旧"的口号下,少数民族正常的宗教活动被取消,有的寺院被烧毁,少数民族的风俗习惯被视为"四旧"而遭禁止。事实上,在这 10 年中,西北少数民族多元文化遭到沉重的打击。这种情况是违背西北少数民族根本利益,也是违背全国各族人民利益的。它使中国的经济、文化遭到破坏,社会大倒退。这一惨痛的教训,值得我们深思。这 10 年的时间,可以说是西北少数民族多元文化发展中一个曲折的过程。

正是基于以上的原因,我们对 1949 年至 1978 年西北少数民族多元文化的变革和发展不能作过高的估计。它仅是西北少数民族多元文化向现代化新型文化转型的准备阶段而已。

26.3.2 1979—1999 年西北少数民族多元文化向现代化新型文化转型

1976 年打倒"四人帮",10 年"文化大革命"的动乱基本结束,但拨乱反正,百废待兴。到 1978 年 12 月党的十一届三中全会召开后,才实现了中国历史的大转变,制定了我国社会主义初级阶段的理论,确立了走中国特色社会主义道路。会上确立了我们党和国家今后的路线、方针和政策,即全党全国将工作的中心转移到经济建设上,以经济建设为中心,坚持四项基本原则,坚持改革开放,为把我国建设成富强、民主、文明的社会主义现代化强国而奋斗。这也正如邓小平同志所指出的:"要坚持党的十一届三中全会以来的路线、方针、政策,关键是坚持'一个中心,两个基本点'。不坚持社会主义,不改革开放,不发展经

·欧·亚·历·史·文·化·文·库·

济,不改善人民生活,只能是死路一条。"[1]

以经济建设为中心,加大改革经济体制的力度,实现经济的现代化,不仅是国家富强、人民生活水平提高、社会发展的头等大事,也是各民族多元文化发展,实现向现代化新型文化转型的基础。从20世纪80年代开始,国家先后实行了农村家庭联产承包责任制,确立和发展社会主义市场经济,进行国有企业改革、金融改革、粮食流通体制改革,以及引进外资、扩大对外贸易、建立特区等一系列经济体制改革措施,使我国的经济结构发生了变化,经济得以迅速发展。到20世纪末,我国已进入经济现代化的关键时期。

西北少数民族地区的经济,虽然没有国家重点支持的东部沿海地区发展迅速,但在向现代化迈进的过程中,成绩也十分显著。与全国各地一样,西北少数民族地区也推行了上述一系列经济体制的改革,使原有的经济体制和运行机制发生了根本性的变化,国民经济市场化和社会化程度明显提高,现代化经济成分逐渐增多。如新疆地区在1978年至1997年20年间,建成投产项目50多个,其中大中型项目64个,形成固定资产1900多亿元;新疆已成为全国四大产油及加工区之一,是全国重要的棉、毛纺织业基地和皮毛加工基地。[2] 全区国内生产总值1978年至1998年由39.01亿元增至116.67亿元。[3] 宁夏的国内生产总值1978年与1998年相比,也由13亿元增至227.46亿元。[4] 青海的国内生产总值1997年与1999年相比,由202.05亿元增至220.16亿元。[5] 仅从这些地区国内生产总值增长的情况,就可反映其农业、工业及牧业发展的进度和水平。此外,国家还在西北投资开发了一批重大工业项目,如新疆、青海的油田、气田开发,南疆铁路建设及通

---

〔1〕邓小平:《在武昌、深圳、珠海、上海等地的谈话要点》,载《邓小平文选》第3卷,人民出版社1993年版,第370页。

〔2〕参见新疆维吾尔自治区人民政府新闻办公室编:《中国新疆》,五洲传播出版社1998年版。

〔3〕金云辉主编:《新疆》(《中国西部概览》丛书),民族出版社2000年版,第11页。

〔4〕马汉文主编:《宁夏》(《中国西部概览》丛书),民族出版社2000年版,第111页。

〔5〕胡永科主编:《青海》(《中国西部概览》丛书),民族出版社2000年版,第273页。

讯、航空等基础设施建设等。

特别值得一提的是,改革开放使西北少数民族地区得以引进外资和国外的先进技术,以发展现代化企业;同时,也扩大了对外的贸易。如新疆引进外资,1999 年达 1.4 亿美元,为 1980 年的 128 倍。[1] 青海利用外资从零开始,到 1999 年引进外资约 6 亿美元。[2] 在对外贸易方面,西北少数民族地区发展更为迅速。特别是在 1992 年,国家决定开放沿边 13 个城市,其中包括新疆的塔城、博乐、伊宁;开放的省会城市中,西北有乌鲁木齐、西宁和银川。之后,对外贸易发展更为迅速。如新疆 1979 年对外贸易进出口总额 2436 万美元,到 1999 年增至 17.65 亿美元;1992 年后,边境贸易迅速发展,1999 年边境贸易额达 10.23 亿美元。[3] 又如宁夏的出口创汇由 1980 年的 508 万美元发展到 1999 年的 3.16 亿美元。[4] 青海 1980 年进出口总额为 887 万美元,到 1999 年增至 1.0785 亿美元。[5]

改革开放的 20 年,西北少数民族地区与全国一样,经济基础发生了巨大的变革。这种变革又势必会引起西北少数民族多元文化相应的发展和变化。这种变化主要表现在以下两个方面:

(1)由于国家对少数民族传统文化的保护和发展政策,以及西北各少数民族因生活水平提高而对自己文化发展的迫切要求,西北少数民族多元文化得以保护和发展。

1978 年党的十一届三中全会后,不仅 20 世纪 50 年代以来国家颁布的关于少数民族的各项政策、法令得以继续认真贯彻执行,而且又先后颁布了一系列旨在保护、发展少数民族传统文化的政策、法规,从而大大促进了西北少数民族多元文化的发展。如 1980 年全国少数民族文字图书出版工作座谈会,确立了今后的工作方针和政策;1998 年初启动了"村村通广播、电视"工程;1984 年国家民委召开"全国少数民

---

〔1〕金云辉主编:《新疆》,第 152 页。
〔2〕胡永科主编:《青海》,第 165 页。
〔3〕金云辉主编:《新疆》,第 150 - 152 页。
〔4〕马汉文主编:《宁夏》,第 73 页。
〔5〕胡永科主编:《青海》,第 165 页。

族古籍整理工作座谈会"后,西北少数民族地区先后成立相应的机构,西北少数民族著名的文化古籍,如藏、蒙、柯尔克孜族3大史诗及维吾尔族的《十二木卡姆》等艺术珍品相继出版,研究进一步深入;上世纪80年代国务院还颁发了关于宣传报道和文艺作品创作中正确对待少数民族风俗习惯等问题的一系列法规;举办少数民族文艺会演和少数民族传统体育运动会;1990年开始,国务院设立少数民族教育补助专款,实行项目管理,允许和要求民族教育采取多种形式办学,内地与边疆民族地区教育对口支援等。下面仅就教育和宗教发展为例,进一步申述之。

　　20年的改革开放,使西北少数民族的教育事业获得了前所未有的发展。如新疆地区,1999年全区普通高等院校达17所,在校学生5.5万人,内少数民族学生2.09万人,占在校学生总数的44.12％。1981—1999年,全区先后派遣留学生、访问学者600多人,自费留学生1200多人次。1999年全区各类中等学校共2022所,在校生123.32万人;小学达6796所,在校学生250.74万人。全区适龄儿童入学率为97.68％,初中适龄少年入学率为74.17％。成人教育也获得了很大的发展。1999年全区非文盲率达98％以上,成为国家扫盲工作先进省区之一。[1] 又如宁夏地区,2000年初全区有民族高校1所,民族中专2所,回民中学21所,回民小学101所,各级各类学校回族在校生35万人,占在校生总数的29.36％。到1999年全区共扫除文盲30多万人,非文盲率达91.5％。[2] 青海省1987年有29万少数民族在校学生,占全省学生总数的40.43％。1999年高等院校已发展到6所,在校生达9376人。12周岁以上人口文盲率由1949年前的90％,下降到1999年的11.5％。[3] 以上这些数字仅从一个方面显示出了这20年来西北少数民族地区教育事业的发展情况。教育的发展和提高,必然优化和提高了西北少数民族的文化结构和文化素质,增强了它们对发展本民族

　　〔1〕金云辉主编:《新疆》,第182－184页。
　　〔2〕马汉文主编:《宁夏》,第87页。
　　〔3〕胡永科主编:《青海》,第190－192页。

传统文化的要求,促进了本民族文化的发展。

在西北少数民族多元文化中,宗教文化占有突出的地位。1978年拨乱反正后,国家原有的宗教政策得以继续贯彻和落实,各少数民族地区也相应制定了有关宗教的具体法规。1980年后西北少数民族地区宗教迅速恢复和发展,清真寺、藏传佛教寺院纷纷恢复和开放,仅新疆一地,1999年清真寺就达2.3万座;1982年以来,恢复和新建宗教团体88个。新疆等地还建立了伊斯兰经学院,专门培养高级教职人员。[1] 青海省截至1996年底,共有藏传佛教寺院666座,比1949年前还多123座,住寺僧侣24478人,活佛497人,信教群众125.5万余人。[2] 特别是改革开放后,西北地区信仰伊斯兰教的少数民族可以定期有组织地到伊斯兰教圣地去"朝觐",并且扩大了与外国有关宗教组织的交往等。宗教信仰政策的落实有利于信仰宗教的广大西北少数民族多元文化的发展,但也产生了一些负面影响。随着苏联解体以及世界民族主义思潮的影响,以宗教名义进行的分裂、恐怖活动,至20世纪90年代有所抬头,这种破坏祖国统一和民族团结的活动必然遭到全国各族人民,包括西北少数民族广大群众的坚决反对。

此外,在文学艺术、医疗卫生、新闻出版、风俗习惯等方面,西北少数民族地区均取得了历史上从未有过的迅速发展。

西北少数民族多元文化的迅速发展,还与这20年来经济基础的变革有直接的关系。比如社会主义市场经济的发展,使西北各族人民的交往更加广泛和深入,相互封闭状态的打破,均使各民族的民族意识大为增强。[3] 而民族意识增强本身即是少数民族多元文化深层次的内涵;民族意识的增强又必然促使各民族对自己的传统文化更为关注。如对本民族传统宗教节日的重视,对整理、研究和发扬本民族传统文化热情更为高涨,上述西北少数民族对自己宗教文化的重视和发展即是最好的例证。其次,从20世纪80年代以来,西北少数民族地区旅

〔1〕金云辉主编:《新疆》,第227页。
〔2〕胡永科主编:《青海》,第259页。
〔3〕参见王希恩:《社会主义市场经济和中国的民族意识》,载《民族研究》1998年第3期。

·欧·亚·历·史·文·化·文·库·

游业的蓬勃发展,为西北少数民族多元文化提供了一个展示的平台和发展的契机,使各民族对自己的文化和文化遗产的价值有了新的认识和估价。文化与经济利益的直接关联,无疑有力地促进了文化的发展与提升。

(2)现代化对西北少数民族多元文化的冲击及其发展趋势。关于这方面的问题,近年来在国内人类学、民族学界讨论颇多。对中国少数民族多元文化(传统文化)受到冲击的主要动因,有的学者使用"现代化"一词,有的用"全球化"或"经济一体化和现代化"、"现代文化"等。我们认为,在20世纪最后20年里,使用"现代化"一词更为妥当。因为当时中国的经济和文化诸方面还未"全球化"[1],中国正处于向现代化迈进的过程之中。而所谓"现代化",也是以经济的现代化为核心,涵盖了科技文化及一切层面上文化的现代化,也即包括上述的"经济一体化"和"现代文化"等。从世界范围看,现代化对世界各地区各民族都有所冲击,是近代以来和当今社会发展中极具普遍性的问题。应该说,已经完成现代化的国家和民族,现代化对它们的传统文化产生冲击,并使之发生变异,是普遍的规律。

世界上任何事物的发展动因不外乎其内部自身的发展与外来事物的影响和作用,这两者之间相互作用,即所谓的"互动"。这种互动的趋向和结果,往往不是单一的,而是多向的复杂的,有时甚至是相互对立和矛盾的。对于西北少数民族多元文化来说,在20世纪最后20年里,一方面是国家采取措施保护和发展西北少数民族传统的多元文化,以及由于西北少数民族现代经济因素的增长,人民生活水平的提高,其多元文化得到保护和发展;另一方面,在现代化进程中,对外交往的扩大,广播电视等媒体的深入民间等,使国内日趋现代化的主体文化和国外现代文化日渐冲击和破坏着西北少数民族传统多元文化。这种看似矛盾、对立的现象,不仅历史上存在(比如上述历史上西北少

---

[1]关于"全球化"的概念较多,可参考李慎明:《全球化与第三世界》,载《中国社会科学》2000年第3期。

数民族多元文化两次大的变异,即是在"破"中形成和确立的),而且在当今也确实存在。

首先是经济的现代化,必将改变西北少数民族数千年赖以生存的经济形态。农业的机械化、电气化,游牧转向定居,一批人脱离农、牧业而进入现代化工厂、企业,物质文化生活水平提高等,均不同程度地影响和破坏了原有西北少数民族的衣、食、住、行。特别是随着市场经济的发展,西北少数民族多元文化最深层的传统观念和价值取向受到冲击,而逐渐发生了变化。比如西北少数民族在市场经济的冲击下,商品价值观念增强;世代畜牧的哈萨克牧民也办起了集体或个人的旅游企业。又如旅游业开发的另一后果,则是对原有民族遗产(名胜、建筑、自然景观等)的忽视和破坏等。

现代文化,主要指国内的主体文化("普同文化")和外来文化,因交通的发达,通讯、广播、电视的普及,对外交流的增强等原因,而逐渐深入到西北少数民族当中,从而对它们的传统文化有所冲击和影响。比如它们原有的民族传统服饰、文字、歌谣、民间工艺品、民间故事等逐渐淡化,甚至消失;而现代流行的服饰、歌曲、卡拉 OK、迪斯科、生活用品等则逐渐流播。这一点特别在西北少数民族青少年中较为突出。

上述现代化对西北少数民族多元文化的影响和冲击,有它的必然性和传播方式。而每一个少数民族人口的多少、历史与文化的特点,甚至地理环境等均存在着差异,故现代化对各族文化的冲击和影响程度和结果也有所不同,就是同一民族不同地区(如城市与农村、牧区)也有所不同。其结果不外乎有 3 种:一是一个民族的传统文化完全为现代化所冲击,扬弃其文化,而基本上与现代文化同一;二是一些民族基本上排斥现代文化,而保持原有文化的特质;三是一些民族基本上保存自己的传统文化,只是吸收一些现代文化的因素,而重新整合为既有现代化文化的特征,又保持传统文化的特质。显然,第三种结果是普遍的,但在普遍中又有程度的差别。以上这种情况即是民族学中所谓的"涵化"(Acculturation)及其不同的结果。

在 20 世纪最后 20 年,西北少数民族多元文化虽然受到现代化的影响和冲击,但因所处的地理位置和现代化经济发展的程度,与国内南方少数民族比较而言,现代化的冲击和影响要小一些少一些,也可以说是才开始不久。特别是西北少数民族大多信仰世界性的两大宗教(伊斯兰教和佛教),其多元文化的特质均与这两大宗教有关,故而对于现代化的冲击有一种天然的抗拒力,其文化的特质在一个相当长的时期是不会发生本质变化的。上述第三种结果,将是未来西北少数民族多元文化发展的趋向。现代世界上信仰伊斯兰教的国家和民族的现代化过程即是明证。

但是,随着 21 世纪的到来,面临西部大开发的现代化进程,西北少数民族多元文化发展趋势与走向如何,它怎样进行调适和文化的整合,我们又将采取什么样的对策,这是摆在我们面前一个崭新的研究课题。

(原载于周伟洲主编《西北民族论丛》第 3 辑,中国社会科学出版社 2004 年版)

27 西北少数民族地区
经济开发史中的若干理论问题

27.1 历史上西北少数民族地区经济开发的
特点和发展轨迹

西北少数民族地区经济开发的历史表明,西北各少数民族聚居地区的开发具有一些共同的特点和大致相同的发展轨迹,主要是:

(1)无论是古代还是近现代的西北少数民族聚居地区的开发和建设,都是在长期历史发展过程中,许多民族先后或共同辛勤劳动的结果。虽然近现代某一个少数民族是开发、建设其聚居地区的主力,但是这一民族的形成本身就是多元的,而且在其形成之前,已有许多古代民族先后开发和建设了这一地区。这是我们从其开发史中,得出的主要认识和结论之一。

(2)西北少数民族地区,是中国历代统一的多民族国家的一个组成部分。因此,这一地区的经济开发和建设,与内地统一的多民族政权或割据政权实行的相关政治、军事、经济等方面的政策和措施又有密切的关系。一般说来,当内地统一的多民族政权强盛之时,如汉、唐、元、清等王朝统一时期,对西北少数民族地区的开发较为重视,措施有力,从而大大促进了当地的开发。可是,当统一的多民族政权分裂割据时,由于战乱及天灾人祸等原因,严重地影响了这一地区的开发和建设。当然,这一情况也不是绝对的,中国历史上分裂割据时期,西北地区所建的割据政权未受到内地战乱之影响,也有获得经济发展和开发契机的。正是因为上述原因,西北少数民族地区的开发进程,呈现出一种波浪式向前发展的态势。

·欧·亚·历·史·文·化·文·库·

（3）由于中国（包括西北少数民族地区）长期存在的封建制度和自给自足的小农经济基础，各地区经济开发长期停滞不前，发展缓慢。西北少数民族地区又因其所处的地理环境、政治地位、劳动力、资金、技术等原因，历史上的经济开发远远落后于内地其他地区，甚至西北汉族聚居的地区。

（4）历史上西北少数民族地区的经济开发，由于地理环境、各少数民族的社会经济类型和发展水平、传统文化等方面的差异，也存在各自的特点，呈现出特殊性和发展的不平衡性。共同性、统一性与特殊性、不平衡性，两者共存，在对立统一规律的支配下，促使历史上西北少数民族地区的经济开发曲折地、缓慢地向前发展。

（5）在漫长的经济开发过程中，地理环境始终制约着各历史时期西北少数民族地区的经济类型、开发程度等。在新疆等地绿洲型的经济开发中，也有时因人口的增长和过度的开发，而破坏绿洲的生态环境，开发的农田变为沙漠。类似的历史教训值得我们吸取。

（6）历史上西北少数民族地区经济开发的进程，如上所述，呈现出一种波浪式向前缓慢发展的态势。其发展的基本轨迹是：在中国历史上，两汉、唐、元、清4个统一时期，不同程度地出现经济开发的高潮，而每一次开发高潮均推动该地区经济的发展；到晚清和民国时期，又不同程度地出现了近代化经济的萌芽。

27.2 历史上西北少数民族地区经济开发诸要素分析

近现代中外学者在研究地区经济开发的过程中，常常从中概括和抽象出经济开发中几个十分重要的"因素"，即劳动力、资金、技术、交通等。当然，以上每一个要素并不是孤立的，而是相互之间及与地理环境、社会发展、文化教育等各方面密切相关、相互影响的。之所以抽象出这些要素，对西北少数民族地区经济开发进行分析，是为了进一步加深对历史上这一地区经济开发的认识和理解。

27.2.1 劳动力

古今中外任何地区的经济开发中,劳动力都是开发的主体,而处于不同历史发展阶段和社会的劳动力,对于经济开发也有不同的作用,产生了不同的结果。我们探讨的西北少数民族地区的经济开发,无论古代或近现代,聚居于该地区的少数民族都是该地区经济开发的主体(劳动力)。因此,一般说来,历史上西北少数民族地区人口数量的增长,也即是劳动力的增长,应是经济开发深入和扩大的重要标志之一。因为在地广人稀的西北少数民族地区,人口的增长既是经济发展的结果,又是扩大农牧业生产的劳动力的增加,也是耕地面积扩大和手工业、商业发展的基础。

但是,人口的过度增长,也会造成人口再生产与生活资料再生产的不协调发展,反而影响了经济开发的进程。这一点在历史上地广人稀、自然条件严酷的西北少数民族地区长时期内并未成为突出的矛盾;只是到近代,西北少数民族聚居的某些地区,才产生了人口增长影响到经济开发进程的问题。如新疆建省之后,维吾尔族人口的成倍增长,逐渐成为该地区经济开发的桎梏。不仅如此,对于生态环境极为脆弱的新疆维吾尔族地区绿洲农业经济而言,局部地区人口的过度增加,有时也会造成破坏生态环境、影响经济开发的相反结果。东汉以后,南疆楼兰、尼雅等地绿洲生态因人口增加、开发过度而遭到破坏,沙漠南移,即是明证。

其次,从经济开发劳动力的民族构成来看,我们虽然以西北少数民族聚居地区为研究的地域范围,但并不意味着西北某一个地区的经济开发者(劳动力)就完全是历史上聚居于这一地区的少数民族。比如近现代维吾尔族的族源和形成本身,就是多元的,即是漠北回鹘为主的各游牧民族及中国内地、中亚各族迁入新疆之后,与该地区的民族长期融合后形成的。这些民族都为新疆的开发作出过巨大的贡献。就是我们所说的近现代"新疆维吾尔族地区"也杂居着柯尔克孜、汉、回、蒙古诸族。因此,可以说,新疆维吾尔族地区的经济开发是以维吾尔族为主的各族人民长期共同辛勤劳动的结果。上述新疆少数民族

·欧·亚·历·史·文·化·文·库·

地区的情况,也就是西北少数民族地区多民族共同开发、建设西北的一个缩影。

第三,劳动力的迁徙与转移,在西北少数民族地区开发史上也具有重要的意义。西北少数民族地区地处历史上中西交通的要道,各民族迁徙十分频繁,漠北游牧民族,中亚、西亚和南亚的商人、僧侣,西藏高原的农牧民,以及内地不断的移民,先后聚居于西北各地,对当地的经济开发有重要的作用。比如历史上几次中国内地汉、回等大批迁入新疆的移民,带来了内地先进的农业技术和思想,从而大大促进了该地区的经济开发。两汉和清朝前期新疆维吾尔族地区两次经济开发高潮的形成,其重要的原因之一就是内地中央政府调遣大批军士(一种特殊的移民),或鼓励内地民户迁徙到新疆地区,进行军屯、民屯及其他形式的屯田,扩大了耕地面积,带来了先进农业技术,并带动了该地区手工业、商业、牧业的发展。然而,也应看到,历史上向新疆维吾尔族地区的移民往往是被迫的(国家调遣或生活所迫),更多是当时封建统治者为了"以边养边"而采取的措施,故其对于该地区经济开发的作用是有限的。

此外,历史上西北少数民族地区经济开发的劳动力本身是受当时社会制度所制约的,因此其技术、文化素质及思想等对经济开发也有重要的影响。关于此,下面将在有关部分进行论述。

27.2.2 资金

在近现代的经济开发中,资金的积累和应用是十分重要的问题。然而,在中国长期的封建社会及半封建半殖民地社会中,经济开发的资金积累和应用,受到极大的限制。就如历史上的新疆维吾尔族地区,长期以来农民被束缚在土地上,受官府、地主残酷的剥削和压迫,在死亡线上挣扎,很难积累资金,扩大生产。而一小部分富有的封建领主、地主及手工业主、商人等积累的财富,主要用于享乐和扩大自己的财富。在当时的历史条件下,他们不可能将其财富转化为资本,投资于近代工业,或从事大规模的农业开发。这也就是中国,包括西北少数民族地区以农业为主的封建经济长期存在的主要原因之一。只是到了近代,西北少数民族地区才出现了由商业资本转化为近代工业资本的萌芽。晚清"新政"期间,原南疆阿图什维吾尔族富商玉山巴依在伊犁创建近代化的玉山巴依制革厂,即是由商业资本转化为工业资本,成为近代新疆维吾尔族民族工业的典型代表。但是,这种情况,在近代西北少数民族地区也属凤毛麟角。

尽管如此,历史上西北少数民族地区以农业为主的经济开发一直进行着,且逐渐发展、扩大。主要是上述西北各族人民,或内地的移民,在社会安定的条件下,以有限的"资金",或开垦荒地,扩大农业生产,或从事手工业或商业,从而促进了该地区的经济开发。但是,这种开发规模小,收效不大,而且往往是在旧的起点上徘徊。事实上,历史上该地区大规模经济开发和资金投入,往往还是依靠国家的支持。特别是在历史上中国统一时期,内地中央王朝为了巩固和加强对边疆的开拓和统治,往往出资迁徙内地的军士和移民到西北少数民族地区,大兴各种类型的屯田,兴修水利,促进该地区的经济开发。其中"军屯",基本上由国家负担经费,对移民也多予以政策上的照顾和支持(如发放籽种、耕牛等)。如新疆维吾尔族地区在两汉及清朝前期的两次大规模经济开发高潮,其资金主要来源于中央封建王朝。只是到了抗日战争时期,新疆省政府才采取了近代银行贷款方式,大力扶植农牧业及投资兴办近代工业、交通等,使该地区经济开发的资金来源发生了质的变化。

由此可见,历史上西北少数民族地区因封建经济制度的束缚,开发的主体——各族人民仅能维持生存,没有更多的资金投入经济开发之中。而封建国家投入的资金,目的是"以边养边",巩固其统治,因而也是很有限的。这也就是该地区历史上经济开发长期停滞不前的原因之一。

27.2.3　技术

生产技术,是任何经济开发的发动因素,因为它能直接促使社会生产力发生变革,是促进社会经济结构变化的根本动力。比如新疆史前时期,主要使用石器工具,进行原始的农、牧生产,晚期虽然出现了铜、铁器物,但以铜、铁制造的生产工具较为罕见。到两汉时期,由于内地和中亚农业生产技术传入,铁制生产工具普遍使用,故该地区的原始农业逐渐向粗放的农业发展,形成了两汉时期经济开发的高潮。然而,自此以后到近代漫长的 2000 余年,该地区经济开发的技术长期停滞不前,没有大的突破。比如至少在魏晋南北朝时已出现的农业生产工具坎土曼,一直使用到 20 世纪初。其主体经济农业,也一直处于粗放式的传统农业阶段。究其原因,除受其长期处于封建小农经济的束缚之外,也是受到地理环境的制约而作出的技术选择。据有的学者研究,新疆(特别是南疆)粗放式的农业技术是与其自然、人文环境的特殊性(如人少地多、自然条件恶劣等)相适应的。即是说,当地采取粗放式的农业技术所获得的效率(人均产量),往往大大高于内地江南一带精耕细作技术所获得的效率。[1] 上述新疆维吾尔族地区的情况,在西北各少数民族聚居地区均不同程度地存在着。

在技术长期停滞不前的条件下,无论精耕细作还是粗放式的技术耕作,农业单位产量的提高和粮食总产量的增长,几乎完全依靠过剩的劳动力和国家资金的投入。因此,当社会发生动乱或人口大量增长,劳动力过剩时,就会出现单位劳动力生产率和边际劳动报酬的下降,因而阻碍了经济开发。

到了近代,西北少数民族地区传统的农业、手工业等经济的技术才逐渐发生了一些变化,近代工业(制造业)、农业机械和技术的萌芽冲破了传统的技术。然而,这一变化主要是依靠国家的力量,是一种嵌入式的发展,而非从传统的经济本身中产生。而要从该地区传统的经济(主要是农业)中自发地改革传统落后的技术,又关联着劳动力的素质、资金的积累、市场经济的同步发展。因此,改造传统落后的技术,进行技术创新,进入真正意义上的近代经济开发,不是单纯的技术改革即可完成的。但是,技术的革新,是近代经济开发的原动力,中外的历史经验也证明了这一点。

---

〔1〕萧正洪:《环境与技术选择》,中国社会科学出版社 1998 年版,第 176－179 页。

27.2.4　交通

　　经济开发的重要条件之一是交通的开发和发达,在近代的开发中尤其如此。历史上,西北少数民族地区处于古代丝绸之路的主要干线上,成为中国内地与中亚、南亚、欧洲和北非经济、文化交流的桥梁。因而,在丝绸之路兴盛时期(公元前 2 世纪至 9 世纪),该地区成为中外商人聚集、城镇发展和繁华之地,成为丝路的经济发展地带,促进了当地的经济开发。但是,自 9 世纪后,因海上丝绸之路的发展,陆上丝路逐渐衰落,这种因丝路交通所带来的经济繁荣就逐渐消失。其次,古代丝绸之路的交通因受地理环境的影响,交通运输工具主要是驼、马等畜力,在当时的历史条件下,进行大规模的国际和区间的贸易也是不可能的。此外,往来于丝路上的中外商人的目的是获取高额的利润和财富,而非作为扩大生产的资本。而地处丝路通道上的西北少数民族地区,在丝路贸易交往中,主要是起到一个桥梁和中转站的作用,故丝路贸易对于该地区经济开发的作用也是有限的。

　　与丝绸之路交通路线大致相同的是,内地中央封建政权为巩固和加强对边疆地区(包括西北少数民族地区)的管理和控制,修筑和兴办的交通设施,即自汉代以来各种名称的驿站(驲、置、驿传、站赤等),以清代驿站最为完善和发达。此外,还有新疆与内地及中亚各地通商的商路(也即丝路的组成部分)等。这些交通道路、运输工具,长期处于落后状态,加之西北少数民族地区多为高山、高原和沙漠所覆盖,故交通一直十分落后。这也是西北少数民族地区经济开发长期处于迟稳发展状态的原因之一。到了清末和民国初期,虽有在西北少数民族地区修筑铁路之议,然而长期未能实现;只有近代公路交通、邮电逐渐有所发展,成为该地区近代经济的发端。

　　从以上对历史上西北少数民族地区经济开发诸要素的分析中,我们可以更深刻地认识这些要素在什么样的条件下推动经济开发向前发展,又在什么条件下阻碍和束缚着经济的开发;更进一步了解到这一地区的经济开发在长期的历史发展中进展迟缓的根本原因,以及近代以来这些要素的变化及其走向,从而探索将这一地区的经济开发推

·欧·亚·历·史·文·化·文·库·

向一个新的更高阶段的途径。

27.3　历史上西北少数民族地区的
经济开发与地理环境

在分析历史上西北少数民族地区经济开发诸要素时,我们发现几乎每一要素均与地理环境有着密不可分的关系。实际上,人类的经济开发活动,也就是人与地的关系;人是开发的主体,地理环境(自然环境)就是客体。因此,作为经济开发对象、客体的地理环境,必然影响到经济开发的各个方面。过去,有所谓的"地理环境决定论",那是错误的,因为它忽视了人在顺应和改造地理环境中的作用。但是,地理环境对于人类的生存和社会的发展仍然一直存在着推进或延缓的作用,人类的经济开发活动也必然受到地理环境的制约和影响,在人类早期的经济开发中尤为如此。下面以历史上新疆维吾尔族地区经济开发为例,作简略的分析。

(1)维吾尔族地区的地理环境决定了历史上该地区经济开发的类型与特征。新疆"三山夹两盆"、天山南北两大沙漠的地形及封闭性大陆性干旱气候等地理环境,决定了远古居民在河谷、绿洲、草原等地,利用高原、高山冰川所形成的河流、湖泊的有限水资源,从事原始的农业兼畜牧业;自两汉后,人们逐渐在南疆沙漠四周的绿洲上,发展了粗放式的农业,进行以农业为主的经济开发,而且其农作物的种类、特产(如棉花、水果等)也均与地理环境有关。

新疆众多的山脉、沙漠虽然不适合于人类居住,但却蕴藏有丰富的矿藏,如石油、煤、铜、铁及各种有色金属。因而自两汉以来,该地区采矿、冶炼等手工业开始形成和发展,构成了历史上该地区经济开发的一个重要方面。此外,新疆维吾尔族地区地处中国的西北边疆和中西方文化交往的通道上,成为著名的古代丝绸之路的主要通道,以及联结中国内地与中亚、西亚、欧洲、北非的经济和文化的桥梁,成为东西方贸易的中转站和重要市场,商业(特别是国际贸易)较为发展。这就构成了该地区历史上经济开发的另一个重要的特点。

总之,新疆维吾尔族地区独特的地理环境,对历史上该地区经济开发有不利的一面,也有有利的一面,从而构成其区别于其他地区开发的特点。

(2)新疆的地理环境,决定了历史上新疆维吾尔族地区的经济开发选择。如前所述,新疆地广人稀、自然条件严酷的环境,使该地区的经济开发长期采用粗放式的农业技术方式。这种技术方式虽然单位面积产量不高,耕作技术落后,但人均收获量却远远高于内地采取精耕细作技术方式的地区,故而该地区长期选择这种相对落后的耕作技术,环境使然也。

(3)新疆地理环境的特点之一,是其以绿洲为中心的人类居住地区生态环境十分脆弱,而且绿洲生态环境一旦遭到破坏就很难恢复,从而直接影响到经济开发,甚至人类的居住。这应是地理环境与经济开发关系中最为重要的环节。然而,在历史上新疆维吾尔族地区经济开发中,人们对此认识是不够清楚的。正如我们一再强调的那样,虽然新疆总的情况是地广人稀,但适合人类居住的山谷、绿洲和草原毕竟是有限的。因此,随着该地区经济开发的深入和扩大,人口成倍增长,耕地面积扩大,造成水资源枯竭和森林、草原被破坏,绿洲等人类居住的地区局部生态环境恶化,有的逐渐为沙漠所吞噬,人们被迫迁徙。这种情况,在上述该地区两次开发高潮中较为突出。上述新疆维吾尔族地区的情况,在西北其他少数民族地区均不同程度地存在。这一教训是值得我们进一步研究和吸取的。

27.4 历史上西北少数民族地区的经济开发与社会环境

经济开发的主体是人,而人是生活在社会中的人,并非抽象的或个体的人。因此,任何地区的经济开发主体——人所处的社会环境,对该地区经济开发的影响和作用不亚于开发的客体——地理环境;其影

·欧·亚·历·史·文·化·文·库·

响和作用的结果往往不像地理环境那样,是缓慢的、渐进的,而大多是较为迅速的、明显的,表现出人们顺应和改造自然的一面。以历史上新疆维吾尔族地区经济开发为例:

(1)新疆维吾尔族地区从西汉于该地区设置西域都护时起,即成为古代中国的一部分。以后在长期历史发展过程中,该地区有时直接为内地中央封建王朝所管辖,即处于统一时期;有的时期,又处于分裂割据状态。从经济开发的角度看,正如前述,一般说来,在统一时期该地区的经济开发处于上升阶段,如两汉、唐、元和清朝统一新疆时,即是如此。相反,在分裂割据时期,则不利于该地区的经济开发,因为分裂割据往往伴随着战乱和社会的动荡,阻碍该地区的经济开发。

(2)无论新疆处于统一还是分裂割据时期,又主要以该地区社会安定或动乱对经济开发的影响最为巨大。该地区大的社会动乱往往会中断经济开发的进程,使经济遭到严重破坏,人口锐减,田地荒芜。因此,总观历史上新疆维吾尔族地区经济开发的历程,往往与该地区的社会安定或动乱紧密联系在一起,而形成了一种波浪式向前发展的态势。

(3)最为重要的是,历代管理和统治新疆地区的中央或地方割据政权在该地区施行的各种制度、政策(其中最重要的是经济制度、政策和各种措施)对于该地区经济开发的直接作用和影响。中国历史上长期存在的封建制度和自给自足的小农经济基础,应是中国,包括西北少数民族地区经济开发长期处于缓慢发展的根本原因。

此外,历代中央或地方政权在西北少数民族地区施行的文化教育政策和意识形态层面上的制度等,也对该地区的经济开发有着重要的影响和作用。比如以儒学为基础的教育体系(关系到劳动力的素质等)、"重农抑商"的政策及反映自给自足小农经济的"安土重迁"的思想等。因此,经济开发不仅仅是经济方面的问题,没有文化和思想的革新,近现代的经济开发也是难以实现的。

28 西部大开发与现代西北少数民族多元文化的建构

28.1 西北少数民族多元文化的性质、特点和发展的基本规律

28.1.1 西北少数民族多元文化的性质

从广义的民族概念出发,原始民族、古代民族和近现代民族均有自己独特的文化;一个民族共同体的存在和自我的认同,也正是因为它具有与其他民族共同体不同的文化内涵。从古至今,任何地区或国家内的民族均有自己独特的文化;任何文化都具有民族性。我们所谓的"西北少数民族多元文化"属于地域文化和民族文化(或称为"文化的民族性")的范畴,有其特定的地域(陕、甘、宁、青、新 5 省区)及聚居在这一广大地域的除汉族而外的十余个民族的文化。又因从古至今在中国西北聚居的少数民族众多,故其文化不是单一的、一元的,而是多元的;每个西北少数民族及其文化的形成和发展,又受到四周其他地区民族文化的影响,由多种文化交融而成,故每个民族的文化来源亦可以说是多元的。

大致在 16 世纪前,古代西北少数民族很多,它们各自都有自己独特的文化;然而经过千余年各民族之间的相互交往、融合,西北少数民族因迁徙、同化、融合而发生了变化。到 16 世纪后,近现代西北少数民族形成,其分布格局大致定型,其多元文化也基本形成。

作为中国民族文化一部分的西北少数民族多元文化,随着世界文化的日趋全球化或国际化,是否会像世界经济全球化一样逐渐消亡,而最后融入统一的全球文化(世界文化)之中? 国内外学者对此持有

·欧·亚·历·史·文·化·文·库·

两种不同的看法:一种意见认为民族文化可能最终为全球化的文化所替代;另一种看法认为,在国家和民族消亡之前,民族文化的独特性将会长期存在,也就是说,民族文化的多元化趋势仍然长期存在。显然,后一种看法是正确的,民族文化是指民族的文化,只有在所有民族消亡后,民族文化才会消亡,即成为一个统一的全球化的文化(世界文化)。

但是,还应补充说明的是,在各民族文化形成、发展的过程中,也有一些民族及其文化,特别是人口较少、文化底蕴不深厚,且处于人口众多、具有强势文化的民族影响下的民族及其文化,也可能被其他民族所同化、融合,其文化随之消亡;同时,也存在一些新的民族及其文化不断产生、形成的现象。以上这些情况,在古代西北少数民族长期历史发展过程中也是存在的。比如原居于甘肃东南的氐族及其文化、漠北柔然族及其文化、迁入西北地区的鲜卑族及其文化等,先后消亡,或融入其他民族的文化之中。16世纪后,近现代西北少数民族及其多元文化也是在原有古代西北少数民族及其文化的基础上,重新构建的。不仅如此,在现代化的冲击下,也有可能出现一些西北少数民族文化被现代其他民族文化所融合,而丧失其自身的后果。这是必须引起我们深思和注意的。

28.1.2 西北少数民族多元文化的特点及发展的基本规律

作为民族文化,西北少数民族多元文化既有民族文化的共同特点,也有西北每一个民族文化自身的特点。为了能更深刻地认识和理解现今在西部大开发的形势下,西北少数民族多元文化的特性和发展趋势,我们将对民族文化的共同特点,即文化的变异性和稳定性作进一步的探讨。

任何社会文化,包括民族文化,地域、国家文化,在形成、发展的过程中,都具有变异性和相对的稳定性(或称为"保守性")。这也是世界上任何事物辩证发展的普遍规律。但是,具体对各种性质不同的文化而言,其变异性和稳定性又有不同的性质、特点和规律。

西北少数民族多元文化具有变异性,即它是在西北各个民族原有文化的基础上不断发展、变化的。而历史上西北民族本身的发展就十分复杂,各民族之间分分合合,有的民族消失了,也有新的民族形成;因而整个西北地区各少数民族的文化发展也呈现出纷纭、复杂的局面。其间有新的民族及其文化的形成,也有旧的民族及其文化的消亡,处于不断发展、变异之中。这在16世纪前西北古代少数民族及其多元文化发展中显得尤为突出。一般说来,历史上西北少数民族多元文化是由早期带有浓厚原始色彩的文化逐渐发展、变异为带有浓厚宗教色彩的古代文化,到近现代又开始向近现代文化变异或转型。

从整个西北少数民族多元文化发展的历史过程看,其文化的变异大致与任何事物的发展规律相同,即由局部的量变积累,最后发展到质的变异,我们称之为文化的变迁、转型或异化。古代(从秦开始)至今,西北少数民族多元文化有过3次大的变异(转型):

第一次是在1世纪至4世纪左右,由于印度、中亚等地佛教在中国的传播,西北地区少数民族文化均受到不同程度的影响,佛教文化逐渐渗透到西北少数民族多元文化之中,使之在内容、结构、模式、风格等方面均发生了不同程度的变异。

第二次是在10世纪至16世纪,因中亚伊斯兰教及其文化向中国西北地区传播及发展,蒙古西征,一批信仰伊斯兰教的民族向西北地区迁徙,以及西藏高原藏传佛教在甘青等地发展,促使西北少数民族多元文化发生第二次大的变异,并逐渐奠定了近代西北少数民族多元文化形成伊斯兰文化和藏传佛教文化两大文化圈的格局。

第三次是从1840年鸦片战争后,中国开始了近代化的进程,但是西北地区这一进程远比内地迟缓,直到清末至民国,西北少数民族多元文化向近代文化的变异和转型才开始起步。到1949年中华人民共和国成立后,由于中国社会向近现代化转型,西北少数民族多元文化也真正进入到第三次大的变异过程中,即向现代化的多元文化转型。目前这种转型仍在继续之中。

总观以上西北少数民族多元文化3次大的变异,前两次主要是文化层面上的变革,而没有完全触及文化层面所赖以支撑的封建农业经济基础,只有第三次大的变异才是基于近现代经济基础的变革,即由原来传统的以封建农业经济为主的经济基础,向近现代工业化的经济基础的转变。因此,无论从深度和广度来讲,西北少数民族多元文化第三次大的变异都是远远超过前两次的。

作为民族文化,西北少数民族多元文化发生变异的原因和推动力是什么? 如果从哲学的角度来讲,任何事物都是发展变化的,其原因和推动力既有事物内部的变化,也有外部力量的推动,即所谓的"内因"和"外因",而外因通常是通过内因起作用的。具体到西北少数民族多元文化发展的变异性,其内因主要是每个民族社会内部(主要是经济基础)的变化、发展;其外因,则是其他民族文化(特别是邻近的强势文化)的影响。前者如古代聚居于今新疆南部的各民族因铁器的普遍使用和经济的发展,而导致其原始农牧文化向古代的农业文化转型。后者如 1 世纪至 4 世纪印度、中亚和内地佛教文化对西北少数民族原有文化产生影响、浸润,而最终成为西北少数民族多元文化发生大变异的主因和文化转型的重要因素。10 世纪后,中亚伊斯兰文化在西北地区的传播,也是导致西北少数民族多元文化发生再次变异的主因。

事实上,西北各少数民族文化,甚至所有的民族文化变异的主要原因和动力,因时代、地区、民族的不同而不同,有的是内因起主要作用,有时外因又起主要作用。国内有的学者将近现代世界各国文化的变异、转型,按内因、外因作用的不同,加以分类:有以内因为主的所谓"内生型",即主要通过内部变革,由社会经济的转型引起文化模式的转型;有的在外力冲击下,原有文化模式逐步转型,即所谓的"回应型";还有一种称为"同化型",主要是在新大陆发现后,英、法等国在殖民地实行文化殖民化的结果。[1]

由此观之,西北少数民族多元文化从古至今的 3 次大的变异,也是外因起到主要的作用。这与西北地区少数民族多元文化大多以分散

---

〔1〕见梁星亮:《传统文化与现代化》,载其所著《新疆民族传统社会与文化·附录一》,商务印书馆 2003 年版,第 391 – 392 页。

的封建农业经济为基础的长期封闭、保守的特点有关,只有靠外部文化的冲击,才会有大的变异发生。外因起主导作用并不等于内因没有作用或作用不大。因为外来文化只有通过民族内部相适应的经济基础的变革,或民族所在国家政权实施的一系列变革文化的政策、措施,上层精英的支持、推行等,才能真正使原本较为稳固的传统文化发生大的变异。其中,各民族所在的国家政权对外来文化的态度及其采取的一系列政策、措施,对于民族文化的变异、转型的作用不可低估。这一点也就是现今西北少数民族多元文化向现代文化转型过程中,我们需要着重研究的问题。

西北少数民族多元文化也同所有的民族文化一样,其另一主要特征是具有稳定性,或称为保守性。这首先是因为一个民族的文化就代表民族自身,失去了本民族的文化,也就等于失去了民族自身。即是说,民族文化是维系民族存在的条件,是民族认同的依据。它一旦形成,即有着比较顽强的稳定性。如民族文化中的语言文字、价值观念、伦理道德、文学艺术和风俗习惯等,是一个民族在长期历史发展过程中凝固而成的,虽然也有一些发展、变化,但其主体和核心仍然会顽强地保留下来。这种稳定性在不同的民族文化中也不尽相同。一般说来,越大、历史越悠久的民族,其文化的稳固性就越顽强。

不仅如此,民族文化甚至还存在着一定的排他性,对外来文化有一种自然的抗拒力。如西北少数民族多元文化历史上3次大变异中,每一次都要经过长达数百年之久的变异过程,由量变到质变。第二次大变异中,外来的伊斯兰文化甚至带着腥风血雨的战争,长达百余年之久,才最终使原来以佛教文化为主体的新疆各族文化发生大的变异和转型。

民族文化的变异性与稳定性,看起来似乎是矛盾的、对立的,但这正是两者的辩证统一。变异性与稳定性是对立的统一,两者同处于民族文化的统一体之中。如果没有稳定性,只有变异性,那就没有民族文化存在,也就无所谓民族文化;相反,如果只有稳定性而无变异性,民族文化就会成为僵死的怪物,死水一潭,那是不合乎事物发展规律的,也

·欧·亚·历·史·文·化·文·库·

是与民族文化发展的事实相悖的。在民族文化的变异性和稳定性统一体中,变异性又是最活跃最革命的因素,是促使民族文化不断发展、变异的动力。因此,在西北少数民族多元文化的研究中,对其变异的原因、过程、趋势和结果的研究,显得尤为重要。

综上所述,西北少数民族多元文化与所有的民族文化具有的共同的主要特征是其变异性和稳定性,而变异性与稳定性的辩证统一则是其发展的基本规律。这一特点和基本规律,对不同的国家或地域的民族文化只有抽象的普遍意义,具体到每一个民族文化,或某一地区的民族多元文化,则又是丰富多彩、各不相同的。我们正是将这一基本规律作为研究西部大开发与西北少数民族多元文化关系的指导思想和线索的。

28.2 西部大开发以来西北少数民族多元文化的发展趋势和作用

28.2.1 西部大开发以来西北少数民族多元文化的发展趋势

1999年国家实施西部大开发战略以来,采取了一系列具有重大战略意义的政策、措施,加快了西部(包括西北)经济现代化的进程。西北少数民族多元文化在西部大开发的过程中,继续进行自1979年改革开放以来向现代文化的转型。

由于西部大开发战略的实施,西北地区的现代化经济获得了较为迅速的发展:在基础设施方面,加快了水利、交通、通讯(信息化)、能源及城市建设;逐渐改善了生态环境和生产条件;产业结构得到进一步合理调整;对内对外进一步开放,吸引国内外的投资;发展科教和社会事业等。西北地区社会经济正在发生的重大变革,又必然对西北少数民族多元文化产生更为巨大的影响,加速其向现代文化的转型。其主要表现和发展趋势:

(1)从民族文化的角度来看,人的观念是民族文化深层次的核心,人的观念的变化、转型必将导致整个民族文化的变异和发展。西北地区各少数民族沿袭了1000多年的传统观念,在20世纪50年代以后,特别是 1979 年改革开放以后,已逐渐发生了变化。随着西部大开发战略的实施,到 21 世纪最初几年,西北地区现代工业化进程已进入一个重要的阶段。现代化基础设施的建立、产业结构的调整等,使千百年来世代生活在封闭的农村、牧区的各族人民,有的进入城市,有的则进入工厂、企业,视野扩大了,传统的心理和行为模式发生了变化。而西北地区对内、对外的开放,各种现代化企业的兴起,商品经济和市场经济的发展,又使西北各族人民的商品意识和市场意识、价值观念日益发生巨大的变化。特别是西部大开发以来,西北少数民族文化教育、社会事业获得了较快的发展,各族人民的文化素质大为提高,科学知识更加普及;这也是观念转变的一个重要方面。此外,西部大开发以来,西北少数民族收入和生活水平逐年提高,现代化的生活设备(住房、电视、电冰箱、空调等)逐步增加,饮食结构也发生了变化;这一切也改变着西北少数民族的传统生活方式。

以上这一切均说明,自西部大开发以来,西北少数民族的传统观念已发生了深刻的变化,现代的价值观念、科学观念和生活观念正逐渐树立起来。这不仅与西北地区经济现代化进程是一致的、同步的,而且也是西北少数民族多元文化现代化发展趋势的重要标志。

当然,西北少数民族观念向现代化的转型是一个长期的缓慢的过程,因为作为民族文化深层次内核的观念,其稳定性更为顽强。其次,西北各少数民族原有的文化基础不同,居住地也有城市和偏远农牧区的差别,故其观念的现代化变异程度和先后也不尽相同。

(2)西北少数民族多元文化的一个重要方面,是各族的文化教育及其所反映的人的文化素质。西部大开发以来,国家加大了发展西北少数民族地区教育的力度,采取了一系列有力的措施。如在高等学校学科的配置和招生人数等方面,继续给予倾斜;努力改善中小学办学条件和水平,推进"普九"义务教育;组织内地对西北的教育对口支援;积极推进远程、成人教育;在西北少数民族地区加强扫盲工作等。这一切使具有现代特征的教育体系在西北少数民族地区逐渐确立。20 世纪 80 年代末至 90 年代初曾一度反弹的寺院、经堂教育也逐渐被纳入

·欧·亚·历·史·文·化·文·库·

正常宗教活动的范围之中。尽管在西北少数民族地区教育中还存在着这样或那样的问题，但是自西部大开发以来，现代教育在西北少数民族中的普及可以说已经取得了巨大的成就。这应是西北少数民族多元文化向现代文化转型的又一重要标志。

（3）在文学艺术、风俗习惯方面，西部大开发以来，西北少数民族地区由于对内、对外的进一步开放，电子信息、大众传媒的普及，人口流动量的增加，世界文化和中国内地普同文化对西北少数民族多元文化的影响和冲击日益增强，在文学艺术、风俗习惯等方面表现得尤为强烈。于是，出现了两个不同的发展趋势：

一是国家保护、发展各民族优秀文化的各项政策的实施，及各民族有识之士对保护本民族传统文化的支持，使得西北少数民族的优秀文学艺术遗产、文物古迹、寺院、清真寺等得到妥善的保护和发展，并使其优秀文化逐渐走向国内和国外。不仅如此，借助于本民族的优秀文学艺术遗产和风俗习惯，西北各少数民族也发展了具有现代特征的文化产业，如文化旅游、具有文化品牌的艺术和工艺品等逐渐兴起。这应是西北少数民族多元文化向现代文化转型的必经之路。

另一个发展趋势是，由于上述世界及国内强势文化的影响和冲击，西北少数民族多元文化中的文学艺术、生活习俗等方面逐渐失去其根基。比如西北少数民族许多珍稀罕见的民俗技艺和民间文艺，随着老艺人的去世而消亡；民族民间典型器物日益流失，民间文艺式微；传统的民俗活动、宗教祭祀逐渐淡化、消失；不少年轻人对本民族传统节日、民俗不感兴趣，热衷于现代的影视、流行歌曲等。以上种种现象的背后，是对本民族传统文化的扬弃和深层次的变化。对于经济较为落后，文化防御机制不健全，而人口较少的民族来讲，这也是关系到民族生存的大问题。不过，上述的发展趋势并非主流，且逐渐受到了遏止。

（4）宗教文化是西北少数民族多元文化的主要特征、标志和符号，并渗透在各族文化的各个方面。如西北少数民族文化的类型，主要就以宗教文化特征来划分，分属伊斯兰文化与藏传佛教文化两大宗教文化范畴。西部大开发以来,国家宗教信仰自由政策进一步得到贯彻和落实,各种正常的宗教活动得以开展,宗教节庆活动得以保留和继承。与此同时,国家还依法对宗教事务进行管理。早在 1994 年国务院就颁布了《宗教活动场所管理条例》和《中华人民共和国境内外国人宗教活动的管理规定》两个行政法规。这不仅是以立法的形式保障了群众宗教信仰的自由,保护宗教界、宗教团体、宗教活动场所及信教群众的合法权益不受侵犯,而且也有利于依法制止、打击利用宗教和宗教文化进行的分裂、恐怖等非法活动。到 2003 年 11 月 30 日,国务院总理温家宝又签署了国务院第 426 号令,颁布了《宗教事务条例》,2005 年 3 月 1 日正式施行。这是我国宗教方面的综合法规,它是在西部大开发之后,随着我国经济社会的发展,宗教方面出现许多新情况和新问题,客观上要求制定宗教方面综合法规的必然;同时,也是我国加强宗教方面的法制建设,依法管理宗教事务,保障公民宗教信仰自由权利,维护宗教和谐与社会稳定,规范宗教事务管理的充分体现。《宗教事务条例》实施后,1994 年颁布的《宗教活动场所管理条例》同时废止,《中华人民共和国境内外国人宗教活动管理规定》仍然有效。[1]

正因为如此,自西部大开发以来,西北少数民族的宗教文化得到了进一步的发展。虽然在现代化进程中,西北少数民族宗教文化的主要特征并没有发生质的变化,在有些方面甚至还有所强化,但是现代化的某些意识和生活方式也逐渐渗透到宗教文化当中,比如市场观念,现代化的生活条件和方式,寺院、清真寺向旅游者开放等。以上这一切都说明:西北少数民族宗教和宗教文化正逐渐与向现代化迈进的中国社会主义社会相适应。这是西北少数民族多元文化中宗教文化发展的主流和趋势。

但是,由于我国西北地区大多数少数民族与邻近的中亚各族均信仰伊斯兰教,从 19 世纪以来,中亚、西亚等地流行的"泛伊斯兰主义"和"伊斯兰原教旨主义"思潮,对我国西北新疆地区影响较深。到 20

---

〔1〕《国务院颁布〈宗教事务条例〉》,载《中国民族报》2004 年 12 月 24 日第 3 版。

世纪 80 年代后,由于国际形势的变化,苏联解体,中亚各国独立,世界民族主义风潮云起,历史上残留的新疆分裂势力死灰复燃,重新打起了建立"东突厥斯坦"国家的旗号。他们仍然以"泛伊斯兰主义"和"伊斯兰原教旨主义"等为精神武器,煽动宗教狂热,与国外恐怖主义势力相勾结,在新疆等地制造了一系列骚乱、打砸抢、爆炸的恐怖活动,给我国的社会稳定、国家统一、民族团结造成了极大的影响。西部大开发以来,特别是 2001 年"9·11"事件后,我国加强了对分裂势力、恐怖势力和宗教极端主义三股恶势力的打击力度。对于三股恶势力利用宗教文化作精神武器的行为,我们也应进行系统的揭露和批判。

总之,西部大开发加速了西北少数民族多元文化的发展,使之进入到向现代文化转型的关键时期。由于西部现代化经济的加速发展,对内、对外的进一步开放,各族人民生活水平迅速提高,西北少数民族多元文化的各个层面均受到现代化的影响和冲击,由传统的多元文化向现代的文化转型(变异)。尽管这种转型在西北各少数民族之间、城市与农牧区之间、地区与地区之间有所不同,但是现代化的文化因素已不同程度地在西北各少数民族文化中起主要作用,西北少数民族多元文化现代化转型进入了一个关键时期。这就是西部大开发以来,西北少数民族多元文化发展总的趋势。

28.2.2　转型中的西北少数民族多元文化在西部大开发中的作用

西部大开发加速了西北少数民族多元文化向现代化的转型过程;而正在转型的西北少数民族多元文化反过来又给西部大开发的经济建设以巨大的推动。关于此,近来学界发表的论著颇多,分别从保护和加强西部的"文化生态"和"文化建设"等不同的角度,论证了西部的民族文化、文化产业在西部大开发中的作用。从转型中的西北少数民族多元文化来看,其重要作用主要表现在以下几个方面:

(1)西北少数民族多元文化向现代文化的转型,既是西部大开发以来发展的必然趋势,也是西部大开发成功的必备条件之一。只有西北少数民族多元文化最深层次的观念的转变以及科学知识、文化素质等的现代化,才能保证西部大开发的顺利实施,保证西部社会经济的现代化。西部大开发以来,国家加大了对西北少数民族地区发展科技教育、社会事业的力度,使西北少数民族的生活水平和文化素质、人才结构发生了巨大的变化。这就为西部大开发战略的实施提供了最基本的条件。没有西北少数民族本身的现代化,就不可能通过西部大开发完成西北少数民族地区的现代化;两者是息息相关、密不可分的。

（2）西北少数民族多元文化本身也是一笔巨大的财富,是西北各民族智慧的结晶,是中华民族的瑰宝。它不仅起到民族认同和维系社会稳定的作用,而且文化也是生产力,发展"文化产业"日益成为文化全球化的潮流。[1]"当今世界,文化与经济和政治相互交融,在综合国力竞争中的地位和作用越来越突出。"[2]在这方面,西北少数民族已迈出了可喜的一步。

（3）西北少数民族多元文化最重要的特征,是其宗教文化。西部大开发以来,西北少数民族的宗教和宗教文化已逐渐与新的现代化过程中的社会相适应。这一发展趋势,有利于社会的稳定和谐,是西部大开发得以顺利实施的保证。

28.3 现代西北少数民族多元文化的建构与西部大开发的文化建设

28.3.1 现代西北少数民族多元文化的建构问题

自20世纪50年代以来,发展迟缓的传统西北少数民族多元文化因国家的独立和国内经济的恢复和发展,而开始发生变异,并向现代化文化转型。到80年代改革开放以后,随着我国现代化经济发展的加速,西北少数民族多元文化的现代化因素不断增长。西部大开发后,这一转型过程进入到一个关键的时期。这是西北少数民族多元文化发

---

〔1〕参见彭岚嘉、陈占彪:《中国西部文化发展战略研究》,中国社会科学出版社2002年版,第217－224页。

〔2〕江泽民:《全面建设小康社会,开创中国特色社会主义事业新局面》,载《中国共产党第十六次全国代表大会文件汇编》,人民出版社2002年版,第37页。

·欧·亚·历·史·文·化·文·库·

展的必由之路,是由其文化的变异性所决定的。事实上,世界上各国或各地区的文化向现代化转型(变异)的方式(模式)各不相同,各有特色;但是现代化文化的变异过程却是必经之路。

民族文化由传统向现代化的转型,如前所述,按其文化内部或外部因素的作用来划分,有各种类型和模式。然而,在转型过程中及转型后形成的具有现代文化特征的类型和模式,则往往取决于国家或民族自身的社会发展状态和实行的政策。特别是国家采取的政策,又起着主导的作用。因此,我国西北少数民族多元文化的现代化转型与建构,不能任其客观自然地发展、变异,而应从西北少数民族地区社会经济、文化等诸多方面的实践出发,遵照民族文化发展的基本规律,着力弘扬本民族优秀文化传统,牢牢把握住现代先进文化的方向,着眼世界文化前沿,吸收中外文化之精华,不断发展、创新,以构建适应现代化的民族多元文化。这就是西北少数民族多元文化向现代化转型的方向和模式。也就是说,应该将西北少数民族多元文化的现代化转型,提高到西部大开发的文化建设和精神文明的高度来认识和实践。只有这样,才能牢牢掌握住向现代先进文化转型的方向并实施正确的政策。

在 1999 年西部大开发战略实施之后,西北少数民族多元文化在转型过程中,出现了一些新的发展趋势和动向。在这种新形势下,应如何牢牢把握先进文化的方向,加强西部的文化建设,构建现代西北少数民族的多元文化,就成为我们需要进一步探索的问题。

28.3.2 保护、弘扬与利用、开发

在西部大开发的形势下,西北少数民族多元文化的转型与建构,首先必须高度重视和坚持保护西北少数民族传统的多元文化。每个民族的传统文化是本民族在长期历史发展过程中积淀下来的,是整个中华文化的组成部分,也是本民族认同的主要依据。西部大开发以来,在现代化的冲击下,西北少数民族多元文化中一些优秀的文化形式、观念意识正逐渐淡化、消失;有的文物遗址遭到破坏;传统的文艺、手工艺品等文化式样逐渐被人淡忘等。如果不采取强有力的保护措施,西北少数民族多元文化的优秀传统将会被削弱,甚至消失。世界上已进

入现代化的国家中,不乏这种事例。正如有的学者所说:"西部大开发假若只是让西部地区的经济有了长足的进步,而这一切都以多元化的文化生态的毁灭为代价,显然是得不偿失的。"[1]

不仅如此,西北少数民族有许多优秀的传统文化,包括本民族的精神、信仰、观念和丰富的科学知识,在现实生活的各个方面仍然发挥着巨大的作用。因而保护和弘扬西北少数民族优秀文化传统,就成为现代化进程中西北文化建设的重要内容之一。其重大的意义,正如有的学者所指出:它有利于社会稳定和凝聚;有利于本民族文化的发展,不被西方文化所同化或淹没,有利于转化为文化产业,获得经济效益等。[2] 更为重要的是,它是构建现代西北少数民族多元文化的基础。

如何区分西北少数民族多元文化中哪些是应该继承的精华,哪些是应该抛弃的糟粕?即在西部大开发中,如何保护和弘扬西北少数民族多元文化?在我国50多年的社会实践中,已取得了不少的经验,也有"文革"十年的惨痛教训。归纳起来,主要有:

其一,应以立法的形式颁布一系列保护少数民族文化的法规。如《中华人民共和国文物保护法》及自20世纪80年代以来国务院有关部门对宣传报导和文艺创作中正确对待和保护少数民族风俗习惯而颁发的5份法规性的文件等。对于少数民族的一些无形文化,如具有特色的西北少数民族传统村落、歌舞、戏曲、工艺和体育活动等,也可以适当地以立法形式或国家财政支持等形式,加以保护和发扬;否则在商品经济发展的情况下,这些文化有逐步消亡的可能。

其二,西北少数民族的风俗节庆,与现代化冲突不大的,也应得到保护或保留;"有些风俗习俗,有坏的一面也有好的一面,对于这一类风俗习惯,好的一面加以发展,坏的一面要逐步地适当地加以改革"[3]。

---

〔1〕见彭岚嘉、陈占彪:《中国西部文化发展战略研究》,第179页。

〔2〕梁星亮:《文化的民族性与世界性》,载其所著《新疆民族传统社会与文化·附录二》,第417页。

〔3〕1958年12月中共中央统战部的一份给中共中央的请示报告,转见杨盛龙:《民族问题民族文化论集》,民族出版社2004年版,第405-406页。

其三,要加强西北少数民族的文化自觉及和而不同的教育,以提高民族自觉的文化保护意识。

其四,对西北少数民族多元文化中最具特色的宗教文化,应遵循我国宪法的规定,在保护宗教信仰自由的前提下,保护宗教文化中的正当宗教活动和节日,以及寺院、清真寺等宗教活动场所,以引导宗教和宗教化与现代化中国社会相适应。同时,宗教文化中对社会进步有意义的部分,如宗教艺术、生态环境保护意识、宗教学说等,则应加以研究,吸取有益的因素为现代化服务。但是,对利用宗教文化进行分裂、恐怖等活动,则应依法进行坚决的打击。

随着西部大开发的深入,在保护、弘扬西北少数民族传统多元文化的同时,如何在现代化进程中,合理地、可持续地开发、利用西北少数民族多元文化的遗产,使之转化为文化产业,实现文化的资本化?这也是构建现代西北少数民族多元文化的重要课题之一。关于此,国内学界探索、议论颇多。我们认为:

其一,在充分研究、发掘西北少数民族多元文化遗产的基础上,合理地、可持续地开发、利用,是首先应注意的问题。具有独特魅力、丰富多彩的西北少数民族多元文化,深深根植于西北少数民族之中。各民族的文化遗产,又可分为文化遗址、遗物、服饰、手工艺品等物质性的遗产,以及风俗习惯、文学艺术、宗教文化等精神文化遗产。这些文化遗产在通过旅游、商品等形式转化为文化产业的过程中,应合理地、可持续地利用,不能因过度的开发、利用而使文化遗产遭到损失或破坏。有的历史文物或遗址一旦遭到破坏,就再也不能复生。因此,每一个地区、每一个民族在这一方面应有科学的、长期的规划,不能为眼前的经济利益而破坏自己的优秀文化遗产。

其二,民族文化之转化为文化产业,即其资本化,应遵循、适应商品经济的规律。正如有的学者所说:"民族文化资本化是指全球化背景下的民族发展可资利用的一种方式,它以提高生产力、扩大人们的交往空间为方向,以提高人们的自由程度为旨归,它最直接的表现是文化的开发利用,它的现实基点是文化产品的开发,是文化地域中的权利在经济地域中的价值实现,是将直观的、具体的种种文化事项以商品的形式投入到民族文化经济交融的过程中,去获得直接的经济利益。"[1]这也是西北少数民族多元文化现代化转型的重要标志之一。但是,在将文化转化为资本的运作过程中,应遵循不同地域文化资本运行规律,否则也会造成对文化资源的破坏。

其三,民族文化的开发利用,还应与新时期的文化建设和精神文明建设紧密联系起来。正如江泽民同志在党的十六大报告中指出的:"发展各类文化事业和文化产业都要贯彻发展先进文化的要求,始终把社会效益放在首位。"在开发利用具有十分丰富内涵的西北少数民族多元文化遗产方面,除了获取经济效益外,还应发掘、利用多元文化中内容健康、积淀着人类思想道德特质的精神因素,使之融入现代精神文明之中,以提升各民族的精神境界,成为西北少数民族精神文明建设中的重要内涵和形式。例如,利用西北少数民族具有特色的传统歌舞、戏曲、歌会等形式,宣传、发扬社会主义内容的精神文化意识,加强民族团结,维护祖国统一,培养西北各族人民社会主义现代化的精神品格。这对保证西部大开发的顺利实施和构建现代西北少数民族多元文化,均具有十分重要的意义。

其四,民族文化的利用开发,并非仅是对固有的传统的多元文化原封不动的利用开发,而是在这一过程中,对固有的民族多元文化有所发展和创新。

28.3.3 转型、建构与发展、创新

西北少数民族多元文化现代化转型过程中的变异、发展和创新,不仅是任何民族文化的变异性所决定的,而且也是构建现代西北少数民族多元文化的必经之路。江泽民同志在党的十六大报告中指出:"立足于改革开放和现代化建设的实践,着眼于世界文化发展的前沿,发扬民族文化的优秀传统,汲取世界各民族的长处,在内容和形式上积极创新,不断增强中国特色社会主义文化的吸引力和感召力。"2007

---

〔1〕马翀炜、陈庆德:《民族文化资本化》,人民出版社 2004 年版,第 54－55 页。

年胡锦涛同志在党的十七大报告中,又将这一问题提到了一个新的高度,他指出:"弘扬中华文化,建设中华民族共有精神家园。"这应是我国民族多元文化发展、创新的方向。

转型的西北少数民族多元文化的发展和创新,首先应是思想和理论的创新,也就是要牢牢把握先进文化的前进方向。"在当代中国,发展先进文化,就是发展面向现代化、面向世界、面向未来的,民族的科学的大众的社会主义文化,以不断丰富人们的精神世界,增强人们的精神力量。"[1]要坚持先进文化的前进方向,就必须坚持马克思列宁主义、毛泽东思想、邓小平理论、"三个代表"重要思想和科学发展观,以及我国有关文化方面一系列长期实践证明行之有效的方针和政策,支持健康有益的文化,发扬各民族的优秀文化传统,努力改造落后文化,坚决抵制腐朽文化。传统的西北少数民族多元文化,长期以来是建立在自然经济基础之上的,落后、保守的思想仍然存在,有一定的影响。因此,必须在思想和理论上有所发展、创新,在发扬本民族优秀文化传统的同时,着眼于世界文化发展的前沿,吸取国内外各民族的长处,不断地创新。

第二,应在西北少数民族多元文化的各个领域、各个方面,在文化的内容和形式上发展和创新。如坚持弘扬和培育民族精神;加强思想道德建设;大力发展现代的教育和科学事业,不断提高本民族的文化素质,普及科学知识,弘扬科学精神;充分发掘各民族的文化资源,繁荣文艺创作,用现代的形式和科技打造文艺精品和文化品牌;加强和完善少数民族地区文化公益事业和文化基础设施建设,繁荣农村和牧区的文化生活,建立有创新特点的基层文化基础;积极推行卫生、体育事业的改革和创新;完善和积极发展文化产业,增强西北少数民族文化产业的实力和竞争力;等等。

第三,深化文化体制改革,以建立较为完善的创新机制。这是西北

---

〔1〕江泽民:《全面建设小康社会,开创中国特色社会主义事业新局面》,载《中国共产党第十六次全国代表大会文件汇编》,人民出版社 2002 年版,第 37 页。

少数民族多元文化创新在制度上的保证。文化创新机制,包括加强文化法制建设和宏观管理,深化各个文化领域的改革,以"逐步建立有利于调动文化工作者积极性,推动文化创新,多出精品、多出人才的文化管理体制和运行机制"[1];建全文化市场体系,完善文化市场管理机制;等等。有了这种先进的现代化的创新机制,才能保证、推进西北少数民族多元文化在发展、传承、传播、技术、管理等各方面的创新。

第四,西北少数民族多元文化发展、创新的基础和前提,是各民族传统的优秀文化。我们既反对那种全盘否定民族传统文化的虚无主义,也不赞成抱残守阙、不思进取的保守主义。因为这两种态度和做法都不合乎民族文化发展的基本规律。而民族文化的发展、创新是与本民族社会发展同步的,其发展、创新的源泉,除了本民族内部文化向现代文化调适之外,吸取国内外其他民族文化的长处,作为创新的借鉴、资源和动力也十分重要。这也是民族文化发展基本规律的体现。当今世界以欧美文化为强势文化,影响遍及全球,中国西北少数民族多元文化应吸取世界文化先进、优秀的部分,抵制其腐朽的部分,绝不能为强势文化所击溃和取代。

总之,西北少数民族文化向现代文化的转型,即现代西北少数民族多元文化构建的完成,其主要标志之一,应是上述西北少数民族多元文化现代化转型、创新的基本实现。而西部大开发的实施,无疑加速了西北少数民族多元文化发展、创新的进程。我们坚信,我国全面实现建设小康社会的目标完成之时,也就是西北少数民族现代多元文化构建完成之日。

（与王曙明合作,原载于《陕西师范大学学报》2009 年第 4 期）

<hr>

[1]江泽民:《全面建设小康社会,开创中国特色社会主义事业新局面》,载《中国共产党第十六次全国代表大会文件汇编》,人民出版社 2002 年版,第 41 页。

索　引

人名索引

A

·欧·亚·历·史·文·化·文·库·

·欧·亚·历·史·文·化·文·库·

·欧·亚·历·史·文·化·文·库·

·欧·亚·历·史·文·化·文库·

·欧·亚·历·史·文·化·文库·

地名索引

A

·欧·亚·历·史·文·化·文库·

·欧·亚·历·史·文·化·文·库·

·欧·亚·历·史·文·化·文·库·

·欧·亚·历·史·文·化·文·库·

·欧·亚·历·史·文·化·文·库·

·欧·亚·历·史·文·化·文·库·

·欧·亚·历·史·文·化·文·库·

欧亚历史文化文库

已经出版

林悟殊著:《中古夷教华化丛考》　　　　　　　　　　定价:66.00 元

赵俪生著:《弇兹集》　　　　　　　　　　　　　　　定价:69.00 元

华喆著:《阴山鸣镝——匈奴在北方草原上的兴衰》　　定价:48.00 元

杨军编著:《走向陌生的地方——内陆欧亚移民史话》　定价:38.00 元

贺菊莲著:《天山家宴——西域饮食文化纵横谈》　　　定价:64.00 元

陈鹏著:《路途漫漫丝貂情——明清东北亚丝绸之路研究》

　　　　　　　　　　　　　　　　　　　　　　　　定价:62.00 元

王颋著:《内陆亚洲史地求索》　　　　　　　　　　　定价:83.00 元

〔日〕堀敏一著,韩昇、刘建英编译:《隋唐帝国与东亚》　定价:38.00 元

〔印度〕艾哈默得·辛哈著,周翔翼译,徐百永校:《入藏四年》

　　　　　　　　　　　　　　　　　　　　　　　　定价:35.00 元

〔意〕伯戴克著,张云译:《中部西藏与蒙古人

　　——元代西藏历史》(增订本)　　　　　　　　　定价:38.00 元

陈高华著:《元朝史事新证》　　　　　　　　　　　　定价:74.00 元

王永兴著:《唐代经营西北研究》　　　　　　　　　　定价:94.00 元

王炳华著:《西域考古文存》　　　　　　　　　　　　定价:108.00 元

李健才著:《东北亚史地论集》　　　　　　　　　　　定价:73.00 元

孟凡人著:《新疆考古论集》　　　　　　　　　　　　定价:98.00 元

周伟洲著:《藏史论考》　　　　　　　　　　　　　　定价:55.00 元

刘文锁著:《丝绸之路——内陆欧亚考古与历史》　　　定价:88.00 元

张博泉著:《甫白文存》　　　　　　　　　　　　　　定价:62.00 元

孙玉良著:《史林遗痕》　　　　　　　　　　　　　　定价:85.00 元

马健著:《匈奴葬仪的考古学探索》　　　　　　　　　定价:76.00 元

〔俄〕柯兹洛夫著,王希隆、丁淑琴译:

　　《蒙古、安多和死城哈喇浩特》(完整版)　　　　定价:82.00 元

乌云高娃著:《元朝与高丽关系研究》　　　　　　　　定价:67.00 元

杨军著:《夫余史研究》　　　　　　　　　　　　　　定价:40.00 元

梁俊艳著:《英国与中国西藏(1774—1904)》　　　　定价:88.00 元

〔乌兹别克斯坦〕艾哈迈多夫著,陈远光译:

　　《16—18 世纪中亚历史地理文献》(修订版)　　定价:85.00 元

成一农著:《空间与形态——三至七世纪中国历史城市地理研究》

　　　　　　　　　　　　　　　　　　　　　　　定价:76.00 元

杨铭著:《唐代吐蕃与西北民族关系史研究》　　　定价:86.00 元

殷小平著:《元代也里可温考述》　　　　　　　　定价:50.00 元

耿世民著:《西域文史论稿》　　　　　　　　　　定价:100.00 元

殷晴著:《丝绸之路经济史研究》　　　定价:135.00 元(上、下册)

余大钧译:《北方民族史与蒙古史译文集》　定价:160.00 元(上、下册)

韩儒林著:《蒙元史与内陆亚洲史研究》　　　　　定价:58.00 元

〔美〕查尔斯·林霍尔姆著,张士东、杨军译:

　　《伊斯兰中东——传统与变迁》　　　　　　　定价:88.00 元

〔美〕J.G.马勒著,王欣译:《唐代塑像中的西域人》　定价:58.00 元

顾世宝著:《蒙元时代的蒙古族文学家》　　　　　定价:42.00 元

杨铭编:《国外敦煌学、藏学研究——翻译与评述》　定价:78.00 元

牛汝极等著:《新疆文化的现代化转向》　　　　　定价:76.00 元

周伟洲著:《西域史地论集》　　　　　　　　　　定价:82.00 元

周晶著:《纷扰的雪山——20 世纪前半叶西藏社会生活研究》

　　　　　　　　　　　　　　　　　　　　　　　定价:75.00 元

敬请期待

〔俄〕Т.Б.巴尔采娃著,张良仁、李明华译:

　　《斯基泰时期的有色金属加工业——第聂伯河左岸森林草原带》

李鸣飞著:《玄风庆会——蒙古国早期的宗教变迁》

马小鹤著:《光明的使者》

许全胜著:《黑鞑事略汇校集注》

张文德著:《朝贡与入附——明代西域人来华研究》

尚永琪著:《胡僧东来——汉唐时期的佛经翻译家和传播人》

篠原典生著:《西天伽蓝记》

桂宝丽著:《可萨突厥》

张小贵著:《祆教史考论与述评》

贾丛江著：《汉代西域汉人和汉文化》

王冀青著：《斯坦因的中亚考察》

王冀青著：《斯坦因研究论集》

王永兴著：《敦煌吐鲁番出土唐代军事文书考释》

薛宗正著：《汉唐西域史汇考》

李映洲著：《敦煌艺术论》

蓝琪著：《16—19世纪中亚各国与俄国关系论述》

许序雅著：《唐朝与中亚九姓胡关系史研究》

叶德荣著：《汉晋胡汉佛教论集》

〔俄〕波塔宁著，〔俄〕奥布鲁切夫编，吴吉康译：《蒙古纪行》

王颋著：《内陆亚洲史地求索》（续）

〔德〕施林洛甫著，刘震译校：《叙事和图画
——欧洲和印度艺术中的情节展现》

王冀青著：《斯坦因档案研究指南》

刘雪飞著：《上古欧洲斯基泰文化巡礼》

汪受宽著：《骊靬梦断——古罗马军团东归伪史辨识》

〔前苏联〕巴托尔德著，张丽译：《中亚历史》

徐文堪编：《梅维恒内陆欧亚研究文选》

〔前苏联〕К.А.阿奇舍夫、Г.А.库沙耶夫著，孙危译：
《伊犁河流域塞人和乌孙的古代文明》

徐文堪著：《古代内陆欧亚的语言和有关研究》

刘迎胜著：《小儿锦文字释读与研究》

李锦绣编：《20世纪内陆欧亚历史文化研究论文选粹》

李锦绣、余太山编：《古代内陆欧亚史纲》

郑炳林著：《敦煌占卜文献叙录》

陈明著：《出土文献与早期佛经词汇研究》

李锦绣著：《裴矩〈西域图记〉辑考》

王冀青著：《犍陀罗佛教艺术》

王冀青著：《敦煌西域研究论集》

李艳玲著：《公元前2世纪至公元7世纪前期西域绿洲农业研究》

许全胜、刘震编：《内陆欧亚历史语言论集——徐文堪先生古稀纪念》

张小贵编：《三夷教论集——林悟殊先生古稀纪念》

李鸣飞著:《横跨欧亚——马可波罗的足迹》

杨林坤著:《西风万里交河道——明代西域丝路上的使者与商旅》

杜斗诚著:《杜撰集》

林悟殊著:《华化摩尼教补说》

王媛媛著:《摩尼教艺术及其华化考述》

〔日〕渡边哲信著,尹红丹、王冀青译:《西域旅行日记》

李花子著:《长白山踏查记》

王冀青著:《佛光西照——欧美佛教研究史》

王冀青著:《霍恩勒与鲍威尔写本》

王冀青著:《清朝政府与斯坦因第二次中国考古》

芮传明著:《摩尼教东方文书校注与译释》

马小鹤著:《摩尼教东方文书研究》

段海蓉著:《萨都剌传》

〔德〕梅塔著,刘震译:《从弃绝到解脱》

郭物著:《欧亚游牧社会的重器——鍑》

王邦维著:《玄奘》

冯天亮著:《词从外来——唐代外来语研究》

芮传明著:《内陆欧亚中古风云录》

王冀青著:《伯希和敦煌考古档案研究》

王冀青著:《伯希和中亚考察研究》

李锦绣著:《北阿富汗的巴克特里亚文献》

〔日〕荒川正晴著,冯培红译:《欧亚的交通贸易与唐帝国》

孙昊著:《辽代女真社会研究》

赵现海著:《明长城的兴起
　　——"长城社会史"视野下明中期榆林长城修筑研究》

华喆著:《帝国的背影——公元 14 世纪以后的蒙古》

〔前苏联〕伊·亚·兹拉特金著,马曼丽译:《准葛尔汗国史》(修订版)

杨建新著:《民族边疆论集》

〔美〕白卖克著,马娟译:《大蒙古国的畏吾儿人》

余太山著:《内陆欧亚史研究自选论集》

淘宝网邮购地址:http://lzup.taobao.com

439

·欧·亚·历·史·文·化·文·库·